제4판

담과
심리치료 기법

© Phil Joyce and Charlotte Sills, 2018

The first edition published 2001. Reprinted 2003, 2004, 2005 (twice), 2006, 2007 and 2008
Second edition published 2009. Reprinted 2011, 2012 and 2013
Third edition published 2014. Reprinted 2015 (twice), 2016 (twice) and 2017.
This fourth edition published 2018

FOR INFORMATION:

SAGE Publications Ltd
1 Oliver's Yard
55 City Road
London EC1Y 1SP

SAGE Publications Inc.
2455 Teller Road
Thousand Oaks, California 91320

SAGE Publications India Pvt Ltd
B 1/I 1 Mohan Cooperative Industrial Area
Mathura Road
New Delhi 110 044

SAGE Publications Asia-Pacific Pte Ltd
3 Church Street
#10-04 Samsung Hub
Singapore 049483

제4판

게슈탈트 상담과 심리치료 기법

Phil Joyce, Charlotte Sills 지음

공부하는모임 GeCon, 박 정 옮김

Σ 시그마프레스　S Sage

게슈탈트 상담과 심리치료 기법, 제4판

발행일 | 2024년 2월 15일 1쇄 발행

지은이 | Phil Joyce & Charlotte Sills
옮긴이 | 공부하는모임 GeCon, 박 정
발행인 | 강학경
발행처 | ㈜시그마프레스
디자인 | 김은경, 우주연
편 집 | 김은실, 윤원진
마케팅 | 문정현, 송치헌, 김미래, 김성옥, 최성복

등록번호 | 제10-2642호
주소 | 서울특별시 영등포구 양평로 22길 21 선유도코오롱디지털타워 A401~402호
전자우편 | sigma@spress.co.kr
홈페이지 | http://www.sigmapress.co.kr
전화 | (02)323-4845, (02)2062-5184~8
팩스 | (02)323-4197

ISBN | 979-11-6226-468-3

Skills in Gestalt Counselling & Psychotherapy, Fourth Edition

✱ 책값은 책 뒤표지에 있습니다.

나는 지금 무엇을 알아차리고 무엇을 경험하고 있는가?

좋은 게슈탈트 치료자가 되고 싶었다. 아니 나는 좋은 게슈탈트 치료자이고 싶다. 처음 게슈탈트 상담을 배울 때에는 그저 지금 여기 알아차림만 잘하면 되는 줄 알았다. 그런데 알면 알수록 게슈탈트 심리치료는 그리 단순하지가 않았다.

'저는 게슈탈트 상담자입니다'라는 말을 할 때마다 뒤꼭지가 땡기고 뭔가 부족한 느낌을 떨칠 수가 없었다. 머릿속을 둥둥 떠다니는 게슈탈트 개념들을 어떻게 나의 상담에 자연스럽게 스며들고 녹아들게 할 수 있을까? 지금 여기의 알아차림은 어떻게 하는 것이며 내가 지금 여기 알아차리고 있다는 것은 또 어떻게 알아차리는 것일까? 아, 어렵다. 내담자에게 도움이 되는 좋은 게슈탈트 치료자이고 싶다. 이러한 궁금증과 간절한 열망을 가지고 혼자 공부를 해 오던 중 운 좋게도 마음이 맞는 도반들을 만났다. 정기적으로 함께 게슈탈트 치료 이론을 공부하면서 서로의 생각들을 나눈 지 3년이 되어간다.

이렇게 시작된 공부모임에서 선택한 교재가 바로 이 책 1판이다. 이 책은 상담을 위한 준비에서부터 상담 종결에 이르기까지 게슈탈트 치료자가 내담자를 처음 만남에서부터 상담 종결까지의 프로세스에 맞춰 게슈탈트 개념들을 어떻게 상담에 적용하는지를 제시하고 있기에 게슈탈트 이론과 실제를 함께 공부하고 적용하는 데에는 안성맞춤이었다. 하지만 이 책은 절판도서여서 책을 구하기가 어렵고 번역 또한 매끄럽지 못하다는 한계가 있었다. 저자의 의미를 명확히 파악하기 위해 원서를 찾던 중 이 책이 최근 4판까지 출판되었다는 것을 알게 되었고, 공부모임에서 우선 1판을 가지고 공부를 하면서 1판에는 없고 4판에 추가된 내용들만 따로 번역을 해서 추가로 공부를 하였다. 4판에는 제1부 상담의 시작에서부터 종결까지에서 1판에는 없던 수치심, 차이와 다양성, 꿈 작업이 추가되어 있고, 제2부 전문영역이 추가되었는데 여기에는 위험의 평가와 진단, 우울, 불안, 트라우마, 단기 상담, 영성 등 다양한 특정영역에서의 게슈탈트 상담의 적용이 추가되어 있다. 1판과 4판 중 추가된 내용으로 공부모임을 하면서 나와 도반들은 내담자의 고정된 게슈탈트가 상담장면에서 알아차려지는 경험들을 점점 자주 하고 있음을 이야기하곤 했다. 이 책의 내용이 어쩌면 나처럼, 우리처럼 좋은 게슈탈트 치료자가 되고자 하는 게슈탈트 상담자에게 좋은 길잡이가 될 수 있겠다는 생각이 들었다.

호기롭게 전체 번역을 시작했지만 부족한 영어와 전달력으로 인해 저자의 뜻이 제대로 전달되지 못하면 어떡하나, 의존성 높은 나에게 불안이 스물스물 올라왔다. 고민 끝에 그간 [공부하는모임 GeCon]을 함께 했던 도반들에게 도움을 청했다. 앞서 번역과 공부를 해 왔던 내용을 바탕으로 내가 초벌 번역을 한 내용을 가지고 번역모임을 희망하는 도반들이 함께 모여 책의 내용을 공부하면서 글을 다듬었다. 초심 상담자로서 얼른 이해가 안 되는 문장과 내용들, 게슈탈트 상담 외의 어려운 개념과 단어들, 영어 외 다른 어학과 문학을 전공한 도반들의 의견들 등 각양각색의 목소리는 매주 금요일 밤 게슈탈트 콘서트의 아름다운 향연으로 이어졌다.

반드시 알아야 할 게슈탈트 개념들, 게슈탈트 상담자로서 진단과 평가에 대한 고민, 내담자와의 상황에서 어떤 말을 해야 할지 등등 그간 답답하고 궁금해왔던 점들에 대해 이 책은 친절한 설명과 사례, 구체적인 멘트까지 제시하며 시원함을 안겨준다.

나 혼자였다면 내가 이 책의 서문을 어떤 마음으로 쓰고 있을까?

혼자 공부를 해 오던 나에게 다가와 '함께' 공부하는 값진 맛을 느끼게 해 주신 이주아 선생님과 첫 만남에서부터 서로의 게슈탈트를 향한 마음을 한눈에 알아본 [공부하는모임 GeCon]의 공동리더 임정민 선생님께 감사드린다. 이 두 분이 계셨기에 GeCon이 시작되었고 유지되고 있다. 또 머리를 맞대고 한 문장 한 문장 소화하고 씨름하며 조금이라도 더 매끄러운 내용 전달을 위해 고군분투한 [공부하는모임 GeCon]의 강석숙, 김명희, 김순남, 김하림, 노현정, 송영주, 안소영, 황애경 선생님께 진심으로 감사드린다. 그리고 문장 하나에 며칠씩 고민하면서 도움을 요청할 때마다 함께 고민하면서 여러 의견을 제시하며 긴 토론도 마다하지 않았던 나의 든든한 세 남자 남편 유병진, 아들 현욱, 도균에게도 감사를 전한다.

혼자만 공부하기에는 너무 아까운 책이었다. 많은 게슈탈티스트들과 함께 나누고 싶은 마음이었으나 출판 여건이 좋지 않았다. 그럼에도 불구하고 흔쾌히 출판을 허락해주신 (주)시그마프레스 강학경 대표님께 진심으로 감사드린다. 그리고 수차례 의견을 주고받으며 독자들에게 편히 읽힐수 있도록 세심하게 본문을 편집해 주신 김은실 차장님께도 깊은 감사를 드린다. 마지막으로 이 책이 게슈탈트 수련과 실천에 조금이나마 도움이 되길 바라며 더욱 다양한 게슈탈트 서적들이 출간되기를 고대한다.

2023년 12월 끝자락
그냥나 두손모아

| 머리말 |

게슈탈트 상담과 심리치료 기법 — 전체론적 관점

이 책은 게슈탈트 실천에 관한 책이다. 1999년 이 책의 초판을 준비하면서 우리는 게슈탈트 철학과 이론에 관한 훌륭한 책들이 많이 있었지만 실제 임상실습에 대한 것은 거의 없다는 사실에 주목했다. 우리가 4판을 준비하는 지금도 이 사실은 여전하다. 게슈탈트 수련자들은 자기 손상 혹은 취약한 내담자의 위험을 평가하는 방법, 문화적 차이의 의미를 다루는 방법, 윤리적 딜레마 문제를 해결하거나 치료의 좋은 종결을 구성하는 방법 등 일반 치료 관행의 필수 측면에 게슈탈트 관점을 적용하는 방법에 대해 확신이 없다고 말한다. 우리는 이러한 필수 요소 중 많은 부분을 다룰 뿐만 아니라 미해결과제를 완결하는 방법, 신체 과정을 다루는 방법, 반전을 취소하거나 프로세스 진단을 형성하는 방법과 같은 게슈탈트 치료에 특정 치료 기법을 탐구하는 것을 목표로 한다.

물론 우리는 기법을 기반으로 한 접근 방식이 위험하다는 것을 알고 있다. 공공 및 전문 영역에서 흔히 게슈탈트 치료는 단지 기법의 집합이거나 심지어 두 가지(쿠션 때리기와 빈 의자 대화)일 뿐이라는 고정관념이 있다. 우리는 게슈탈트 상담과 심리치료가 삶에 대한 전체론적 철학을 적절하게 기초하고 있다는 것과 이차적으로 특정 기법과 기법이 존재하는 훈련이 있다는 우리의 믿음을 강조하고자 한다.

이번 4판에서 우리는 해당 분야의 최근 경험과 발전을 고려하여 모든 장을 수정하고 재구성했다.

우리는 여전히 3판에서 확인한 새로운 영역과 관련이 있다고 생각한다.

◆ 현재 신경과학 연구에 의해 뒷받침되고 있으며 많은 현대 심리치료 접근법에서 마음챙김 기법으로 통합된 알아차림의 가치. 게슈탈트의 중심 기둥인 알아차림에 대한 인식이 점점 높아지고 있다.

◆ 게슈탈트 심리치료사가 수십 년 동안 임상적으로 믿고 본 것에 대한 생리학적 증거를 자주 제시하는 신경과학 및 발달심리학의 방대한 연구 결과. 이러한 연구 결과 중 가장 중요한 것은 건강한 삶에서 관계와 상호인식의 지속적인 중요성뿐만 아니라 뇌와 자기감각의 발달에 있어 초기 관계의 중요성이다. 이는 수십 년 동안 게슈탈트의 중심이었던, 치료 관계 안에서 상호 주관적이고 공동창조된 의미의 중요성에 대한 심리치료의 방향이 증가하도록 이끌었다. 또 다른 중요한 발견은 성인의 삶 전체에 걸쳐 진행 중인 뇌의 가소성(또는 학습능력)이며, 이는 모든 연령대에서 새로운 행동과 근본적인 변화를 가능하게 하는 실험(게슈탈트의 또 다른 주요 기둥)의 가치를 확인시켜 준다.

◆ 건강한 삶과 과정 연구에 대한 새로운 관심, 긍정심리학으로 알려지게 된 회복 탄력성, 감사, 낙관주의의 가치. 이를 통해 어려운 전환과 지속적인 변화를 지지하기 위한 자원이 포함된다(7장, 18장 참조).

◆ 특히 젊은이들 사이에서 보고된 우울, 불안 장애의 발생률, 어린 시절의 외상 및 정신질환의 영향도 지속적으로 증가 추세이다.

이러한 수정사항 외에 포스트모던 시대의 정치, 문화, 기술적 현실을 다루는 새로운 자료를 추가했다.

균형 잡기

우리의 지속적인 초점은 게슈탈트와 더 넓은 치료 세계, 양쪽 모두에서 중요한 변증법에 참여하는 것이다. 지난 25년 동안 사회학, 정치, 예술, 철학뿐만 아니라 심리치료의 전체 분야에서 혁명이 일어났다. 이는 종종 '관계적 전환'으로 알려져 있는데, 인간을 유기체적 욕구와 충동(욕구이론)을 가진 개인으로 보는 것에서 인간을 그의 맥락과 분리할 수 없고 공동창조된 것으로 보는 움직임이다. 이것은 우리를 포함한 상담자, 수련생들로 하여금 이 철학과 양립할 수 있는 관계적인 실천 원칙을 탐구하고 개발하도록 이끌었다. 여기에는 자기와 타인의 경험을 공동창조된 것으로 보는 것, 그리고 이 경험은 '장'에서 존재하는 것으로 보는 것을 포함한다.

그러나 내담자와 효과적으로 작업하기 위한 치료기법과 방법을 탐색할 때 실용적인 관점을 취하는 것 또한 중요하다. 대부분의 경우 내담자의 문제는 (비록 현재의 관계에서 촉발되고 경험된 것일지라도) 내담자의 내면세계의 혼란의 결과이다. 우리의 견해로는 치료자가 공동창조된 관점에서 내담자의 문제를 고려해야 한다고 주장하는 것은 매우 나태한 태도이다. 내담자의 문제는 의심할 여지없이 내담자의 환경과의 관계에서 비롯되었지만, 내담자가 치료를 위해 문제를 제시하면 그것들은 내담자에게 '속해' 있다. 이것은 특히 트라우마의 경우에 해당되는데, 그 이유는 20장과 21장에서 자세히 설명되어 있다. 더욱이 관계성에 배타적으로 초점을 맞추는 것은 게슈탈트의 강점 중 일부인 역동적이고, 창의적이며, 실험적인 측면을 잃을 위험이 있다. 그것은 또한 우리의 자율성과 책임을 경시할 위험이 있으며 아마도 극도로 정교한 동물로서 우리의 본질적인 생물학적 본성을 부정할 수도 있다.

이번 4판에서 우리는 이 두 입장 사이를 방법론적 가교를 지속적으로 제공하고 책 전반에 걸쳐 두 입장 사이를 왔다갔다 하기를 희망한다. 특히 2부의 트라우마 및 정신건강과 관련된 문제에 대해서는 내담자의 자기 조직화가 종종 우선시되어 있음을 밝힌다.

단어에 대하여

첫째, 우리는 책 전반에 걸쳐 '그', '그녀' 및 다소 어색한 '그들'을 번갈아 사용했으며 사례에서 우리는 일반적으로 상담자와 내담자를 다른 성별로 표기하였다. 이는 단지 명확성을 위한 것이다. 우리는 또한 상담/심리치료와 상담자/심리치료사/치료자라는 용어를 번갈아 사용하는데, 우리가 설명하는 기법이 실제로 코칭 및 기타 형태의 도움 관계에 적용되는 것처럼, 치료 실습 전반에 걸쳐 적용된다고 믿기 때문이다. 여기서 종종 단어를 차별화하는 것은 계약의 성격과 회기의 빈도 및 기간뿐이다.

두 번째는 기법에 대한 지나치게 구체적인 설명이 게슈탈트 심리치료를 잘못 전달할 위험이 있다는 우리의 이전 발언과 관련이 있다. 대부분의 게슈탈트 개념은 유기체, 즉 인간이 자신 및 기타 환경과 '접촉하는' 방식에 초점을 둔다. 경험과 경험자 사이에 이원론적인 분리를 만들지 않고 경험을 설명하기 위해 언어를 사용할 수 없음을 우리 자신과 독자에게 경고하기 위해 '접촉하는'은 작은 따옴표로 표시하였다. 우리가 의미하는 바는 사람이 자신의 경험을 살고, 체화하고, '존재'하고, 소유한다는 것이다. 게슈탈티스트들은 이 경험의 질에 관심이 있다. 그것이 충만하고 깨어있고 강한가? 아니면 무의식적이고 분열되고 마음이 내키지 않는가? 기법들을 설명하려는 우리의 시도는 게슈탈트 치료가 끊임없이 변화하는 유동적인 프로세스임에 반해 오해의 소지가 있는 안정감이나 구체성과 같은 잘못된 견고함을 만들어낼 수도 있다. 이 점에 대해 미리 사과드린다.

이러한 기법들을 제안하기 위해 우리는 많은 훌륭한 게슈탈트 전문가들에 의해 오랫동안 훈련과 지도를 받아 왔으며 그 대부분은 다음 장에서 언급되어 있다. 개발 과정에서 (그리고 좋은 접촉을 따라 동화되는 게슈탈트 전통에 충실하게) 우리는 불가피하게 동료들의 많은 아이디어와 기법들을 흡수하고 통합했다. 따라서 우리는 가끔 다른 게슈탈티스트나 지도자에게서 유래했을 수 있는 기법, 문구 또는 아이디어를 이곳에 제안했을 가능성이 꽤 높다. 우리는 이러한 영향력 있는 게슈탈트 전문가 중 일부를 누락한 것에 대해 미리 사과하며 게슈탈트 영감의 모든 출처에 대해 진심으로 감사드린다.

우리는 Sage의 모든 팀, Fracesca Inskipp 시리즈 편집자, 많은 수련생들, 수퍼바이저, 그리고 도전, 관대한 나눔과 분투를 통해 우리에게 많은 것을 가르쳐 준 내담자들께 깊은 감사를 표한다.

차례

제2부
특정 영역의 게슈탈트 심리치료의 실천

제1부

게슈탈트 심리치료의 실천

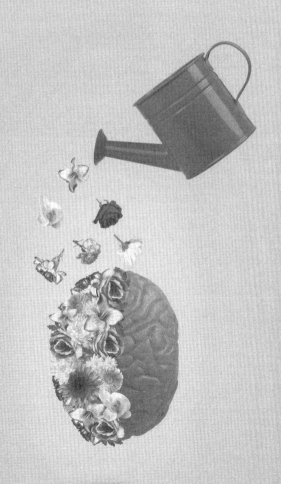

제1장

중요한 첫 만남

좋은 게슈탈트 실천은 다음의 여섯 가지 특징으로 설명된다.

▶ 지금 여기 나타나고 있는 경험에 초점 맞추기(알아차림, 현상학 그리고 변화의 역설적 이론을 통해)
▶ 공동창조된 관계적 관점에 전념하기
▶ 체화된 대화적 관계 제공하기
▶ 장 이론적 관점
▶ 탐구하고자 하는 강한 호기심과 열망
▶ 삶, 그리고 치료적 과정에 대한 창조적 · 실험적 태도

이 책 전반에 걸쳐 우리는 위에 제시된 여섯 가지 실천을 탐험할 것이다. 우리는 이 책을 읽는 당신이 다음을 이해하기 위한 최소한의 게슈탈트 사전 지식을 이미 알고 있다고 가정한다. 게슈탈트 이론의 개관을 이해하려면, 이 장 마지막에 제시된 권장문헌을 참고하기를 권한다.

먼저 상담 및 심리치료에 앞서 발생하는 문제들, 즉 게슈탈트 수련에 필요한 첫 단계들을 다루기로 한다. 1장은 주로 수련 중인 상담자를 위한 내용으로 다음 영역을 설명하고자 한다.

◆ 상담 공간, 그리고 상담자 자신 준비하기

◆ 내담자와 첫 만남

◆ 접수면접지 사용하기

◆ 게슈탈트 상담 방법 설명하기

◆ 계약서 작성하기

◆ 안전한 공간 만들기

◆ 상담에 적합하지 않은 내담자 결정하기

◆ 회기 기록 보관하기

상담 공간, 그리고 상담자 자신 준비하기

당신이 일하고 있는 상담실의 배치는 내담자에게 중요한 메시지를 준다. 마찬가지로 당신이 입는 옷 스타일과 격식수준은 당신과 상담에 대한 내담자의 인상에 영향을 미친다. 이러한 세부사항은 개인으로서 그리고 치료자로서, 자신에 대한 주요 의사소통이 될 것이며, 내담자와 어떻게 관계를 맺고자 하는지에 대한 인상을 줄 것이다. 이 책의 계속되는 주제는 치료 경험이 내담자와 함께 만들어진다는 것이다. 즉, 내담자와 함께 하는 관계 방식은 내담자가 당신과 함께 있는 방식에 영향을 미치고, 그 반대의 경우도 마찬가지이다.

 제안 1-1

당신이 상담자인 당신을 만나기 위해 일터에 오는 내담자라고 상상해 보세요. 상담실 문을 열면 경험하게 될 모든 광경과 소리를 상상하세요. 마치 당신이 내담자인 것처럼 당신의 상담실에 들어가 당신이 보고 있는 것과 상담실에서 받는 인상에 주목하세요. 상담자로서 당신 자신을 만나는 것을 상상해 보세요. 상담자인 당신은 어떻게 나타나나요? 당신이 미치는 영향은 무엇인가요? 내담자로서 당신의 반응은 어떤가요?

그러나 마찬가지로 매우 중요한 또 다른 요소는 당신이 매 순간 얼마나 지금 여기에 현전하면서 새로운 내담자의 말을 얼마나 진정성 있게 열린 마음으로 들을 수 있는지이다. 많은 상담자는 내담자를 온전히 만나는 것을 방해하는 선입견과 걱정으로 가득했던 경험이 있을 것이다. 이러한 반응 중 일부는 분명 치료와 관련이 있을 수 있지만 일부는 어쩌면 관련이 없을 수 있기 때문에 '괄호치기'를 할 필요가 있다. 따라서 내담자가 도착하기 전 다음과 같은 그라운딩 훈련을 수행하는 것이 도움이 될 수 있다.

제안 1-2

바닥을 딛고 있는 당신의 다리를 느껴보고, 앉은 자리에서 체중을 느껴 보세요. 호흡을 알아차려보세요. 호흡이 빠른지, 느린지, 얕은지 깊은지를 알아차려 보세요. 몸의 긴장을 느끼면서 당신의 관심이 자유롭게 흐르고 있는지, 과거에 대해 걱정하고 있거나 미래를 기대하는 것에 사로잡혀 있는지 확인하세요. 당신이 느끼고 있는지, 생각하고 있는지 알아차려 보세요.

당신의 걱정들이 이번 회기와 관련이 없음을 인정하고 걱정들을 놓아버릴 방법을 지금 찾아보세요. 당신 마음속에서 일어나고 있는 것에 이름을 붙여보고 그것들을 그냥 내버려두세요. 당신 환경에서 보이는 것, 들리는 것, 구체적으로 느껴지는 감각, 지금 여기에서의 호흡에 집중하세요. 가슴과 단전이 움직이는 것에 집중하세요. 지금 이 순간, 이 특별한 순간으로 들어오세요.

이전 회기를 진행한 내담자라면, 지금

◆ 이전 회기 기록을 확인하고 다루고 있는 문제들을 상기하세요.
◆ 다가오는 휴일, 고려해야 할 내담자 성격의 특징, 혹은 당신과 함께 있을 때의 관계유형과 같은, 당신이 염두에 두어야 할 중요한 사항은 꼭 기억하세요.
◆ 이번 회기의 목표와 초점을 기억하세요.
◆ 그런 다음 이러한 모든 고려사항을 마음에서 비우고, 내담자를 만날 준비가 되어 있는 지금 이 순간으로 들어갑니다.

내담자와 처음 만나기

상담자로서 당신이 내담자를 처음 만났을 때 수행해야 할 여러 가지 중요한 작업들이 있는데, 그중 가장 중요한 것은 내담자와 관계를 맺고 라포를 형성하는 것이다. 우리는 4장 상담 관계에서 핵심작업을 탐구할 것이다. 여기서는 첫 번째 회기의 다른 작업들을 간단히 요약하기로 한다.

내담자가 다가오는 상담에 어떤 기대를 가질 수 있는지를 고려하자. 당신은 상담약속이 이루어지기 전 전화 통화를 했을 수도 있고 두 사람은 이미 서로에게서 어떤 인상을 받았을 것이다.

첫 번째 회기에서는 내담자에게 상호 평가 회기임을 강조하는 것이 상담자와 내담자가 결정을 내리기에 유용하다. 치료가 서로에게 도움이 될 것인지, 당신이 이 상담에 적절한 치료자인지를 살피는 것이다. 내담자 신상의 세부사항, 중요한 역사적 사건, 현재 상황 등을 간단히 기록하겠다는 것을 내담자에게 요청하자. 내담자의 역사를 얻는 것은 게슈탈트 상담자로 일하는 것과는 대조적이며, 진정한 게슈탈트는 단순히 '내담자가 가져 오는 것' 혹은 '드러나는 것'에 대한 탐구라는 반대견해가 있다. 이 부분의 좀 더 상세한 내용은 책의 뒷부분에서 자세히 설명할 것이다. 그러나 상담자가 현재 문제를 평가하는 방법을 알고 앞서 말한 게슈탈트 상담자가 제공하는 치료가 유용할 것인지, 다른 전문가의 접근이 더 나을지를 고려하는 것은 중요하다. 또한 잠재적 위험 수준을 결정하기 위해 특정 질문을 할 필요가 있다. 특히 치료 과정에서 몇 가지 문제를 발견하거나 강력한 중재를 사용하는 것은 종종 내담자의 안정성을 해치고 잠재적인 위해를 일으킬 수 있기 때문이다(17장 위기 상황의 평가와 관리 참조). 치료의 적절성과 안정성을 판단하기 위해 내담자의 역사를 아는 것은 필수적이다.

접수 면접지 사용하기

뒤에 접수 면접지 예시가 제시되어 있다. 접수 면접지 1과 2에는 내담자와 상담을 진행하기 전 질문해야 할 중요한 질문들이 수록되어 있다. 접수 면접지에는 개인의 상세정보, 삶의 주요 사건, 정신병력 등이 담겨 있어 상담자가 내담자를 면접하면서 중요한 정보를 표기하는 데 도움이 될 것이다.

내담자의 보호를 위해서는 내담자 이름, 주소 및 전화번호를 개인상담 기록지와 분리해서 보관하는 것이 중요하다.

당신은 첫 번째 회기를 어떻게 구조화할지를 결정해야 한다. 내담자가 자신의 이야기를 하고 당신과 관계를 맺을 시간을 확보해야 할 뿐만 아니라 추가 상담 진행 여부에 대한 결정을 할 시간 확보 또한 생각해야 한다. 당신은 또한 비밀 유지와 이의 한계, 상담 취소 절차에 대해서도 설명해야 한다.

상담자가 상담을 구조화하는 것은 내담자가 상담 상황에 적응하는 데에 안정감과 구속감을 줄 수 있다. 내담자에 대한 당신의 감각에 따라 당신은 다음과 같이 말할 수 있다.

"이번 회기의 처음에는 제가 당신을 이해하기 위해 몇 가지 당신의 과거 중요했던 일들(과거력, 병력)에 대해 구체적으로 질문할 수 있습니다. 그러고 나서 당신이 어떠한 이유로 지금 이곳에 왔는지에 대해 듣고자 합니다. 마지막으로 우리는 상담을 끝내기 약 십 분 정도 전에 다음 상담 계획에 대해 이야기를 나눌 것입니다. 그렇게 해도 괜찮을까요?"

상담 회기 동안 당신은 내담자에 대한 일반적인 인상을 얻을 뿐만 아니라 게슈탈트 상담이 이 내담자에게 적합한지도 평가하려고 할 것이다. 예를 들어 당신은 이러한 게슈탈트 접근에 내담자가 반응하는지를 확인하기 위해 몇 가지 시험적 개입을 제안할 수 있다.

◆ "저는 당신의 호흡이 매우 빠름을/고르지 않음을/얕음을 알아차립니다. 지금 당신 기분은 어떤가요?"
◆ "당신이 이렇게 다른 이야기를 하는데 지금 저와 함께 있는 느낌은 어떤가요?"
◆ "당신은 그 상황에서 어떤 역할을 했다고 생각하나요?"
◆ "당신이 살아온 삶 이야기를 들으니 제 마음이 아프고 슬퍼요."

우리는 우리의 접근 방식이 내담자에게 흥미롭거나 적합할지 여부를 확인하고자 한다. 우리의 시험 개입으로 내담자는 그의 알아차림을 증진시키기 위한 초대에 응하거나, 그의 삶에 대한 어떤 책임을 받아들이거나, 자기개방에 잘 반응하거나, 형성된 관계에 대한 감각을 얻을 수 있다. 명백히 반대되는 반응(예를 들어 '어머니의 죽음에 대해 내가 어떻게 느끼든 상관 없어요. 나는 그것을 잊고 행복하고 싶어요.')은 종종 교착 상태의 첫 출현이며 이는 내담자에게 도움이 되는 방법에 대한 토론으로 이어진다.

이러한 평가 기간은 많은 경우 여러 회기에 걸쳐 진행되기도 한다. 특히 복합적인 문제를 가진 내담자 혹은 도전적인 내담자의 경우 지속적인 상담 계약에 동의할지, 리퍼를 할지를 결정하기 전, 필요에 따라 3~4회기를 진행하는 것이 좋다. 이러한 상황에서는 다음과 같이 말할 수 있다.

"이 모든 정보를 말씀해주셔서 감사합니다. 그러나 상담이 당신에게 가장 도움이 되는 방법을 우리가 결정하기 전에 더 많은 것을/더 명확하게 몇 가지 측면에서 논의할 필요가 있으므로 한 번 더 만날 것을 제안합니다."

내담자 접수 면접지 1

성명 :

나이 :

주소 :

전화번호 : (집)/(휴대폰)

      (직장)

이메일 :   주소/전화번호 :

첫 회기 날짜 :   소개한 이 :

        [이 문서는 반드시 개인상담 기록지와 분리되어 보관되어야 함]

내담자 접수 면접지 2

성명 혹은 일련번호 :

상담 시작 날짜 :

직업 :   인종/문화/종교 등 :

관계상태 :   자녀 :

부모 :

형제 :

의학적/정신병적 병력 :

알코올/약물/자살/자해 병력 :

최근 기능수준과 스트레스 :

게슈탈트 상담을 위한 위험요소와 적합도 :

이전 상담경험 :

현재 이슈/문제 :

상담 후 가시적인 기대와 희망 :

계약동의. 빈도와 기간 :

상담비용 :

동의 :
1) 비밀 유지의 한계
   a) 수퍼비전을 받는 경우
   b) 내담자 자신 혹은 타인에게 위험이 있는 경우
2) 상담 취소/연락 없이 상담을 오지 않을 경우에 대한 방침
3) 수퍼비전/전문성 함양을 목적으로 하는 녹음 및 서면자료의 사용

게슈탈트 상담에 대해 설명하기

많은 내담자들은 비현실적인 기대와 요구를 가지고 상담에 오며, 당신이 그들을 치료해주거나 최소한 그들에게 무엇을 해야 할지 알려줄 것을 기대한다. 어떤 사람은 당신이 전문가이기를 원하고 자신은 수동적인 입장을 취하면서 당신에게 자신을 맡길 것이다. 내담자가 무엇을 기대해야 하는지에 대해 어느 정도 방향성을 제시하는 것이 윤리적이다. 상담에 대해 내담자와 공유된 합의가 작업 동맹 구축에 중요한 부분임이 연구에서도 밝혀졌다. 내담자는 또한 종종 게슈탈트 상담이 무엇인지를 궁금해한다. 이것을 간단히 설명하기는 어려울 수 있으며 당신은 당신의 접근 방식을 요약한 간략한 설명을 준비할 수도 있다.

 제안 1-3

당신의 내담자가 당신에게 질문하는 상상을 해 보세요. "게슈탈트 상담이 무엇인가요? 그것은 어떻게 상담이 진행되나요?" 당신은 무엇이라고 답을 할 것이며 무슨 이유로 그렇게 답을 할 건가요?

여기 새로운 내담자에게 설명할 수 있는 예시가 있다.

◆ 게슈탈트 치료자는 사람들이 자신의 문제를 해결하거나 그들의 어려움을 직면하는 데 필요한 모든 능력을 잠재적으로 가지고 있다고 믿습니다. 하지만 때로는 막힐 때도 있고 도움을 필요로 할 때도 있습니다. 게슈탈트 상담자로서의 저의 일은 당신의 상황을 보다 명확히 파악하고, 당신이 그 상황에 어떻게 처해 있는지를 알아보고, 어려움을 해결하기 위한 새로운 방법을 찾는 실험을 하도록 돕는 것입니다.

◆ 게슈탈트 치료는 인간이 타인과 건강한 접촉을 할 수 있는 자원과 능력을 가지고 태어났으며 만족스럽고 창조적인 삶을 살아갈 수 있다고 믿는 인본주의/실존주의 치료입니다. 그러나 종종 어린 시절, 때로는 그 이후, 무엇인가가 이 과정을 방해하고 사람들은 그들 자신과 세상에 대한 고정된 패턴과 신념에 얽매이게 됩니다. 게슈탈트 치료는 이들 패턴이 어떻게 활동하고 있고 현재 생활에 어떻게 영향을 주는지를 탐색하고 밝히는 것을 목적으로 합니다. 저는 당신이 직면한 문제와 위기를 해결할 보다 창의적이고 새로운 방법을 찾을 수 있도록 지원하고자 합니다.

◆ 저는 때때로 '관계적 게슈탈트'라고 불리는 것을 연습합니다. 이것은 제가 우리의 친

구, 가족, 동료 그리고 우리 자신과의 관계에 나타나는 패턴이 우리가 누구이고 우리가 무엇을 느끼는지에 대한 열쇠라고 믿는다는 것을 의미합니다. 여기에 우리의 관계도 포함됩니다. 그리고 아마도 우리가 매우 깊은 문제와 감정에 대해 이야기할 때 더욱 그렇습니다. 저는 우리 사이에 어떤 일이 일어나고 있는지에 주의를 기울일 것이고 당신도 그렇게 하도록 초대할 것입니다.

일부 내담자는 환상이 깨지고 실망하기도 한다. 그들은 그들 자신의 선택과 가능성들에 대한 알아차림을 잃어버린 채 사실상 포기했다. 많은 사람들에게 심리치료는 평가나 압박 없이 진정으로 자신의 말을 들어주는 첫 경험이다. 이것은 마치 신혼처럼 달콤할 수 있지만 아주 짧은 시간일 수 있다. 고통스러운 고착상태에 대한 준비가 되어 있지 않은 내담자는 자기 발견의 초기 흥분이 사라지면 낙담할 수 있다. 그러므로 치료 과정을 처음 설명할 때 이 여정은 내담자의 노력과 책임이 필요하며, 한동안은 고통이 증가할 수도 있다는 것을 미리 내담자에게 알리는 것이 중요하다.

상담 계약하기

게슈탈트 상담은 이상적으로 '있는 그대로'에 대한 탐구이며 항상 미지의 세계를 향한 여행이지만, 내담자들은 일반적으로 심리적 고통을 느끼면서 특정 종류의 도움을 원하거나 그들의 삶에서 무언가가 달라지기를 원할 때 도움을 구한다. 더욱이 심리치료 연구 결과는 치료의 바람직한 결과에 대해 내담자와 공유된 합의를 갖는 것이 성공적 치료에 중요하다는 것을 명확히 보여준다. 따라서 내담자에게 성공적인 결과가 무엇인지에 대해 합의를 하는 것은 유용하며, 특히 이는 치료의 효과성을 판단하기 위한 기준을 얻을 수 있다. 어떤 변화를 원하는지 매우 명확히 알고 있는 내담자도 있지만, 많은 내담자는 자신의 어려움을 단순하게 인식하고 매우 일반적인 방식으로만 자신의 욕구를 설명할 수 있다. 공유된 초점은 '부드러운' 계약으로 알려진 것과 일치할 수 있다. 즉, 이해를 높이고 태도나 관점을 바꿔 주관적으로 평가하는 것이지 외부에서 측정 가능한 특정 결과에 대한 '명백한' 계약은 아니다. 그림 1.1은 부드러운/명백한 계약의 두 차원과 깊은/얕은 자기 이해와 관련된 네 가지 유형의 계약을 보여준다. 이러한 매트릭스를 통해 상담자와 내담자는 내담자에게 내담자가 위치한 곳에서 치료 작업을 수행할 수 있다.

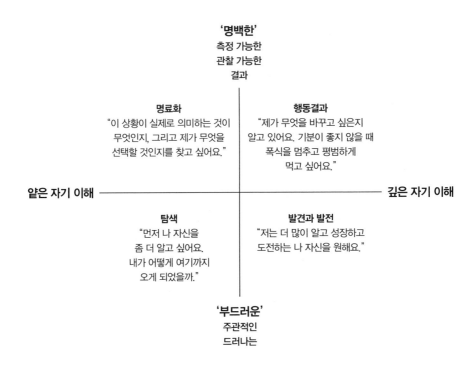

그림1.1 계약 매트릭스(Sills, 2006에서 각색)

예를 들어 짐은 첫 번째 상담 회기가 끝날 때 여성과의 관계가 왜 항상 거절당하는 것으로 끝나는지 더 잘 알고 싶다는 데 동의했다. 그가 더 좋은 관계를 맺고 싶어 한다는 것은 암묵적이었지만 그 시점에서 더 좋은 관계를 맺고 싶어 한다는 것이 어떤 모습일지 정확히 아는 것은 중요하지 않았다('부드러운' 계약–탐색). 그러나 리라는 학대하는 남편을 떠날 수 있는 지원을 원했다('명백한' 계약–행동 결과). 물론 치료의 목적과 방향은 새로운 내용이 등장함에 따라 달라질 수밖에 없다. 예를 들어 리라는 자신이 옳다고 믿는 것을 어떻게 그만두고 있는지를 알아야 할 필요가 있다는 것을 깨닫기 시작했다(탐색). 따라서 계약을 한다는 것은 진행 중인 과정이다(때로는 같은 회기 내에서도). 예를 들어 "오늘은 무엇을 다루고 싶으신가요?" 혹은 "지금 여기에서 당신에게 중요한 것은 무엇인가요?"라고 물을 수 있다. 그런 다음 계약을 정기적으로 재확인할 수 있으며, 특히 치료의 초점이 바뀌거나 문제가 해결된 것처럼 보일 때마다 확인해야 한다. 또한 유능한 전문적 실천의 관점에서 정기적인 재확인(예를 들어 3개월마다)을 통해 내담자의 상담 상황을 확인하는 것은 중요하다. "우리가 만난 지 10주가 지났습니다. 당신은 당신의 대인관계가 좋지 않았던 이유를 알고 싶다고 했지요. 지금은 좀 더 명확해졌나요?" 27장에 재확인 실시 방법이 제시되어 있다.

상담 계약서 작성하기

당신은 또한 서면 계약서가 필요할 것이다. 이는 상담실 위치, 회기 시간, 빈도, 비용(있는 경우), 취소 규칙, 그리고 비밀보장의 한계와 같은 '비즈니스' 세부사항에 대한 상담자와 내담자 간의 합의를 의미한다. 만일 당신이 기관에서 일을 하거나 상담서비스에 배치되는 경우 계약서에는 기관의 규칙과 요구사항이 들어있다. 당신과 내담자, 기관 간의 합의는 모든 당사자에게 명확해야 한다. 많은 상담자들은 그들 사이의 명확성을 보장하고, 불안한 내담자가 새로 왔을 때 내담자가 주어진 정보를 받아들이지 않을 가능성을 피하기 위해 내담자에게 계약서를 설명하는 서면 자료를 준다. 일부 기관에서는 내담자의 서명이 들어있는 자료를 요구할 것이다. 이렇게 하면 회기를 녹음하고 수퍼비전에서 내담자에 대해 토론을 하고 인정 요건으로 자료를 사용할 수 있는 허가를 받을 수 있다. 계약서의 예를 뒤에 제시한다.

일부 환경에서는 회기 수가 명확하게 규정되어 있다. 내담자는 6~12회기로 구성된 정해진 계약을 제공받는다. 그러나 회기의 제한이 정해지지 않은 경우, 내담자가 당신과 게슈탈트 상담이 무엇인지에 대한 감각을 가질 수 있게 하고, 게슈탈트 상담이 내담자에게 도움이 될지 아닐지에 대한 '시험 기간'을 갖기 위해 4회기의 초기 단기 계약을 제안하는 것도 좋은 방법이다. 이를 통해 내담자의 상황을 더욱 잘 이해하고 상담 기간이 얼마나 걸릴지 예측할 수 있다. 일반적으로 게슈탈트 상담은 매 주 이루어지는데, 이는 내담자와 치료자가 관계적 일관성과 작업을 동화 및 통합하는 기회 사이에 좋은 균형을 제공한다고 판단하기 때문이다. 그러나 때로는 이를 변경시키는 것에 타당한 이유가 있을 수 있으며, 일부 내담자는 더 자주 와야 하고 다른 내담자는 더 긴 간격으로 혹은 심지어는 불규칙적으로 상담을 할 수도 있다. 계약 변경에 동의하는 것을 생각하는 경우 당신은 당신의 수퍼바이저와 논의를 거쳐 그 동의가 무언가를 회피하는 것은 아닌지 살펴봐야 한다.

안전하게 담아주는 공간 만들기

모든 좋은 심리치료의 중요한 요소 중의 하나는 '안전하게 담아주는 공간container의 제공'

이라 불리는 것으로 내담자가 상담과정에 자신의 모든 것을 가져올 수 있는 공간을 만드는 것이다. 이는 방해로부터 보호되는 물리적 공간에서 시작한다. 그리고 내담자가 어렵거나 불편한 생각을 거절당하지 않을 것이라는 마음으로 자신을 표현할 수 있고, 상담자가 안전을 유지할 것이라는 것을 알고 있으면서, 실험과 위험을 감수할 수 있는 심리적 공간으로 확장된다. 이 안전하게 담아주는 공간은 부분적으로 치료 계약에 의해 만들어지지만 대부분 일관성 있고 지지적이며 도전적인 상담자에 대한 내담자 경험에 의해 만들어진다(4장 치료 관계 참조).

내담자가 비밀 유지에 대한 우려를 반복적으로 표현하거나 치료자에게 지나치게 불쾌한지를 물어본다면 안전하게 담아주는 공간에 문제가 생긴 것으로 추측할 수 있다. 내담자에게는 치료자가 회기 내에 나타나는 어떤 것이든 담아줄 수 있는 감각이 필요하다. 안전하게 담아주는 공간을 만드는 것은 게슈탈트 상담에서 많이 논의되지 않지만, 특히 취약하거나 초기 경험을 방해받은 내담자의 경우 상담의 성공적인 결과에 매우 중요하다(20장, 21장 트라우마 치료에서의 안전한 응급 상황 참조). 만일 수퍼바이저와의 관계에서 안전하게 담아주는 공간의 병렬 과정[1]을 거치면 치료자의 능력은 강화된다.

요약하자면, 상담 계약은 상담 방향에 동의하고 내담자와 치료자 간의 긴밀한 협력을 확보하기 위한 지침으로서 도움이 되며, 상담을 시작하기 위한 근거와 동의를 제공한다. 또한 내담자가 상담 가능 시간, 상담자가 할 수 있는 것과 할 수 없는 것을 파악할 수 있도록 내담자의 경계와 한계를 정의하며, 이후 상담 리뷰를 위한 판단 기준을 제공한다.

비용에 대해 언급하기

만일 당신이 상담자가 상담비용을 협상해야 하는 기관에서 일하고 있다면, 내담자가 지불하는 상담비용에 대해 내담자와 명확한 합의를 해야 하는 입장이 된다. 상담자들은 이 대화가 어렵다고 느낄 때가 많다. 상담자들은 그들이 제공하는 것에 금전적 가치를 매기는 것을 어려워한다. 만일 당신이 개인 상담을 하고 있다면, 당신 경험 수준에 따른 평균 상담

---

1 역주) 수퍼비전 과정에서의 수퍼바이저와 상담 수련생 간의 상호작용이 실제 상담에서의 상담자와 내담자 간의 상호작용과 어느 정도 유사한 특성을 가지고 있다는 개념

상담 동의서

치료자 성명/기관 :

주소 :

전화번호 :

이메일 :   날짜 :

◆ 상담비용은 50분/1회기당 ○○입니다.

◆ 상담 취소에 대한 규정입니다. 상담 중 부득이한 이유로 정해진 날짜에 상담이 불가능한 경우 최소 ○일 전까지 말씀해주시면 내담자와 상담자의 합의하에 해당 주의 다른 요일에 상담일을 정할 수 있습니다. 하지만 당일 취소의 경우 상담비용이 부과됩니다.

◆ 상담 중 상담자는 몇 가지를 기록할 수 있습니다. 기록한 것들은 내담자 정보가 식별되지 않으며 안전하게 보관됩니다.

◆ 상담 내용은 내담자의 동의 후 녹음될 수 있습니다. 내담자가 마음이 바뀌면 언제든 녹음을 중단할 수 있고 녹음 내용은 삭제됩니다.

◆ 상담자는 ○○학회의 윤리강령을 준수하며 내담자 요청 시 윤리강령 사본을 제공해 드립니다.

◆ 상담 내용은 내담자의 동의 없이 어떠한 내용도 공개하지 않습니다. 그러나 비밀보장이 제한되는 다음의 세 가지 비밀유지 예외사항이 있습니다.

　　a. 필요 시 수퍼바이저와 함께 상담 내용에 대해 논의할 수 있습니다. 이는 표준관행이며 최선의 상담을 진행하는 데 도움이 될 것입니다. 수퍼바이저는 상담자와 같은 학회의 윤리강령을 준수하며 비밀을 유지합니다.

　　b. 내담자가 자기 또는 타인을 상해할 위험이 있다고 판단되는 경우 상담자는 위험을 방지하기 위해 비밀을 유지하는 것을 보류합니다. 하지만 이러한 보류는 극단적인 상황에서만 행해질 것이고 조치를 취하기 전 먼저 내담자와 논의할 것입니다.

　　c. 법원에서 증거를 요구하는 경우(예 : 형사재판의 경우)

◆ 내담자의 전문성 함양과 전문가 자격 승인을 위해 상담자는 일부 상담에 대한 녹음 혹은 서면자료를 관련기관에 제출할 수 있습니다. 서면자료는 내담자의 정보를 알지 못하게 변경되어 처리되며, 윤리강령을 준수하는 전문가에 의해서만 검토됩니다.

비용 구조가 어떠한지 알아보는 것이 유용할 것이다.

첫 번째 전화 통화나 인터뷰 때 당신의 일반 비용을 이야기하자. 만일 당신이 상담비용의 조정이 가능하다면, 예를 들어 "만일 그것이 어렵다면, 조정이 가능합니다. 그것은 우리가 만나서 얘기할 수 있습니다." 아니면 "저는 ○○에서 ○○ 사이의 비용을 받고 있습니다." 혹은 "제 통상적인 상담비용은 ○○입니다."

상담자 자신과 적합하지 않은 내담자 결정하기

첫 번째 회기에서 당신은 내담자를 상담하고 싶지 않다는 결론을 내릴 수 있다(내담자가 적합한지 여부를 결정하는 방법은 76쪽 '적합성 평가' 참조). 이는 대부분의 상담자들에게 쉽지 않은 영역이다. 항상 모두를 도울 수 있는 능력과 자원의 부족을 인정하는 것은 우리의 자아상에 어긋나는 일이다. 하지만 물론 우리는 전지전능하고자 하는 충동을 극복하고 내담자와 우리 자신에게 무엇이 최선인지를 생각해야 한다. 이는 첫 회기가 내담자와 상담자에게 어떤 종류의 도움이 필요한지 결정할 수 있는 기회라는 점에서 첫 단계에서 잠시 머뭇거리는 태도의 유용성을 강조한다. 우리는 아래와 같이 권장한다.

> "저는 초기 상담을 위한 만남을 제안합니다. 이를 통해 우리는 서로 만날 수 있는 기회를 주고 당신이 상담에서 무엇을 필요로 하는지, 제가 당신을 도울 수 있는 적임자인지를 함께 결정할 수 있을지를 확인할 수 있을 것입니다."

이 회기를 마친 후 당신이 이 상담을 진행하는 것은 적합하지 않다고 판단할 수도 있다(5장 평가와 진단 참조). 그러나 치료자가 이러한 결정을 내리기는 어렵다. 뿐만 아니라 특히 많은 내담자들은 이미 자신이 너무 압도적이거나 매력적이지 않거나 혼란스럽다고 두려워하기 때문에 내담자에게 이런 내용을 전달하는 것도 어렵다. 그러므로 내담자를 거절할 적절한 단어를 찾는 것은 중요하다. 우리는 일반적으로 다음과 같은 말로 시작한다.

> "저는 당신의 문제를 잘 이해하고 있고 그것이 얼마나 중요한지를 알고 있어요. 하지만 저는 당신을 돕기에 적합한 사람이 아니라고 생각합니다."

그런 다음 우리는 내담자가 특정 문제를 전문적으로 다루는 사람이 필요하다거나, 흔하지 않게 때로는 내담자에게 우리 자신이 적합한 상담자가 아니라는 것을 의미하는 개인문제 혹은 경계문제가 있다고 생각한다고 말할 수 있다(이런 경우 일반적으로 상담비용을 청구하지 않는다).

예 :

"당신이 경험하는 고통의 정도는 지금 당장 상담이 도움이 되지 않을 것이라고 생각됩니다. 먼저 병원을 방문하여 전문의의 의견을 물어보는 것이 좋겠습니다."

혹은

"당신과 얘기를 나눈 문제 중 하나는 저에게 매우 개인적으로 와닿는 문제입니다. 저도 작년에 아이(부모/배우자 등)을 잃었고 제 감정은 여전히 편안하지 않습니다. 저는 당신을 만나서 기쁩니다. 하지만 저는 당신이 다른 문제에 산만해지지 않고 당신을 위해 최선을 다해 줄 상담자를 만나는 것이 중요하다고 생각합니다. 제가 당신을 도울 수 있을 것 같은 제 동료를 소개해 드리면 어떨까요?"

예시에서 우리는 내담자에게 더 적합한 치료자를 찾는 것을 언급한다. 내담자를 단순히 외면하기보다는 내담자에게 추천을 제안하는 것이 최선이다. 이는 전문 동료, 사설 기관, 정신건강 서비스, 저렴한 국가기관 등을 포함하여 우리 지역에서 활용할 수 있는 자원이 무엇인지 알고 있어야 할 책임이 있다는 것이기도 하다.

제안 1-4

내담자가 더 적합한 상담자를 추천받는 것에 대해 편안함을 느낄 수 있도록 돕는 것은 상담자가 편안함과 자신감을 가지는 것입니다. 상담자가 당신을 도울 능력이 없다고 생각해서 거절당했다고 상상해 보십시오. 당신은 어떤 반응을 보였을 것이라고 생각하나요? 당신은 이 결정을 받아들이는 데 무엇이 도움이 되었습니까?

상담기록 보관하기

기록은 윤리적으로나 전문적으로 필요하지만, 어떤 종류의 기록을 해야 하는지에 대한 규칙은 없다. 중요한 것은 단지 규칙을 따르는 훈련이 아니라 당신에게 유용해야 한다는 것이다. 치료자 중에는 자신의 생각을 문서화하여 수행해야 하는 주요 문제를 상기시키기도 하고, 그때 그때의 새로운 과정을 작업하는 것을 선호하기도 한다. 따라서 한편에서는 기록이 단순히 당신의 심리치료 날짜와 시간에 대한 기록일 뿐일 수 있고, 다른 한편에서는 심리치료의 내용과 과정에 대한 상세한 토론의 기록일 수도 있다. 내담자는 기록을 볼 것을 요청할 수 있으며 일반적으로 그렇게 할 권리가 있다. 따라서 치료 회기에서 설정한 존중된 참여가 기록에 반영되도록 하는 것은 윤리뿐만 아니라 사려깊음과 재치의 문제이다. 논의된 주제, 새로 나타난 주제, 약속을 깨뜨린 것, 지불한 상담비용 등 실제로 내담자가 모두 알고 놀라지 않고 읽을 수 있는 모든 세부사항을 서면으로 기록할 수 있다. 드물게 법정에서 기록해야 하는 경우는 치료력에 대한 실제 기록으로 제시될 수 있다.

개인적인 생각과 인상, 역전이 반응 등을 개인 일지에 작성하는 것도 좋다. 내담자를 특정하지 않는 한, 그것은 전문적이거나 법적인 의미에서 '기록'이 아니라 당신의 사유재산이며 사적인 일지이다. 그것은 순간의 인상, 진단적 추측, 그리고 순수하게 당신 자신의 경험으로 쓰여진 당신의 삶과 일에 대한 질문일 수 있다. 이 일지에는 당신이 수퍼비전 받고 싶은 질문을 쓸 수도 있다. 하지만 법원은 원할 경우 상담자 소유의 내담자에 대한 자료 열람을 요구할 수 있고, 만일 일지에 내담자를 식별할 수 있는 이름이나 실제 내용이 포함되어 있다면 어떠한 것도 요청할 수 있다는 것을 기억해야 한다.

공식적인 내담자의 기록은 안전한 기밀 장소에 보관해야 하며 코드 또는 일부 이름으로만 식별되어야 한다. 이름, 주소 및 전화번호는 다른 곳에 보관해야 한다. 내담자가 법적 이유 및 다시 상담에 올 것을 대비하여 상담 종결 후 일정 기간 동안 보관해야 하고, 그 기간이 지나면 파기할 수 있다. 또한 당신은 질병이나 죽음의 가능성이 있고 상담이 중단될 수 있기 때문에 주위 동료가 당신을 대신해서 상담을 진행할 대행자가 되도록 준비해야 한다. 대행자는 이전 기록을 파기하고 현재 내담자의 지원 및 추천을 준비할 수 있도록 내담자의 세부정보를 찾을 수 있는 위치에 대한 정보를 알고 있어야 한다. 당신의 친한 동료는 당신을 애도하느라 바쁠 것이기 때문에 조금은 덜 가까운 동료를 대행자로 선택하는 것이 나을 것이다. 당신은 유언장에 이 대행자에게 일정 비용을 지불할 조항을 만들 수 있다.

권장문헌

Bor, R. and Watts, M. (2016) *The Trainee Handbook: A Guide for Counselling Psychotherapy Trainees*, 4th edn. London: Sage.

Feltham, C. and Horton, I. (2012) *The Sage Handbook of Counselling and Psychotherapy*, 3rd edn. London: Sage.

Jenkins, P. (2017) *Professional Practice in Counselling, Psychotherapy: Ethics and the Law*. London: Sage.

Sills, C. (2006) 'Contracts and contract making', in C. Sills (ed.), *Contracts in Counselling and Psychotherapy*, 2nd edn. London: Sage. pp. 9–26.

게슈탈트 심리치료에 대한 유용한 자료

Clarkson, P. with Cavicchia, P. (2013) *Gestalt Counselling in Action*, 4th edn. London: Sage.

Houston, G. (2013) *Gestalt Counselling in a Nutshell*. London: Sage.

Mackewn, J. (2009) *Developing Gestalt Counselling*. London: Sage. (**See Chapter 1**.)

Mann, D. (2010) *Gestalt Therapy: 100 Key Points*. London: Routledge.

Sills, C., Lapworth, P. and Desmond, B. (2013) *Introduction to Gestalt*. London: Sage.

Woldt, A. L. and Toman, S. M. (eds) (2005) *Gestalt Therapy – History, Theory and Practice*. Thousand Oaks, CA: Sage.

Yontef, G. and Jacobs, L. (2013) 'Gestalt therapy', in D. Wedding and R. Corsini (eds), *Current Psychotherapies*, 10th edn. Belmont, CA: Cengage Learning. (For a free downloadable PDF of this chapter go to the Pacific Gestalt Institute website, www.gestalttherapy.org)

제2장

현상학과 장 이론

[레스토랑, 저자들은 글 쓰기를 멈추고 잠깐 쉬고 있다.]

샤롯 : 현상학은 매우 흥미로운 개념이지만 다소 무겁고 지루하게 느껴져요. 어떻게 하면 생생하게 살아있는 현상학을 알 수 있을까요?

필 : 자, 지금 당신에게 무슨 일이 일어나고 있나요? 무엇을 경험하고 알아차리고 있나요?

샤롯 : [방을 둘러보며] 저기 뒤에 있는 그림을 밝게 비추고 있는 하얀 양초가 보여요. 한 폭의 그림 같아요.

필 : 그래서 기분이 어때요?

샤롯 : 흥미롭고 행복해요.

필 : 당신은 당신의 세계를 둘러보고 있고 서로 조화를 이루는 것을 보고 기쁨을 얻고 있는 거지요.

샤롯 : [웃으며] 그게 바로 나예요. 나는 조화로운 것을 보는 것을 좋아해요.

필 : 내가 초를 보았을 때, 나는 촛농이 테이블에 떨어지는 것을 보고 어떻게 할까 생각했어요. 지금 당신의 현상학은 당신 주변의 조화로움을 보는 것이고, 나의 현상학은 내가 해결할 수 있는 문제를 알아차리는 것이죠. 그건 그렇고, 당신 셔츠에 부스러기가 묻어 있어요!

현상학적 탐구방법

현상학적 접근은 내담자의 행동을 해석하는 것이 아니라 가능한 내담자의 경험에 가깝게 머무르면서 지금–여기의 순간에 내담자가 어떻게 자신의 세계를 이해하고 있는지를 탐색하고 알아차리도록 함을 의미한다. 탐구심으로 자신에게 가까워짐에 따라, 내담자는 '내가 누구이고 어떤 사람인가'를 알게 된다. 현상학적 방법은 사실 하나의 기법과 같은 태도이다. 그것은 열린 마음과 진정한 호기심으로 내담자에게 다가가는 것이며 내담자의 개인적인 경험을 발견하는 것 외에는 아무것도 중요하지 않다. 이렇게 함으로써, 내담자는 자신의 과정과 선택의 알아차림에 집중하고 예리해진다.

현상학적 방법은 Husserl(1931)이 실존의 본질을 조사하는 방법으로 처음 제안했고, 이후 Heidegger와 Merleau-Ponty와 같은 실존 철학자들에 의해 발전되었다. 현상학적 관점의 요지는 사람들은 항상 능동적으로 자신의 세계에 의미를 부여한다는 것이다. 그러므로 내담자는 항상 자신의 현재 문제를 포함하여 자신이 무엇을 경험하고 있는지와 어떻게 경험하고 있는지에 대해 적극적으로 참여하고 있다는 것이다.

현상학적 탐구는 치료 환경에 맞게 적용되어 치료자와 내담자 모두가 내담자의 주관적 의미와 자신의 경험을 탐구하는 방법이 되었다. 치료자에게는 세 가지 주요 작업이 있다. 첫째는 **괄호치기**bracketing로 상담자가 자신의 신념, 가정, 판단을 한 켠에 두고, 내담자의 상황을 가능한 '마치 처음인 것처럼' 보는 것이다. 둘째는 **묘사하기**description로 이해되거나 설명되는 것이 아니라 감각에 즉시 명백해지는 것에 대한 현상이다. 셋째는 **수평주의**horizontalism로 내담자의 행동, 외모, 표현 그리고 접촉의 모든 측면이 잠재적으로 동등하게 중요하다는 것이다.

현상학적 탐구라는 개념에 내포되어 있기는 하지만, 이것이 다른 세 가지 생명을 불어넣는 것이기 때문에 우리는 '**적극적 호기심**active curiosity'이라는 네 번째 요소를 명시적으로 명명할 가치가 있다고 믿는다.

상담자에게 현상학적 방법은 당신의 판단과 선입견을 가볍고 개방적인 태도로 유지하며, 내담자의 신선한 경험을 가능하게 하는 시도이다. 그것은 마치 낯선 해외에서 휴가를 보내는 첫날처럼, 새로운 것을 온전히 받아들이고 자연스러운 이해를 바라면서, 참신함과 차이에 대한 개방성으로 당신의 경험에 접근하는 것과 같다.

물론 세상과 그 안에 있는 사람들의 의미를 만드는 당신만의 특별한 방식인 자신의 주관적인 렌즈로부터 자유로울 방법은 없다. 더욱이 당신이 무엇을 알아차리고 무엇이 당신의 흥미를 끌게 하는지를 묻는 현상학적 질문들은 필연적으로 치료자로서 당신의 역할에 초점이 맞춰질 것이다. 그러나 우리는 무언가에 대한 우리의 태도가 경직되고 고정관념적이며 편협할 때와 개방적이고, 새로운 의미, 새로운 인상, 새로운 이해에 접근할 수 있을 때의 차이를 알고 있다.

우리는 또한 이 책의 전반에 걸쳐 객관적인 모든 상호작용에 진정한 의미가 있다고 믿는다. 즉, 당신은 관계에서 벗어날 수 없고, 당신의 의미 만들기와 분리될 수 없다. 이 방법은 실제로 보다 명확한 관점과 이해를 위해 내담자(및 관계)에 대한 당신의 판단과 반응을 알아차리게 하는 유일한 시도이다.

괄호치기

현상학적 탐구의 첫 번째 기법은 상담자가 치료적 관계에서 필연적으로 수반되는 선입견, 판단 및 태도를 확인하고 인정하는 시도이다. 괄호치기 안에 있는 순간, 상담자는 이 모든 것을 한쪽으로 치우고 이 특별한 순간에 이 특별한 내담자에게 열린 마음으로 존재하기 위해 가능한 노력한다.

언젠가 당신은 친숙한 사람을 다른 관점에서 보면서, 처음 보는 것 같은 느낌을 받았던 경험이 있을 것이다. 이 경험은 그동안 당연하게 여겼던 고유한 사람에 대한 신선함, 감사, 놀라움을 동반할 때가 많다. 물론 한 번에 많은 순간들을 이런 방식으로 괄호치기를 하는 것은 불가능하며, 실제로 우리의 가정과 태도 없이 기능을 수행하는 것은 불가능하다. 인간은 의미를 부여받고, 경험으로부터 배우고, 결론을 도출하며, 판단을 내리는 태도가 없다면 의미 있게 살 수 없을 것이다.

> 지각은… 외부 '현실'을 수동적으로 기록하는 것이 아니라 구성과 문제해결 과정으로 이해된다. (Clarkson with Cavicchia, 2013: 207)

그러나 인간은 또한 경직되고 고정관념에 빠지는 경향이 있다. 인간은 보고 싶은 것만을 보고 나면 새로운 감각과 새로운 가능성을 잃는다. 우리는 피부색, 인종, 국적 또는 정신 질환에 대한 고정관념의 결과를 볼 필요는 없다. 하지만 괄호치기는 선입견, 태도 또는 반응으로부터 **자유로워지려는** 시도와 관련이 없다. 괄호치기는 우리를 지금-여기의 새로움에 가깝게 하고 각 내담자의 고유한 경험의 의미에 대해 성급하거나 섣부른 판단을 내릴 위험을 피하려는 시도이다.

 제안 2-1

> 다음 사항을 생각해 보세요.
> 1. 짐은 그의 어머니가 방금 암으로 사망했다고 말합니다.
> 2. 캐서린은 더 책임감 있는 지위로 승진했다고 말합니다.
> 3. 마일즈는 그가 일곱 살짜리 딸을 때렸다고 말합니다.
> 4. 게이코는 한 번도 만난 적 없는 남성과 중매결혼을 하겠다고 선언합니다.

내담자로부터 이러한 이야기를 듣는다고 상상해 보자. 각각 듣는 것에 대한 즉각적인 반응, 감정 혹은 판단은 무엇인가? 심지어 그렇게 작은 정보에도 당신은 당신이 얼마나 빨리 의견을 형성하는지를 알 수 있다. 슬픔보다는 안도감이나 분노를 의미하는 사별, 분명히 원했지만 불안을 의미하는 사건, 필요에 따라 정당화되는 학대, 보편적 사건과는 놀랍도록 다른 문화적 의미를 갖는 등 우리는 같은 사건이라도 치료자와 내담자가 얼마나 다르게 인식할 수 있는지에 종종 놀라곤 한다.

괄호치기를 어떻게 훈련하는지 명확히 설명하기는 어렵지만, 당신의 의견이나 판단이 잠재적으로 의심스럽거나 시기상조이며 어떤 결론에 도달하기 전에 기다려야 한다는 신중한 태도에서 시작하는 것은 도움이 될 것이다. 적어도 당신은 자신의 선입견을 알아차릴 수 있고, 이를 바탕으로 새로운 증거에 비추어 선입견을 수정할 준비를 할 수 있다. 이후 장에서 설명하는 기초 연습과 간단한 알아차림 연습이 머리가 아닌 몸과 마음으로부터의 소리를 듣는 데 도움이 된다는 것을 알게 될 것이다!

사례 2-1

제임스 : 방금 아내가 임신했다는 것을 알게 되었고 그녀가 매우 기뻐하고 있어요.

[상담자 반응 : 즉시 긍정적 반응을 느끼지만 망설인다.]

상담자 : 당신은 어떤 마음인가요? [상담자의 가치와 반응을 괄호치기 한다.]

제임스 : 나도 잘 모르겠어요. 물론 기쁘죠.

(계속)

> 상담자 : 기쁘다고 말은 하지만 확신은 없는 것 같군요.
> 제임스 : 네, 그런 것 같아요. 그건 새로운 삶이죠. 아기가 이 세상에 오는 것은.
> [상담자 반응 : 기쁨이 아닌 다른 감정을 느끼기 시작한다. — 염려나 걱정 같은]
> 상담자 : 아기를 갖는 것에 대해 다른 느낌이나 걱정이 있나요? [상담자의 새로운 판단을 정리하고 말하지
> 않은 무언가에 대해 탐색한다.]
> 제임스 : 아뇨, 괜찮아요. 하지만 이렇게 어려운 시기에 아이를 키우는 것은 걱정이 돼요.

상담자의 잠정적 태도는 반응(예를 들면 축하와 같은)이 더 긍정적이었다면 놓쳤을지도 모르는 더 복잡한 의미를 만들 수 있었다.

　괄호치기의 태도는 어떤 면에서 미스터리를 탐색하는 것과 비슷하다. 당신은 이 특정 상황을 이해하고 질문을 하면서 알아내고자 한다. '그것에 대해 어떤 느낌인가요?', '그것은 당신에게 무엇을 의미하나요?', '그게 말이 되나요?', '어떻게 그런 일이 일어났나요?' 하지만 (적어도 처음에는) 무엇을 발견할지에 대한 기대는 없다. 당신은 상황의 의미가 나타나도록 허용하고 있고, 괄호치기와 개방적인 태도는 종종 탐색을 시작하는 가장 좋은 방법이다.

제안 2-2

지금까지 만나온 내담자(혹은 친구)에 대해 생각해 보세요. 예를 들어 직업, 성별, 사회 경제적 집단, 성격 스타일, 그가 당신을 어떻게 보는지, 자신을 정리하기 위해 실제로 무엇을 해야 하는지 등과 같은 범주로 그를 당신 자신에게 설명하세요.

　이제, 그 모든 것을 놓아버리고, 어떠한 편견이나 의미를 만들려고 시도하지 말고 그의 앞에 앉아 있는 이미지를 만들어내십시오. 그에 대해 무엇을 알 수 있나요? 그는 어떻게 앉아 있나요? 그는 어떻게 자신의 몸을 유지하나요? 그의 머리카락, 피부 톤, 호흡은 어떤가요? 그의 표정은 어떤가요? 당신에게 어떤 이미지나 감정이 떠오르나요?

　이 두 가지 인식 방법을 통해 어떤 다른 인상이 생기는지를 당신은 알 수 있습니다.

괄호치기 기법은 또한 일종의 괄호치기를 필요로 하는 창조적 무심과 포함의 훈련에 매우 중요하다. 이 둘에 관한 내용은 이 책의 뒷부분에서 곧 설명할 것이다.

묘사하기

현상학적 탐구와 관련한 두 번째 기법은 바로 묘사하기이다. 이것은 즉각적으로 명백하고 당신이 보는 것을 묘사하는 것에 대한 알아차림에 머무는 것을 포함한다. 상담자가 자신의 가설과 가치관을 괄호치기 하는 동안 자신이 알아차리는 것(보고, 듣고, 느끼는 등), 내담자가 말하거나 행동하는 것을 지각하는 것, 현재 자신이 경험하고 있는 것을 해석 없이 묘사하는 것에 자신을 한정시킨다.

일반적인 개입은 다음과 같다.

"저는 　…것을 알아차리고 있습니다." (예 : 당신의 호흡이 빨라졌다는)

"당신은 　…라고 말하는 것 같군요." (예 : 이것은 매우 중요합니다)

"당신은 　…처럼 보입니다." (예 : 고통스러운 것)

"저는 　…것을 알아차립니다." (예 : 당신이 10분 늦게 도착한)

상담자는 자신의 접촉 기능(세상을 직접 지각하고 경험하고 접촉하는 방식)과 신체 반응에 대한 정보에 가까이 있어야 한다. 상담자가 이렇게 하면 내담자의 신체 자세, 목소리 톤, 호흡 속도 혹은 반복적인 주제와 같은 흥미로운 전경이 나타날 것이다. 상담자는 또한 감정적 반응, 신체적 긴장 혹은 흥미 상실과 같은 자신의 현상을 알아차릴 것이다. 이러한 방식으로 상담자는 내담자의 떠오르는 전경과 주제를 묘사한다. 이런 상담자의 적극적 활동을 추적tracking이라고도 한다. 즉, 시간이 지남에 따라 전개되는 현상학적 과정의 움직임을 따라가는 것이다.

사례 2-2

케스는 늦게 도착하여 조용히 앉아 시선을 아래를 향한 채 몸을 거의 움직이지 않고 침묵하고 있다. 상담자가 케스의 몸의 정지상태와 침묵의 강도에 대해 이야기하자 케스는 서서히 위를 올려다보며 자신이 얼마나 많은 슬픔을 참고 있는지 알고 있다고 말한다. 상담자는 케스에게 "꽉 쥐어진 당신의 손에서 작고 불안한 움직임을 알아차렸어요."라고 말한다. 케스가 자신의 손가락, 손, 팔의 감각에 주의를 기울이면서… 케스는 더 활력이 생기고 조용해지다가 다시 고요해진다. 상담자는 이 관찰을 케스와 나눈다. 케스는 "저는 너무 괴롭고 두려워요. 이런 저를 보고 당신이 저를 약하다고 판단할 것 같아요."라고 말한다.

이 기법은 내담자가 자신의 경험을 접촉하고 무엇이 방해가 되는지를 밝히게 한다. 묘사는 새로 나타나는 전경에 대한 주의, 지지와 관심을 제공한다. 상담자는 또한 내담자가 자신의 해석, 신념, 의미 형성을 드러낼 수 있도록 내담자의 감정과 경험에 최대한 주의를 기울인다.

다음은 주의해야 할 것들이다. 종종 치료자가 알아차리는 것은 내담자의 알아차림을 벗어나는 현상이나 반응들이다. 일부 내담자는 자신의 신체 움직임, 목소리 톤, 단어 선택 등을 알아차린 누군가의 경험에 의해 노출되었다 생각할 수도 있고 수치심을 느낄 수도 있다. 치료자의 묘사가 민감하고 적절하게 표현되는 것이 중요하다. 내담자가 자신이 현미경으로 관찰되고 있다고 느끼게 해서는 안 된다. 이 장의 뒷부분에 이 기법에 대한 설명이 있다.

수평화

세상에 일어나는 모든 일은 잠재적으로 다른 어떤 것과 마찬가지로(수평적으로) 중요하다. 다르게 말하면 모든 것을 고려해야 사물의 의미를 이해할 수 있다는 것이다. 이 원칙은 현상학적 탐구의 세 번째 기법으로 이어진다. 상담자는 그가 보거나 반응하는 것에 위계를 갖지 않는다. 내담자의 신체 움직임은 그가 무엇을 하느냐에 따라 의미가 있을 수 있다. 물론 이것은 미묘한 기법이다. 상담자가 내담자와 무관한 것에 주의를 끌기 위해 서투른 방식으로 내담자의 흐름을 방해하는 것은 적절하지 않다. 그러나 우리는 게슈탈트가 '명백한 치료'이자 '장 이론의 원리'라는 펄스의 저명한 조언을 염두에 두고 있다.

수평화는 우리가 성공적인 괄호치기를 하고 우리의 개입을 '무엇인가'에 대한 묘사로 제한한다면 가장 자연스럽게 이루어진다. 이러한 방식으로 우리는 고조된 지각이 현상이나 이상 징후를 알아차리고 이름을 짓는다고 믿는다. 물론 감정이 거의 없이 임박한 이혼에 대해 이야기하는 내담자의 경우와 같이 배경이 무엇인지, 결여되거나 누락된 것이 무엇인지도 역시 중요할 수 있다.

사례 2-3

상담자 : 당신이 아내에 대해 이야기하는 동안 창밖을 많이 보고 있다는 것을 알아차립니다. [상담자는 내담자가 하는 말의 내용과 내담자가 창밖을 보는 행위에 같은 무게를 둔다.]

내담자 : 내가 그랬나요? 네, 그런 것 같아요. 저 커다란 너도밤나무 꼭대기가 보이는데 너무 멀리 있는 것 같아 왠지 위안이 되네요.

상담자 : 어떻게 위로가 되죠?

내담자 : 나는 내 결혼에 대해 이야기하고 싶지 않아요. 나는 당신에게 그것을 말하고 싶지 않고 당신은 나를 보면서 동정하고 있어요. 나는… 오! 바보 같은 것은 알지만… 당신에게 화가 난 것 같아요. 당신 때문에 내가 이 이야기를 하고 있어요. 당신은 나에게 진짜 무슨 일이 일어나고 있는지 보게 하고 있고 나는 그걸 원하지 않아요.

상담자 : 네.

내담자 : 마치 당신이 저에게 다가올 수 없는 것처럼 아무도 나에게 나의 고통스러움에 대해 이야기하게 할 수 없어요.

상담자 : 자신을 안전하게 지키기 위해 거리를 두고 있는 것이 익숙한 느낌이 드나요?

이 사례에서 상담자는 창밖을 내다보는 현상과 내담자의 말 내용에 동일한 비중을 두어 뜻밖의 관계적 의사소통을 가능하게 했다.

적극적 호기심

치료할 때 가장 필요한 것 중 하나는 내담자에게 매료될 수 있어야 한다는 것이다.
(Polster, 1985: 9)

공식적인 현상학적 방법의 일부는 아니지만, 적극적 호기심은 내담자의 세계를 이해하려고 시도하는 게슈탈트에서 상담자 역할의 필수적인 부분이다. 당신은 상황이 어떻게 발생하는지, 내담자가 상황을 어떻게 이해하는지, 이것이 그것과 어떻게 일치하는지, 더 큰 장에서 의미하는 것은 무엇인지에 관심을 가질 필요가 있다. 이렇게 함으로써, 당신은 내담자가 자신의 이해를 탐색하고 명확하게 하도록 돕는다. 당신은 내담자가 경험하는 모든 것에 호기심을 가질 필요가 있다.

당신의 호기심은 종종 많은 질문으로 이어질 것이다. 질문과 관련된 황금 법칙은 단순한 질문이 아닌 현상학적 탐구의 일부인지를 확인하는 것이다. 내담자가 예상치 않게 마치 종교 재판이 자신에게 닥친 것 같거나 당신이 내담자를 조종하려고 하는 정답이 있는 것처럼 느끼게 하지 않는 것이 중요하다. 답변이 정해져 있는 폐쇄형 질문을 피하자. 예를 들어 다음과 같은 폐쇄형 질문을 비교해 보자.

"어렵나요?"

"잘 잤나요?"

"슬픈가요?"

다음과 같은 '개방형 질문' 으로

"어땠나요?"

"어떻게 잤나요?"

"기분이 어떤가요?"

또한 '왜?'라는 질문을 조심해야 한다. 이러한 질문은 우리가 제안하는 일종의 호기심을 막을 수 있다. 일반적으로 '왜?' 질문은 사고 반응이나 합리화를 불러일으키며 종종 '왜 상담에 늦게 도착했습니까?'와 같은 비판을 의미한다. '어떻게 늦게 도착하게 된 건가요?' '늦게 도착한다는 것은 어떤 의미인가요?'와 같은 개방형 질문으로 질문하는 것이 훨씬 유리하다. 이러한 질문은 내담자의 내용보다는 과정에 대한 질문이다.

　우리는 또한 두 가지 특정 탐구 양식을 추천한다. 하나는 우리가 '미시적 프로세스 탐색' 이라 부르는 것으로, 내담자가 어떤 일에 대해 자신의 복잡한 반응을 알아차려 몇 초 동안 자신의 경험에 세심한 주의를 기울일 수 있도록 초대하는 것이다. 예를 들어 당신이 말한 것에 대해 내담자가 혼란스러워 보이거나 일반적이지 않은 반응을 보인다면, 경험의 '이유'나 '어떻게'가 아니라 '그때 무슨 일이 일어났나요?' 혹은 '지금 무슨 일이 일어나고 있나요?'라고 묻는다.

사례 2-4

상담자 : 방금 무슨 일이 일어난 건가요? 제가 말하는 동안, 당신의 표정은 변했고 당신은 창문쪽을 바라보았어요. 그리고 제가 말을 멈추었을 때, 당신은 예의 있게 제 말의 의미를 설명해달라고 요청했어요. 우리 둘 사이에 몇 초 동안 무슨 일이 일어났는지 궁금하군요.

(계속)

> 레그 　 : 당신은 나에게 많은 질문을 했는데 나는 그것들을 따라갈 수가 없었어요. 나는 길을 잃은 느낌이 들었어요.
>
> 상담자 : 그리고 무슨 일이 일어났나요?
>
> 레그 　 : 내가 바보처럼 느껴지기 시작했어요.
>
> 상담자 : 그다음에는?
>
> 레그 　 : 그리고는 나는 당신에게 화가 나기 시작했어요. 마치 당신이 나를 무능하다고 비난하는 것 같았어요.
>
> 상담자 : 그러고 나서는요?
>
> 레그 　 : '당신은 전문가이고, 너는 니가 무엇을 하고 있는지 알아야 해'라고 나 자신에게 말했어요. 그래서 저는 질문에 대한 답을 생각하려고 했지만 내 속이 엉망이 된 것 같은 느낌이 들었어요. 그런 다음 혼란스러워서 시선을 다른 곳으로 돌렸어요.

이러한 프레임식 탐색은 내담자가 갑자기 이야기의 방향을 변경했는데 무슨 일이 일어났는지를 물으면 '모르겠어요'라고 대답하는 순간을 푸는 데 매우 유용하다. '돌아가서 비디오의 속도를 늦추듯이 그 특정 순간을 프레임별로 이야기해 보자'는 제안은 종종 그 당시 너무 빨리 일어난 중요한 프로세스를 탐색할 수 있다.

미시적 프로세스 탐색은 내담자가 자신의 과정이 전개될 때 감각, 미세한 움직임, 감정, 사고, 이미지 변화에 세밀한 주의를 기울이도록 함으로써 '실시간'으로 진행된다.

> 레그 　 : 오늘 나는 무슨 이야기를 해야 할지 모르겠어요.
>
> 상담자 : 그 이야기를 하면서 당신의 마음은 어떤가요?
>
> 레그 　 : 음… 정확히는 모르겠는데… 여기 어딘가에 불안감이…[가슴을 가리키며]
>
> 상담자 : 어, 불안이라는 것이 어떤 느낌이지요? 고정된 느낌인가요? 아니면 움직이는?
>
> 레그 　 : 움직이고, 두근거리는 감각이 느껴져요. 그런데 틀릴까 봐 겁이 나요.
>
> 상담자 : 가슴에서 두근거리는 감정을 느끼면서 '나는 틀릴 거야'라는 생각을 하는 건가요? 흥미롭군요, 저에게 그런 말을 하고 난 지금은 어떤가요?

두 번째 탐색 방식은 소위 '임상적 순진함의 입장 취하기'이다. 그것은 당신이 답이라고 생각하는 것의 질문을 하는 것으로부터 시작된다. 특히 지금 듣고 있는 이야기를 이해할 수 없을 때나 혼란스러울 때 도움이 된다. 평가 당시 상담자는 톰이 상담을 받으러 온 이유를 이해할 수 없었기 때문에 직접 물었다.

톰   : 제 문제는 제가 극복을 못한다는 것이에요. 의사는 제가 우울하다고 했어요.

상담자 : 우울하다는 게 무슨 뜻인지 잘 모르겠네요.

톰   : 저는 계속 눈물이 나요.

상담자 : 이런 일이 얼마나 되었나요?

톰   : 글쎄요, 아무에게도 말한 적이 없지만, 저는 지난달에 해고당했어요.

이러한 '순진한' 질문은 일반화 혹은 꼬리표에 적용되는 내용을 이끌어낼 수 있다. 예를 들어 '당신이 대처하지 못하는 것을 예를 들어줄 수 있나요?' 혹은 '치료가 당신에게 도움이 되고 있다고 생각하신다니 기뻐요. 치료가 어떻게 도움이 되는지를 직접 저에게 말씀해주시면 좋겠습니다'라고 물을 수 있다.

또 다른 중요한 주의사항은 내담자가 이러한 개입에 익숙하지 않은 경우 설명 없이는 우리가 하는 일을 이해할 수 없다는 것이다. 단순히 '당신의 발이 뭐라고 말을 하나요?'보다는 내담자가 자신의 신체 알아차림을 할 수 있도록 소개하는 것이 도움이 된다. 예를 들어 '저는 당신이 말하는 내내 발을 두드리고 있음을 알아차렸어요. 그것이 어떤 불편함이나 긴장을 나타내는 것인지 궁금하네요. 만일 당신이 당신의 발에 주의를 기울인다면 당신은 무엇을 알아차릴 수 있을까요?' 이렇게 하면 당신이 어떻게 작업을 하고 알아차림에 초대하는지 뿐만 아니라 당신이 내담자가 말하는 내용에 앞서가거나 뒤쳐지지 않게 된다.

관계 경험

현상학적 탐구 방식을 실행하다 보면 분명 당신은 당신만의 반응을 가지고 있음과 동시에 내담자의 경험에 열려 있기 위해 노력하게 된다. 이 방법에 익숙해질수록 당신은 자신의 프로세스를 알아차림과 동시에 당신 자신의 경험과 내담자와의 관계 안에서 상담을 진행하게 된다.

호기심 많고, 묘사적이며, 수평적이고, 상담자의 반응과 판단을 성찰하는 태도는 상담자 경험의 흐름에 주의를 기울이는 방법이다. 이는 내담자가 상담자에게 미치는 영향을 이해하는 데 도움이 되고 때로는 유용한 중재가 될 수도 있다. 예를 들면 '당신의 직장 이야기를 듣고 있자니 내 가슴속에 이해할 수 없는 슬픔이 느껴져요' 혹은 '당신이 그 사건을 어떤 의미로 생각하고 있었는지 혼란스러워하는 것을 알아차립니다' 등이 있을 것이다.

임상 적용

현상학적 방법을 사용하면 여러 가지 결과가 발생한다. 첫째, 내담자들은 아마도 인생에서 처음으로 '판단하지 않고 듣는 것'을 경험한다. 대부분의 내담자에게 있는 자기비판과 비난이 비일비재하다는 것을 감안할 때 이는 내담자에게 치유적인 영향을 깊이 미칠 수 있다. 둘째, 이 방법은 내담자의 마음챙김과 연민 알아차림을 촉진한다. 셋째, 내담자에게 자신의 존재와 문제의 의미를 밝히는 데 도움을 준다. 이를 통해 내담자는 자신의 문제를 공동창조하는 방법에 대한 자신의 책임을 밝히고 재평가할 수 있다. 넷째, 상담은 공유된 탐구의 모델이 된다.

[레스토랑 이후]

샬롯 : 그렇다면 현상학적 탐구에서 알아차림의 패턴으로의 움직임을 어떻게 묘사할 수 있을까요?

필 : 탐구를 계속해 보세요. 당신은 지금 무엇을 경험하고 있나요?

샬롯 : 네, 저는 지금 불과 그림을 보고 있어요. 그림이 정말 맘에 들어요. 사랑스러운 개가 있는 동판화예요. 그리고 난 지금 당신과 함께 와인과 안주를 즐기며 이야기를 나누고 있는 것도 좋아요… 그리고 나는 조를 초대하지 않았다는 생각이 들면서 갑자기 깊은 죄책감이 느껴지는 것을 알아차렸어요. 조가 기분 나빠하지 않으면 좋겠어요.

필 : 당신은 지금 여기에서 당신이 경험한 것을 즐기고 있었어요. 그러다가 과거와 미래에 대한 걱정을 하면서 그것을 중단했어요.

샬롯 : 네, 어쩌면요. 하지만 내 관심은 내 뱃속의 소리들에 집중되었어요.

필 : 그런 느낌이 있었지만, 지금 여기, 현재에 머무르고 있는 느낌은 어떤가요?

샬롯 : 그렇다면 지금 이 순간은 행복하다일 것 같은데, 그다음은 어떤 일이 벌어질까요? 이건 오래가지 못할 거예요. 뭔가 좋지 않은 일이 벌어질 수도 있어요.

필 : 그래서 당신이 지금 경험하고 있는 것에 머무르기보다는, 당신이 과거에 했던 일에 대한 걱정으로 머무름을 중단했어요. 이것이 당신에게 익숙한 패턴인가요?

샬롯 : 아, 알았어요! 셜록! 저녁이나 먹게요.

수련생들은 종종 내담자의 현상학에서 어떤 측면을 주목하거나 궁금해해야 하는지를 묻는다. 신체 움직임, 새로운 주제, 믿음 혹은 감정 등 정확히 무엇을 따라가야 하는가? 스스로에게 실험을 허락하는 것이 중요하다.

시간이 지남에 따라 경험이 쌓이면서 상담효과에 대한 피드백을 줄수록 더욱 정교해지지만, 대부분은 당신이 관심 있는 측면을 선택하게 된다. 더욱이 치료자로서의 역할과 내담자와의 계약에 따라 어느 정도 관심이 집중되지 않을 것이라고 여기는 것은 순진한 생각이다. 당신은 자연스럽게 현재 문제와 관련 있어 보이는 것과 부족한 것에 관심을 갖게 될 것이다. 그러나 현상학적 방법을 적용할 경우, '먼 경험'(내담자가 말하는 것에 '대하여')보다는 '근접 경험'(지금 명백하거나 직접 경험한 것) 현상에 주의를 기울이는 것이 좋다. 또한 내담자가 당신과 동일한 현상을 인지하고 있는지, 관심이 있는지, 그리고 당신의 관심에 대해 적극적인 반응을 보이는지 여부를 내담자에게 확인할 수 있을 것이다.

여기서 관련된 개념은 '**전경**figure**과 배경**ground'이다. 개인의 주의집중의 배경, 현상학적 경험은 그들 경험의 현재 또는 역사적 배경이다. 하나의 요소가 '전경'으로 나타나는 전체 그림이다. 언제라도 우리(그리고 우리의 내담자)는 그 상황에 있는 특정 전경에 주의를 기울일 것이다. 만일 우리가 묘사하기와 수평화를 실천한다면, 우리는 충만하고 생동감 넘치는 전경의 경험을 독려할 것이며, 전경의 중요성뿐만 아니라 배경의 영향과 의미 또한 알아차리게 될 것이다. 이 장의 시작 부분에 있는 예시에서 샬롯의 전경은 촛불과 그림의 조화였다. 필의 전경은 지금 당장 떨어지는 촛농이었다.

💡 제안 2-3

당신의 알아차림을 추적함으로써 전경으로 떠오르는 것을 알아차리고 배경의 다른 요소들에 주의를 기울이는 연습을 할 수 있습니다. 지금 당신 주변에 있는 것들을 눈으로 보세요. 어떻게 하나의 전경이 떠오르는지를 알아차리고, 그리고 또 다른 것을 알아차려 보세요. 당신은 한 번에 여러 가지 것에 온전히 주의를 기울일 수 없다는 것을 알게 될 것입니다. 몇 가지 사실을 알게 되면 그것들 사이에 미묘한 초점의 차이가 생깁니다. 지각의 장과 관련하여 고전적인 게슈탈트 그림보다 더 분명한 것은 없습니다. 예를 들어 두 개의 얼굴인 두 개의 꽃병의 윤곽 그림. 일단 이미지 중 하나를 인식하면 원래의 인식 방법을 놓지 않고 다른 이미지를 보는 것은 불가능합니다.

현상학적 탐구 혹은 집중의 기술은 무언가가 드러나는 순간에 주의를 기울이는 것뿐만 아니라 게슈탈트 형성의 패턴과 방해, 그리고 치료 이슈의 기초가 되는 내담자만의 독특한 해결책에 주목하는 것이다. Burley와 Bloom은 현상학적 방법을 통해 다음과 같은 패턴을

확인할 수 있다고 말한다.

느낌, 감각, 지각, 관찰 등으로 알려진 접촉의 미학적 특성들은 치료적 통찰의 자료들
이다. (2008: 261)

언제 중재를 할 것인가?

어느 시점에서 당신과 내담자는 내담자에게 나타나는 특정 전경, 알아차리지 못한 배경,
유용한 잠재적 개입에 대하여 가설을 형성하기에 충분한 정보를 쌓게 될 것이다. 당신의
이해는 이론이나 추측보다는 내담자와 협력하여 상담자의 즉각적인 경험을 바탕으로 확인
되고 탐색된다. 당신의 관찰과 반응에서 나온 추측을 내담자와의 확인을 통해 분명히 하는
것도 중요하다. '당신이 입양에 대해 이야기를 시작할 때마다 아래를 내려다보고 조용한
목소리로 이야기를 하고 무언가 다른 감정이 있는 것으로 느껴집니다. 이것은 이야기하기
어려운 주제인 것 같습니다. 혹시 그런가요?'

그런 다음 특히 내담자가 무언가가 꽉 막힌 것처럼 보이는 경우 현상학적 방법에서 프로
세스를 용이하게 하기 위해 제안 혹은 지시적 개입을 하도록 선택할 수 있다. '음, 우리에게
시간은 충분하니 당신 속도대로 가지요.'

이것은 상담자에게 미묘하고 근본적인 문제이며 어떤 의미에서 게슈탈트 상담의 핵심
질문 중 하나이다. 내담자의 전개 과정에 내가 개입하는 시점은 언제인가? 어느 시점에서
나는 실험을 제안하거나 직면하기 위해 지금 나타나는 것을 따라가고, 가설을 설정하고,
과정을 추적하고, 지금-여기의 알아차림을 장려하는 것을 멈추어야 하는가? 이 또한 상담
자 중심의 질적 연구의 핵심문제이며 이에 대해서는 26장에서 더 자세히 살펴볼 것이다.

특히 성장과 탐색을 원하는 고기능 내담자에게는 현상학적 방법과 일반적인 알아차림
향상이 이를 촉진하기에 효과적일 수 있다. 특정 행동의 변화가 필요하여 내방한 내담자
(예 : 트라우마의 고통스러운 영향을 극복하기 위한 내담자), 단기계약 내담자, 혹은 부정
적인 패턴에 갇혀있는 내담자(예 : 자기 파괴적 행동을 하는)의 경우 특히 고정된 게슈탈트
(예 : 트라우마를 경험하고 나서 '나에게 일어난 일은 결코 회복할 수 없다'라고 말하는 내
담자)에 도전하기 위해서는 적극적인 지시가 더 필요한 경우가 많다. 이는 이 책의 2부와
22장 단기 치료에서 더 자세히 다루기로 한다.

경험과 실험에서 배우는 것 외에 탐구와 개입 사이를 언제 어떻게 이동하는지의 의문에

대한 간단한 답은 없다. 그러나 당신의 아젠다가 개방적이고 구조화되지 않았든 특정 요구나 계약에 집중되어 있든 상관없이, 개입의 효과와 결과를 탐색하기 위해 기본적인 현상학적 방법으로 규칙적으로 되돌아가는 것이 도움이 된다.

장 이론

전경과 배경의 개념과 밀접하게 관련되어 있는 것은 게슈탈트의 핵심인 장 이론적 관점이다. Lewin(1951)과 학자들의 연구에서 영향을 받은 이 관점에서 사람은 (비록 그들이 그렇게 인식할지라도) 근본적으로 독립적이거나 고립된 적이 없으며 항상 매우 실제적인 의미에서 다른 모든 것과 접촉하고 연결되어 있다고 본다. 임상 장면에서 내담자는 항상 **특정 맥락** 안에서 심리적 및 신체적 요인의 전체적인 조합으로 여겨진다. 그러므로 새롭게 떠오르는 모든 전경은 그 의미에 대해 상황에 따라 완전히 달라진다. 예를 들어 (a) 친구를 기다릴 때 (b) 손님을 기다릴 때 (c) 피자를 기다릴 때 (d) 새벽 3시 당신이 곤히 잠들었을 때, 현관 벨이 울리는 현상의 다양한 의미와 중요성을 생각해 보자. 이러한 예는 벨 소리가 발생하는 맥락에 따라 그 의미에 대해 어떻게 완전히 좌우되는지를 보여준다.

장 이론적 관점은 위에 묘사된 모든 것과 이 책에 계속되는 내용들을 뒷받침한다. 이 책에서 장 이론의 세부사항과 복잡성은 깊이 있게 다루지 않을지라도 장 이론에 대한 간단한 개요를 제공하고자 한다. 장 이론은 근본적인 게슈탈트 관점으로서 필수적이만, 필요한 기법에 대한 설명에는 적합하지 않다. 장 이론은 어떠한 상황—특히 문화적 문제와 다양성과 같은—에 항상 존재하는 배경에 대한 영향을 알아차려야 한다는 것을 의미한다.

그것은 또한 우리가 관계 속에서 잉태되고 태어나며 우리는 항상 서로와 관계에서 발전한다는 것을 인식하는 관계적 관점과 대체로 유사하다. 우리는 끊임없이 다른 이들과 관계를 맺고, 관계를 형성하고 형성되며(비록 그들이 부재하더라도), 항상 역사적 관계의 기억으로부터 영향을 받는다.

장 이론은 게슈탈트 실천과 이론의 근본적인 기둥으로, 신체, 마음과 감정, 현재와 역사적 상황, 문화, 사회, 경제, 영적, 정치적 영향의 모든 측면과 잠재적으로 관련이 있는 내담자들에 대한 전체적 관점의 기초이다. 사실 장 이론은 항상 존재하며(하지만 종종 무시되거나 최소화된다) 특정 임상 문제의 이해에 영향을 미치는 상호 연결망에 대한 인식이다.

'장'이라는 용어는 기법적으로는 우주의 모든 대상, 상황, 관계 등 모든 것을 의미한다. 그러나 임상에서는 상담자와 내담자가 각 상황에서 중요한 장 영향을 미친다고 확신하는 것에 따라 보다 제한된 방식으로 사용되며 Jacobs(2003)는 이를 '내재된 맥락'이라 불렀다.

Robine(2001)과 Wollants(2007a, 2007b)는 '장'보다 '상황'이라는 용어를 사용하는 것을 선호하는데, 이는 '장'이라는 용어가 더 모호하기 때문이다. 비록 우리가 여기서 상황이라는 용어를 쓰지 않기로 했지만, 우리는 상황이라는 용어 또한 더 널리 사용될 것을 기대한다.

임상 실습에는 세 가지 유형에 초점을 둔다.

◆ 첫 번째는 '경험의 장' 혹은 '현상학적 장'이다. 우리는 이것을 한 사람의 알아차림의 장으로 본다. 그것은 그의 경험, 현상학적 장 혹은 '현실'을 조직하는 방법을 위한 은유이며 그에게는 독특하다.

◆ 두 번째는 내담자와 상담자 사이의 '관계의 장'으로, 치료 회기(그리고 종종 그 사이)에서 발생하는 문화적 영향이다.

◆ 세 번째는 문화적, 역사적, 정치적, 영적 영향을 포함하여 그들이 존재하는 더 큰 맥락인 '더욱 넓은 장'이다.

모든 사람에게 영향을 미치는 다양한 영향의 복잡성과 무한한 가능성을 감안할 때, 치료적 이해의 과제에서 모든 것을 고려한다는 것은 불가능하다. 어떤 영향은 다른 시기에 다른 사람들에게 분명히 더 중요하다. 그리고 많은 중요한 영향들은 내담자나 상담자의 알아차림 밖에 있을 것이다.

이 모든 것은 상담자에게 도전적인 의미가 있다. 상담자는 주기적으로 미시적 관점과 거시적 관점을 번갈아가며, 내담자의 즉각적인 전경에서부터 관계적 장, 내담자의 경험적 장, 연결과 영향에 대해 지속적으로 열려있는 더 넓은 장까지 상담자의 주의를 왔다갔다 하면서 내담자의 상황에 유연하게 초점을 맞추는 습관을 길러야 한다.

장 이론적 관점에서 내담자(또한 상담자)는 현재의 욕구, 초기 또는 역사적 장의 형태, 과거의 고정된 게슈탈트 혹은 미해결과제와 연결하여 항상 적극적으로 장을 조직화한다. 상담자는 내담자가 이것을 어떻게 하는지, 어떤 의미를 만드는지, 접촉하기 위해 어떤 고정적이거나 유연한 패턴을 사용하는지, 그리고 영향력이나 가능성의 더 넓은 장에서 내담자의 알아차림 밖에 무엇이 있는지를 알 필요가 있다.

치료 초기 단계에서는 내담자가 항상 자신의 장을 조직하거나 해석하고 있다는 사실을 알아차리게 하여 내담자의 경험을 효과적으로 공동창조하도록 하는 작업이 주로 이루어진다.

현상학 관련 권장문헌

Bloom, D. (2009) 'The phenomenological method of Gestalt therapy', *Gestalt Review*, 13 (3): 277–95.

Burley, T. and Bloom, D. (2008) 'Phenomenological method', in P. Brownell (ed.), *Handbook for Theory, Research and Practice in Gestalt Therapy*. Newcastle: Cambridge Scholars Publishing.

Clarkson, P. and Mackewn, J. (1993) *Key Figures in Counselling and Psychotherapy: Fritz Perls*. London: Sage. (**See pp. 92–5.**)

Crocker, S. F. (2005) 'Phenomenology, existentialism and Eastern thought in Gestalt therapy', in A. L. Woldt and S. M. Toman (eds), *Gestalt Therapy – History, Theory and Practice*. Thousand Oaks, CA: Sage.

Spinelli, E. (2005) *The Interpreted World: An Introduction to Phenomenological Psychology*. London: Sage. (**See Chapter 6.**)

Van de Reit, V. (2001) 'Gestalt therapy and the phenomenological method', Gestalt Review, 5 (3): 184–94.

Yontef, G. (1993) *Awareness, Dialogue and Process: Essays on Gestalt Therapy*. Highland, NY: Gestalt Journal Press. (**See Chapter 6.**)

장 이론 관련 권장문헌

Kepner, J. I. (2003) 'The embodied field', *British Gestalt Journal*, 12 (1): 6–14.

O'Neill, B. (2012) *A Quantum of Gestalt*. Queensland: Ravenswood Press.

O'Neill, B. and Gaffney, S. (2008) 'Field theoretical strategy', in Brownell, P. (ed.), *Handbook for Theory, Research and Practice in Gestalt Therapy*. Newcastle: Cambridge Scholars Publishing.

O'Shea, L. (2009) 'Exploring the field of the therapist', in *Relational Approaches in Gestalt Therapy*. Cambridge, MA: Gestalt Press.

Parlett, M. (2005) 'Contemporary Gestalt theory: Field theory', in A. L. Woldt and S. M. Toman (eds), *Gestalt Therapy – History, Theory and Practice*. Thousand Oaks, CA: Sage.

Philippson, P. (2006) 'Field theory: Mirrors and reflections', *British Gestalt Journal*, 15 (2): 59–63.

Robine, J-M. (2003) '"I am me and my circumstance", Jean-Marie Robine interviewed by Richard Wallstein', *British Gestalt Journal*, 12 (1): 85–110.

Staemmler, F-M. (2006) 'A Babylonian confusion? On the uses and meanings of the term "field"', *British Gestalt Journal*, 15 (2): 64–83.

Stawman, S. (2009) 'Relational Gestalt: Four waves', in L. Jacobs and R. Hycner (eds), *Relational Approaches in Gestalt Therapy*. Cambridge, MA: Gestalt Press.

제 3 장

알아차림

Perls와 그의 동료들이 분명히 주장하는 것처럼, 완전하고 자유롭게 흐르는 알아차림의 촉진과 장려는 게슈탈트 실천의 기본이다.

> 알아차림은 숯이 불에 탈 때 스스로 자연스럽게 나오는 붉은 빛과 같고, 성찰은 손전등을 켰을 때 물체에서 반사하는 빛과 같다. (1989[1951]: 75)

'알아차림awareness'에는 여러 가지 의미가 있다. 알아차림은 때때로 '자의식(당황스러울 정도의)' 혹은 지나치게 내성하는(자신을 지나치게 분석하는 것) 것과 부정적으로 관련되기도 한다. 그러나 이러한 의미들은 명확한 의미를 빗나간 것이다. 게슈탈트에서의 알아차림은 생각, 반영 혹은 자기 감시에 관한 것이 아니다.

> 알아차림은 자기 존재와 접촉하는 것으로 막연히 정의될 수 있는 경험의 한 형태이다. 알아차림을 하는 사람은 그 자신이 **무엇을** 하는지, **어떻게** 하는지를 알고, 대안을 가지고 있으며, 있는 그대로의 자신이 되기 위해 **선택**한다. (Yontef, 1993)

가장 좋은 알아차림은 비언어적인 감각을 느끼거나 지금 여기에서 무엇이 일어나고 있는지를 아는 것이다. 그것은 근본적으로 긍정적인 것이며 모든 건강한 삶의 본질이다. 또한 그것은 접촉 경계에서의 동화와 성장, 자기 이해, 선택과 창조를 위한 에너지이다. 알아차림을 이해하는 방법 중 하나는 알아차림을 연속체로 이해하는 것이다. 한쪽 끝은 숨을 쉬고 주요한 기능을 조절하며 위험을 알아차릴 준비가 되어 있는 수면상태이다. 여기에서의 알아차림은 최소한의 것이고 자동적이다. 이 연속체의 다른 쪽 끝에는 완전한 자기 알아차림(때로는 최고 경험의 완전한 접촉이라고 불림)이 있다. 당신은 연결감, 자발성, 그리고 자유로움을 느끼면서 지금 이 순간에 정교하게 알아차리고 온전히 살아있음을 느낀다. 이 연속체를 따라 가는 과정은 매일, 매 순간 변화한다. 때로는 지루하고 뻔한 일상적인 경험을 할 수도 있고 때로는 새롭고 도전적인 경험을 할 수도 있다.

어린아이는 생생하게 살아있는 생동감(이것은 어른이 되면 잃어버린다)과 자발성을 갖춘 무한한 알아차림과 온전한 마음이 담긴 세계에 살고 있는 것처럼 보인다. '새로움'의 상실의 대부분은 고정된 게슈탈트(예 : 습관적 신념이나 행동의 경직)에 의해 알아차림이 차단되어 과거의 사고, 기억 또는 문화에 대한 기대가 간섭하기 때문이다. 만일 내가 어떤 일이나 사고에 완전히 매몰되어 나 자신을 알아차리지 못한다면, 나는 환경이나 나 자신과 접촉하지 못한다. 하지만 내가 알아차리고 생각을 이어가다 보면 상황은 미묘하게 달라진다. 내가 **그때**를 생각하고 있다는 것을 **지금** 알아차린다. 알아차림은 지금, 여기, 이 몸 안에 있는 나의 존재에 대한 알아차림이라 할 수 있다. 우리가 성인으로서 이 즉시성을 되찾을 수 있다는 것은 게슈탈트의 틀림없는 원리이며 여러 가지 면에서 게슈탈트 상담과 심리치료의 첫 번째 과제이다.

알아차림은 아는 것과 존재하는 것 **둘** 다이다. 만일 내가 내담자에게 그 자신의 호흡에 주의를 집중하라고 제안한다면 나는 내담자가 호흡하는 것을 '**알고**' 호흡하는 순간순간의 '**경험을 한다**'는 것을 제안하는 것이다. 상담에서 깊이 치유될 수 있는 것은 지속적인 알아차림 경험이다. 상담자의 과제는 내담자가 자기 기능의 중요한 측면을 방해하거나 제한하거나 알아차림을 상실하는 방식을 강조하거나 확인하는 것이다. 알아차림의 제한 혹은 차단은 에너지와 활력의 부족 또는 반응의 경직으로 나타난다. 건강한 자기과정의 회복은 자신의 행동과 태도를 알아차리고 직접 재경험할 때 일어난다.

게슈탈트 치료자의 가장 주요한 과업 중 하나는 내담자의 알아차림을 증진시키는 것이다. 내담자가 무엇을 느끼고 생각하는지, 내담자의 몸에서 무슨 일이 일어나고 있는지, 그가 어떻게 접촉하는지 감각 정보에 대한 알아차림을 높이고, 내담자와 다른 사람들과의 관계, 내담자가 환경에 미치는 영향, 그리고 환경이 내담자에게 미치는 영향에 대한 알아차림을 높이는 것이다.

이 책의 초판 이후 치료 도구로 '마음챙김' 또는 '명상'이 널리 연구되고 받아들여지고 있는데 이는 불안, 우울, 외상 후 스트레스 장애, 스트레스 장애, 약물 남용 및 경계선 성격 장애와 같은 많은 문제에 도움이 되는 것으로 알려져 있다(Williams & Kabat-Zinn, 2013 참조). 또한 명상은 내담자가 현재의 순간에 머무르는 우뇌 기능을 발달시키는 것으로 나타났다(McGilchrist, 2009). 그리고 지금 여기에서 일어나고 있는 경험에 따라 간섭과 판단 없이 '있는 그대로의 존재'와 일어나고 있는 일을 받아들일 수 있는 능력을 개발한다. 그것은 현상학적 탐구방법과 매우 유사하다. 우리는 50년 이상 게슈탈트의 중심이었던 이 현상학적 탐구가 다른 접근법에 의해 평가되고 있다는 것을 기쁘게 생각한다. 물론 마음챙김 수행과 전통적인 게슈탈트 알아차림 사이에는 중요한 공통점이 있으며 흥미로운 차이점도 있다. 간단히 말해, 게슈탈트가 일반적으로 특정 '전경'에 대한 알아차림(34쪽 또는 45쪽 참조)을 가능한 한 완전히 높이는 것을 목표로 하는 반면, 마음챙김은 더 넓은 또는 메타뷰를 강조하고 한 전경의 지속적인 출현에 대한 방향성 없는 주의집중을 권장한다. 경험의 '소유권'에도 미묘한 차이가 있다. 게슈탈트에서는 자신의 응답에 대한 소유권을 갖는 것에 중점을 두고, 마음챙김에서는 응답을 식별하지 않고 단순히 '일어나는' 것으로 보도록 초대한다. 게슈탈트의 알아차림과 마음챙김은 둘 다 시기에 따라 유용하기 때문에 이에 대한 내용은 18장 내담자 자원에서 따로 다루었다. 이 장에서는 게슈탈트의 중심 기둥인 현재 순간에, 살아있는, 알아차림에 초점을 맞추기로 한다.

알아차림 탐색하기

단순해 보일지 모르나, 아마도 알아차림을 높이는 가장 분명하고 자연스러운 방법은 내담자가 충분한 알아차림으로 경청하는 누군가에게 자신의 이야기를 하는 것이다. 당신이 의식적으로 알아차림에 집중을 하면 당신은 '주의를 집중'하게 되는데, 이는 게슈탈트 상담자의 핵심치료 활동인 유도된 알아차림이다. 주의집중은 기능의 특정 측면(예 : 호흡, 신체의 긴장된 부분)에 밀접하게 초점을 맞추거나 더 큰 전체론적 알아차림(예 : 내담자와 당신이 관계하는 방식에 대한 알아차림)에 광범위하게 초점을 맞출 수 있다. 우리는 내담자의 생각과 감정을 진지하게 받아들이고 충분히 주의를 기울임으로써 내담자도 그렇게 하도록 초대한다. 우리가 듣고 있는 것을 내담자에게 반영하여 비추고, 내담자가 몸에서 어떤 감각과 느낌을 느끼는지를 묻고, 내담자와 함께 그의 신념 체계를 탐구한다. 그렇게 함으로써 내담자가 자신에게 귀를 기울이고 자신의 경험과 세상을 이해하는 방식에 대한 완전한 알아차림을 가져올 수 있게 한다. '수평'을 유지하고 전체 장에 주의를 기울임으로써 우리는 내담자가 습관적으로 무시하거나 놓치는 것을 포함하여 내담자 자신의 모든 측면을 가져올 수 있도록 도울 수 있다.

상담자가 내담자에게 용기를 북돋는 가장 일반적인 방법은 다음과 같다.

◆ 지금 여기에 머무르기
◆ 지속적인 경험에 대해 알아차림을 강화하고 확대하기
◆ 최소화하거나 회피하는 것에 대한 알아차림을 초점화하기

또한 다음과 같은 개입도 있다.

"잠시 우리 호흡에 집중해 볼까요?"

"지금 당신이 무엇을 느끼고 있는지 알아차려 볼까요?"

"당신이 무엇을 생각하는지 알고 있나요?"

"그냥 느껴 보세요… (이 순간, 감각, 감정…) 그리고 다음에 무슨 일이 일어나는지 살펴보세요."

"당신이 그렇게 말할 때 당신 마음 속에서 무슨 일이 일어나나요?"

"그걸 기억하면서 당신 안에서 무슨 일이 일어났나요?"

"신체의 어떤 부분이 알아차려지지 않나요?"

"저는 당신이 …처럼 보이는 것을 알아차립니다.(예 : 당신의 몸이 경직되고 당신의 호흡이 얕아지고 있습니다.) 저는 당신이 턱을 움켜쥐고 발을 두드리는 등의 행동을 하고 있다는 것을 알아차립니다. 당신은 그 변화를 알아차렸나요?"

이러한 개입의 목적은 내담자가 알아차림 밖에 있던 것을 알아차릴 수 있도록 하기 위한 것으로, 내담자의 경험을 바꾸기 위한 것이 아니라 지금 이 순간, 지금-여기에서의 알아차림을 회복하고 강화시키기 위함이다. 상담자는 **진정한** 관심이 없는 개입은 건조하고 기계적일 수 있음을 잊지 않으면서, 체화된 자기 알아차림을 유지할 필요가 있다. 본질적으로, 현상학적 탐구의 실천과 마찬가지로 개입은 능동적이고 지속적인 호기심을 바탕으로 해야 한다.

사례 3-1

벤 : 이번주에 무슨 이야기를 해야 할지 모르겠어요. [불편해 보인다.]

치료자 : 저와 함께 여기 있으면서 당신이 무엇을 알아차리고 있는지를 잠시 살펴보세요. [상담자 또한 그렇게 하면서 자신의 감각에 주의를 기울인다.]

벤 : 아무것도 모르겠어요.

치료자 : 지금 기분이 어떤가요?

벤 : 공허해요. [침묵]

치료자 : 그 '공허함'을 저에게 설명해줄 수 있나요? 그것이 어떤 느낌이지요?

벤 : 내가 긴장을 해서 어떻게 해야 할지 모르는 것 같아요.

치료자 : 당신이 긴장이 된다는 걸 어떻게 알 수 있지요?

벤 : 어깨가 뻐근하고 어색해요.

치료자 : 혹시 민망한가요?

벤 : 네 [침묵]

치료자 : 저는 당신이 평소 민망한 상황에서 그 민망함이 당신에게 어떻게 느껴지는지 궁금해요.

벤 : 좀 부끄러워요.

치료자 : 그다음은 어떤 일이 일어날 것 같은가요?

벤 : 지난 회기 때 내가 어땠었는지 선생님이 날 비난하고 있는 것 같아 걱정이 돼요.

이런 방법으로 벤은 자신의 신체과정에 주의를 집중하기 시작하고 치료자와의 관계에서 자신의 불편함을 알아차리게 된다. 그리고 회기가 시작될 때 벤의 알아차림 밖에 있었던 것은 비판에 대한 두려움을 보호하고자 했던 것이다.

알아차림 영역

Perls(1969)는 알아차림을 내부영역, 외부영역, 중간영역이라는 알아차림의 세 가지 영역을 제안하였다. 이 개념은 자칫 내부경험과 외부경험을 구분하는 잘못된 인상을 줄 위험이 있다. 알아차림은 항상 전체적이고, 모든 영역은 서로 연결되어 있으며 종속적이다. 그러나 주관적으로는 각 영역에 차례로 의도적으로 초점을 맞출 수 있다. 은유적 표현으로서의 '영역'은 치료자의 평가도구로, 그리고 내담자가 자신의 모든 부분을 알아차릴 수 있도록 돕는 데 매우 유용하다.

내부영역

알아차림의 내부영역은 내담자의 체화된 내적 세계를 의미하며 대부분의 경우 상담자가 이를 감지하기는 어렵다. 내부영역에는 내장 감각, 근육 긴장 또는 이완, 심장 박동 및 호흡과 같은 주관적 현상뿐만 아니라 신체-정서 상태로 알려진 감각과 느낌의 혼합도 해당한다. 감정은 보통 중간 영역의 일부이며 확실히 모든 영역의 일부로 간주될 수 있지만 우리는 내부 영역에서도 감정을 경험한다. 내부영역은 우리가 어떻게 움직이고 행동하는 방법을 배웠는지, 트라우마의 신체기억, 스트레스에 대한 반응 등의 암묵적 절차기억을 경험하는 장소이기도 하다.

내부영역의 알아차림을 높이는 가장 분명한 방법은 내담자의 몸과 감각에 내담자의 주의를 기울이는 것이다. 이에 대한 방법으로는 '지금 기분이 어떤가요?', '지금 무엇을 경험하고 있나요?'와 같이 내담자에게 질문을 하거나, '저는 지금 당신의 턱을 보고 있어요. 당신은 당신의 턱에서 무언가가 감지되나요?', '당신의 다리 근육에 긴장감을 느껴 보세요'와 같이 우리가 관찰하는 것에 대해 이야기를 하거나, '저는 지금 제 가슴이 뻐근함을 느낍니다. 이것을 당신도 경험하고 있는지 궁금합니다'와 같이 내담자의 경험을 반영할 수 있는 우리의 경험을 공유할 수도 있다.

💡 **제안 3-1**

내담자가 자신의 내부 영역과 접촉하지 못한다면 다음과 같은 연습을 통해 내담자를 안내할 수 있습니다.

앉은 자리에 체중이 실리는 느낌, 자신이 살아있다는 느낌(최소한 1분은 걸릴 수 있음)을 알아차리면서 온몸을 알아차림으로 채울 수 있는지 살펴 보세요. 몸에서 어떤 다른 감각을 경험하는지 주목하세요. 당신은 어떠한 감정적인 목소리 톤이나 느낌을 알아차리나요? 그런것들은 당신의 몸 어디에 위치해 있나요? 만일 당신이 아무것도 느끼지 못하거나 아주 조금 느낀다면, 그 알아차림에 머무르세요. '아무것도 아닌 것'이 어떤 느낌인지 알아차리고, 그 느낌을 깊이 느끼면서 탐험을 반복하세요. 당신 내부 감각이 어떻게 변화되는지, 감각에 뒤따르는 작은 움직임들을 알아차리세요.

외부영역

외부영역은 외부와의 접촉에 대한 알아차림으로 우리의 모든 말과 행동, 습관을 말한다. 외부영역에는 우리가 보기, 듣기, 말하기, 맛보기, 냄새 맡기, 움직이기와 같이 우리가 받아들이는 주요한 감각 방법들, 즉 접촉 기능이라고 일컫는 것을 사용하는 방법과 세상과 접촉하는 방법이 포함된다. 접촉 기능에 주의를 기울이면 색상, 모양, 소리, 질감 등을 알아차리는 지금-이 순간의 알아차림에 능숙해질 수 있다. 주변 세계에 대한 알아차림은 우리의 경험을 활성화하여 더욱 풍요롭고 생동감 있게 해준다.

외부영역에 집중하는 또 다른 이유도 있다. 우리는 우리의 선택을 알아차리고 행동 방식에 변화를 주기 위해, 다른 사람들로부터 다른 반응을 얻기 위해, 우리가 무엇을 하고 있는지 그리고 그것이 다른 사람들과 우리 자신에게 어떠한 영향을 미치는지를 알아차려야 한다. 우리는 우리 주변에서 무슨 일이 일어나고 있는지 알아차리는 데 익숙해질 필요가 있다. 다시 말해, 내담자의 외부영역에 대한 알아차림을 높이는 가장 간단한 방법은 '주변 세상에 깨어 있으세요. 당신은 무엇을 알아차리고 있나요?', '무엇을 듣고 있나요?', '저와 함께 있는 것이 어떤지 저에게 얘기해줄 수 있나요?' 등의 질문으로 내담자의 주변 환경에서 외부세계의 자극에 알아차림을 높이는 것이다.

중간영역

중간영역은 우리의 사고, 감정, 반응, 이미지, 환상, 기억 그리고 기대로 구성되어 있으며 내부자극과 외부자극을 이해하는 모든 방법도 중간영역에 해당한다. 한마디로 중간영역은 내부와 외부영역 사이의 중재자 혹은 협상자 역할을 한다. 외부영역의 주요 기능 중의 하나는 인지적이고 감정적인 이해를 얻기 위해 우리의 경험을 조직하는 것이고, 다른 하나는 예측하고, 계획하고, 상상하고, 창조하고, 선택을 하는 것이다. 그러므로 중간영역에서는 자기 제한적인 '핵심 신념', 자신과 세상을 이해하는 고정된 방식, 그리고 과거나 미래에 대한 생각으로 현재를 채우려 하는 경향으로 필연적으로 문제와 괴로움을 일으킨다. 또한 중간영역에서는 불가피하게 경험하는 것들에 이름이나 꼬리표를 붙이기도 하는데, 이를 통해 이 경험에 대해 어떻게 느끼는지를 결정하게 된다.

중간영역의 알아차림을 높이는 것은 가장 난해하다. 생각하거나 상상하는 것에 대해 추측하지 않는 것이 중요하다. 그러므로 우리는 이렇게 질문할 수 있다. '어떤 일이 있어났는지에 대해 스스로에게 뭐라고 말하고 있나요?', '그 일에 대해 어떤 생각을 하셨나요?', '그 말이 사실이라면, 당신에게 어떤 의미가 있나요?', '그 말을 하면서 눈물이 나는 것 같네요.', '당신이 말을 할 때 제가 화가 나는 걸 느낍니다. 당신도 저와 같은 경험을 하고 있나요?', '당신은 그것에 대해 무슨 생각(또는 상상, 환상 혹은 희망)을 하나요?', '어떤 결론에 도달했나요?', '그렇게 하면 안 된다고 말하고 있는 것 같군요.'

> **제안 3-2**
>
> 내담자에게 사전 알아차림 연습(혹은 상담자가 이전에 수행했던 중재)에 대해 성찰하도록 요청할 수 있습니다 ─ 당신은 그것에 대해 어떻게 생각하나요? 주변 환경에 귀를 기울이도록 요청받은 것에 대해 어떻게 생각하시나요? 다른 반응이나 연관성은 무엇인가요?
> (이제 의도적으로 여러 영역들을 드나들기 시작합니다. 부드럽게 내담자가 느끼고 생각하고 보고 상상하는 것을 실제로 알아차릴 수 있게 합니다. 그의 몸에 무슨 일이 일어나고 있는지를 다시 알아차리도록 초대하세요.) ─ '그것에 대해 어떻게 생각하나요? 기분은 어떤가요? 그것이 무엇을 의미하는 건가요? 당신의 마음속에서, 당신 주변에서 무엇을 느끼고 있나요? 그리고 당신은 그것에 대해 어떻게 반응 하나요?
> (물론 한 번에 하나의 질문만 합니다!)

실제로 건강한 사람은 일상생활 내내 여러 영역을 왔다갔다 한다. 알아차림이 특정 영역에 치우치면 전반적인 기능의 균형을 무너뜨리고 때로는 상당한 문제적 결과를 초래하기도 한다.

사례 3-2

몰리는 외부세계와 다른 사람들의 의견에 지나치게 집중했고 자신의 감정과 판단에는 둔감했다. 상담 회기에서 그녀는 자신이 무엇을 원하는지 전혀 알지 못했고 그녀를 위한 결정을 내리기 위해 다른 사람에게 의존했다고 말했다(주로 외부영역 알아차림).

해리는 끊임없이 삶에 대해 걱정하고 집착하는 상태(주로 중간영역 알아차림)에 있는 반면, 세라는 다른 모든 것을 거의 배제한 채 자신의 신체-정서적 상태에 대해 너무 압도적으로 알아차리고 있었기 때문에 종종 자신이 조절할 수 없는 공황 상태로 빠졌다(주로 내부영역 알아차림).

관계 알아차림

치료자와 내담자가 서로 관계를 맺는 방식 또한 세 가지 알아차림 영역을 모두 살필 수 있는 강력한 수단이 될 수 있다. 치료자에 대한 내담자의 매 순간의 반응은 내담자가 어떻게,

무엇을 알아차리고 있는지, 그리고 내담자가 알아차리지 못하는 것은 무엇인지를 보여준다. 치료자의 가장 중요한 도구는 치료자 자신이다. 내담자에 대한 치료자 자신의 반응과 지금 여기에서 알아차림을 하는 치료자는 설명이나 해석을 하지 않고 내담자를 위해 자신의 현전과 기법을 사용할 수 있다. 즉, 상담자는 내담자가 상담실에서 어떻게 존재하는지, 내담자의 프로세스는 어떤지, 내담자가 무시하거나 최소화하는 것처럼 보이는 영역은 무엇인지, 내담자가 표현하는 것과 신체표현 사이의 불일치는 어떠한지 등을 알아차리고 내담자에게 반응한다. 상담자는 내담자가 자신의 경험을 알아차릴 수 있도록 상담자를 향한 내담자의 반응을 탐구하는 데 항상 깨어있어야 한다.

알아차림을 높이는 것은 발견의 과정(그리고 그 후의 휴식) 동안 신체적 흥분을 일으키는 경향이 있으며, 신체 움직임의 확장, 에너지의 변화, 반응의 유연성, 주의력과 자기표현의 활력으로 이어진다. 상담자가 이러한 징후들에 주의를 기울이면 내담자의 알아차림의 흐름을 민감하게 따라갈 수 있을 것이다. 물론 상담자는 모든 것을 알아차리는 전지전능한 사람이 아니다. 언제든지 내담자에게 그가 무엇을 경험하고 있는지 질문을 하는 것이 좋다.

또한 상담자는 자신의 중재와 현전의 영향을 모니터링하고 인식하는 데 능숙해야 한다. 내담자에게서 볼 수 있는 경험 유형에 대해 당신 자신의 영향을 배제할 수 없다는 것도 잊지 말아야 한다. 당신과 내담자의 관계를 자주 떠올리며 다음과 같은 질문을 하면서 확인해야 한다.

"제가 당신에게 …에 집중하기를 요청하는 것이 어떻게 느껴지시나요?"

내담자가 상담에 점점 익숙해지고 자신에 대한 알아차림이 능숙해짐에 따라, 당신은 열린 의사소통을 하면서 소위 '마음챙김 관계하기' 혹은 현상학적 대화라 불리는 것을 발전시킬 것이다. 치료자와 내담자는 '제 3의 공간'을 알아차리고 집중할 수 있다. 공동창조된 '제 3의 공간'은 치료자와 내담자가 서로 공유한 알아차림, 공유된 관계적 장, 그리고 새로운 의미와 언어를 나타내는 곳이다.

경험의 주기

알아차림의 흐름을 이해하는 전통적인 방법은 '경험의 주기'(알아차림 주기 혹은 접촉 주기라고도 함)라는 은유를 사용하는 것이다. 이것은 전접촉, 접촉, 후접촉이라는 '접촉의 연속'(Perls et al., 1989)이라는 아이디어에서 발전되었다. 즉, 우리의 경험이 각성 및 탈각성의 파도 속에서 왔다갔다 한다는 인식(다미주 신경이론과 교감 신경계에 대해 우리가 현재 알고 있는 것으로 뒷받침되는 아이디어)이다. 그것은 전경의 형성, 방해, 혹은 완결을 추적하는 간단하고 강력한 방법이다. 그것은 감각을 경험하는 순간부터 그것을 알아차리고, 명명하고, 이해하고, 선택하고, 행동하고, 완전히 접촉하고, 만족 혹은 완결을 달성하고, 다음 주기에 대비하는 단계들을 구분한다.

경험의 주기는 단순하거나 복잡할 수 있다. 예를 들어 치료 회기가 종결될 때의 일반적인 주기는 치료자가 시간의 경과를 느끼고(감각), 회기가 거의 끝났음을 깨닫고(알아차림), 치료 회기를 중단하고자 말할 준비를 하고(에너지 동원), 종결에 대해 내담자의 주의를 환기시키고(행동), 치료자와 내담자는 동시에 그들 자신과 서로를 완전히 알아차리면서 작별한다(접촉). 내담자는 떠나고, 치료자는 치료 회기를 검토하고(동화), 참여를 끊고(철수),

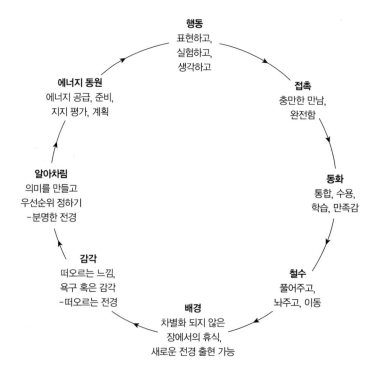

그림 3.1 경험의 주기

다음 내담자를 위한 준비를 위해 긴장을 푼다(미분화된 배경). 보다 복잡한 경험 주기를 보자면, 사회복지사는 심리치료 분야에 대해 관심이 증가하고 있다는 것을 알아차리게 된다. 그녀는 훈련 기회를 탐색하고 게슈탈트 수련 과정을 선택한다. 수년에 걸쳐 그녀는 많은 까다로운 훈련 요구사항을 완료하고 결국 자격을 획득한다. 만족한 그녀는 가족이나 친구와 더 많은 시간을 보내기 위해 공부에서 손을 뗀다.

배고픔과 목마름과 같은 단순한 전경에서는 순환이 잘 이루어지지만, 일반적인 상황에서는 한 순간에 여러 전경들이 형성될 가능성이 있으므로 선택하는 과정이 필요하다. 일반적으로 강한 감정과 같은 일부 전경들은 자동적으로 우선순위가 정해지고, 다른 전경은 우선순위를 선택할 수 있다. 어떤 전경을 우선시하고 에너지를 줄 것인지에 대한 결정은 복잡하다.

우리는 어려운 프로젝트 이후 휴식에 대한 욕구를 우선순위로 결정할 수 있다. 우리는 누군가의 요청에 동의해야 한다고 느낄 수 있지만 시간을 절약하고 거절할 필요가 있다는 것도 기억해야 한다. 어떤 것을 우선시할지는 강도, 가치, (처한 상황이나) 순간에 대한 관련성, 그리고 우리 자신과 환경에서 사용할 수 있는 지지의 조합에 의해 결정된다. 우리는 또한 수많은 전경들이 결코 해결이나 만족에 도달하지 못할 수도 있다는 것을 알아차리고 있어야 하고, 만족을 얻지 못하더라도 철수할 때를 판단해야 한다는 것을 알고 있어야 한다. 예를 들어 사별한 친구를 위로하기 위해 손을 내밀 때 우리는 고통을 없앨 수 없으며 해결보다는 받아들여야 한다는 것을 알고 있다. 따라서 많은 주기가 공동창조되므로 복잡성은 증가한다(Nevis(1987)는 한 쌍 혹은 집단이 공동창조할 수 있는 '상호작용 주기'를 설명했다).

이러한 주기는 집중을 요하는 여러 전경들 사이에서 무언가를 선택해야 하는 일이 그리 쉽게 이루어지지 않기 때문에 치료 도구로 사용하는 데 어려울 수 있는 반면, 시간이 지남에 따라 중독과 같이 습관적으로 중단되는 단순하고 독특한 경험이나 전경을 추적, 강화하는 데는 탁월하다.

서문에서 우리는 심리치료의 관계적 전환에 대해 어떻게 생각을 바꾸게 되었는지에 대해 설명했다. 이는 2인 심리학을 고수하면서도 상담 장면의 모든 것을 공동창조한 것으로 보겠다는 우리의 약속을 완화하는 것과 관련이 있다. 트라우마 작업에 대한 우리의 관심이 높아지면서 우리는 세상에 존재하는 일부 패턴이 너무 단단하게 켜켜이 쌓이거나 고정되어 있으며 이것은 내담자가 세상과 관계하는 방식의 가장 근본적인 부분이라는 것을 인정하게 되었다. 공동창조된 렌즈를 통해 **상담작업**을 하는 것은 내담자의 긴급한 욕구와는 관련이 없다. 그런 문제와 함께 건강한 프로세스를 가능하게 하기 위한 안정화와 자기조절을 먼저 처리하기 위해, 관계의 공동창조적인 측면에 대한 관심을 잠시 제쳐두는 것이 때로는 중요할 수 있다.

경험의 주기는 특히 주기의 같은 단계에서 프로세스를 습관적으로 차단하거나 왜곡하는 경향이 있는 내담자에게 에너지적인 각성 및 탈각성 과정을 경험하는 알아차림 프로세스가 고착되거나 우회되는 지점을 찾는 데 유용한 지침으로 사용될 수 있다. 가능한 시나리오는 다음과 같다.

◆ 신체–정서 감각의 내적영역으로부터 분리된 트라우마나 학대받은 내담자(**감각** 전 차단).

◆ 감정 알아차림 단계에서 정서적 욕구라기보다는 배고픔으로 오인하여 자연스러운 프로세스를 차단해버린 섭식 장애 내담자(**감각**과 **알아차림** 사이의 차단).

◆ 남편이 사망했다는 것과 슬퍼해야 한다는 것을 알지만 절망과 피로만을 느끼는 사별한 내담자(**알아차림**과 **에너지 동원** 사이의 차단).

◆ 위협에 반응하여 과한 에너지를 동원했으나 효과적인 조치를 취하지 못하는 불안하고 초조한 내담자(**에너지 동원**과 **행동** 사이의 차단)

◆ 끊임없이 새로운 일을 시작하여 **행동**을 취하지만 진정한 관계적 접촉을 하지 못하는 충동적인 내담자(**행동**과 **접촉** 사이의 차단)

◆ 어려운 일을 능숙하게 처리하고 해결하지만 어떻게 하면 더 잘할 수 있었을까를 되새기고 사소한 잘못에 대해 자책하면서 만족을 얻지 못하는 일 중독자(**접촉**과 **만족** 사이의 차단)

◆ 치료 장면에서 보살핌을 느끼며 종결을 피하려고 하는, 철수할 수도 없고 상담자와의 이별을 인정할 수도 없는 과의존적인 내담자(**만족**과 **철수** 사이의 차단)

◆ 성공적이고 보람 있는 프로젝트를 마치고 곧바로 다음 프로젝트에 대해 생각하면서 안절부절, 조용히 쉬지 못하고 다음에 일어날 일이 자연스럽게 일어나도록 두는 것에 대한 불확실성을 두려워하는 목표 지향적인 사업가(**철수**와 **새로운 출현에 대한 가능성** 사이의 차단)

위의 예시는 모두 차단된 에너지를 알아차리고 경험의 주기에 따라 이동하는 방법을 찾는 것이 내담자에게 건강하다고 믿는 사례이다.

　물론 항상 그런 것만은 아니다. 주기의 어떤 단계에 있어 다음 단계에서 무슨 일이 일어 날지를 아는 것은 내담자 욕구에 대한 알아차림과 당신 직관의 조합이다. 하지만 내담자에 게 완결이 무엇을 의미하는지를 진정으로 이해할 수 있는 사람은 오직 내담자뿐이다. 한 회 기로 완결되는 주기도 있고 몇 년이 걸리는 주기도 있다. 어떤 주기는 내담자가 원하는 방 향으로 포기하거나 수정할 수도 있다.

　주기에 대해 마무리하기 전, 종종 게슈탈트 문헌에서 무시되는 마지막 단계인 한 주기가 완결되고 떠오르는 전경이 부각되기 전의 철수와 감각 사이에 발생하는 단계에 대해 언급 하고자 한다. 이 단계는 흔히 '비옥한 공허함'으로 알려져 있지만 Geffney(2009)는 충만한 자기 알아차림 상태에서 단순히 '거기 있는 것', '계속 진행 중인 것'의 가치를 강조하는 '배 경'이라는 용어를 사용하였다. 이는 전경 하나가 완성되고 다음 전경이 나타나는 사이의 잠시 멈춤으로 들숨과 날숨 사이의 멈춤과도 같다. 상담자에게는 내담자와 함께하는 '창조 적 공정성'(52쪽 각주 참조)의 공간이기도 하고 어떠한 논의거리도 없이 주위를 환기하며 새로이 나타날 전경에 반응할 준비를 하는 공간이기도 하다. 이 공간에서는 방향을 잃고 모른다는 것을 인정해야 한다. 그러면 전혀 예상치 못했던 생각, 느낌, 욕구 혹은 영적인 차 원의 새로운 출현에 몸을 맡길 수도 있을 것이다.

변화의 역설적 이론

우리는 게슈탈트 심리치료의 중심이 되는 또 다른 개념을 언급하고자 한다. 이는 여러 면 에서 앞에서 말한 모든 것의 자연스러운 확장이다. Beisser(1970)가 주장한 변화의 역설적 이론the paradoxical theory of change은 이론이라 기술되지만 더 정확히 말하면 원리라 할 수 있 다. 그는 '변화는 그가 되고 싶은 것이 되려고 할 때 일어나는 것이 아니라 있는 그대로의 자신이 될 때 일어난다'라고 주장한다. 이것은 단순히 한 사람이 자신이 누구인지를 완전 히 받아들이고 구체화한다는 것을 말한다. 어떤 고정된 그림에 따라 변화하려고 노력하는 것은 자연스러운 변화과정에 방해가 된다. 지난 몇 년 동안, 많은 다른 심리치료 접근들 또 한 이 원칙을 중심으로 방향을 정한다고 언급했는데 그 예로 수용전념치료ACT, 마음챙김 훈련, 마음챙김 기반 인지치료MBCT, 정서중심 치료EFT, 변증법적 행동치료DBT가 있다.

　내담자는 자신이 미리 정해놓은 계획대로 변화할 수 있다고 믿거나 특정한 불쾌한 감정,

생각 혹은 태도를 단순히 제거하고 싶어 상담에 오는 경우가 많다. 내담자는 불안으로부터 자유로워지기 또는 모든 사람에게서 호감 갖기와 같이 자신이 어떻게 달라지기를 원하는지에 대한 이상적인 그림을 실현하고 싶어 한다. 변화의 역설적 이론은 내담자가 자신을 변화시키기 위해 노력하는 것이 아니라 자신의 경험의 모든 측면에 가능한 완전히 들어가 그 경험들을 충분히 알아차리는 것이라고 주장한다. 일단 내담자가 이것을 하고 나면, 그의 유기체적인 자기 조직화를 신뢰하게 되고 변화는 자연스럽게 따라온다.

만일 내담자가 자기수용의 깊은 태도를 취할 수 있다면, 내담자는 사실 자신에 대한 평소의 태도와는 근본적으로 다른 (그리고 변혁적인) 변화를 하고 있다는 것을 깨달을 때 이 원리를 이해할 수 있다. 이 점은 Perls(1969)가 자기실현과 자기이미지 실현을 구분하면서 말한 것이다. 이 원칙은 심리치료 실천에 중요한 의미를 갖는다. 그것을 염두에 두고 있는 치료자는, 내담자가 자신의 '본질'을 탐색하고 포용하도록 격려하고 어떤 일이 일어날지 모르는 것을 견딜 수 있도록 지지할 것이다.

이 근본적인 개념은 역설적이다. 왜냐하면 변화하기 위해서는 내담자가 변화하고자 하는 **시도를 포기**해야 함을 의미하기 때문이다. 변화하고자 하는 시도 대신 지속적인 알아차림, 접촉 그리고 동화를 통한 성장과 변화의 자연스러운 과정이 있을 뿐이다.

창조적 무심

상담자가 이 과정을 촉진하기 위해 할 수 있는 가장 유용한 태도는 창조적 무심creative indifference[1]이다. 동양의 영성에 뿌리를 둔 이 개념은 불교에서 마음챙김의 평정심을 실천하는 것과 유사하다. 상담자는 특정 결과에 대해 어떠한 권리도 갖고 있지 않다는 생각에 기반을 두고 있다. 그것은 알려지지 않은 것의 실존적 불확실성에 직면하는 또 다른 방법으로 단순한 작업이 아니다. 그것은 상담자가 기꺼이 무엇이든 '있는 그대로' 받아들이는 것이다.

성장 모델은 정원사가 햇빛, 따뜻함, 물을 제공하고 잡초를 제거하고 질병이나 곤충의

---

1 역주) 이는 직역하면 창조적 무관심이다. 하지만 관심이 없는 태도가 아니라 중립, 공정을 의미하기 때문에 창조적 무심으로 번역하였다. 저자들은 이러한 우려로 '창조적 중립성'의 '창조적 공정성'이라고 부르는 것을 제안하였다.

공격으로부터 보호하는 물리적 세계에서 쉽게 볼 수 있다. 그러면 꽃들은 자연스럽게 자라서 완전한 '꽃'으로 성장할 것이다. 정원사는 꽃이 자연스럽게 피는 것 외에 '꽃을 피게 만드는 것'에 대해 자신의 의지를 강요하거나 애쓰지 않는다. 상담과 심리치료는 내담자의 '프로세스를 신뢰'하고 특정 결과에 연연하지 않는다. 이 말은 상담자는 내담자가 어떤 길을 선택하든 마음을 다해 자유롭게 내담자와 함께한다는 의미이다. 이는 현상학적인 방법의 핵심이자 내담자의 실존적 선택을 수용하는 것이다. 이는 또한 유기체적 자기조절에 대한 신뢰일 뿐만 아니라 상담자와 내담자의 더 깊은 지혜에 대한 신뢰이기도 하다. 무엇보다도 상담자가 치료과정에서 적절한 조건을 제공하고 내담자가 자신에게 맞는 방향을 선택하는 것이라는 믿음이다. 그러므로 창조적 무심과 관련된 특별한 기술이나 기법은 없다. 그것은 모든 게슈탈트 상담의 핵심인 태도를 기르는 것이다.

지금 여기에 온전히 존재하면서 아무런 조건 없이 다른 사람과 만나는 것은 잠재적으로 두려운 경험이자 놀라운 경험이다. 우리는 미지의 세계를 마주하고 있고 그것은 우리를 불안하게 만들 수 있다. 그러면 우리는 계획하고 예측함으로써 통제하고자 하는 강한 충동을 느낄 수 있다. 내담자가 위기 상황이거나 자기 과정이 취약한 경우에는 종종 이 작업이 필요하기도 하다. 하지만 게슈탈트 상담자로서 우리는 그 충동을 억제하려고 노력하고, 대신 불확실성에 머물며 '프로세스의 신뢰'를 감수해야 한다.

변화에 대한 이 역설적인 관점은 행동결과를 위해 계약하고 증상을 제거하려고 노력하고 저항을 극복해야 하는 것으로 여기는 다른 심리치료 모델과 정면으로 대조적이다. 게슈탈트 상담에서 증상과 저항은 일반적으로 충분한 지지가 없는 상황에 대한 내담자의 창조적 적응의 표현이다. 저항을 제거하거나 극복하려고 하는 것은 그 사람의 본질적인 부분을 무시하거나 제압하려는 것과 같다.

딜레마의 문제가 받아들여지고 알아차림이 회복되면 내담자의 다양한 부분은 자연스러운 성장과 변화를 위한 자원으로 활용될 수 있다.

사례 3-3

[저자 중 한 명의 수련노트에서 발췌함]

장-루크는 일련의 실패한 관계 후에 상담을 받으러 왔고 이로 인해 새로운 사회적 상황에 대해 비참함과 두려움을 느끼고 있었다. 그는 다시 행복을 느끼고 싶지만 이전 상담에서 이는 시간낭비라는 생

(계속)

각이 들었기 때문에 '과거를 보는 것'은 싫다고 말했다. 평가 회기에서 그는 자신이 기분이 나아지기 위해 무엇을 해야 하는지를 말해주기를 원했고 내가 그에게 몇 가지 답을 주기를 원했다. 그는 (자신이 묘사한 바와 같이) 자신의 사회적 부적절함이 사교 모임에서 잘못된 행동을 했기 때문이라고 생각했다. 우리가 처음 6회기에 대한 계약을 맺기 시작하면서, 나는 내가 그를 어떻게 도울 수 있을지에 대한 그의 그림에 동의하기가 꺼려진다는 것을 설명하고, 무엇이 필요한지에 대한 결론을 내리기 전 먼저 그의 이야기를 이해하는 방법에 대한 다른 관점을 제안했다. 장-루크는 나의 제안에 확신은 없었지만 절박했고 자신의 고통을 나에게 말하면서 약간의 안도감을 느꼈기 때문에 나의 제안을 받아들였다. 그 후 몇 주 동안 그는 자신의 이야기를 아주 자세히 들려주었고 나에게 의견이나 제안을 요구하는 것은 점점 더 줄어들었다. 이 기간 동안 나는 대부분의 시간을 현상학적 방법을 사용하여 그의 자기 알아차림을 높이고 대화적 관계를 진행하였다. 나는 사회적 상황에 있는 것에 대한 조언이나 지시를 전혀 하지 않았다.

6개월간의 상담 리뷰에서 장-루크는 그가 자신의 삶을 더 즐기는 것 같고, 자신의 상황에 희망을 더 느끼며 평소의 익숙한 길을 가지 않고 새로운 관계를 시작했다는 사실에 어리둥절해 했다. 장-루크는 그와 내가 의도적으로 변화를 '시도'하지 않고 상황이 어떻게 개선되었는지를 이해하지 못했다.

상담자가 변화의 역설적 이론을 따르는 효과는 미묘하고 내담자들은 상담이 도움이 되었다는 것은 알지만 그렇게 된 구체적인 이유를 명확하게 설명하기는 어렵다고 말한다.

그럼에도 불구하고 우리는 인간의 상황은 매우 복잡하며 희망적인 변화에는 결단력과 용기가 필요하다고 믿는다. 자기 패배적인 중독 행동을 멈추기 위한 결정을 할 때라든지, 치료자로서의 경력을 쌓고 원하는 결과에 도달하기 위해 수련과정의 장애물을 끈질기게 견뎌내기로 결정을 할 때를 그 예라 할 수 있다. 달라져야 한다는 내사된 문화적 또는 사회적 압력에 의해 선택되는 결정과 완전한 알아차림 속에서 자유롭게 선택한 진정한 욕구 또는 열망 사이에는 미묘한 차이가 있다. 이 책 후반부에서 변화의 역설적 이론을 존중하면서 의도적으로 선택한 목표와 욕구를 허용하는 치료 여정이 어떻게 이루어질 수 있는지를 다룰 것이다.

권장문헌

Fodor, I. (1998) 'Awareness and meaning-making: The dance of experience', *Gestalt Review*, 2 (1): 50–71.

Gaffney, S. (2009) 'The cycle of experience re-cycled: Then, now … next?', *Gestalt Review*, 13 (1): 7–23.

Kabat-Zinn, J. (2003) 'Mindfulness-based interventions: past, present and future', *Clinical Psychology: Science and Practice*, 10 (2): 144–56.

Nevis, E. C. (1992) *Gestalt Therapy: Perspectives and Applications*. New York: G. I. C. Press. (**See Chapter 1**.)

Philippson, P. (2005) 'The paradoxical theory of change', *International Gestalt Journal*, 28 (2): 9–19.

Ribeiro, W. (2005) 'The non-paradoxical theory of change', *International Gestalt Journal*, 28 (2): 19–23.

Staemmler, F-M. (1997) 'Cultivating uncertainty: An attitude for Gestalt therapists', *British Gestalt Journal*, 6 (1): 40–8.

Yontef, G. (1993) *Awareness, Dialogue and Process: Essays on Gestalt Therapy*. Highland, NY: Gestalt Journal Press. (**See Chapter 8**.)

제 4 장

치료 관계

지난 20년간 '관계적 게슈탈트 상담'은 게슈탈트 연구 및 수련에서 흔한 용어가 되었다. 임상수련에서 이러한 경향은 상담 장면에서 내담자와 상담자 사이의 관계, 변화의 핵심 수단으로서의 상담 관계, 그리고 내담자와 상담자가 만나고 접촉하고 변화하는 대화적 과정에 보다 더 중점을 두도록 이끌었다.

게슈탈트 수련에서 상담 관계는 서로를 기반으로 하는 세 가지 요소에 따라 달라진다.

◆ 안전한 공간 준비(1장 중요한 첫 만남에서 설명)
◆ 작업 동맹 확립
◆ 협력적인 관계 탐구에 기꺼이 참여할 의사가 있는 대화적 관계의 제공

작업 동맹

작업 동맹working alliance은 상담자의 도움과 지지, 전념으로부터 시작된다. 이는 상담 빈도, 비용 지불과 같은 상담 초기 계약에 대한 내담자의 동의와 변화 과정에 참여하려는 내담자의 의지에 의해 충족된다. 당신과 내담자가 함께 상담을 하기로 약속하자마자 당신은 작업 동맹을 발달시키기 시작한다(때로는 치료적 협력 혹은 작업 관계라고도 함). 이러한 동맹은 당신과 당신의 내담자가 적극적인 동반자 관계와 신뢰유대를 구축하면서 당신의 작업

과 목표에 대한 상호 이해를 나누게 된다.

이는 또한 당신과 내담자가 서로의 선의를 믿고 협력하는 것에 동의한다는 의미이기도 하다. 내담자는 당신이 어렵거나 도전적이라고 느껴질 때에도 당신의 근원적 열망은 그의 최선의 이익을 위해 일하는 것이라고 믿는다. 치료자는 내담자가 상담에 기꺼이 참여하고 치료자와의 의사소통에 솔직하기 위해 최선을 다한다고 믿는다.

내담자가 일시적으로 당신이 좋지 않은 치료자라고 생각되거나 내담자 자신을 도우려 노력하지 않는다는 생각이 들 때에도 상담을 지속할 수 있는 것이 바로 작업 동맹이다. 내담자가 말하는 모든 것을 진지하게 받아들이고 존중하며, 상담이 어렵거나 막혔을 때에도 내담자와 함께 하고자 하는 의지가 치료자에게 있지 않다면 신뢰는 생기지 않는다.

작업 동맹이 단단해지는 데에는 시간이 걸리고 때로는 변동될 수도 있다. 내담자가 치료자로부터 '길을 잃었다'는 느낌이나 비난받는 느낌이 들 때 특히 그렇다. 당신은 신뢰를 약화시킨 일을 탐색함으로써 동맹을 강화해야 할 수도 있고, 이 과정에서 당신이 기여한 부분(예를 들어 도움이 되지 않은 개입을 했다거나 예상치 못하게 상담이 취소가 되는 경우)에 대해 책임을 져야 한다.

이것은 치료자가 내담자에게 반응할 여지를 주지 않고 서둘러 사과해야 한다는 것을 의미하는 것이 아니다. 이렇게 하면 중요한 관계 갈등을 피할 수 있다. 중요한 것은 치료자로서 당신의 실수를 고심하고 있고 내담자와 기꺼이 함께 할 것이며 진심으로 내담자에게 전념하고 있다는 것을 내담자가 확신하는 일이다. 이것은 자기 비난과 회피보다는 진정성과 탐구하는 마음으로 어려움을 탐색할 수 있는 가능성의 본보기가 되고, 진정성 있는 탐구와 공감적 이해를 통한 회복은 치료에서 커다란 치유가 된다.

작업 동맹을 장려하고 강화하는 가장 중요한 방법 중 하나는 그 관계가 얼마나 적절하고 도움이 되며 효과적인가를 정기적으로 내담자와 함께 확인하는 것이다. 여기에는 합의된 목표의 진행상황을 살피고 개입에 도움이 되거나 도움이 되지 않은 것은 무엇인지를 묻고 관계나 전략적 사고를 재조정하는 작업이 포함된다. 실제로 연구결과에 따르면 내담자로부터 이러한 종류의 피드백을 얻는 것은 효율성이 의미 있게 높아짐을 알 수 있다. 내담자는 자신이 상담 회기에서 일어나는 일에 있어 적극적인 영향력 있는 파트너임을 느껴야 한다. 상담자는 이 파트너십을 촉진하기 위해 지지나 갈등의 정도를 조정할 필요가 있다(27장 셀프 수퍼비전 참조). 게다가 치료자는 항상 자신의 개입 효과를 알아차릴 것이기에 내담자 반응을 통해 치료자가 내담자와 호흡이 잘 맞았는지, 치료자가 내담자를 놓쳤는지 혹은 너무 빨리 갔는지 등을 알 수 있을 것이다.

견고한 작업 동맹 형성의 강도와 속도는 내담자의 성격유형, 신뢰 관계의 역사, 자기 책임, 그리고 일관된 이해와 지지를 보여주는 당신의 능력 등 여러 요소에 따라 다르다. 단기 상담의 경우 작업 동맹을 신속하게 형성해야 한다. 장기 상담에서, 특히 학대 또는 유기 문제가 있는 장기상담에서 작업 동맹을 구축하는 것은 느린 과정일 수 있으며 실제로 오랫동안 상담의 주요 초점이 될 수 있다.

작업 동맹을 맺고 있는지 확인하려면 다음의 세 가지 질문을 하자.

◆ 당신과 내담자가 무엇을 하고자 하는지 명확한가?
◆ 내담자가 상담과정에 전념하고 있는가?
◆ 상담과정이 힘들거나 고통스러울 때도 당신과 내담자 모두 상담에 참여하고 소통하고자 하는가?

🔆 제안 4-1

당신이 상담받았던 때와 관련하여 이 세 가지 질문에 잠시 생각해 보세요. 작업 동맹이 가장 강력했던 때는 언제였고 가장 취약했던 때는 언제였나요? 무엇이 그런 차이를 만든 건가요? 당신 상담자의 선의나 헌신에 대해 의심해본 적이 있나요? 이제 당신이 어려움을 겪었던 내담자를 생각해 보고 같은 질문을 해 보세요. 당신의 내담자는 어떻게 대답할 것 같나요?

작업 동맹은 앞으로의 상담 여정을 위한 근본적으로 중요한 토대이다.

🔆 제안 4-2

당신의 동료가 당신의 내담자를 멈추어 세우고 물어봅니다. 당신과의 상담 회기를 마치고 나올 때 '무엇을 위해 거기에 가나요?'라고 묻는다고 상상해 보세요. 그들의 대답은 … '내 문제 정리하기', '이해하려고 노력하기', '내 마음을 말할 곳?' 이런 대답은 당신의 작업 동맹에 어떤 영향을 미칠까요?

대화적 관계

인간의 마음은 접촉을 갈망한다. 무엇보다도 진정한 대화를 원한다… 우리들 각자는 우리의 독특함, 충만함, 그리고 우리의 연약함을 인정받기 위해 은밀하고 절실하게 '만남'을 갈망한다. (Hycner and Jacobs, 1995: 9)

게슈탈트 이론은 대화적 관계라고 하는 특정 형태의 치료 관계를 제안한다. 이 개념은 철학자 Martin Buber(1958)의 아이디어에서 발전되었으며 다음과 같이 설명할 수 있다.

대화적 관계란 상대방을 (객체나 부분 대상이 아닌) 존재로서 진정으로 느끼는 감정/감각/경험, 그리고 다른 사람의 경험을 선입견 없이 '깊이 듣고자'하는 마음이다. 더 나아가 말하지 않는 것을 '듣고' 보이지 않는 것을 '보고자'하는 기꺼운 마음이다. (Hycner and Jacobs, 1995: xi)

대화적 관계를 제공하는 치료자는 내담자에게 완전히 현전하고 이해하고 확인하고 진정성이 있어야 한다. 물론 이것은 매우 까다롭고 힘든 실천이며 끊임없이 성취하기보다는 우리가 열망하는 것이다. 그러나 가장 중요한 것은 바로 이렇게 하고자 하는 **의도**이다. 그것은 또한 게슈탈트 치료가 해석, 능숙한 개입 또는 행동의 재훈련을 강조하는 다른 많은 심리치료와 구별되는 것이다. 이러한 심리치료들 대부분은 게슈탈트 대화의 매우 중요한 부분인 치료자의 '진정성', 현재 중심성 그리고 내담자와의 관계에 그다지 가치를 두지 않는다.

대화적 관계는 치료자가 '대화를 향한 전념'을 받아들이는 것으로부터 시작하여 치료자는 물론 내담자도 그 만남에 의해 영향을 받고 변화하는 관계 사이로 나아간다. 이는 연구자들마다 다르게 강조해온 몇 가지 특징으로 설명될 수 있는데 기본적으로 현전, 확인, 포함 및 열린 의사소통에 대한 의지의 네 가지 요소로 구성되어 있다.

현전

가장 간단하게 현전^{presence}은 상담자가 내담자를 향해 온전히 함께 하는 것을 의미한다. 상담자는 되도록 지금 여기에 있으려고 노력한다. 상담자는 자신의 모든 것을 가져오고 내담자를 진정성 있게 만나고자 한다. 그렇게 함으로써 상담자는 내담자에 의해 접촉되고 움직여지고 **영향을 받는다**. 이것은 종종 관계에서의 상담자의 반응을 공개할 수 있고 경험해왔던 내담자의 영향을 보여줄 수 있다는 것을 의미한다. 이것은 게슈탈트 실천가가 되기 위한 매우 중요한 부분이기 때문에 우리는 몇 번이고 이 부분을 반복할 것이다. 지금 이 순간, 지금 여기에 있는지를 알아차리자. 이렇게 하는 방법에는 여러 가지 많은 길이 있는데 여기서는 전통적인 게슈탈트 훈련을 소개하고자 한다.

 제안 4-3

46쪽 제안 3-2를 연습해 보세요. 당신의 에너지나 주의가 주로 어디에 집중되는지를 보면서 세 가지 알아차림 영역을 왔다갔다 하면서 마무리하세요. 어느 영역이 에너지가 잘 흐르는지, 어디가 경직되어 있거나 막혀있는지를 알아차리세요. 당신이 앉아 있는 방에서 한 가지 물건을 골라 그 물건에 '현전하고 있음'을 알아차려 보세요.

상담자는 자기 자신, 내담자 그리고 이 둘의 관계에 현전해야 하는 미묘한 과제를 안고 있다. 현전을 훈련하기 위해 치료자는 그 자신의 모든 감각과 알아차림을 가지고 그 만남에 자신을 완전히 내어준다. 어떤 면에서 현전은 당신이 모든 걱정과 노력을 내려놓고(혹은 괄호치기를 하고) 당신 스스로가 '거기에 있게' 허락할 때 나타나는 특성이다. 어떤 역할이나 특정 인상을 주려고 노력하는 것과는 정반대이다.

초심 상담자들은 마치 그들이 수행해야 할 특정한 행동이나 역할이 있는 것처럼 '게슈탈트 상담자는 어떻게 행동해야 하나요?'라고 묻는다. 현전은 현전이 나타날 수 있는 공간을 만드는 것이 가장 좋다. 이는 또한 **현실 그 자체**를 의미한다. 즉, 당신의 마음이 흩어져 있는데 흥미를 느끼는 척 하지 않고 짜증을 느낄 때 지지해주는 척 하지 않는다는 뜻이다. 그것은 당신이 내담자에게 보이고 싶은 대로가 아니라 있는 그대로의 당신을 보게 함을 의미하며, 당신이 '사려 깊고 현명한 치료자'가 되어야 할 필요성을 내려놓는 것이기도 하다.

확인

자기 감사, 자기 사랑 그리고 자기 인식의 가장 깊고 심오한 감동은 지금 여기에서 완전한 수용을 경험하게 하는 사람 앞에서 서서히 드러납니다. (Zinker, 1975: 60)

관계적 게슈탈트 상담은 '연민, 돌봄, 지혜, 균형 및 겸손에서 치료의 중요성을 강조합니다'. (Yontef, 2009)

상담자와 함께 하는 것은 많은 사람들에게 그들의 생각, 감정, 욕구가 진지하게 받아들여지는, 누군가에게 진정으로 경청되고 관심을 받고 이해받는 첫 경험이 될 것이다. 그 자체가 매우 강력한 치유가 될 수 있다. 이것은 다른 사람에게 '완전히 받아들여지는' 것으로 설명할 수 있다. 일부 운 좋은 아이들은 그들의 부모 혹은 주양육자로부터 이러한 경험을 한다. 또 다른 사람들은 사랑하는 조부모나 친척에게서 이러한 맛을 본다. 증거 혹은 신경생물학 연구를 뒷받침하는 많은 발달 이론가들은 이러한 유형의 관계/경험이 안전하고 회복력 있는 자기 감각의 가장 중요한 토대라고 본다. 이것은 완벽한 부모로부터 어린 자녀가 하는 모든 것을 끝없이 허용하고 승인하거나 무조건적으로 받아들여진다는 느낌이 있는 방식이 아니다. 당신이 아무리 나쁘게 행동했더라도 당신은 여전히 사랑받고 소중한 존재로 여겨진다는 것이다.

제안 4-4

과거 혹은 현재에 당신이 완전히 받아들여졌다고 느낀 사람(혹은 반려동물)을 생각해 보세요. 그 사람(혹은 반려동물)이 당신의 삶에 어떤 변화를 가져왔나요? 지금은 어떤가요? 만일 그 사람(혹은 반려동물)이 없다면 당신에게 어떤 영향을 미칠 것 같나요?

확인confirmation은 내담자가 말하는 모든 내용에 동의하거나 묵인한다는 의미가 아니다. 당신은 내담자의 가치에 동의하지 않거나 내담자의 몇몇 행동들을 싫어할 때가 분명 있을 것이다. 예를 들어 치료자는 인종차별, 폭력, 학대와 같은 문제에 대해 강한 의견을 가질 수있으며 때로는 내담자에게 자신의 입장을 인정해야 할 필요성을 느낄 수 있다. 이 장의 뒷부분에 자기개방에 대해서 논의할 것이다.

　게슈탈트 상담자는 내담자의 전경뿐만 아니라 소외되거나 편향되거나 알아차림 밖에있는 것도 받아들이거나 유지하려고 노력한다. 여기에는 내담자의 잠재력도 포함된다. 이런 의미에서 확인은 '수용'보다 더 포괄적이다. 예를 들어 자기 비판적 태도에만 접촉하는내담자는 종종 자기 칭찬 능력과 동떨어져 있으며 상담자는 이 두 가지 특성을 모두 확인해야 할 수도 있다. 확인은 성취하기보다는 열망하는 것이다. 때로는 상담자가 부정적 역전이(13장 전이와 역전이 참조)에 사로잡혀 있는 경우 특히 확인이 어려운 내담자도 있다. 하지만 내담자도 우리처럼 어려운 상황에서 최선을 다하기 위해 고군분투하는 취약한 존재라는 것을 잊지 않는다면 도움이 될 수 있을 것이다.

포함

포함inclusion은 상담자가 내담자의 경험을 자신의 이해영역에 포함시키려는 시도이다. 자신의 주관적 경험에 대한 감각을 잃지 않고 그 순간 내담자의 체화된 '감각'을 수용하는 연습이다(전통적으로 포함은 보다 일반적으로 사용되는 공감 개념과 구별되는 것으로 여겨졌지만 우리는 Stawman(2011)이 근본적으로 동일한 상호주관적 과정을 기술한 것에 동의한다. 이에 대한 심층 토론은 Staemmler(2012b) 참조).

포함은 상담자가 지금 여기 이 순간 상호주관적 영역을 완전히 경험할 수 있게 하는 인지적, 정서적, 암묵적 신체적 공명이다.

포함은 또한 상담자 자신의 감정, 반응, 경험에 대한 알아차림을 아우른다. 상담자는 자신을 잃을 정도로 내담자의 이야기나 경험에 완전히 몰입하지 않는다. 반대로 상담자는 항상 자신의 경험과 존재감을 알아차리지만, 또한 내담자와 조율하고 이에 의해 영향을 받는 것을 허용한다. 포함은 내담자가 인지하는 신체 표현, 감정, 컨텐트와 같이 지각된 현상과 상담자의 창조적인 상상력이 혼재되어 있다. 그러나 대부분의 경우 의사소통은 다양하고 미묘한 방식으로 의식적으로 이루어지므로 내담자가 경험하는 이미지, 감각, 감정에 귀를 기울이는 것이 좋다. 이것은 내담자 세계에 대한 정보를 제공하고 있을 가능성도 있다.

제안 4-5

최근의 치료 회기를 떠올려 보세요. 한 내담자가 어떤 문제에 대해 당신에게 말을 하고 있습니다. 마음속으로 내담자를 상상하면서 다음과 같은 질문을 스스로에게 던져 보세요.

내담자가 그의 말, 자세, 감정, 에너지 수준 등을 통해 당신에게 무엇을 전하고 있습니까?
내담자의 이야기를 들을 때 당신의 반응, 생각, 감정은 무엇인가요?
이 문제는 내담자의 과거, 예를 들어 그의 어린 시절이나 자기 개념에 비추어 볼 때 어떤 특별한 의미를 갖는다고 생각하나요?
만일 당신이 이 내담자가 되어 본다면, 내담자는 이 문제를 어떻게 겪고 있을 것 같나요?

이제 한 발짝 물러서서 스스로에게 물어보세요.

만일 당신에게 이 문제가 있다면, 당신은 어떻게 느끼고 생각할 것 같나요?
지금 당장 상담자에게 어떤 반응을 얻고 싶으세요?

자, 이제 확인하세요.

공동창조된 관계에 대해 갖고 있는 당신의 관계의 질 혹은 감각

이런 단계를 거친 후 내담자에게 이해한 내용을 가장 잘 전달할 수 있는 방법은 무엇인가요?

포함 전달하기

포함은 종종 내담자에게 직접 표현하지 않고도 전달할 수 있다. 포함은 태도, 자세, 목소리 톤, 내담자와의 모든 비언어적 접촉을 통해 전달된다. 포함은 작업 동맹을 심화시키고 신뢰를 증진하며 내담자의 경험을 확인하는 등 깊은 치유의 효과가 있다. 하지만 당신이 이해한 바를 내담자에게 언어적으로 전달하면 내담자는 자신에 대한 이해와 수용에 더 깊고 강력한 차원을 더할 수 있다.

가장 포괄적인 포함의 실천은 사고, 감정, 이미지, 감각, 지각, 신체 프로세스 등 경험의 모든 영역에 걸쳐 있다. 당신이 내담자의 경험을 깊이 추적하면 내담자의 에너지에 맞춰 자연스럽게 당신의 반응을 표현하게 될 것이다.

당신은 반드시 실수를 하겠지만 이것은 자연스럽고 유용한 과정이다. 조율하려는 시도의 이점 하나는 내담자가 당신이 그를 이해하려고 고군분투 하고 있음을 감지하고 당신이 실수를 할 때 이를 기꺼이 수용한다는 것이다. 당신은 반드시 실수를 하고 수정하고 피드백을 받을 것이다. 그러므로 개입을 가볍게 하는 것이 중요하다. '저는 궁금해요…', '저는 상상하고 있어요…', '당신은… ', '제가 그 말을 들을 때, 제 몸은…'와 같이.

포함과 현전을 실천하기 위해서는 자신의 세계와 내담자의 세계 사이를 이동할 수 있는 확고한 안정감과 유연성이 필요하다. 어렵더라도 낙심하지 말자. 중요한 것은 그렇게 하고자 하는 열망과 의지이다.

열린 의사소통을 위한 의지

대화적 관계의 네 번째는 열린 의사소통이다. 내담자는 그가 경험하는 모든 것을 당신에게 자유롭게 말할 수 있어야 한다. 또한 진정한 만남의 정신으로 내담자에게 당신의 반응을 솔직하게 전달하는 것도 중요하다. 우리는 이미 포함의 중요한 부분이 내담자에게 공감을 전달하여 내담자의 경험이 검증되도록 하는 것이라고 설명했다. 하지만 그 외의 다른 반응들은 어떠한가? 당신은 그 반응들을 모두 소통하는가 아니면 혼자만 간직하고 있는가? 이 것은 정해진 답이 없는 질문이다. 우리의 기본 원칙은 내담자에게 유용하거나 새로운 관계를 맺을 수 있다고 믿는 것을 솔직하게 공유하고 소통하거나, 또한 내담자와의 관계에 방해되는 것이 무엇인지, 현재의 역동을 밝힐 수 있는 것이 무엇인지를 내담자와 공유하는 것이다.

반응이 일어나는 대로, 일어날 때마다 목소리를 모두 내는 것은 분명히 치료적이지 않다. 이것은 내담자의 흐름을 방해하거나, 내담자에게 치료자의 말을 집어넣거나, 내담자의 자기발견 과정을 방해할 수 있다. 복잡한 의미가 표면으로 떠오를 때까지 기다리지 않고 너무 빨리 해석하거나 이해하려고 하면 많은 중요한 정보를 놓칠 수 있다. 실제로 수치심이나 자기애적인 성향을 가지고 있는 내담자들은 상담자의 성급한 자기개방으로 인해 상담이 쉽게 조기 종결될 수 있다. 더욱이 치료자의 반응과 감정은 치료자 자신의 해결되지 않은 문제에서 생겨나 내담자에게 강요되는 것일 수도 있다. 우리는 경험상 치료자가 자신의 경험을 내담자에게 말하기로 선택한 이유에 대해 (나중에 이에 대한 이야기가 나온다면) 타당한 이유를 제시할 수 있어야 한다고 생각한다. 기법이란 언제, 무엇을, 어떻게, 얼마나 공개해야 하는지를 아는 것이다.

우리가 자기개방을 피할 수 없다는 것을 기억하는 것도 중요하다. 우리의 존재감, 우리의 옷차림이 어떤지, 그리고 우리의 몸짓은 모두 우리의 내담자에게 무수히 많은 방식으로 우리 자신을 드러낸다.

자기개방을 위한 몇 가지 지침

당신이 경험하고 있는 것을 전달하기로 결정했을 때, 당신의 개입이 단순히 당신의 감정, 생각, 이미지를 묘사하고 있고 그것이 해석이나 판단으로 가득 차 있지는 않은지 확인해야 한다. 당신은 지금 여기에서 당신의 개입을 표현할 수 있다. 예를 들면,

"저는 당신의 말을 들을 때 슬픔/화/기쁨을 알아차립니다."
"당신이 어떻게 학대를 당했는지를 들으니 제 마음이 아프네요."

이것은 아래의 내용보다 훨씬 분명한 영향력이 있다.

"그건 나쁜 일이었어요."
"그 사람은 당신을 그렇게 대하지 않았어야 했습니다."

아니면, 탐색에 내담자를 초대하는 것이다.

"우리 사이에 무슨 일이 일어나고 있는 것 같아요. 무슨 일이 일어나고 있는지 느껴지나요?"

또한 침묵은 긍정적이건 부정적이건 강력한 의사소통이 될 수 있다는 점을 기억하기를 당부한다.

당신의 반응을 공유한 후 이에 대한 내담자의 반응에 주의를 기울이자. 내담자의 관심, 참여, 반응 또는 반응의 부족을 살피면서 내담자가 당신의 말을 어떻게 느꼈는지를 표현할 수 있도록 준비해야 한다. 자기개방에 대해 확신이 없는 경우 고려할 사항을 아래와 같이 제시한다.

◆ 반응을 자제하면 내담자와 함께 할 수 있는 능력이 저하되는가? 우리가 '일시적으로 주의가 산만해졌'고 말하는 것만으로도 무언가로부터 해방되어 우리가 지금에 더 많이 머무를 수 있게 한다. 마찬가지로 그 순간 잠시 길을 잃는 것은 관계에 더 깊은 역동이 있을 수 있다는 신호이다.

◆ 만일 느낌, 생각, 이미지가 한동안 지속된다면, 특히 이러한 현상이 여러 회기에 걸쳐 지속된다면(그리고 이 내담자와의 만남에서만 발생하는 것이라면) 내담자가 가져온 자료와 관련이 있다고 생각할 수 있으며, 이러한 내용을 내담자와 공유하는 것이 적절하다. 많은 경우 새로운 의미가 생기는 것은 대화를 통해서만 가능하다.

◆ 내담자의 주제가 당신이 가지고 있는 강력한 신념과 닿아있는 이슈인지를 확인하자. 만일 그러하다면, 추후 성찰하기와 수퍼비전을 위해 그 반응을 잠시 유지하는 것도 좋다.

◆ 자기개방에 대한 당신의 의도가 더 잘 이해받고 싶은 당신의 역전이인지 아니면 잠시 괄호치기를 한 것인지 확인하자(13장 전이와 역전이 참조).

가장 중요한 것은 내담자와 열린 소통을 실천하려는 태도를 갖는 것이다. 소통을 할 것인지 말 것인지는 각각의 독특한 만남에 따라 결정할 문제이다.

자기개방은 내담자가 치료자에게 자신의 삶이나 역사에 대해 개인적인 질문을 할 때 특히 중요해진다. 어떤 종류의 공개를 할 것인지, 그리고 왜 공개하는 것인지에 대해 생각을 한다면 자기개방을 준비하는 데 도움이 될 수 있다. 답변 중 일부는 당신의 개인적 게슈탈트 치료 방식과 관련이 있을 것이다. 당신이 어떠한 결정을 내리든 질문의 타이밍은 항상 적절하다는 것을 잊지 말아야 한다. 특정 질문에 대답을 하더라도 그 질문과 당신의 대답이 내담자에게 어떤 의미가 있는지를 묻는 것도 효과적이다. 상담자에게 자신과 같은 상황을 경험한 적이 있느냐고 묻는 내담자는 오해를 받을까 봐 두려워하는 것일 수도 있다. 또한 긍정적이든 아니든 내담자는 당신의 대답에 용기를 얻거나 낙담을 할 수도 있다. 대체로 삶의 의미와 치료적 유용성을 신중하게 생각하지 않는 한 상담자의 삶의 내용을 공개하지 않는 것은 많은 가치가 있다. 지금 이 순간 확신이 서지 않는다면 일반적으로 "흥미로운 질문이네요. 답하기 전에 잠시 생각을 좀 해 보겠습니다." 또는 "그 질문에 대해서는 나중에 얘기하고 싶습니다."라고 말하는 것도 괜찮다.

대화적 관계에서 작업하기

치료자가 현전, 확인, 포함 그리고 열린 의사소통을 실천할 때 상담자는 내담자에게 나-너 관계 혹은 대화적 태도를 제공하는 것이다. 당신은 분석하거나 조종하려고 하지 않고 있는 그대로의 존재로서 내담자를 만나려고 노력한다. 이런 태도를 보이려고 하다보면, 당신은 일관성을 유지하는 것이 얼마나 어려운 일인지를 반드시 깨닫게 될 것이다. 대부분의 상담자는 모든 회기에서 짧은 시간 동안만 완전히 현전하거나 포함할 수 있다.

만일 내담자 또한 나-너 관계에서 반응한다면, 이것은 어떤 면에서는 인간관계 상호작용의 절정이 될 것이다. Martin Buber에게 이것은 대화의 끝이고 최고의 성과였다. 두 존재가 소위 '나-너 순간'이라고 불리는 지점에서 서로에게 충분히 현전하는 것이다.

아마도 당신은 치료(혹은 인생)에서 이러한 특별한 순간을 경험한 적이 있을 것이다. 이런 순간들은 일반적으로 간헐적으로 나타나는데, 때로는 말 없이, 시간을 초월하여 깊은 연결이 만들어지는, 관계의 일반적인 한계를 초월하는 것처럼 보인다. 그러나 가장 간단히 말하면 아무런 사심이 없는 무조건적인 연결의 경험이며, 순간의 충만함과 생생함에 완전히 충족되고 만족되는 경험이다.

하지만 치료자로서 당신은 치료가 어떻게 진행되고 있는지 평가하고 계획하고 '생각'할 책임도 있다. 이 위치에서 작업할 때는 내담자와는 소위 나-그것이라 말하는 관계를 갖는다. 나-그것 관계는 지금까지의 인생 경험을 바탕으로 한 것이다. 우리는 사람이나 사물을 이미 알고 있는 정보와 세상에 기반하여 이해한다. 이것이 우리가 그것들을 활용하거나 다룰 수 있는 방식이다.

효과적인 나-그것 관계는 계약 협상, 상담시간 구조화, 평가, 갑작스럽게 길어진 회기 요청 등의 임상문제를 처리하거나 치료 종료 시점에 대한 협상에 필수적인 활동이다. 또한 당신과 당신에 대한 내담자의 반응에 대해 무슨 일이 일어났는지를 되돌아보고 생각하고 느끼는 것을 포함한다.

대화적 태도를 제공하는 것은 어떤 면에서 단계적 실험이다. 치료자는 내담자에게 가장 도움이 될 것에 따라 치료자의 현전과 의사소통의 강도를 지속적으로 모니터링하고 잠재적으로 수정해야 한다. 이는 특히 매우 혼란스럽거나 취약한 자기 프로세스를 가진 내담자에게 적용된다. 책임 있는 나-그것 관계는 치료의 초기 단계, 진행 상황을 검토할 때 그리고 치료가 막힐 때에 보다 분명해진다. 이를 수용함으로써 당신은 나-그것 관계를 최소화하고 가능한 한 자주 나-너 태도로 되돌아가도록 노력해야 한다.

Jacobs(1989)는 게슈탈트 치료에서 대화적 관계를 지속적인 상호작용 혹은 '나-너'와 '나-그것'의 모드 사이를 왕복하는 것으로 설명했다.

이 장을 마치기 전, 관계의 우선순위에 대한 의견을 추가하고자 한다. 관계는 항상 존재하고 계속 영향을 주기 때문에 우리는 치료적 접촉의 본질적이고 지속적인 특성을 강조해 왔다. 그러나 내담자가 우리와의 적극적인 관계에서 거리를 두고 철수하는 때도 있다. 이럴 때는 내담자가 관계의 거리를 조절할 수 있도록 허용하고 다음에 필요한 것을 인내심을 가지고 기다리는 것이 최우선이다.

마무리

이 장에서는 치료 관계의 형성을 일련의 단계, 즉 안전한 공간의 설정, 치료 과업에 대한 합의, 치료자와 내담자 사이의 신뢰 관계의 형성으로 설명하였다. 그런 다음 게슈탈트 상담자는 대화적 관계로 나아갈 수 있으며 이 관계에서 현전, 확인, 포함, 그리고 열린 의사소통을 위한 의지를 적용한다. 물론 순서가 꼭 이 순서대로 일어나지 않을 수도 있다. 예를 들어 신뢰가 형성되기 전, 또는 앞으로 나아갈 방향에 대해 동의하기 전에 대화적 관계가 한동안 펼쳐질 수 있다. 그러나 게슈탈트 실천의 가장 중요한 측면은, 내담자가 이해받고 수용되었다고 느끼는 것으로 상담자가 내담자를 판단하거나 평가하지 않고 진정성 있게 받아들이는 것이다. 이러한 의미에서 현상학과 대화적 관계는 모든 게슈탈트 심리치료의 바탕이다.

권장문헌

Bohm, D. (1996) *On Dialogue*, ed. Lee Nichol. London: Routledge.

Chidiac, M-A. and Denham-Vaughan, S. (2007) 'The process of presence: Energetic availability and fluid responsiveness', *British Gestalt Journal*, 16 (1): 9–19.

Fairfield, M. and O'Shea, L. (2008) 'Getting beyond individualism', *British Gestalt Journal*, 17 (2): 24–37.

Gremmler-Fuhr, M. (2004) 'The dialogic relationship in Gestalt therapy', *British Gestalt Journal*, 13 (1): 5–17.

Hycner, R. A. and Jacobs, L. (1995) *The Healing Relationship in Gestalt Therapy*. Highland, NY: Gestalt Journal Press.

Mackewn, J. (1997) *Developing Gestalt Counselling*. London: Sage. (**See Chapter 8**.)

Mayer, K. (2001) 'A relational perspective on Gestalt therapy and the phenomenological method', *Gestalt Review*, 5 (3): 205–10.

Spineli, E. (2005) 'To disclose or to not disclose', *International Gestalt Journal*, 28 (1): 25–41.

Staemmler, F-M. (2004) 'Dialogue and interpretation', *International Gestalt Journal*, 27 (2): 33–58.

Staemmler, F-M. (2012) *Empathy in Psychotherapy*. New York: Springer.

Staemmler, F-M. (2016) 'Taking another turn', *British Gestalt Journal*, 25 (2): 3–19.

Stawman, S. (2011) 'Empathy and understanding', *British Gestalt Journal*, 20 (1): 5–13.

Yontef, G. (2002) 'The relational attitude in Gestalt therapy and practice', *International Gestalt Journal*, 25 (1): 15–35.

Zahm, S. (1998) 'Therapist self disclosure', *Gestalt Journal*, 23 (2): 21–52.

제5장

평가와 진단

평가라는 개념 자체가 많은 게슈탈티스트들에게 딜레마를 안겨준다. 내담자를 평가 또는 진단하기 위해 의도적으로 객관적인 또는 '전문가' 입장을 취하는 것은 대부분 게슈탈트 실천의 기본 원칙을 위배하는 것으로 보인다. 평가에 대한 반론은 다섯 가지 범주로 분류되는 것 같다.

첫째, 내담자에게 진단 꼬리표를 붙이는 것은 내담자가 어떠한 형태로 고정되고 정적이며 단순한 단어의 집합으로 축소될 수 있음을 암시하는 것과 같다. **둘째**, 진단은 역사적으로 정치적으로 비개인화, 객관화 또는 억압의 수단으로 자주 사용되어 왔다. **셋째**, 진단은 내담자의 고유성을 부정하는 데 사용되며, 내담자가 자신을 이해하는 것보다 자신이 더 잘 이해한다고 주장하는 전문가의 입장을 잠재적으로 지지하는 것이다. **넷째**, 알아차림을 높이고 관계적 접촉을 하고 순간을 사는 것만으로도 효과적인 심리치료와 치유에 충분하다는 게슈탈트의 기본 원칙을 약화시킨다. **다섯째**, 인정된 진단 시스템은 종종 심각한 결함이 있고 도움이 되지 않는 환원주의적이며, 정치인들과 제약 산업에 의해 틀림없이 조작되고 있다(Verhaeghe, 2004, 2007; Leader, 2008).

그러나 이러한 모든 정당한 주장에도 불구하고 우리는 초기 및 지속적인 평가를 수행하는 데 강력한 이점이 많이 있다고 믿는다. 더욱이 전문적으로나 윤리적으로도 그렇게 할 필요가 있다고 생각한다.

이 글을 쓰면서 우리는 진단과 평가의 차이에 대해 논의했다. 진단은 기존 또는 지속되는 상황을 '식별'하는 것, 거기에 **이름을 붙여서** 다른 상황과 구별하는 것과 관련이 있어 보인다. 평가는 문제나 상황에 대한 보다 평가적인 설명이며 시시각각 변화하는 상황에 맞춰 유동적일 수 있다. 심리치료 분야의 공식적인 진단은 제한적이지만 중요한 몇 가지 이점이 있다. 이에 대해서는 아래에서 논의하고자 한다. 따라서 우리는 평가와 유사하고 게슈탈트 철학 및 원칙과 양립할 수 있는, 더 느슨한 진단의 정의를 사용하고자 한다.

평가는 관계에서 피할 수 없는 부분이다

우리는 평가하지 않을 수 없다. 2장에서 설명한 바와 같이 인간은 의미를 만드는 존재이다. 우리가 세상을 이해하는 방식은 지속적인 평가 또는 진단의 한 형태라고 할 수 있다. 우리는 항상 관찰하고 만나고 이해하려고 노력한다. 예를 들면 우리가 사람들을 인식하고 반응하고 인상을 형성하는 방식에서 그렇다. 사람을 처음 만나 호불호가 갈리는 의견을 형성하지 않는 것은 거의 불가능하다. 종종 이러한 과정은 거의 의식하지 못하는 경우가 많지만 그럼에도 불구하고 지속적으로 진행 중인 관계 평가의 일부이다. 이런 과정이 일어나지 않는다면, 당신은 오랜 친구를 만나 '너를 기억해. 너에게서 따뜻함을 느껴. 너랑 친해지고 싶어'라고 말할 수 없을 것이다.

　같은 과정이 상담실에서도 일어난다. 상담자는 내담자를 만나는 순간부터 내담자의 나이, 걷는 방법, 얼굴 표정, 옷 차림, 감정적 말투, 관계 스타일, 상담자 자신의 반응과 반응에 대한 감각, 그리고 어떻게 관계가 형성되고 있는지에 대한 느낌까지, 의식 안팎에서 무수한 세부 사항과 인상에 주의를 기울인다. 이러한 인상을 밝히는 것은 중요한 정보수집의 시작이자 상담자의 자연스러운 평가에서 피할 수 없는 부분이다.

> **💡 제안 5-1**
>
> 내담자와의 첫 번째 평가(또는 새로운 사회적 관계의 첫 만남)를 마지막으로 수행한 때를 기억해 보세요. 첫 인상은 어땠나요? 그 사람을 더 잘 알기 전 어떤 의견, 판단, 감정을 가지고 있었나요? 당신은 이것을 '저는 …이라는 직감이 있었습니다', '어쩐지 저는 그를 믿을 수 있다/없다는 것을 알고 있었습니다', '그냥 그에 대해 감정이 있었을 뿐입니다'라고 표현했을지도 모르지만 명백한 증거는 아무것도 없었습니다. 장기적으로 이 인상이 얼마나 정확했을까요?

(계속)

첫 인상이 얼마나 정확한지(때로는 얼마나 부정확한지)는 놀라운 일입니다. (이에 대한 흥미로운 확장은 Gladwell, 2006 참조)

물론 '알아차림 밖의 평가'의 현실을 받아들이는 것은 게슈탈트 실천의 많은 영역에서 생기는 긴장과 역설을 보여준다. 한편으로 우리는 각 내담자의 고유한 상황, 고유한 관계에서 내담자의 독특성을 존중하고 관계 속에서 살아가는 내담자의 역동적인 과정을 존중하고자 한다. 반면에 좋든 싫든 우리는 자동적으로 인상을 형성하고 판단을 한다. 많은 임상 현상과 행동이 예측 가능한 결과와 치료 의미를 깃는 인식 가능한 반복패턴에 속한다는 것도 사실이다. 예를 들면 이전에 여러 번 상담을 받았고 조기종결 되었다고 보고하는 내담자의 패턴들이 있을 것이다.

내담자를 효과적으로 돕기 위해, 내담자가 세상과 접촉하는 방식이 내담자의 어려움에 어떻게 기여하고 있는지를 이해하기 위해 내담자의 습관적인 접촉 유형, 반복적인 패턴, 고정된 게슈탈트를 보고 이름을 붙이는 것에 열린 자세가 필요하다.

예를 들어 경계선 프로세스를 가진 내담자는 종종 더 강력한 치료적 경계를 필요로 한다. 자기애적 성향의 내담자는 더 많은 조율이 필요하다. 우울한 내담자는 자살 위험이 더 크며 성적 학대를 받은 내담자는 일반적으로 신체경계 부분에서 매우 민감하거나 취약하다. 이러한 일반화는—가능한 가벼운 지침 정도로 여긴다면—때로는 치료자 업무에 있어 보다 효과적이고 안전에 도움이 된다.

💡 제안 5-2

당신 자신의 삶에 고정적이거나 반복되는 행동패턴이 있는지 잠시 살펴보세요. 예를 들어 당신은 스스로를 수줍어하나요? 외향적이라고 생각하나요? 당신은 생각하는 유형인가요? 감정적인 유형인가요? 당신은 대인관계가 쉽나요? 아니면 문제가 있다고 생각하나요? 당신은 자기 비판적인가요? 자기 제한적인 신념이 있나요? 답을 간략하게 문장으로 만드세요. "나는 …입니다." 예를 들어 나는 갈등을 좋아하지 않는 사람입니다. 나는 쉽게 부끄러워 합니다. 나 자신에게 꼬리표를 붙이는 것이 어떤 느낌이지 알아차려 보세요. 당신은 당신 자신에 대한 이 묘사가 비하적이라고 생각하나요? 아니면 그냥 '묘사'인가요? 어떤 꼬리표가 당신에게 적용되고 싶지 않나요? 그 이유는 무엇인가요?

초기 평가는 유능한 전문가적 반응을 위해 필수적이다

'이상적인' 심리치료에서 우리의 내담자는 게슈탈트 원칙을 알고 받아들이는 사람일 것이다. 내담자는 시간과 비용에 구애받지 않고, 자신을 알고, 의미 있는 치료 관계에 참여하면서, 도움이 되지 않는 패턴을 알아차리고, 이를 변화시키고, 잠재력을 발휘하고, 그의 창조성이 자신을 어디로 이끌고 있는지를 알기 위해 상담에 참여한다. 이러한 경우, 초기 진단은 중요하지 않으며 상담자는 매 순간과 각 회기를 자유롭게 사용할 수 있다. 상담자는 때때로 내담자와 함께 내담자가 원하는 것을 얻고 있는지 확인한다. 이 시간은 진정한 상호 탐구의 여정이 될 것이다.

하지만 내담자가 이렇게 열린 마음으로 치료자를 찾아오는 경우는 거의 없다. 일반적으로 내담자는 여러 형태의 심리적 고통에 대한 도움을 원한다. 삶은 그들에게 '작동하지 않는다'. 그들은 우울, 불안 또는 다른 내적 혼란으로 고통받고 있거나 대인관계, 직업 또는 삶의 실존적 도전과 같은 일상에서의 기능적인 문제를 겪고 있다. 그들은 치료자가 가능한 짧은 시간 안에 문제를 해결할 수 있는 전문지식을 가지고 있을 것이라는 이유 있는 기대를 가지고 있다. 따라서 치료자와 내담자가 함께 중요한 문제를 다루지 않는다면 전문가적이지 못한 것이다.

상담자와 내담자는 다음을 함께 수행해야 한다.

◆ 현재의 문제를 파악하고 내담자가 상담을 통해 어떤 변화를 원하는지 확인하기
◆ 문제의 의미와 시사점 이해하기
◆ 상담이 유발할 수 있는 자신 또는 타인을 향한 위험 파악하기
◆ 이 문제를 돕기에 적합한지 확인하기
◆ 달성 가능한 상담결과 또는 최소한 상담의 방향에 합의하기
◆ 진행 중인 상담 여정이 효과적인지를 평가하기(예를 들어 내담자가 개선되고 있다고 말하고 상담자는 이에 동의한다면)

물론 이 프로세스는 잠정적이며 내담자가 변화되고 상담이 진행됨에 따라 자주 업데이트된다.

공식적인 진단은 타전문가들과의 의사소통에 유용하다

게슈탈트 치료가 더 큰 심리치료 분야에서 존중과 신뢰를 얻으려면 게슈탈트 상담자는 다른 심리치료 접근법과의 대화를 허용하는 진단 용어로 내담자를 설명할 수 있어야 한다. 이것은 다른 이론 기반의 심리상담사, 사회복지사, 혹은 정신건강의학과 의사에게 의뢰해야 하는 경우 중요하다.

제안 5-3

당신이 한동안 본 내담자를 선택하고, 그의 주치의가 그의 문제에 대한 전문적인 치료를 위해 보고서를 요청했다고 상상해 보세요. 전문적인 게슈탈트 용어를 사용하지 않고 그의 문제, 진단 및 작업의 초점을 어떻게 설명할 수 있을까요?

ICD 혹은 DSM-5와 같은 (타당성과 정확성이 점점 의문시 되고 있지만) 공식적인 진단방법에 익숙해지면 훨씬 쉽게 알 수 있다. 이들은 또한 다양한 유형의 우울증, 가능성 있는 증상, 자살 위험, 재발률, 관련 조건 등의 문헌 및 자원에 대한 접근을 제공하는 데 도움이 될 수 있다.

가장 단순한 수준에서 진단명이라는 라벨을 사용하여 설명하면 참조 프로세스가 간소화될 수 있다. 동료에게 전화를 걸어 '교통사고로 PTSD를 앓고 있는 사람을 위한 상담 공간이 있나요?'라고 물으면 동료는 바로 의뢰 대상, 성격, 기간, 필요한 작업 강도에 대한 아이디어를 얻을 수 있다.

유연하고 공동창조적인 진단은 작업 동맹을 구축하는 데 도움을 준다

형식적인 의학적 진단과 달리 '과정중심'의 게슈탈트 진단은 단순히 정의되고 명명하는 것보다 묘사적이고 현상학적이며 유연하게 유지할 수 있는 경우 가장 유용하다. 게슈탈트 진단은 내담자에게 고유한 패턴, 주제 및 반복을 확인하려는 시도이다(이에 대한 가벼운 예는 2장의 시작 부분에서 찾을 수 있다). 이것은 주로 당신과의 관계 및 지금 여기의 장 조건에서 내담자가 현재 순간에 **어떻게** 행동하는지의 프로세스에 대한 설명이다. 따라서 이는 **활동** 또는 **게슈탈팅**에 대한 설명이다. 예를 들어 자기애적인 사람이나 장애보다는 '자기애적 프로세스'를 설명할 수 있다. 혹은 내담자가 반전했다retroflected가 아니라 '반전하는 retroflecting' 내담자라고 말할 수 있다.

게슈탈트 진단 정의 중 하나는 하나 혹은 여러 개의 고정된 게슈탈트를 역동적으로 묘사하는 것이다. 고정된 게슈탈트는 과거 생활 환경의 어느 시점에 대한 창조적 적응에 대한 묘사로, 과거에는 필요했으나 현재는 습관적이고 부적절한 모습이다. 예를 들어 학교에서 괴롭힘을 당했던 과거 경험을 바탕으로 결코 취약성을 드러내지 않는 것이다. 치료는 이 고정된 게슈탈트를 느슨하게 풀고, 내담자가 고정적이고 역사적인 과거 패턴에서 현재 더 유연하고 적절한 반응으로 전환할 수 있도록 돕는 것이다. 완전히 건강한 사람은 매 순간 생생하게 살아 있기 때문에 '진단'이 필요 없다.

이러한 진단은 가능한 내담자와 공동진단하기를 권장한다. 특히 평가 회기가 끝날 때, 그리고 어떤 일이 일어나고 있는지에 대한 강력한 가설이 있을 때는 반드시 공동 진단을 해야 한다. 예를 들어 상담자는 내담자의 현재 고통이 해결되지 않은 사별과 관련이 있을 수 있다고 생각하거나 내담자의 신체적 긴장이 분노를 참는 것과 관련이 있을 수 있다고 생각한다고 내담자와 공유할 수 있다. 여기서 주의할 점은 상담자는 게슈탈트 전문 용어를 그대로 사용하기보다는 내담자가 이해하기 쉬운 내담자의 언어로 바꾸어 이야기해야 한다. 예를 들면 "당신은 억눌린 느낌이 많군요."(반전), "우는 것은 잘못된 것이라는 강한 신념이 있으시네요."(내사 혹은 핵심 신념), "당신은 당신 아버지의 죽음을 극복하지 못한 것 같아요."(미해결과제)가 있을 것이다. 이렇게 하면 내담자는 자신의 문제를 이해하는데 적극적으로 참여하는 것에 동의 여부를 명확히 할 수 있다. 그것은 또한 내담자에게 상담을 공동의 노력으로 만들 수 있는 힘을 부여한다.

적합성 평가

전문적이고 효과적인 임상작업의 기본은 게슈탈트 치료가 이 내담자에게 적합한지, 그리고 당신이 이 상담의 가장 적절한 상담자인지의 여부를 결정하는 것이다(1장 중요한 첫 만남 참조). 평가를 통해 다음 영역에서 더 많은 정보를 기반으로 의사 결정을 할 수 있을 것이다.

유능한 치료자의 특징은 자신의 능력과 능력의 한계를 안다는 것이다. 자신의 능력, 경험, 훈련 범위를 벗어나는 사람과 자신이 제공할 수 있는 것보다 더 많은 지지를 필요로 하는 내담자를 명확하게 파악하고 구분하는 것은 중요하다. 수퍼비전에서의 일반적인 경험은 치료의 막힘이 부적절함에 의한 것임을 발견하는 것이다. 초심 상담자의 경우 이는 접근양식에 대한 적합성의 영역이 될 수 있다(1장 중요한 첫 만남 참조). 경험이 많은 숙련된 상담자의 경우 내담자가 상담자의 특정 스타일에 적합한지(예를 들면, 보다 대화식인지, 보다 신체 중심적인지, 보다 전략적이거나 보다 실험적인지)에 대한 문제이다.

게다가 간혹 내담자가 절박한 상황에 직면해 있는 경우 치료자는 게슈탈트가 적합한 접근법인지, 치료자가 적합한 치료자인지에 대해 신중하게 고려하기보다는 긴박함으로 인해 압박감을 느낄 수 있다. 여기에는 정신 질환(현재 또는 재발), 자살, 자해, 섭식 장애, 또는 중독과 같은 특수문제를 가진 내담자가 포함된다. 이는 첫 번째 회기에서 내담자의 과거 중요했던 일들(과거력, 병력)을 다루는 몇 가지 이유 중 하나이다.

적합성 고려사항

◆ 상담을 하기 어렵게 만드는 어떤 이해관계가 있는가? 역할이나 이해의 충돌을 피하려면 당신은 상담에 영향을 주는 친척, 친구, 심지어는 친구의 친구도 절대 만나서는 안된다(여기에는 현재 내담자의 친척, 좋은 친구, 형제 혹은 동료도 포함됨).

◆ 개인적인 이유로 내담자를 받아들이는 것을 주저하는가? 내담자가 예를 들면 가정폭력과 같이 당신이 강한 부정적인 태도를 갖는 문제를 가지고 있어 당신을 놀라게 하거나 미해결과제의 외상을 다시 활성화시킬 수 있다. 내담자를 '좋아' 할 필요까지는 없지만 적어도 공명, 관심, 연민을 느껴야 한다. 내담자는 당신의 최선의 노력 에너지 및 헌신을 받을 자격이 있다. 만일 이에 대한 확신이 없다면 다른 상담자에게 의뢰를 하는 것이 훨씬 좋다.

◆ 문제의 이론에 대해 내담자와 공유하고 있는가? 우리는 '친구가 없다', '직업이 싫다', '파트너를 찾을 수 없다' 등과 같은 삶의 상황과 그들이 더 잘 이해하고 싶어 하거나 스스로에게 어떤 변화를 주거나 책임을 지고 싶어 하는 문제(예를 들어 '참담하지만 나는 그것이 불가능하다는 내 믿음과 관련이 있다고 생각한다')를 구분할 줄 알아야 한다.

◆ 양립할 수 있는 **변화의 이론**이 있는가? 당신은 "상담이 당신의 문제에 어떻게 도움이 될

거라고 생각하나요?"라고 물을 수 있다. 어떤 내담자는 단지 증상을 없애거나 전문가에게 무엇을 해야 하는지 도움을 받거나 외로워서 친구 사귀기를 원한다. 내담자는 자신이 연기하는 역할을 탐색하는 데에는 관심이 없다. 내담자는 당신이 그 역할을 다르게 만들기만을 기대하거나 당신이 동정심 많은 경청자가 되기만을 원한다. 이러한 내담자와 함께라면, 상담의 목표가 분명한 계약에 대한 이야기를 하는 데 더 많은 시간을 할애해야 한다. 때로는 내담자가 게슈탈트 상담 이외의 치료 방식이나 개입을 원하거나 필요하다고 판단되는 경우도 있다.

◆ 때때로 고통스럽고 힘든 상담이라는 여행을 하기에 내담자는 충분한 동기를 가지고 있는가?

◆ 내담자의 역사적 배경과 현재 호소 문제를 이해할 수 있는가? 명확한 정보를 얻는 것이 불가능한가? 아니면 쓸모없는 답변으로 이어지는 것을 피하는 것이 불가능한가? 이 내담자는 당신 능력 밖의 내담자인가? 내담자는 당신에게 생소해 보이는 증상이나 문제들을 호소하는가?

◆ 내담자의 삶의 상황과 치료 상황에서 당신은 위험을 감수할 수 있는가? 예를 들어 외상 기억을 탐색하는 것이 내담자를 위기에 빠뜨리는 원인이 될 수 있는 것처럼 상담이 내담자 지지의 중요한 부분을 불안정하게 만들 수도 있다(17장 위기 상황의 평가와 관리 참조).

글상자 5.1

초기 평가에서 유용한 세 가지 필수 질문을 제시한다.

1. 내담자는 해결하고자 하는 호소 문제가 있는 자발적 내담자인가? 아니면 비자발적 내담자인가?
2. 내담자가 당신이 제공하는 치료의 종류, 즉 현재 문제에 대한 알아차림에 초점을 맞추기를 원하는가? 일부 내담자들은 마법같은 해결책이나 다른 행동을 취하는 방법에 대한 조언을 구할 수 있다. 이러한 내담자는 신속한 해결방안이 없을 경우 즉각적인 응답을 기대하며 불만을 가질 수 있다.
3. 내담자가 당신의 상담 환경에 따라 부과된 상담 빈도와 기간의 범위 내에서 쾌히 상담하고자 하는가?

이 평가의 일부는 작업 동맹이 발전하는 것을 볼 수 있을 정도로 충분히 좋은 연결을 만들 수 있는 당신의 능력과 관련이 있다. 내담자는 이해하고 있는 것처럼 보이고 당신은 내담

자와의 접촉에 몰입하고 흥미를 갖고 있다고 느낀다. 내담자 문제의 본질은 당신이 제공할 수 있는 것보다 더 장기적인 치료가 필요하거나 전문가에게 의뢰해야 하는 때도 있다. 이런 경우, 당신이 단지 내담자를 돕고 싶거나 기관이 당신에게 그렇게 하기를 기대하기 때문이라는 이유로 내담자에게 무언가를 제안하고 싶다는 충동을 참아야 한다. 이런 상황에서는 몇 회기의 '계약 보류'를 제안하여 다른 지원이 가능한지 알아보는 동안, 내담자가 지지를 받는다고 느낄 수 있도록 하는 것이 좋다.

비록 당신이 상담을 제공하지 못하더라도 당신은 미래의 치료적 접촉을 위한 귀중한 준비를 할 것이며, 내담자에게 이해와 관심을 가지고 있는 사람이 있음을 보여주는 것이 된다. 그런 의미에서 당신은 내담자가 짧은 회기의 '명확한 계약'인 평가에는 적합하지만 내담자 혹은 기관에서의 상담은 적합하지 않다고 판단한 것이다. 사실상 내담자는 심리치료는 적합하지만 현 시점에서는 당신과 함께 하지 않는다는 것이다. 1장 중요한 첫 만남에서 제공하는 네 가지 유형의 계약 모델은 상담자가 내담자에게 무엇을 제공할 수 있는지 결정하는데 도움이 될 수 있다.

역설적으로 보일지라도, 내담자를 리퍼하는 경우, 내담자와 너무 좋은 관계를 맺지 않도록 주의해야 한다. 평가 프로세스를 완료하고 문제에 대한 공유된 진단 또는 이해를 형성하며 위험을 평가하고 적합성을 결정하기 전에 심리치료를 제공하지 않는 것이 얼마나 중요한지는 아무리 강조해도 지나치지 않다. 많은 수련자들은 취약성의 특성에 의해 유혹받을 수 있고, 이 과정을 완료하기 전에 지속적인 회기를 제공하고자 하는 유혹을 받을 수 있다. 불충분한 평가가 치료 실패의 일반적인 원인이라는 것이 수퍼바이저로서 우리의 경험이다. 그렇기 때문에 모든 사람에게 치료를 제공할 수 없다면 자신이 실패자라는 생각 없이 내담자를 다른 상담자에게 소개하거나 거절하는 데 능숙해야 한다. 물론 고려사항에는 당신보다 더 잘 알고 있는 당신의 수퍼바이저가 반드시 포함되어 당신의 능력이나 상담에 대해, 혹시 당신이 너무 열심히 일하고 있지는 않은지, 압도당하지는 않는지 등을 확인해야 한다.

요약

◆ 내담자는 당신이 수련받은 심리치료 유형에 적합한가?
◆ 내담자는 당신이 제공하는 심리치료의 종류를 알고 있는가?

◆ 당신은 이 환경에 적합한 상담자인가?

◆ 현재 드러나는 문제와 위험 수준은 상담 가능한 회기 내에 허용되는가?

◆ 당신의 능력을 고려할 때, 심리치료는 실현 가능한가?

게슈탈트 상담에서 평가와 진단방법

게슈탈트의 이론적 개념 대부분은 그 자체가 평가의 틀이다. 예를 들어 알아차림의 영역, 접촉에 대한 수정, 지지의 정도, 상담자와의 접촉 또는 관계 유형 등이다. 중요한 것은 당신이 자신있는 당신만의 특정 스타일에 맞는 평가 방법을 개발하는 것이다.

진단의 미학은 당신이 보고 경험하는 것을 묘사하고, 이것을 이해하며, 이것이 어떻게 내담자에게 어려움을 야기하는지를 이해하는 데 있다. 내담자가 어떻게 기능하는지, 그 자신(그리고 세계)에 대한 신념이 무엇인지, 그리고 어떤 프로세스가 누락되었는지, 최소한인지, 적절한지, 과장되는지를 확인하자. 진단개요를 살펴보면, 몇 가지 전경들이 선명하거나 흥미로운 것으로 나타날 것이다. 이것들은 서로 관련이 있을 수도, 없을 수도 있다. 기법의 일부는 내담자에게 아직 구체적이지는 않지만 아마도 훨씬 더 중요한 내담자의 배경에 주의를 기울이는 것이다. Yontef와 Jacobs(2013: 299~388)는 '위험하다고 판단되는 접촉에서 나타날 수 있는 전경(생각, 느낌 혹은 욕구)의 형성에 대한 저항'에 대해 이야기한다.

따라서 내담자의 일부 측면은 '의도적이고 규칙적으로 배경으로 밀려나기'는 하지만 나타나는 전경에 따라 조용히 영향을 미칠 수 있다. 따라서 상담자는 내담자의 이야기에서 무엇이 누락되었는지, 어떤 극성이 없는지, 암시는 하지만 말하지 않는 내용은 무엇인지에 대해 주의를 기울여야 한다.

가능하고 적절한 경우, 당신이 평가한 내용을 내담자와 민감하게 공유해야 한다. 내담자는 당신이 확인한 특정 기능 혹은 프로세스가 내담자 자신에게도 중요한지 또는 관련이 있는지 여부를 알려줄 것이다. 그러면 무례함이 없는 공동진단이 될 수 있다.

주의사항 : 게슈탈트 진단 기준의 전통적인 목록을 확인하기 전에 우리는 그것들이 때때로 '내담자는 자신의 감정을 반전하고 있다'는 객관적인 관점을 가질 수 있는 것처럼 보일 수 있음을 알아야 한다. 여러 면에서 상담자와 내담자가 만나는 첫 번째 지점에서 형성되

는 관계의 장에서 내담자의 프로세스를 분리하는 것은 불가능하다고 주장할 수 있다. 평가 장면에서 보이는 모든 것은 잠재적으로 상담자인 당신에 대한 내담자의 반응일 뿐이다.

내담자가 세상과 접촉하는 다양한 방식은 모두 다른 장 조건에 대한 반응이다. 단지 당신은 내담자의 이야기를 듣고 내담자의 역사적인 접촉 방법을 설명하는 것을 듣고 나서야, 당신과 내담자에게 독특한 것이 무엇인지, 다양한 관계적 장 조건에서 그의 창조적 적응이 어떻게 일어나는지를 구분할 수 있다. 따라서 이것을 내담자에게 확인하는 것은 더욱 더 중요해진다. '여기에서 지금 일어나고 있는 일이 일상적으로 일어나는 일인가요?'

우리는 초점을 맞출 수 있는 세 가지 영역을 식별하는 평가 모델을 설계했다.

◆ 프로세스 안에서의 내담자
◆ 내담자의 관계적 패턴
◆ 역동적인 장 조건

각 영역에는 생각을 자극하기 위한 질문이 포함되어 있다.

프로세스 안에서의 내담자

체화된 과정

이것은 상담실에서의 내담자의 활동, 그의 신체적 감각과 움직임, 그의 에너지와 접촉 기능에 대한 설명이다.

◆ **움직임.** 예를 들어 내담자는 엄격하게 또는 편안한 방식으로 움직이는가? 많이 움직이는가? 아니면 가만히 있는가?
◆ **목소리.** 목소리가 큰가? 부드러운가? 멀리서 얘기하는 것처럼 들리는가? 주저하는가? 감정적인가? 단조로운가? 내담자는 어떤 종류의 언어를 사용하는가? 사실적이고 구체적인가? 시적인가? 이미지가 포함되어 있는가? 이야기에 잠시 멈춤이 있는가? '관계는 절대로 지속되지 않을 거예요'가 아니라 '나는 관계를 지속하는 게 어려워요'처럼 경험을 '소유'하는 것으로 보이는가?
◆ **보기.** 내담자는 상담자와 눈을 잘 마주치는가? 그의 시선은 꾸준한가? 그는 언제 시선

을 돌리고 무엇을 바라보는가?

◆ 듣기. 내담자가 상담자가 말한 것을 쉽게 듣는가? 그가 올바르게 듣거나 잘못 듣거나 오해하는 것처럼 보이는가?

◆ 느낌. 내담자는 내면의 감정을 어떻게 경험하며 얼마나 쉽게 표현할 수 있는가? 그는 어떤 감정을 느끼고 얼마나 강렬한가? 어떤 감정에도 접근하기가 어려운가?

◆ 몸. 내담자가 몸에서 얼마나 체화되거나 단절된 것처럼 보이는가? 그는 신체감각과 접촉하고 있는가? 있다면 어디인가? '무슨 일이 있었는지 기억하니 속이 뒤집어지는 게 느껴져요'와 같이 체화된 언어를 사용하는가?

지지체계

내부자원과 외부자원을 서로 다른 요소로 언급하기보다는 지지라는 단일 개념으로 통합하였다. 내담자가 당신에게 그의 삶을 설명할 때, 당신은 내담자를 충분한 개인적 · 환경적 자원을 가진 사람처럼 느끼는가? 아니면 내담자는 항상 부족하거나 무언가를 필요로 하는 것처럼 보이는가? 내담자는 이용 가능한 자원을 사용하고 있는가? 아니면 무시하고 있는가?

◆ 내담자는 의자에 충분히 편안하게 앉아 있는가? 그의 호흡은 안정적이고 고른가? 내담자는 자신감 있는 것처럼 보이는가? 아니면 불안하거나 불안정하거나 불규칙한 호흡으로 경직된 것처럼 보이는가?

◆ 내담자는 친구나 가족 관계가 친밀한가? 내담자는 이들에게 지지를 받고 있다고 느끼는가? 아니면 고립되어 있고 외로움을 느끼는가?

◆ 내담자는 스트레스를 어떻게 관리하는가? 둔감화를 위해 알코올이나 약물을 사용하는가? 아니면 긴장을 풀고 휴식을 취하기 위해 운동, 스포츠, 요가 또는 명상을 하는가?

신념체계

내담자는 현재 문제와 관련된 상황에 대해 어떤 의미를 가지고 있는가? 내담자의 삶의 상황과 관련된 상황에 대해서는 어떤 의미를 가지고 있는가? 내담자는 인생/세상이 불공평하다고 생각하는가? 만일 자신의 상황만 바뀌면 모든 것이 잘될 것이라고 생각하는가? 아니면 모든 것이 자신의 잘못이라고 생각하는가? 아니면 모든 것이 운이 없기 때문인가?

◆ 내담자가 가지고 있는 자신, 타인 그리고 세상에 대한 핵심 신념은 무엇인가? 내담자는 어떠한 고정된 입장을 취하는가? 핵심 신념은 내담자 자신이 누구인지에 대한 중심적이고 기본적인 것이다. 핵심 신념은 어린 시절 반복적인 관계 경험에 대한 반응으로 형성되는 경향이 있고, 성인이 되어서도 의심 없이 지속되며, 때로는 거의 알아차리지 못하기도 한다. 핵심 신념의 예로는 나는 사랑스럽지 않다, 다른 사람들은 믿을 수 없다, 세상은 위험한 곳이다(더 건강한 사람들은 더 긍정적인 신념을 가질 수 있다!) 등이 있다. 그러나 핵심 신념은 예를 들어 종교적 또는 정치적 신념처럼 내담자에 의해 자유롭게 선택될 수도 있다. 그리고 핵심 신념은 종종 창조적 적응과 접촉 수정의 토대가 되고 정당화된다.

◆ 어떠한 내사가 영향력이 있나? 내사는 마치 그것이 사실인 것처럼 의심의 여지없이 환경에서 받아들인 의견, 태도 또는 지시이다. 내사는 과거의 영향력 있는 다른 이들(보통 부모의 전경)의 암시적 또는 명시적 메시지를 기반으로 하며 명령으로 영구화된다. 내사의 예는 '나는 결코 다른 사람에게 의존할 수 없어요' 또는 '나는 결코 성공하지 못할 거야'이다. 내사의 영향을 받는 사람은 그 내사에 순응해야 한다는 강한 압박감을 느끼며 그에 대항하려고 하면 불편감을 느낀다.

◆ 내담자가 지나치게 긍정적인 태도를 가지고 있는가? 부정적인 태도를 가지고 있는가? 내담자는 유리잔이 반쯤 채워져 있다고 보는가? 아니면 반쯤 비어있다고 보는가?

미해결과제

과거로부터 아직 미완결되었고 종결을 압박하는 것은 무엇인가? 내담자가 해결되지 않은 특정 사건과 문제의 시작점에 대해 이야기하는가? (12장 미해결과제 참조)

◆ 내담자는 여전히 그를 괴롭히는 관계, 트라우마 또는 불안한 사건을 묘사하는가? 아니면 계속해서 마음속에만 있는가? (20, 21장 트라우마 참조)

◆ 내담자는 현재의 사건에 대한 반응을 묘사하는가? 내담자는 현재의 사건과 실제 현실이 균형 잡히지 않음을 묘사하는가? 예를 들어 작은 실수를 저질러 직장을 잃을지도 모른다는 비합리적인 두려움을 이야기한다면 과거 트라우마를 다시 유발하는 것일 수 있음을 고려하자.

사례 5-1

제니스와의 모든 회기는 그녀의 삶이 양다리를 걸친 남자친구에 의해 엉망이 되었다는 주제로 돌아가는 것처럼 보였다. 치료자가 제니스를 불안감을 다루는 현재의 문제로 되돌리려고 아무리 노력을 해도, 어찌된 일인지 대화는 항상 치료자의 행동에 대한 제니스의 분노로 되돌아갔다. 제니스는 이 강렬한 전경을 해결할 수 없을 것처럼 보였다.

내담자의 관계적 패턴

내담자가 다른 이들과의 관계 경험을 어떻게 설명하고 당신과 어떻게 관계를 맺는지는 평가 프로세스의 중요한 부분이다. 당신은 내담자의 일반적 인간관계, 불안과 회피, 태도, 유연성 및 접촉 스타일을 어떻게 구성하는지에 대한 그림을 그리기 시작할 수 있다. 당신은 또한 평가 프로세스에서 당신과의 관계적 접촉을 만들거나 차단하는 방법을 확인할 수 있다(11장 접촉 만들기 참조).

내담자가 좋은 접촉을 만들거나 당신이 하는 말을 듣지 않는 것처럼 보이거나 방해할 수도 있다. 내담자의 관계 방식은 그가 이야기하는 문제와 관계에 따라 갑자기 바뀔 수 있다. 이 모든 것은 내담자에 대한 중요한 정보를 제공하고 중요하거나 문제가 있다고 생각하는 특정 스타일의 관계에 대한 인상을 줄 수 있다. 이것이 내담자의 삶에서 흔한 패턴인지 그리고 그것이 내담자에게 문제가 되는지를 내담자와 함께 부드럽게 탐색하는 것이 중요하다.

◆ 내담자는 자신의 관계 패턴을 알고 있는가?(예 : 내담자는 의존적이 되는 것을 두려워하기 때문에 다른 이들과 거리를 두거나 충동적으로 새로운 관계에 뛰어들기도 한다.)

◆ 내담자는 반복되는 패턴을 묘사하는가?(예 : 모든 사람들은 결국 나를 떠날 거야.)

◆ 회기 내 당신과의 관계에서도 패턴이 발생하는가?(예 : 강력하게 동의하라는 강요가 느껴진다, 상담자에게 맞추는 느낌이 든다.)

◆ 내담자는 상담에서 당신과 함께 이러한 관계적 패턴을 다루기를 원하는가?

이러한 과정은 내담자를 자신의 평가과정에 참여시키는 또 다른 방법이다. 이는 외부로부터 내담자에게 붙여진 꼬리표가 아니라 치료자와 함께 관계를 공동창조하는 것이다.

사례 5-2

상담자는 베벌리와 상담을 진행하면서 처음으로 자신이 점점 더 즐거워지는 것을 알았다. 상담자의 모든 관찰은 베벌리에게 '적절한' 것처럼 보였다. 내담자는 마치 상담자의 모든 제안에 영감을 받은 것처럼 반응했다. 잠시 후 상담자는 가설을 확인하기로 결심했다. 상담자는 친근하고 유머러스하게 "당신은 제가 말하는 모든 것이 완전히 옳다는 인상을 주고 있어요. 물론 저에게는 매우 좋은 일이지만 저는 당신이 일반적으로 다른 사람들이 하는 말을 지지하고 동의하는 경향이 있는지 궁금하네요." 어쩔 수 없이 베벌리는 "네, 그래요. 당신이 얼마나 똑똑한지…"라고 말했다. 상담자와 베벌리는 둘 다 베벌리가 또 그 일을 저질렀다는 것을 알아차리고 잠시 멈추었다. 두 사람은 서로 웃었고 베벌리는 훨씬 덜 조작된 목소리로 반복했다. "아니요, 저는 제가 그렇게 한다는 것을 알고 있고 그것이 문제의 일부일 수 있다고 생각해요."

상담자의 개입은 여러 가지 목적을 달성했다. 그것은 상담자의 관찰과 가설의 타당성을 확인했고, 베벌리가 자기성찰 능력을 살폈으며, 베벌리가 부드러운 대결을 견딜 수 있는지를 시험했고, 그녀가 유머에 어떻게 반응하는지를 알게 되었다.

제안 5-4

당신이 호주로 가는 장거리 비행기에서 낯선 사람 옆에 앉아 있다고 상상해 보세요. 그 사람은 현재 당신이 상담하고 있는 특정 내담자와 모든 면에서 (놀랍게도) 비슷합니다. 어떻게 지낼 것 같나요? 어떤 관계가 형성되기 시작할까요? 다음엔 무슨 일이 일어날까요? 이것을 명백하고 근본적인 관계적 역동에 대한 셀프 수퍼비전의 연습으로 시도해 보세요.

특정 내담자와의 관계는 당신이 만드는 다른 관계들과는 다르며 고유하게 공동창조된다.

전이와 역전이

당신에게 있어 내담자와 당신에 대한 내담자의 모든 반응은 중요하다. 당신과 내담자는 전이나 역전이를 나타낼 수도 있다(13장 전이와 역전이 참조). 내담자가 당신을 일치적으로 대하는가? 당신에 대한 내담자의 관계적 기대에 놀라거나 어리둥절한가? 내담자가 당신과 관계를 맺는 방식을 어떻게 설명할 수 있는가? 내담자는 경청하고 적절하게 반응하는가? 아니면 당신의 말을 듣지 않는 것처럼 보이고 당신이 하는 모든 것에 대해 논쟁하거나 아니면 기꺼이 동의하는 것처럼 매우 쉽게 동의하는가? 내담자가 접촉을 수정하는 방식은 내담자가 관계에서 당신을 어떻게 인식하는지를 보여주는 지표가 될 수 있다.

내담자에 대한 당신의 반응은 어떤가? 새로운 사람들에게 반응하는 전형적인 방식인가? 아니면 당신은 내담자에게 예를 들어 지나치게 부드럽거나 거리를 두거나 놀라울 정도로 도전적인 것과 같이 특이한 방식으로 반응하고 있는가? 이것이 내담자가 자신의 삶에서 다른 사람들에게도 영향을 미친다는 것을 나타내는 것일까?

◆ 첫 회기에서 내담자에 대해 어떤 감정과 이미지가 느껴지는가?

◆ 내담자는 누구를 생각나게 하는가?

◆ 어떤 은유를 사용해서 내담자를 묘사할 수 있을까?(예 : 고속열차, 겁먹은 동물 등)

◆ 내담자의 외모(예 : 옷차림, 머리, 얼굴, 피부 색)에 대해 당신은 어떤 반응을 보이는가?

◆ 내담자의 말을 들을 때(예 : 목소리 톤, 말의 리듬) 당신에게 가장 큰 영향을 미치는 것은 무엇인가?

◆ 당신의 신체 공명은 무엇인가?(예 : 내담자와 함께 앉아 있을 때 긴장감을 느끼거나 편안하거나, 에너지가 넘치거나 수동적이거나)

◆ 평가 프로세스가 계속됨에 따라 지지자로서 혹은 적으로서 내담자는 당신에게 어떻게 반응하는가?

장 조건

장 조건이란 내담자에 대해 평가하는 모든 것, 보다 정확하게는 '자신의 상황에 있는 내담자'의 의미를 결정하는 맥락, 상황 그리고 영향이다. 모든 상황은 맥락의 일부이며 전경은 배경이 없이는 의미를 가질 수 없다.

무엇이 장 역동에 영향을 주는가?

◆ 현재 내담자에게 영향을 미치는 일반적인 생활 환경(예 : 질병, 경제적 어려움, 관계적 어려움)은 무엇인가?

◆ 내담자의 인생 단계나 고민(예 : 미혼, 결혼, 직업적 경력, 중년, 은퇴 등)은 무엇인가?

문화적 요인

상담실에서 인종과 문화의 중요성에 대한 인식은 물론 상담 과정 전반에 걸쳐 중요하지만, 평가 단계에서 가장 중요하다. 상담자와 내담자 모두 그들의 기본 구조의 일부로서 다양한 상황에서 행동하는 올바른 방법에서부터 건강한 삶의 정의에 이르기까지 많은 가치와 가정을 가지고 있다. 그들 중 대부분은 알아차리지 못한다.

이러한 고려사항은 어떤 의미에서는 모든 관계에 적용된다. 내담자와 상담자가 표면적으로는 같은 문화 공동체 출신이라 할지라도 많은 다른 가정과 신념이 있을 것이다. 그들은 모두 가족, 학교, 친구, 여행, 직업 등 삶의 다양한 문화적 배경의 영향을 받을 것이다. 게다가 문화 간 요소에는 또 다른 수준이 있다. 치료적 관계는 상담자가 아무리 존경스럽고 문화적일지라도 힘의 불균형이 있는 관계이다. 두 사람 중 한 사람은 자신의 삶을 괴로워하고 잘 대처하지 못한 경험을 가지고 관계에 오는데 어떻게 힘의 불균형이 없다고 할 수 있을까? 내담자는 자신을 취약한 위치에 놓고 자신의 가장 사적인 불안과 두려움을 어쨌든 자신의 취약성을 공유하지 않은 다른 사람에게 노출시킨다. 두 사람이 성별이나 나이가 다를 때 추가적인 역동을 상상해 보라.

이것은 상담자와 내담자가 인종 정체성이 다른 경우 특히 두드러질 수 있다. 모든 종류의 문화 간 또는 인종 간 상담에 참여하는 상담자는 규범의 보다 분명한 차이에 익숙해질 수 있다. 하지만 상담자는 무수히 많은 미묘한 가정들이 만들어질 것이라는 것을 기억해야 한다. 특히 상담자와 내담자 중 하나가 지배적인 문화의 일부일 경우 그러하다. 상담자는 현상학적으로 그리고 민감하게 탐색할 준비가 되어 있어야 하며, 평가한 내용을 정의하거나 꼬리표를 붙이는 일은 훨씬 더 느려져야 한다(25장 윤리적 딜레마 참조).

글상자 5.2 체크리스트

다음 영역에서 당신과 내담자 사이에 분명한 차이점은 무엇인가요?

문화	인종	국적	나이	종교	신체능력
학력	성	성적지향	권력	정치적 성향	성격유형

이것이 내담자, 당신, 그리고 이 둘의 관계에 어떤 영향을 미칠 수 있을까요? 예를 들어 특정 그룹에 대한 편견(긍정적이든 부정적이든)이나 두려움과 같은 이러한 차이에 대해 당신의 문화에서 당신

(계속)

> 에게 가해지는 압력은 무엇일까요? 어떤 어려움을 예상할 수 있으며 이를 해결하기 위해 무엇을 할 수 있을까요?

역사적 장

◆ 작년에 스트레스를 받거나 중요한 사건이 있었나요? 지난 몇 년간은 어땠나요?

내담자의 현재 문제는 종종 오래전에 만들어진 창조적 적응의 결과이며 지금은 고정된 게슈탈트가 되었다. 이 중 대부분이 내담자의 알아차림 밖에 있을 수 있으며, 이전 장 조건이나 어려움에 대한 지식이나 기억을 통해서만 이해할 수 있다. 이러한 영향 중 일부는 치료 과정에서 자연스럽게 나타날 것이지만 일부는 그렇지 않다. 내담자가 가져오는 것을 완전히 이해하기 위해 상담자는 현재의 장뿐만 아니라 역사적인 장도 탐색해야 한다. 지금 여기의 상황에서 내담자의 역사적 배경을 탐색하는 것은 부수적이기는 하나 많은 장점이 있다.

사례 5-3

너르시는 관계의 어려움 때문에 상담을 받으러 왔다. 상담자는 몇 주동안 대화적으로 '현전 하면서' 약간의 성공을 거두었지만, 너르시가 이런 종류의 지지를 필요로 하는 것이 명백함에도 불구하고 관계가 더 깊어지지 않는 것 같아 의아했다. 상담자가 적극적으로 내담자의 배경을 탐색했을 때 비로소 다음과 같은 정보가 나타났다. 너르시는 어릴 적 부모에게 버림받은 후 여러 번 양육자가 바뀌었고 지지받거나 일관된 관계 경험이나 기대가 없었다. 내담자는 이것을 상담자에게 언급하는 것이 적절하다고 생각하지 않았다는 것과 자신이 상담자와 더욱 강력한 작업 동맹을 형성하는 것에 대해 개방적이지 않다는 것을 알아차리기 시작했다.

💡 **제안 5-5**

내담자에게 큰 종이 한 장을 들고 그 위에 중앙을 가로지르는 '인생 그래프'를 그리게 하세요. 내담자의 첫 학교 경험, 첫 여자친구/남자친구, 첫 직장, 그리고 다른 주요 인생 사건들과 같은 주요 사건들을 이 줄에 그리고 적게 하세요. 이 작업은 시간이 걸릴 수 있으며 내담자가 더 많이 기억함에 따라 선을 다시 그어야 할 수도 있습니다. 내담자는 자연스러운 최고점과 최저점을 선으로 그리기 시작할 수도 있습니다. 그리고 나서 내담자에게 뒤로 물러서서 어떤 패턴이 나타나기 시작하는지 확인하기를 요청하세요. 예를 들어 실망이나 상실이라는 주제가 있나요? 참여 기간과 고립 기간이 있나요?

(계속)

내담자에게 있어 인생 그래프의 가장 중요한 부분은 무엇인가요? 내담자의 삶을 도식적으로 표현하는 것은 매우 분명할 수 있습니다. 당신은 또한 내담자에게 이러한 삶의 사건들에 대한 내담자의 감정적인 반응을 다른 색 펜을 사용하여 같은 종이에 도표화하도록 요청할 수 있습니다. 또한 잠재적인 자원에 대한 긍정적인 사건이나 사람들의 명단을 기록할 것을 요청하세요.

평가 자료와 대조하기

다음 페이지에는 내담자와의 첫 만남에서 수집한 정보와 주제를 정리하기 위한 내담자 평가지가 있다. 첫 회기 후에 내담자에 대해 생각하는 방법으로 사용하고 다른 중요한 정보가 나타나면 내용을 추가할 것을 권한다. 자신이 무엇을 알아차렸는지를 알고는 있되 회기 내에서 이 모든 것을 이해하려고 하지는 말자. 당신은 지금! 여기! 이 순간에 있어야 한다!! 사실 바쁜 상담자가 평가지의 모든 요소를 자세히 고려할 시간을 갖는 것은 드문 일이며 실제로는 특정 측면이 더 구체적이고 잠정적인 초기 진단을 형성한다. 따라서 평가 프로세스를 완료하기 위해 최대 4회기까지 회기를 수행하는 것이 좋다.

위험 요소 평가하기

치료자는 내담자나 치료자 자신에게 잠재적 위험을 예상해야 하는 많은 상황이 있다. 그중에는 자살, 자해, 폭력, 정신 질환의 위험이 있거나 중독 행동, 섭식 장애, 성격 장애와 관련된 경우도 있다. 위험 요소는 초기 평가에서 밝혀질 수 있지만 치료 과정에서 나타날 수도 있다. 두 경우 모두 이러한 내담자를 받아들이기 전 혹은 상담을 수행하기 전에 자신에게 전문적 지식이 충분한지 확인하고 적절한 수퍼비전을 받아야 한다. 자세한 내용은 17장 위기 상황의 평가와 관리를 참조하기 바란다.

마무리

게슈탈트 진단은 내담자가 자신의 세계와 의미를 만들고 접촉하는 모든 방식을 이해하거나 평가하는 것이다. 우리는 그것이 내담자와 함께 만들어질 때 가장 효과적이고 가장 존중받는다고 믿는다. 실제로 Duncan과 Miller(2000)가 기술한 치료 결과에 대한 연구에서는 문제의 본질, 원인에 대한 상담자와 내담자가 서로 공유된 견해의 중요성을 강조한다. 당신이나 내담자가 내리는 평가는 물론 나-너 관계보다는 나-그것 관련 부분이 될 것이다. 그러나 그것이 민감하고 정중하게 수행된다면 내담자가 완전히 참여할 수 있는 상담이 될 수 있다. 평가가 완료되면 상담자와 내담자 모두에게 안정감, 이해 및 체계를 제공할 수 있다. 치료가 진행됨에 따라, 상담자는 평가를 수정 보완하는 것과 나-너 관계에 대한 완전한 참여와 개방성을 허용하기 위한 괄호치기 사이를 적절하게 오갈 것이다.

내담자 평가지

1. 상담 과정에서의 내담자

(1) 체화된 과정

(2) 지지체계

(3) 신념 체계와 내사

(4) 미해결과제/고정된 게슈탈트

2. 내담자의 관계적 패턴

(1) 상담자와의 여러 가지 관계적 접촉 방식

(2) 상담자 반응

3. 장 조건

(1) 의미 있는 현재 상황

(2) 의미 있는 역사적 사건

(3) 의미 있는 역사적 관계

(4) 문화적 요인과 차이

권장문헌

Clarkson, P. and Cavicchia, S. (2014) *Gestalt Counselling in Action*, 2nd edn. London: Sage. (**See Chapter 2**.)

Fuhr, R., Srekovic, M. and Gremmler-Fuhr, M. (2000) 'Diagnostics in Gestalt therapy', *Gestalt Review*, 4 (3): 237–52.

Gladwell, M. (2006) *Blink: The Power of Thinking Without Thinking*. London: Penguin.

Melnick, J. and Nevis, S. (2005) 'Gestalt therapy methodology', in A. L. Woldt and S. M. Toman (eds), *Gestalt Therapy – History, Theory and Practice*. Thousand Oaks, CA: Sage.

Nevis, E. C. (2009) *Gestalt Therapy: Perspectives and Applications*. New York: G. I. C. Press. (**See Chapters 2 and 3**.)

Roubal, J., Gecele, M. and Francesetti, G. (2013) 'Gestalt therapy approach to diagnosis', in G. Francesetti, M. Gecele and J. Roubal (eds), *Gestalt Therapy in Clinical Practice*. Milan: FrancoAngeli Books.

Yontef, G. (1993) *Awareness, Dialogue and Process: Essays on Gestalt Therapy*. Highland, NY: Gestalt Journal Press. (**See Chapters 9 and 13**.)

제6장

치료 계획

치료는 유용한 개념인가?

평가와 진단과 마찬가지로, 우리는 치료 고려, 치료 계획 또는 전략적 사고(용어들은 같은 의미로 사용됨)라고 부르는 것에 하나의 장을 할애하는 데 다소 논란의 여지가 있음을 알아차린다. 많은 게슈탈트 연구자들은 치료 계획의 개념을 사용하지만(예를 들어 Shub(1992), Kepner(1995), Yontef와 Fuhr(2005), Delisle(2011)), 이 개념이 게슈탈트 상담자에게 유용하다고 보는 데 여전히 저항이 있음을 이해한다. 일부 치료 모델에서 진단과 마찬가지로 치료 계획은 '전문가'가 표준 치료를 적용하기 위해 사람을 분류하고 꼬리표를 붙이는 소외된 프로세스처럼 보인다. 이러한 접근법은 일부 병원에서 향정신성 약물을 사용한 정신 질환의 치료에서 더 극단적으로 볼 수 있다. 독특한 상황에 처한 사람의 전체성은 상실되고, 내담자는 자신의 치료에 대해 피상적으로만 상담을 받는다.

이러한 우려 외에도, 일부 게슈탈티스트들은 치료 계획이 대화적 관계의 형성 및 건강한 관계적 접촉에서 흘러나오는 새로운 의미의 자연스럽고 자발적인 출현과 양립할 수 없다고 본다. 우리는 이러한 반론의 타당성을 확인하고 진지하게 받아들인다. 그러나 이러한 반대는 잠재적 위험에 대한 예상 및 제시된 다양한 문제와 관련한 특정 욕구와 같은 문제에 비해 두 번째로 고려되어야 한다고 생각한다.

우리는 좋은 치료 계획이란 내담자의 고유한 상황을 고려하고 위에서 언급한 위험과 반대의견에 민감하게 반응하는 것이라고 본다. 치료 계획은 가급적 내담자와 논의하고 합의하며 치료가 진행됨에 따라 변화하는 장 조건에 반응할 수 있어야 한다.

일반적인 치료 계획에는 초기에 다음 고려사항이 포함된다.

◆ 몇 가지 위험 요소들(17장 위기 상황의 평가와 관리 참조)
◆ 제시된 문제 유형에 대한 이전 임상 경험 또는 임상 문헌의 관련 지식
◆ 내담자의 문화 및 치료에 미치는 영향(이것은 상담자와 내담자의 문화 간 차이 또는 유사성의 영향이 포함됨)
◆ 내담자의 나이, 성별, 신체적 능력, 종교적 또는 영적 신념, 이러한 신념이 내담자의 삶에 미치는 영향과 치료적 관계에 미치는 영향
◆ 진단의 의미
◆ 내담자에게 제공할 가장 유용한 세심한 관계적 조율 유형(예 : 현재 상태, 자기개방의 정도, 지지와 도전의 균형)
◆ 치료의 효과를 평가하는 몇 가지 기준
◆ 치료 계획을 자주 재평가하고 조정하겠다는 다짐

치료 계획이란 전체 상담을 의미하는 거시적 수준과, 한 회기 내에서 자주 업데이트되는 유연하고 지속적인 방향감각인 미시적 수준 둘 다를 의미한다. 즉, 내담자의 에너지가 어느 순간 어디에 있는지를 고려하면서도, 특정 내담자에게 적용되는 특별한 요구사항과 위험에 대한 이정표나 안내가 포함된 여정을 의미한다. 그런 의미에서 치료적 고려사항은 '최선의' 행동 방침에 대한 처방이라기보다는 위험을 피하기 위한 우선순위와 주의사항이다.

진단의 함축적 의미

대부분의 경우 진단 그 자체에 따라야 할 행동 방침이 암시되어 있다. 첫 번째 회기에서 당신은 지지를 받아본 적 없이 겁에 질려있는 내담자를 만날 수도 있다. 또는 내담자가 자신의 행동에 거의 책임을 지지 않거나 최근 트라우마에 대해 완전히 표현되지 않은 이야기를 하는 것을 알아차릴지도 모른다. 이들은 모두 특정한 치료적 반응이나 의도를 일으키는 표현들이다. 다른 사람들과 더 나은 관계를 유지하기를 원하는 또 다른 내담자의 경우, 탐색

해야 할 가장 분명한 방향은 내담자가 당신과의 관계를 형성하고 수정하는 것이다. 이 탐색 과정에서 당신은 불가피하게 어려움에 직면할 것이다. 예를 들어 다른 사람과 함께 있는 것에 대한 내사와 핵심 신념이 전경으로 나타남에 따라 당신은 이것들을 가지고 작업할 것이다. 이러한 예시를 통해 자연스럽게 발생한 새로운 문제들이 다루어지면서 치료의 방향이 어떻게 진전되는지 쉽게 알 수 있다.

치료자가 결과나 방향에 대한 선입견을 갖지 않는 것은 게슈탈트 작업에서 이상적이라고 볼 수 있다. 우리는 이것이 좋은 게슈탈트 치료에서 대부분의 경우 실제로 그러할 것이라고 강조하고 싶다. 그러나 보다 복잡한 상황에서는 의도적인 민감성, 특정 접근 방식 또는 방향성이 필요하다. 이 경우 상담자는 치료적 고려사항을 항상 배경으로 유지하고 끊임없이 변화하는 순간의 새로움에 머무르면서 상담할 것을 제안한다. 상황과 진단의 우선순위가 변경되면 그에 맞게 치료 계획을 수정 또는 조정해야 한다. 여러 면에서 이것은 나-너와 나-그것의 대화적 관계의 리드미컬한 왕복과 유사하다.

내담자 참여

5장 평가와 진단에서는 내담자의 문제를 이해하는 데 사용할 수 있는 몇 가지 진단렌즈에 대해 설명했다. 특정 순간에 이들 진단렌즈 중 어느 것이 우선시되는지는 많은 요소에 의해 영향을 받는데 그중 가장 중요한 것은 내담자의 관점이다. 내담자는 초기 평가 회기에서 가장 시급한 요구 사항이나 전경을 제시한다. 그런 다음 상담자는 문제를 어떻게 이해하고 있는지를 요약하고 내담자의 알아차림 밖에 있는 것에 대한 추가적인 관점을 제공하면서 내담자와 다음 회기를 위한 최선의 계획을 논의할 것이다. 이 합의는 문제를 이해하고 내담자가 선택할 수 있는 옵션을 확인하거나 위기 상황에서 내담자가 지지를 발견할 수 있도록 돕는 결정처럼 간단할 수 있다. 기억나는 어린 시절의 트라우마나 반복적인 관계 실패와 같은 복잡한 상황에서도 공유 방향을 구상하는 방법을 찾는 것이 중요하다.

이것은 신뢰를 쌓고 자세히 이야기를 하고 특정 에피소드를 기억하고 과거에 끝내지 못한 것을 찾는 것 등 합의된 순서(반드시 선형은 아님)가 포함될 수 있다. 이러한 종류의 논의는 일반적으로 내담자가 치료의 진행과 가능성에 대해 더 많은 감각을 가지고 미래에 도움이 될지에 대한 더 많은 정보에 입각한 의견을 가질 검토 시점에 있을 때 가장 생산적이다.

물론 지금 미래에 대한 생각을 나누는 것이 현명한 경우도 있다. 내담자는 과거의 학대, 이상화된 타인 또는 성격에 대해서 당신의 예감 그리고 그에 따른 생각을 들을 수 있는 충분한 지지를 받지 못할 수도 있다. 상담자는 개방성과 치료적 유용성 사이에서 섬세한 균형을 유지해야 한다.

사례 6-1

멋지게 차려입은 50대 여성 캐서린은 불안한 상태로 첫 상담에 참여했다. 그녀는 대부분의 상담 시간동안 울면서, 최근 치과 진료를 받으러 갔을 때 공포를 느꼈고, 치료를 기다리게 되면서 화가 나서 접수자에게 소리를 질렀다고 했다. 상담자는 캐서린에게 무엇 때문에 그렇게 화가 났는지를 알고 있느냐고 물었다. 캐서린은 접수자가 절대 화를 내지 않았기 때문이라고 말했다. 그녀는 그것이 어디에서 왔는지 몰랐다. 그 이후 그녀는 울먹이며 비참한 기분을 느꼈다. 상담자는 내담자에게 관여하며 주의를 기울였다. 화가 나서 매우 동요하고 있는 캐서린에게 상담자는 이 특정한 에피소드가 어떤 의미가 있을지를 큰 소리로 말하면서 궁금해했다. 캐서린은 자신이 원하지 않는 장소에 있다가 끔찍한 대우를 받는 것에 관한 것이라고 말했지만 그것이 말이 되지 않는다는 것을 알고 있었다. 그녀는 그것이 어떤 식으로든 과거와 연결될 것이라고 생각했다. 그녀는 자신을 적절하게 주장하는 데 어려움을 겪고 있다는 것을 알고 있었다. 상담자는 캐서린이 그 이야기를 할 때 강해진 것처럼 보였다고 말했고 캐서린은 동의했다. 캐서린은 마치 자신을 돕기 위해 스스로 무언가를 하고 있는 것 같았다.

그들은 6주 동안 함께 작업하기로 약속하고 다음(초기 치료 계획)을 검토했다. 그들은 상담 회기에서 상황을 탐색하고 캐서린이 자기 지지 수준을 높일 수 있는 방법에 초점을 맞추는 것을 목표로 하기로 동의했다. 6번째 회기 리뷰에서 캐서린은 자신의 삶에서 사람들과 관계를 맺고 분노를 억누르고 물러나는 패턴을 보기 시작하면서 흥미를 느꼈다. 그녀는 또한 치과와 어린 시절 학교에서 있었던 몇몇 사건들 사이에서 연결고리를 만들었다. 그녀는 훨씬 더 안정감을 느꼈고 자신에 대한 탐색을 계속하고 싶었다. 그들은 (6개월 내에 검토를 목표로) 종결 시기를 정하지 않고 상담을 계속하기로 합의했다. 이제 상담의 초점은 캐서린이 자신에 대한 지속적인 탐색과 그녀의 삶에서 관계를 관리하는 새로운 방법을 찾는 것일 것이다(수정된 치료 계획).

특정 진단을 위한 특별한 고려사항

실제로 많은 내담자는 자기 지지가 충분하지 못하고 자기 프로세스가 취약하거나 전문적 지식을 필요로 하는 복잡한 어려움을 겪고 있다. 특정 내담자의 프로파일의 의미를 고려하지 않으면 상담자의 선한 의지에도 불구하고 피해를 주는 실수를 저지를 수 있다. 예를 들어 깊은 자기애적 상처를 입은 내담자는 당신에게 자신에 대한 솔직한 의견을 물어볼 수도 있고, 경계선 성격의 기준에 있는 내담자가 상담 회기를 연장해달라고 간청할 수도 있으며, 성적으로 학대받는 내담자는 트라우마를 기억하는 동안 자신을 안아달라고 요청할 수도 있다. 이 모든 경우, 내담자의 요구는 이러한 바람을 충족시킬 수 있는 효과에 대해 인정받은 임상 경험에 비추어 고려되어야 한다. 따라서 치료를 계획할 때 상담자가 대답해야 할 첫 번째 질문은 이 내담자에게 전문 지식, 특정 치료 접근 방식이 필요한 특별한 상황 조건 또는 어려움이 있는가이다. 그렇다면 문헌들 혹은 관련 분야의 전문 지식을 가진 수퍼바이저 또는 동료와 이야기를 나누는 것이 유용하다.

우리는 17장 위기 상황의 평가와 관리에서 앞서 제시한 예처럼 혼란스러워하는 내담자에 대한 위험 고려사항에 대해 보다 자세히 다룰 것이다.

진단 기능 간의 역동적 관계 이해하기

많은 진단 기능들이 상호 연결 시스템의 일부가 될 것이므로 이를 고려해야 한다. 예를 들어 창조적 적응은 내담자의 자기 조직화 및 생활 방식의 더 커다란 게슈탈트에 어떻게 들어맞을까? 내담자는 기능하기 위한 일반적인 유형으로 둔감화되었거나 반전되었을 수 있다. 접촉에 대한 수정이 변경되거나 변화되면 무슨 일이 일어날까? 더 심각한 방해로부터 내담자를 보호하는 것일까? 많은 창조적 적응은 개인의 안정이나 생존에 대한 어렵고 위험한 위협을 관리하는 방법이다. 반전은 살인적인 분노로부터 내담자를 보호하고, 둔감화는 내담자가 참을 수 없는 고통을 느끼지 않도록 내담자를 보호한다. 차단된 에너지 또는 고정된 게슈탈트에 대한 작업하는 타이밍은 매우 중요하다. 상담자는 전략을 결정하기 전에 진단 기능의 연결과 기본 역동에 대한 일반적인 이해를 형성해야 한다. 행동을 하기 전에 철저한 현상학적 탐색이 새로운 치료 고려사항의 일부가 될 수 있다.

우선순위 정하기

이러한 질문에 대한 답을 통해, 당신은 어떤 치료순서가 필요하거나 바람직한지를 알 수 있을 것이다. 우리는 당신이 상담의 우선순위를 생각하는 것이 유용하고 때로는 매우 중요하다고 주장한다. 게슈탈트 문헌에는 이런 종류의 우선순위를 정하는 몇 가지 인상적인 예가 있다. Shub(1992)는 초기, 중간 및 후기 단계로 구성된 게슈탈트 치료의 유용한 '종단 모델'을, Melnick와 Nevis(1997)는 경험의 주기를 이용한 진단 및 치료 시스템을 제공한다. Clemmens(2005)는 중독으로부터의 장기적인 회복과 관련한 발단 단계 및 작업을 제안한다. Kepner(1995)는 상담자가 아동 학대를 다루는 데 사용할 수 있는 치유작업 홀로그램을 설명하고 Brownell(2005)은 정신건강 문제의 치료 계획 순서를 설명한다.

진단기능 목록을 작성했다면(아마도 5장 평가와 진단의 체크리스트를 따를 것임), 상담 진행 중 어느 때에 즉각적인 주의가 필요로 하는지, 어느 때에 기다리거나 자연스럽게 이어갈 것인지를 결정해야 한다.

사례 6-2

제니퍼는 배우자와의 학대적인 관계에서 벗어나는 데 도움을 받기 위해 상담을 받았다. 그녀와 상담자는 모두 그녀가 많은 분노를 반전하고 있고 자존감이 낮으며 사회적 환경에서 지지가 부족하다는 데 동의했다. 상담자는 또한 제니퍼가 상담과정에 대해 불신하고 결혼 관계에서 자신이 하는 역할에 대해 거의 알아차리지 못하며, 지지적이지 않은 모든 친구들을 비난한다는 것도 분명히 알아차렸다. 상담자는 "우리가 너무 힘들다고 느낄 때에는 현재 무슨 일이 일어나고 어떤 영향을 주는지를 아는 것은 어려운 일이에요. 하지만 우리가 함께 상담을 하기로 결정한다면, 우리는 현재 일어나고 있는 일에서 오직 당신과만 함께 작업할 수 있어요. 당신이 다른 사람들을 변화시키고자 하는 것에 제가 도움을 드리기가 어렵습니다."라고 말했다. 제니퍼는 마지못해 동의했고 어떤 변화를 만들 수 있는지 기꺼이 확인했다.

상담자는 지지적인 작업 동맹을 구축하고 제니퍼를 배우자와의 관계 역동을 이해하도록 참여시키며 제니퍼의 지지적이지 않은 사회적 관계의 이유를 살펴볼 필요가 있다고 생각했다. 상담자는 "우리는 먼저 서로를 더 잘 알고 이러한 문제들이 어떻게 계속 발생하는지 더 잘 이해할 필요가 있습니다."라고 말했다. 제니퍼는 이 계획에 기꺼이 동의했다. 몇 주가 지나면서 제니퍼는 상담자를 점점 더 신뢰하게 되었다. 제니퍼는 그녀의 배우자를 어떻게 자극했는지에 대해 이야기하기 시작했고 그녀의 친구들이 그녀의 말을 무조건적으로 받아들이도록 요구한 방법에 대해 이야기하기 시작했다. 제니퍼는 '옳아야만 하는' 그녀의 욕구에 관심을 갖게 되었고 그들은 그것을 더 탐색하기로 동의했다. 제니퍼의 동의를 얻어 상담자가 제니퍼의 반전된 분노와 연결하기로 결정한 것은 훨씬 나중이었고, 더 이상 상황을 악화시키지 않는 방법으로 그녀의 배우자와 친구들을 효과적으로 대할 수 있었다.

치료 단계

개인의 고유한 특성, 치료 여정 및 치료자와의 관계는 **모든** 내담자에게 일반적인 치료 계획을 적용시킬 수 없게 한다. 그러나 우리는 대부분 내담자의 치료 여정에는 공통된 초점 영역이 있으며 성장의 측면에서 몇 가지 보편적인 욕구 또는 과제를 가지고 있다는 것을 발견하였다. 다음 단계들은 순차적인 진행이라기보다는 생각을 정리하는 데 도움을 주기 위한 것이다. 또한 당신이 간과했을지도 모르는 영역을 확인하는 길잡이로도 사용할 수 있다(이 책 전반에 걸쳐 이러한 영역에서 작업하는 방법에 대해 논의할 것이다). 이러한 단계와 초점 영역이 나타나고 이를 다루는 순서는 크게 다를 수 있지만, 넓은 의미에서 이후 단계의 더 복잡한 작업은 이전의 기초적인 것들을 기반으로 한다. 물론 많은 작업이 모든 단계에서 해결, 재작업 또는 통합된다. 우리는 이 작업들을 세 단계로 나누었다.

1단계 – 시작

첫 번째 과제는 진단의 가장 중요한 부분에 우선순위를 정하고 내담자와 함께 치료 계획을 만드는 것이다. 그 외에도 이 단계에는 게슈탈트 치료를 위한 필수 조건이 포함되어 있다. 게슈탈트 치료자는 현상학적 방법을 사용하여 알아차림을 높이고 대화적 관계를 제공하며 건강한 기능을 촉진하고 자기 및 환경 지지의 개발을 장려한다. 일부 내담자의 경우 이것만으로도 충분히 큰 차이를 얻을 수 있다. 이러한 조건과 관련한 기술과 기법은 치료 과정 전반에 걸쳐 어떤 형태로든 필요하다.

1단계

▶ 치료 작업을 위한 안전한 공간 만들기(14쪽 참조)

▶ 특별한 조건(예 : 자해, 성적 학대, 성격 장애 등)에 대해 계획하기

▶ 작업 동맹 형성하기(4장 치료 관계 참조)

▶ 현상학적 탐구 활용하기(2장 현상학과 장 이론 참조)

▶ 알아차림과 책임자각 높이기

▶ 대화적 관계 제공하기(4장 치료 관계 참조)

▶ 지지 증가시키기, 특히 자기 프로세스가 취약한 내담자(7장 지지 강화하기 참조)

(계속)

> ▶ 욕구와 떠오르는 주제를 파악하고 분명히 하기
>
> ▶ 문화 및 기타 문제의 잠재적 차이 고려하기(9장 차이와 다양성 참조)
>
> ▶ 내담자와 함께 치료 계획을 공동창조하기

2단계 – 작업

이 단계는 더 구체적인 전략과 더불어 종종 더 직접적인 개입으로 진행된다. 이는 새로운 관점과 행동에 대한 도전과 실험을 가능케 하는 충분한 지지와 치료 관계를 전제로 한다. 작업 진행 단계는 이러한 기본 조건으로 충분하지 않은 복잡하거나 오래된 문제를 가진 내담자에게 더 적합하다. 이 단계에서 내담자에게 고려해야 할 몇 가지 중요한 과제가 아래에 나열되어 있다.

2단계

> ▶ 치료 관계에 깊이 관여하기
>
> ▶ 제시된 문제에 영향을 미치는 관계 패턴 파악하기
>
> ▶ 미해결과제 다루기
>
> ▶ 상실 혹은 소외된 부분 재소유하기
>
> ▶ 자기 제한적 신념을 재구성하기 위해 체계적이고 지속적으로 작업하기
>
> ▶ 새로운 행동과 전략을 가지고 실험하기
>
> ▶ 회피해왔던 부분을 직면하기

이 단계는 내담자가 많은 문제를 해결하고 태도와 행동에 중요한 변화를 일으키는 단계이다.

그러나 내담자는 교착 상태나 막다른 곳에 도달할 수도 있다. 여러 면에서 가장 어려울 수 있지만 가장 보람 있는 부분이기도 하다. 내담자가 때때로 낙담하고 거부감을 느끼며 교착 상태의 고조된 불안에 기꺼이 직면할 의향이 있는지 확신하지 못할 수도 있기 때문에 여기서는 강력한 작업 동맹에 의존해야 한다. 내담자는 강력하고 불안한 문제에 접촉할 수 있으며 당신은 당신의 수퍼바이저 혹은 개인 치료에서 충분한 지지를 받아야 한다. 내담자

는 또한 잠재적으로 불가능한 상황처럼 느껴지거나 절망으로 가득 찬 상황에 직면할 수도 있다. 지금은 내담자가 이 작업을 수행할지 아니면 이미 달성한 것에 만족할지에 대해 깊은 결단을 내려야 할 때이다.

3단계 – 통합과 종결

2단계를 완료한 후, 내담자는 자신의 치료 주제를 성공적으로 협상하고 통합할 수 있다. 이 시점에서 처음에 말했던 것, 이러한 유형의 순차적 진행 구조의 한계를 기억하도록 상기시키고 싶다. 내담자에게는 작업이 진행됨에 따라 모든 단계에서 자연스럽고 신중하게 통합되는 것이 이상적이다. 동화는 해결해야 할 다른 주제나 문제를 드러낼 수 있다.

3단계

▶ 새로운 통찰과 이해 촉진하기

▶ 삶의 상황을 변화시키고 재적응하기

▶ 치료 관계의 상실 예상하기

▶ 미래 과제 준비하기(예 : 새로운 관계 시작하기)

▶ 오래된 삶의 방식을 버리고 앞으로 나아가기(이 가장 중요한 단계는 16장 여정 마무리에서 자세히 다룬다.)

마무리

일시적인 위기로 자기 지지가 충분한 내담자, 자기 이해 및 자기 발전을 원하는 내담자, 특정 삶의 위기에 대한 상담이 필요한 내담자는 1단계와 2단계로 충분한 경우가 많다. 2단계는 더 깊은 관계 문제, 어려운 상실, 미해결과제, 트라우마 혹은 의미의 위기 등에 적합하다. 3단계는 통합 단계로 모든 성공적인 치료 후에 이상적으로 뒤따르는 단계이다.

우리는 앞서 진단과 마찬가지로 치료 계획을 가볍게 시행하고, 내담자와의 대화와 협력 속에서 자주 조정할 것을 제안했다. 치료 계획 구조와 내담자와의 관계적 유연성이라는 양극을 모두 담고자 하는 이러한 의지는 게슈탈트 실천을 위한 윤리적 전략의 핵심이다. 따라서 어떤 의미에서 당신은 내담자와 함께 지속적으로 점검하고, 평가하고, 재조정하거나 재계약을 하고 있다. 경우에 따라서는 이 모든 것이 하나의 회기에서 이루어질 수도 있다. 그리고 공식적으로 점검 회기를 갖는 것 또한 도움이 된다. 마지막 글상자에 점검을 위한 리뷰를 제안한다.

점검을 위한 리뷰

당신은 내담자에게 점검 회기 전 일주일 동안 아래의 내용에 대해 생각해 보라고 제안할 수도 있다.

▶ 내담자가 처음 가지고 왔던 주제(또는 마지막 점검)와 현재의 주제를 확인한다.

▶ 내담자(그리고 당신)가 여전히 그 주제를 다룰 필요성이 있다고 느끼는지 여부와 주제가 어떻게 진행되고 있는지 확인한다.

▶ 내담자에게 어떤 새로운 문제가 발생했는지 또는 어떤 변화가 있었는지 확인한다.

▶ 내담자에게 지금까지 당신과 함께 치료를 받은 결과, 특히 유용한 점은 무엇인지, 도움이 되지 않은 점은 무엇인지, 당신이 다르게 했으면 하는 점(혹은 스스로 다르게 하기를 원하는 점)이 있는지 질문한다.

▶ 계약 또는 치료 관계에서 필요한 모든 변경 사항을 확인한다.

▶ 추가 단기 계약 또는 계속되는 장기 계약(또는 종결 날짜)을 합의한다.

장기 상담 내담자의 경우 약 3~6개월마다, 단기 계약의 경우 중간 정도에 이러한 방식으로 점검을 하는 것이 좋다. 상담이 종결된 후 6개월 또는 내담자가 다시 연락할 수 있도록 1회기의 후속 회기를 제공하여 치료 종결 후 상황을 평가하는 것도 매우 유용할 수 있다. 일부 상담자는 이후속 회기를 무료로 제공하여 지속적인 상담 효과를 연구하기도 한다.

권장문헌

Delisle, G. (2011) *Personality Pathology: Developmental Perspectives*. London: Karnac Books.

Greenberg, E. (1998) 'Love, admiration, or safety: A system of Gestalt diagnosis of borderline, narcissistic, and schizoid adaptations', paper given at the 6th European Conference of Gestalt Therapy, Palermo, Italy. (Also available online.)

Kepner, J. I. (1995) *Healing Tasks in Psychotherapy*. San Francisco, CA: Jossey-Bass.

Melnick, J. and Nevis, S. (1997) 'Gestalt diagnosis and DSM–IV', *British Gestalt Journal*, 6 (2): 97–106.

Nevis, E. C. (2009) *Gestalt Therapy: Perspectives and Applications*. New York: G. I. C. Press. (**See Chapters 2 and 3**.)

Woldt, A. L. and Toman, S. M. (eds) (2005) *Gestalt Therapy – History, Theory and Practice*. Thousand Oaks, CA: Sage. (**See Part II – Gestalt Applications with Specific Populations**.)

제7장

지지 강화하기

좋은 차 한 잔으로 크게 줄일 수 없는, 그렇게 크거나 중대한 문제는 없다. (Bernard-Paul Heroux, 1990)

이 장에서는 내담자와 상담자 모두를 위한 '지지'의 개념을 살펴본다. 지지는 '가능하게 하는 것'을 의미한다(Jacobs, 2006: 12). 이것은 게슈탈트의 핵심 개념이자 모든 건강한 기능의 필수 기반이다. 치료자의 과제 중 하나는 내담자의 삶에서 지지의 다양한 면들을 파악하여 부족하거나 과도하게 사용되고 있는 것을 발견하도록 돕는 것이다.

걷는 행위는 충분히 강한 근육과 뼈, 에너지 공급, 균형능력, 변화하는 지형에 적응할 수 있도록 단계를 모니터링하고 조정하는 능력 등이 있을 때에만 가능하다. 이 모든 기능은 모두 걷기에 필요한 '지지'라고 할 수 있다. 어지러움 또는 뒤틀린 발목과 같은 기능 장애는 효과적으로 또는 편안하게 걸을 수 없게 한다. 비슷한 과정이 심리 영역에도 적용된다. 건강한 자기 프로세스, 맑고 활기찬 모습, 만족스러운 접촉은 충분한 자기 지지와 지지하는 장이 있어야만 가능하다. 어떠한 상황에서든 지지의 강도는 이러한 자원들 간의 사용과 관계에 따라 다르다. 건강한 지지란 개인이 **자신의 상황**에서 **지지받는** 상호의존적 입장을 말한다. 문제는 그 사람이 자기 지지적인지 환경으로부터 지지를 받는지가 아니라, 상호 지지를 위해 환경이나 지역사회와 어떻게 협력하고, 자신의 욕구와 다른 사람의 욕구를 고려하여 어떻게 균형을 조절할 수 있는가이다.

제안 7-1

어려운 시기를 헤쳐 나가기 위해 어떤 대처 전략과 자원이 도움이 되었는지 생각해 보세요. 무엇이 부족했었나요? 다른 사람들로부터 어떤 지지를 받았나요? 다른 사람들로부터 어떠한 지지를 원했나요? 돌이켜보았을 때 당신은 어떻게 스스로를 지지할 수 있었나요?

신체 프로세스, 태도 및 신념, 관계 패턴, 자기 보살핌, 영적 수행, 직업, 지역사회 자원 등 지지 발달에는 초점을 맞출 수 있는 많은 영역이 있다. 그러나 여기서는 자기 지지와 관계적 지지, 두 가지 주요 범주에 초점을 맞출 것이다.

자기 지지 발달시키기

신체 프로세스로 작업하기

아마도 지지의 가장 근본적인 영역은 내담자가 지금 여기에서 자신의 신체 프로세스와 어떻게 관계를 맺는가 하는 것이다. 예를 들어 내담자는 자신의 호흡에 주의를 기울이고 어떤 호흡 방식이 자신에게 가장 도움이 되는지, 어떤 호흡 방식이 차분하고 안정된 느낌을 주는지 알아차리도록 초대받는다(14장 체화된 과정, 20장 트라우마 1 참조). 당신은 예를 들어 내담자가 구부정하게 앉지 않고 똑바로 앉음으로써 발생할 수 있는 내면의 감정의 차이를 경험하고 그의 자세(서고 앉고 움직이는 방식)를 알아차리도록 격려할 수 있다. 상담실은 치료자가 지지적으로 체화된 현전을 모델링할 수 있는 장소다.

사례 7-1

알렉스는 많은 영역에서 지지가 상당히 부족했다. 그의 호흡은 얕았고 그의 자세는 경직되고 긴장되었다. 그의 관계적 지지는 부족했고 진정한 친구도 없었다. 약간의 협의 끝에 상담자는 신체 프로세스의 지지를 늘리는 것에 초점을 맞추는 것을 우선순위로 정했다. 상담자는 알렉스가 이야기하는 중에 다른 종류의 호흡과 자세를 실험해 보자고 제안했다. 알렉스는 곧 그가 자유롭게 숨을 쉬고 의자에 편안히 앉아 있을 때 훨씬 더 자유롭게 자신을 표현하고, 상담자에게 더 자신감을 느낀다는 것을 알게 되었다. 상담자는 알렉스가 그의 강한 지지와 접촉이 차단되었을 때 목소리가 작아지는 것을 알아차렸다.

자기 책임 언어 사용하기

자기 책임과 자기 지지에 대해 논의할 때, 우리는 공동창조의 개념과 명백히 모순됨을 알고 있다. 거울 뉴런을 포함하여, 우리가 있는 그대로 느끼거나 그렇게 되도록 실제로 '만들어지는' 매우 현실적인 방법이 있다(Rizzolatti et al., 1996). 그러나 우리의 관점에서 볼 때 이러한 관계적 진리는 각자가 그의 삶에 대한 소유권을 가질수 있다는 것과 동등하게 중요한 관점으로 다루어져야 한다. 개인은 자신의 잠재력의 자기 한계적 경계를 넓힐 수 있고, 자신에게 미치는 영향을 더 잘 알아차릴 수 있으며, 자신의 경험을 진실되고 성실하게 소유할 수 있다. 게슈탈트 관점에서 주체성을 지지하는 것은 우선순위가 높은 부분이다.

주관적 경험에 대한 소중한 척도는 언어를 사용하는 방식이다. 생각해 보면 우리는 대부분 수동적인 언어를 사용한다. 이것은 우리에게 일어나는 일에 대해 우리는 아무런 힘이 없고 삶에 책임이 없다는 믿음을 의미하는 것이다. 우리가 아주 어리거나 진정으로 다른 사람의 힘에 의해 영향을 받을 때, 또는 신체적으로 상처를 받거나 강요받을 때, 우리의 반응은 현실적으로 '외부의 힘' 또는 사람에 의해 유발된다.

그러나 우리는 때때로 반응에 대해 영원히 무력한 것처럼 행동한다. 자신의 경험을 소유하고, '당신이 그렇게 했을 때 내가 화가 났다'고 우리의 반응에 대한 책임이 있음을 인정하는 대신, '당신이 날 화나게 만들었다'와 같이 말을 한다. 또한 선택이나 환경에 대한 힘을 부정하는 표현을 한다. 우리는 '나는 길을 잃었다', '나는 하지 않기로 선택했다'라고 표현하기보다는 '나는 잃어버렸다' 혹은 '나는 못 한다'라고 말한다. '그것은 절대적인 재앙이었다', '나는 완전히 무력했다' 등과 같은 과장된 단어로 무력감을 조장한다.

상담자는 우선 내담자에게 자신의 언어 사용이나 단어 선택에 주의를 기울이게 한 다음 자기 책임의 언어를 사용하는 실험을 제안할 수 있다. 실험은 자신에 대한 감정이나 세상을 대하는 자신의 태도에 대해 느끼는 차이를 알아차릴 수 있게 한다. 이것은 사소한 말장난이 아니다. 문제의 정의와 해결 모두에서 매우 중요하다. 내담자가 '나는 내 삶이 살 가치가 있기를 바란다'와 같은 문장을 사용한다면, 그는 그것에 대한 모든 책임을 자신의 외부에 두는 것이다. 상담자는 내담자를 초대하여 삶이 정말로 가치가 있다고 느끼는 때와 그가 지금 이 상황에 기여하고 있는 것이 무엇인지를 생각하도록 할 수 있다. 일부 내담자는 상황에 대해 부적절하게 너무 많은 책임을 지기도 한다. '나는 도저히 그렇게 많은 일들을 할 수가 없었다'라고 한다면 상담자가 할 일은 내담자가 실제로 감정의 취약함에 책임이 있는지, 아니면 너무 많은 것을 떠안고 있는 것은 아닌지 성찰하도록 내담자를 초대하는 것이다. '당신이 누군가에게 거절함으로써 실제로 '망한' 사람이 있나요?' 또는 '망했다는 것은 무엇을 의미하나요? 과연 무슨 일이 벌어질까요?'는 놀라울 정도로 강력한 직면이 될 수 있다.

다양한 형태의 언어 사용에 대한 제안은 내담자가 자신의 언어가 자신과 세상의 관계에 영향을 미치고 자신의 태도에 기여한다는 것을 알아차리도록 초대하는 실험이다. 이것은 더 나은 말하기 방법에 대한 지침이 아니다. 실제로 게슈탈트 내담자나 수련생이 '올바른' 말을 하도록 교육을 받았음에도 불구하고 자기책임[1]에 대한 근본적인 태도를 바꾸지 않는 것을 보면 상당히 실망스럽다.

💡 제안 7-2

> 어떤 식으로든 당신을 혼란스럽게 만든 사건을 생각해 보세요. 먼저 수동적인 언어로 사건의 이야기를 말하는 실험을 해 보세요.(예 : '내 친구가 또 지각을 했어요. 갑자기 친구의 예상 밖의 행동이 나를 무력하게 만들고 있다는 생각이 들었고 그것이 나를 우울하게 만들었어요.') 그런 다음 이야기를 다시 들려주세요. 이번에는 당신의 언어에 주의를 기울이고 당신의 경험에 대해 책임을 집니다. (예 : 내 친구가 또 늦게 나타났어요. 갑자기 나는 그녀의 예측할 수 없는 모습에 내가 무력감을 느끼고 있다는 것을 깨달았고 그것이 마음에 들지 않았어요.') 그렇게 함으로써 자율성과 자존감에 어떤 차이가 있는지를 알아차리세요. 그리고 다르게 느낄 수 있는 능력을 무시해왔던 방식들에도 주목하세요.

자신의 경험과 자기 자신을 동일시하기

Resnick(1990)은 자신의 경험과 자기 자신을 동일시하는 것이 조화로운 삶을 위한 최선의 지지라고 주장했다. 이것은 그 순간 당신이 경험하는 것과 함께 당신이 누구인지를 받아들이는 것을 의미한다. 그는 우리가 우리의 경험을 부인하거나 피하거나 다른 사람들에게 그것을 숨기는 데 에너지를 쏟아야 한다면 그것이 얼마나 불안정한지를 강조한다. 예를 들어 우리가 화를 내거나 상처를 주거나 시기하거나 경쟁심을 느껴서는 '안 된다'고 믿는다면, 우리는 종종 그러한 감정에 대한 알아차림을 차단하고 그렇게 함으로써 다른 자원에 대한

---

1 역주) 자기책임은 책임자각과 같은 의미이다. 자기책임 언어를 사용하는 것은 책임자각에서 한 발짝 더 나아가 자기에게 책임이 있다는 것을 알아차린 후 이에 그치지 않고 이를 상담자와 내담자가 언어로 표현하는 프로세스이다.

알아차림도 잃게 될 것이다. 우리의 경험을 마음에 두는 것이 우리의 **전부**는 아니다.

상담자가 현상학적 방법을 실천하고 대화적 관계를 제공할 때, 상담자는 내담자에게 현재 경험의 초점과 수용을 모델링하고 그러한 동일시를 장려할 것이다. 그러나 보다 적극적인 접근은 내담자가 '나는 불안하다/부럽다/마음이 아프다, 이것이 지금 나의 경험이다.'를 스스로 말하도록 제안하고 연습하는 것이다. 내담자 그리고 우리는 자주 감정이나 경험을 수식어, 비판, 최소화, 편향하고 있음을 부정하는 것으로 표현한다. 이 얼마나 놀라운가? 예를 들어 우리는 '(넘어져서 다쳤어도) 난 정말 괜찮아', '정말로 겁먹지 말아야지', '음, 글쎄, 극복할 수 있을 것 같아', '바보인 줄 알지만…'이라고 말한다.

지지적 자기 대화

필수적인 지지를 증진시키는 또 다른 방법은 내담자가 자신에게 보내는 부정적인 메시지를 발견하고 대신 사용할 긍정적이고 격려하는 문장을 설계하도록 돕는 것이다.

사례 7-2

앨리사는 작은 실수라도 하면 스스로에게 "오, 나는 정말 멍청해. 나는 아무것도 제대로 할 수 없어"라고 말했다. 그녀는 이 생각이 불안과 명치 근육의 긴장을 동반한다는 것을 깨달았다. 상담자는 그녀에게 문제의 진실에 대해 생각해 보라고 요청했다. 그녀가 멍청했을까? 확실치 않다. 앨리사는 실제로 두 개의 학사 학위를 가지고 있었고 조직 컨설턴트로 성공적으로 일했다. 그녀는 자신의 업무를 제대로 이해했을까? 그렇다. 그녀는 매우 자주 자신이 하고자 하는 일을 달성했다. 그래서 앨리사와 상담자는 앨리사의 지지적 자기 프로세스를 회복하는 데 도움이 될 진실되고 치유될 만한 문장을 함께 만들었다. 단순히 '나는 똑똑해서 뭐든지 할 수 있어'처럼 반대의 생각을 선택하는 것이었다면 효과가 없었을 것이다. 앨리사는 그것이 사실이 아님을 알았을 것이다. 그녀를 지금 여기 현실로 되돌리기 위한 문장이어야 했다. 앨리사는 "나는 매우 똑똑해요. 잘할 때도 있고 가끔 실수할 때도 있어요." 그 단순한 진실의 진술은 극도의 자기 비판적 입장에 대한 익숙함을 포기하는 것을 의미했지만, 그녀가 평생의 압박감으로 느끼던 것에서 해방되었다.

제안 7-3

기분이 나빴던 사람과의 상호작용을 기억해 보세요. 그 장면 안에 잠시 머무르세요. 당신은 어디에 있었나요? 무슨 일이 있었나요? 누가 무엇을 말했나요? 잠시 시간을 내어 머물러 보세요. 마지막에 기분이 좋지 않을 때 자신에 대해, 상대방에 대해, 사람들에 대해, 삶에 대해 뭐라고 말했나요? 이것은 익숙한 생각인가요?

그렇다면 장면에서 나와 그 믿음을 현실적으로 생각해 보세요. 그것은 사실이 아닌 자기 제한적인 생각일 수도 있습니다. 자기 제한적인 생각에 도전하는 좀 더 긍정적인 생각을 해 보세요. 당신의 긍정적인 확언이 현실적인지 확인하세요. 예를 들어 '나는 도저히 동료들과 맞설 수가 없었다'고 자신에게 말했다면 '나는 동료들과 맞서는 것을 좋아하지 않지만 정말 필요하다면 그것을 할 수 있는 능력과 힘이 있다'는 진술을 선택할 수도 있습니다. 자신에게 맞는 문장을 디자인해 보세요. 상상 속에서 그 장면으로 들어가 혼잣말을 해 보세요. 기분이 어떤가요?

상상의 동반자

우리는 스트레스를 받을 때 지지하는 사람을 상상하는 전략을 설명하기 위해 Stern(1985)의 멋진 문구를 빌려 왔다. 이 상상의 동반자는 친구, 파트너, 상담자, 친척 혹은 어린 시절부터 기억하는 사람일 수 있다. 그 사람은 사랑, 연민, 옹호 또는 투지 등 필요한 자질에 따라 선택되며, 내담자가 필요하다고 느낄 때 내부 지지를 제공하기 위해 소환된다. 이 아이디어는 가장 지지적인 이미지를 찾기 위한 상담 회기의 실험으로 제안되고 실행될 수 있다. 치료 자체가 이러한 종류의 지지를 제공할 수 있으며, 많은 내담자들은 상상 속에서 이야기하거나 따뜻하고 격려가 되는 것으로 기억할 수 있는 '내면화된 상담자'와 함께한다. 내담자들이 휴일이나 매우 어려운 시기에 혼자 있을 수 있는 조용한 시간을 따로 마련하고, 상담 장면에 있는 것을 상상하거나, 치료자에게 편지를 쓰거나(다음 회기에 가져올 수 있음), 상담실에서 논의했던 격려 문구나 긍정적 문장을 기억하는 것도 좋다. 이것은 스트레스와 상실의 시기에 소중한 지지가 될 수 있다.

제안 7-4

당신의 삶에서 사랑하고 지지하는 사람, 당신에게 모델로서 혹은 영감을 준 사람으로 경험한 사람은 누구인가요? 당신이 필요로 했거나 존경했던 그/그녀의 자질들에 대해 생각해 보세요. 이제 마지막 연습에서 기억하고 있는 힘든 장면으로 돌아가세요. 그 시간에 당신의 든든한 동반자가 당신과 함께 있다고 상상해 보세요. 당신에게 그/그녀가 뭐라고 이야기할까요?

관계적 지지 발달시키기

가장 단순한 수준에서 상담자는 내담자가 파트너, 가족 또는 친구와 같은 사용 가능한 지지원을 어떻게 활용할지 고려하도록 권할 수 있다. 만일 내담자의 치료 여정이 어려운 감정을 불러일으킨다면 내담자가 의지할 사람이 있는가? 내담자는 지역사회에 어떤 다른 자원들이 있는지 알고 있는가? 이것은 정보의 풍부한 원천이 될 것이며 세상에 대한 내담자의 기본적인 믿음과 세상과의 관계를 표면화시킬 것이다. 내담자는 지지를 요청하는 것에 익숙하지 않을 수 있으며 이 모든 문제는 회기 내에서 탐색되어야 한다. 내담자는 또한 지지를 받을 자격이 없거나 지지를 허용하지 않은 것에 대한 많은 내사 또는 신념을 갖고 있을 수 있다(종종 남성 지배 문화에서 발견됨).

　치료자는 가끔 상담실의 풍부한 역동에 너무 몰두하여 장 조건의 영향에 주의를 기울이는 것을 잊을 수 있다. 모든 심리치료 메타연구(예 : Norcross, 2011)에서와 같이, 긍정적인 치료 결과의 상당 부분이 지지하는 가족, 친구, 영적 그룹, 지역사회 활동과 같은 치료실 외부 요인에 기인한다는 점을 기억하는 것이 중요하다.

제안 7-5

종이에 지지 네트워크 맵을 작성하세요(내담자에게 이 실험을 제안할 수 있음). 자신을 중심에 놓고 삶에서 자신에게 영양분을 공급하는 사람이나 사물을 쓰거나 그려보세요. 각 사람, 그룹 또는 활동에 포스트잇이나 물건을 사용하고 지지 강도에 따라 가까운 곳 또는 멀리 배치합니다. 그런 다음 일주일에 혼자 지내는 시간이나 일하는 시간과 이러한 친구, 가족 또는 활동과 함께 보내는 시간을 그려보세요. 그림이 균형적인가요? 자원 사용을 늘리기 위해 어떤 변경을 할 수 있을까요?

가장 확실한 관계적 지지 중 하나는 물론 상담자이다! 어떤 면에서, 우리가 이 책에서 논의하는 거의 모든 것은 내담자의 지지를 높이는 데에 직간접적으로 관련되어 있다. 특히 1장 중요한 첫 만남, 4장 치료 관계에서 치료적 경계, 작업 동맹 및 대화적 태도에 의해 제공되는 지지를, 18장 내담자 자원에서 트라우마가 있거나 불안한 내담자를 위해 자원을 구축하는 방법을 제시했다.

도전의 역할

그러나 지지가 항상 위로가 되는 것은 아니다. 때로는 치료자가 고정된 게슈탈트에 직면하거나 도전함으로써 내담자를 지지해야 할 때가 있다. 지나치게 의존적이거나 과도하게 조언을 구하는 경우처럼 치료자가 내담자에게 도움이 되지 않는다고 믿는 방식으로 치료 환경을 사용하는 내담자는 많다. 이러한 상황에서 치료자는 내담자가 부적절한 요구라고 생각하는 것을 거절하기로 결정할 수도 있는데, 이때는 사실상 내담자를 지지할 수 없다. 언제 지지나 도움을 제공해야 하는지, 언제 직면해야 하는지 또는 도전해야 하는지에 대한 미묘한 치료 딜레마는 모든 게슈탈트 치료 작업 전반에 걸쳐 있다.

사례 7-3

치료자는 베벌리가 치료자가 말하거나 제안하는 모든 것에 얼마나 쉽게 동의하는지를 알아차렸다. 베벌리는 성적 학대에 대한 그녀의 현재 문제를 탐구하는 아이디어에 대해 이야기하면서 몸을 떨고 안절부절하기 시작했다. 치료자는 치료가 학대의 반복처럼 느껴지지 않는 것이 중요하다는 것을 알고 탐색을 중단했다. 부드럽게, 치료자는 내담자에게 지금 무슨 일이 일어나고 있는지 말해 달라고 베벌리를 초대했고, 베벌리는 자신이 그 사건에 대해 이야기하고 싶지 않았지만 그렇게 말하고 싶지도 않다고 말할 수 있었다. 그들이 이야기를 나누면서 베벌리는 자신의 오래된 적응 패턴을 알아차렸다. 치료자는 가벼운 실험을 했다. 먼저 그는 벽에 있는 그림을 가리키며 마음에 든다고 말했고 베벌리는 동의했다. 그런 다음 치료자는 베벌리에게 방에서 마음에 들지 않는 무언가의 이름을 말하도록 요청했다. 베벌리는 울퉁불퉁한 의자를 골랐다. 치료자는 그가 그것을 좋아한다고 말했다. 그리고 베벌리는 동의하지 않고 그녀가 그림, 장식품, 가구 조각을 싫어한다고 말하면서 점점 더 열정을 표현했다. 베벌리는 처음에는 머뭇거렸지만 곧 게임을 즐기기 시작했고 반대하고 싫어하는 것을 표현하는 다양한 방법을 분명하게 표현하기 시작했다. "저는 더 이상 동의할 수 없어요… 나는 완전히 다른 느낌이에요… 아니, 나는 그것을 좋아하지 않아요… 아니, 나는 거기에 앉고 싶지 않아요." 그녀는 웃기 시작했고 똑바로 앉았고 그녀의 목소리는 완전히 새로운 힘을 얻었다. 마침내 "저는 이제 동의해요. 앞으로 나 자신을 지킬 거예요." 잠시 침묵이 흘렀고 그녀는 신기한 듯 치료자에게 덧붙였다. "알고 있나요? 제가 제 생각을 이야기한 것은 처음인 것 같아요."

상담자의 지지 유지하기

효과적이고 유능한 상담자가 되려면 자신의 작업조건, 만족도 및 지지적 활동에 주의를 기울여야 한다. 우리는 다음을 제안한다.

◆ 정기적으로 수퍼비전 받기

◆ 교육분석을 받아야 할 때를 알기

◆ 동료 지지그룹 등을 통해 전문직 동료들과 정기적으로 연락하기

◆ 세미나, 워크숍 및 토론 그룹에 참석하는 등 지속적인 전문성 개발을 유지하기(지속적으로 우수한 게슈탈트 서적 읽기!)

◆ 회기 종료 또는 하루 일과 종료를 알리는 의식을 개발하기(예 : 명상, 방 환기, 음악 재생 등)

◆ 남은 감정을 표현하는 일기를 쓰거나 이것이 어렵다면 최소한 감정들을 알아차리기

◆ 소진의 위험 없이 성장을 유지할 수 있을 만큼의 충분한 난이도의 내담자와 균형잡힌 업무량 유지하기

◆ 사례 일지를 작성하고 각 사례에 대한 검토를 정기적으로 수행하여 자신의 효율성과 만족도를 모니터링하기

◆ 스포츠, 요가, 춤, 노래 등 치료 분야 외의 지지적인 활동과 관심사에 참여하기

위의 사항 외에도 당신은 특별히 어렵거나 고통스러운 회기가 끝난 후, 특히 바쁜 하루 중에 있을 경우 자신을 지지하는 방법을 고려할 필요가 있다. 동료나 수퍼바이저에게 전화를 걸거나, 짧은 산책을 하거나, 그라운딩이나 명상을 연습하거나, 과거에 자신이 했던 좋은 일을 기억하는 것일 수 있다. 또한 향이나 양초를 켜거나 창문을 열어 분위기를 바꾸거나 정화 의식을 하는 것일 수 있다. 어쨌든 다음 내담자를 위해 준비해야 할 책임은 자신의 지지에 대해 책임을 다하는 것이다.

지지 관련 권장문헌

Jacobs, L. (2006) 'That which enables – support as complex and contextually emergent', *British Gestalt Journal*, 15 (2): 10–19.

Korb, M. P., Gorrell, J. and Van De Riet, V. (1995) *Gestalt Therapy: Practice and Theory*, 2nd edn. New York: Pergamon Press. (**See Chapter 3.**)

Mackewn, J. (1997) *Developing Gestalt Counselling*. London: Sage. (**See Chapters 25 and 27.**)

Perls, L. P. (1992) *Living at the Boundary*. Highland, NY: Gestalt Journal Press.

Staemmler, F-M. (2012) *Empathy in Psychotherapy*. New York: Springer.

자기 돌봄 관련 권장문헌

Meichenbaum, D. (2007) 'Stress inoculation training: A preventative and treatment approach', in P. M. Lehrer, R. L. Woolfolk and W. S. Sime (eds), *Principles and Practice of Stress Management*, 3rd edn. New York: Guilford Press. (**See www.melissainstitute.org for a copy of this chapter**.)

Rothschild, B. (2006) *Help for the Helper: The Psychophysiology of Compassion Fatigue and Vicarious Trauma*. New York: W. W. Norton & Company.

Smethurst, P. (2008) 'The impact of trauma – primary and secondary: How do we look after ourselves?', *British Journal of Psychotherapy Integration*, 5 (1): 39–47.

제8장

수치심

수치심shame은 초기 게슈탈트에서 개인의 자율성을 우선시하고 개인의 문제나 약점으로 여겨졌었으나 시간이 거듭될수록 수치심에 대한 이해에 상당한 이론적 수정이 있었다. 이 장에서는 수치심과 함께 지지에 대한 이야기를 함께 하고자 한다. Wheeler와 그 동료들 (1996)은 수치심과 지지를 관계적 장 안에서 상호 밀접하게 관련되었다는 관점으로의 방향 전환을 이끌었는데, 이들은 수치심과 지지 모두 접촉을 조절하는 방법이고, 필요한 것을 향해 앞으로 나아가거나 거부당하는 것을 피하는 방법임을 주장했다.

따라서 수치심 역동은 특정 상황에서 우리의 기본적인 연결성을 수용하는 것에 관한 것이다. 수치심은 개인의 결핍이나 회복력 부족이 아니라 공동창조물인 관계적 과정이다.

일반적으로 지지는 좋은 것으로, 수치심은 나쁜 것으로 간주되지만 특정 장 조건에서는 너무 많은 지지는 장애를 일으킬 수 있고 너무 적은 수치심도 도움이 되지 않는다. 장에서 의 지지가 충분하지 못한 경우는 위험할 수 있다. 따라서 접촉을 조정하거나 수정하는 것 은 항상 특정 장 조건과 관련이 있음을 알아야 한다.

수치심과 죄책감 반응의 차이를 구별하는 것은 중요하다. 죄책감은 **자신이 한 일에 대한** 것이며 조건적이고 배상도 가능하다. 반면 수치심은 최악의 경우 **자신이 누구인지에 대한** 것이며 무조건적이고 변화할 수 없다고 느낀다. 수치심은 근본적으로 용납할 수 없거나 가 치가 없거나 결함이 있다는 느낌으로 경험되며 숨거나 사라지고 싶은 절박한 충동으로 이 어진다. 그것은 너무 압도적이어서 대개 일시적인 자아 상실로 경험된다. 수치심을 느끼는 사람은 수치심의 경험 외에는 아무것도 경험할 수 없다. 그렇기 때문에 자신이 다른 사람에게 한 일에 대해 죄책감을 느낄 여유가 없다. 시간이 지남에 따라 수치심은 마음속에 너무 깊이 박혀 알아차림 밖으로 벗어나 비판이나 판단(때로는 칭찬이나 감탄)에 대한 극단적인 반응으로만 나타날 수 있다. 상담 장면에서 수치심이 촉발되면 치료자는 종종 내담자가 접촉에서 위축되거나 개입에 대한 균형에 맞지 않게 강한 부정적인 반응을 보인다고 느낀다.

이 장에서는 먼저 수치심이란 무엇인지, 수치심이 어떻게 발전하는지, 수치심을 어떻게 이해할 것인지를 개관한 후 수치심에 대처하는 방법에 대해 논의하고자 한다. 수치심은 우리 모두가 가끔 겪는 독특한 감정이고 이는 사고능력과 현실감각을 유지하는 능력을 심각하게 떨어뜨린다. 수치심은 전염성이 매우 강해 치료실에서 수치심이 나타나면 내담자와 치료자 모두가 무력해진다. 이에 대해 잠시 생각하고 머무르는 것은 상담자가 현전을 유지하고 상담자와 내담자 모두에게 도움이 되는 방식으로 계속 지지할 수 있게 한다.

수치심 기원

발달 중인 아동은 사회적 일원으로 받아들여지기 위해(적어도 현실적으로 반항할 수 있을 만큼 충분한 나이가 될 때까지) 사회적 상호작용의 규칙을 배우고 준수해야 하는 사회적 세계에 존재한다.

이러한 사회화의 초기 과정은 부분적으로 부모로부터의 교육을 통해서 이루어진다. 우리는 사회적 참여의 규칙을 배우고 우리의 행동에 대한 부정적인 반응의 영향도 느낀다. 아이는 무의식적인 몸짓으로 벌을 받거나 거절당하는 경험을 하게 되면서 고통을 느끼고 '괜찮은' 자기에 대한 자신감을 잃게 되는데, 이것이 수치심의 경험이다.

행동이나 욕구가 부적절하고 허용되지 않는 상황을 이해하는 것은 사회적 관계에서 매우 중요하다. 이 경우 이러한 느낌의 수치심은 사회적 수용 경계의 신호이다. Schore(2012)는 수치심이 아동의 12~18개월경에 나타나 잠재적으로 유용한 사회적 상호작용의 신경생물학적 조절 인자로 발전한다는 것을 확인했다. 이러한 '건강한 수치심'의 결정적인 특징은 그것이 단기적이고 적절하게 '허용되지 않음'과 관련되며 곧 용서와 재연결이 뒤따른다는 것이다.

이러한 사회화 과정은 지역사회 및 사회적 차원에서도 마찬가지이다. 부적절한 행위에 대한 허용되지 않음과 사회적 처벌의 정도는 사회마다 차이가 있다. 이를 이른바 문화적 수치심이라 한다. 예를 들어 예절을 중요시하는 사회(변화는 하고 있지만 전통적으로 영국이나 일본과 같은)에서는 사회적 규범을 어기는 것에 대한 높은 거부감이 있으며 때로는 가혹한 처벌이 있다. 예를 들어 일본에서는 체면을 잃는 것이 여전히 너무 굴욕적일 수 있기 때문에 자살은 선택사항이다. 사회적 수용에 대한 초기 학습 과정은 사회적 관계의 필수적인 조절자로서의 수줍음, 당황 또는 수치심의 현상으로 이어진다.

그러나 사회화 과정은 너무 경직되고 독성이 강해 심각한 고정된 게슈탈트가 될 수 있다. 많은 육아, 교육, 종교 제도들은 적극적으로 수치심을 조장하고 개인의 현실적인 평가로 분류한다. '너는 나쁜 행동을 했다'가 아니라 '너는 너 자신을 부끄럽게 여겨야 한다', 이것은 아이가 자신이 어떤 식으로든 나쁘거나 근본적으로 결점이 있다고 믿어야 한다는 것을 암시한다. 이런 취급을 반복적으로 받는 아이는 자신의 나쁜 점과 용납할 수 없는 것이 거절이나 처벌의 원인이라고 믿게 된다.

수치심 유대

일부 내담자들의 경우, 수치심이 너무 근본적으로 내재되어 있어 치료 관계에서 정기적으로 나타난다. 이는 Lee와 Wheeler(1996)가 한 사람의 초기 관계에서 만들어진 '수치심 유대'라고 부르는 것에서 비롯되었다. 어린아이가 적극적으로 욕구를 표현하거나 흥분하여 환경에 신나게 손을 내밀었을 때, 아이를 돌보는 사람들은 아이를 무시하거나 경멸하거나 공격적으로 반응하고, 그 후 어떠한 관계적 재연결, 이해, 용서를 제공하지 않았다. 이런 반응이 반복되면 아이는 '내가 울면 사람을 화나게 한다', '내 흥분이 너무 과하다', '내가 화를 내면 버림받는다', 혹은 단순히 '난 너무 심하다'라고 믿게 된다. 아이의 자기 표현이나 욕구의 양상은 허용되지 않은 핵심 기대로 형성되고 이후 수치심은 원래 느꼈던 욕구와 불가분의 관계로 연결된다.

Mackewn은 다음과 같이 말한다.

수치심과 허용받지 못한 욕구 사이에 영구적인 연결이 이루어지며, 결과적으로 욕구에 대한 접근이 상실된다. 욕구는 목소리를 잃는다. 수치심과 관련된 욕구는 사라지지 않는다. 수치심이 갑자기 나타날 때마다, '나 아닌 사람'으로서의 욕구를 계속 경험하기 위해, 그리고 욕구를 지지하지 않는 환경과 조화롭게 살기 위해, 개인은 수치심을 경험한다. (1997: 247)

폭력이나 학대가 있는 가정이나 문화에서는 이러한 규제 메커니즘이 너무 포괄적이어서 사람들은 그들의 충동에 대해 거의 지속적으로 수치심을 느낀다. Kaufman(1989)은 이것을 내면화된 수치심이라고 말했고, Lee(2007)는 이를 출현하는 모든 관계적 전경에 뒤따르는 관계적 배경으로 정의하며 '배경 수치심'이라 말했다.

따라서 사회적 상호작용을 규제하고 사회적 접촉의 규칙을 준수하는 데 본질적이고 유용한 과정은 기껏해봤자 망설임, 당혹감 또는 잠깐의 수치심의 형태이다. 그러나 그것이 독성이 있는 고정된 게슈탈트가 되면 수용되지 못하고 허락받지 못한다는 건강하지 못한 무조건적인 기대로서의 수치심으로 이어진다. 이렇게 되면 자신의 소망이나 관계적 욕구가 조금만 흔들려도 자동적으로 수치심 반응을 보일 것이다.

체화된 경험으로서의 수치심

유아 관찰은 수치심이 상호작용의 장 안에서 주로 비언어적 대인 간 교류를 통해 시작된다는 것을 분명히 보여준다(Shore et al., 2003). 예를 들어 아기는 어머니의 실망이나 거부감, 그리고 학대받은 아동이 (보통 부인하는) 학대자에 대한 수치심을 대리 경험한다.

유아의 삶에서 관계적 상호작용은 대부분 비언어적이며 신체적이다. 주양육자가 철저히 거부하거나 적대적이거나 무시한다면, 아이는 종종 자신이 보살핌을 받을 가치가 없거나, 부족하거나 심지어 역겹다는 비언어적 감각을 형성한다. 그런 다음 수치심은 치료자의 표정이나 몸짓 또는 신체 움직임(거부하는 양육자의 전형이었던)에 의해 유발될 수 있다. 그러한 신체적 유발요인들은 특히 주로 언어적이거나 인지적으로 나타나는 치료적 상호작용에서 놓칠 수 있고 치료자에게 혼란을 야기한다.

제안 8-1

여러분이 수치심을 느꼈던 때를 기억하고 상황, 관계, 그리고 무엇이 그것을 촉발시켰는지를 스스로에게 설명하세요. 여러분의 신체반응, 긴장 패턴, 여러분의 몸이 움직이는 모양을 확인할 수 있는지 보세요.

이제 스스로에게 말하는 메시지(나는 사라져야 한다)가 들리는지 확인합니다. 다른 사람들에 대한 당신의 반응과 그들이 생각하고 있거나 느끼고 있는지에 대한 당신의 투사를 느껴보세요. 당신의 욕구는 사라지고 싶은 건가요 아니면 공격하고 싶은 건가요? 당신 자신에게 여기에서 무엇이 문제인지 물어보세요. 이 탐색을 완료했다면 현재로 돌아가서 어떤 식으로든 자신을 지지하세요.

치료 관계 안에서 수치심 작업하기

상담자와 내담자의 관계의 장에는 수치심에 대한 특별한 위험이 있다. 동등하지 않은 권력 관계, 전이 가능성, 내담자의 관계적 취약성, 치료자 자신의 수치심에 대한 무의식적인 방어들, 이들은 모두 수치심을 강하게 할 수 있도록 공모한다. 수치심 경험은 일반적으로 고립감과 유기의 감각을 동반한다. 그것은 또한 압도적인 관계적 위협의 현전 안에서 숨기, 달램 혹은 굴복의 방어적 전략이다. 전반적인 치료과제는 잃어버렸던 관계적 연결과 지지를 재확립 하는 것이다. 우리는 아래와 같이 몇 가지 지침을 제안한다.

관계적 촉발요인 확인하기

수치심은 항상 '공동창조'된다. 치료에서 공동창조 된 수치심이라는 것이 분명해지면 그것은 치료 관계에 지장을 주는 신호로 볼 수 있고, 수치심을 유발했거나 충분한 관계적 지지가 제공되지 않았다는 신호로 볼 수 있다. 첫 번째 중재는 당신 고유의 수치심 과정에 대한 원인을 탐색하는 것이다. 다음과 같은 간단한 질문이 있다.

"우리 사이에 무엇이 일어난 거지요?"

"저의 어떤 말이나 행동이 당신을 건드렸나요?"

"저는 이 상황에서 당신이 수치심을 느꼈을거라 생각이 됩니다."

혹은 자기개방

"제 생각에는 방금 전 제가 당신을 놓친 것 같아요."

"제가 전에 실수했던 경험이 떠오르면서 지구가 열려 나를 삼키길 바랐던 것이 기억납니다."

단절이 지나고 관계적 연결을 재정립한 후, 내담자 삶에서의 가장 초기 수치심 경험을 탐색하고 그 당시 만들어진 내담자의 인생과 신념, 태도에 대한 정체성을 확인하는 것은 도움이 된다.

비언어적 신호 조율하기

수치심의 징후에 민감해지는 것은 중요하다. 많은 수치심 반응은 내담자가 너무 어려 수치심 과정을 분명하게 표현하거나 이해하지 못하며 오직 비언어적으로만 표현할 수 있는 시기에 발생한다. 내담자는 당혹감, 몸을 움츠리는 신체 반응, 안색의 바뀜, 얼어붙은 침묵과 같은 수치심의 징후를 보일 수 있고 당신은 이러한 징후가 사라진 것을 느낄 수 있다. 이는 당신이 더 빨리 반응할 수 있게 해주고 상황을 악화시킬 가능성을 줄여준다.

사례 8-1

상담자가 소매를 잡아당긴 방법에 대해 언급 한 후 몰리의 에너지는 저하되었다. 그녀는 고개를 숙이고 어색한 표정을 지었다. 상담자가 "당신은 내가 방금 한 말이 마음에 들지 않았던 것 같아요. 제가 '당신을 괴롭히는' 것처럼 느껴졌나요?"라고 묻자 몰리는 "그냥 내가 바보 같아요."라고 대답했지만, 상담자는 몰리가 상담자를 '탓'하는 것 같아 조금 놀란 듯 고개를 들었다. 상담자는 몰리에게 그녀가 상담자의 말을 어떻게 이해했는지 말해달라고 요청했고 몰리의 대답에서 그녀가 비난과 굴욕을 느꼈다는 것이 분명해졌다. 상담자가 말했다. "정말 그것이 당신에게 어떻게 들렸는지 알겠어요. 제가 서툴렀어요. 그리고 당신이 실수하는 것을 저에게 들킨 것 같을 때 당신이 얼마나 큰 상처를 받았을까를 생각하니 마음이 아프고 안타까워요."

(참고 : 이런 방법으로 상담자는 다음의 네 가지를 달성하고자 하였다. 첫째, 몰리의 불쾌감에 대한 자신의 기여를 인정하고 공동창조된 관계 내에서 그것을 확인했다. 둘째, 상담자는 몰리의 감정을 명확히 하고 공감했다. 셋째, 상담자는 자신의 실수가 내담자의 자기 지지에 얼마나 심각한 영향을 줄 수 있는지에 대해 몰리의 알아차림을 높였다. 넷째, 상담자는 자신의 실수를 받아들이고 자기 지지를 유지하는 것을 모델링했다.)

내담자 옆에 설 수 있는 방법 찾기

인간은 누구나 수치심을 인식한다. 그런데도 수치심 경험은 극도의 고립감을 줄 수 있다. 마치 스포트라이트를 받고 있는 상황에서 시야에서 벗어나고 싶어하는 것과 비슷하다. 이러한 상황에서 상담자가 분리되어 있음을 강조하는 게슈탈트 개입 — 알아차림을 높이고 신체 자세에 대해 언급하며 내담자의 불편함에 관심을 갖는 것 — 은 모두 다른 사람을 부끄러워하는 시선 속에 있다는 느낌을 증가시킨다. 지금은 포함에 초점을 맞추고 당신이 어떻게 느끼고 내담자의 입장에서 무엇을 원하는지를 상상할 때이다. 관찰자가 아닌 민감한 동료로 내담자 옆에 서기 위한 이해와 조율을 찾아야 할 때이다. 내담자의 수치심에 대한 당신 고유의 구체화된 반응과 공명은 종종 수치심에 대한 해독제 중 하나인 사려 깊은 개입의 토대를 제공할 수 있다.

"지금 여기는 매우 힘든 장소네요."
"너무 아픈 상처들이 유감입니다."
"저도 지금 그렇게 느껴요."

멀리 떨어져 가만히 있는 것보다 수치심 경험을 나누는 공감적 언어는 매우 강력하다.

사례 8-2

웨슬리는 그의 아버지의 폭력, 거절, 행동을 기억하면서 그때의 느낌들이 되살아났고 수치심으로 움츠러들기 시작했다. "그걸 기억해내기란 참 어려운 일이지요."라고 말하는 상담자의 목소리는 연민이 가득했다.

마찬가지로 만일 수치심이 매우 압도적이어서 내담자가 당신의 공감적 접촉을 견디지 못한다면 종종 메타뷰를 할 수 있는 내담자의 능력을 끌어내는 것이 효과적이고 적절할 수 있다.

"당신은 지금 기분이 몹시 안 좋아 보여요. 수치심은 당신 가족 내에서 강력하게 존재했고, 당신은 모두를 위해 그것을 짊어질 수밖에 없었던 것 같아요."

그것이 무엇인지에 대한 감정 파악하기

수치심의 본질은 종종 그 과정이 알아차림 밖에 있다. 관계에서 종종 단순히 상호 단절을 목격하고 경험하는 것은 그들이 누구인지에 대한 완전한 무효화, 즉 그들의 완전한 무가치함 혹은 형편없음에 대해 확인하는 것이다. 치료 작업의 일부는 내담자가 특정한 감정(때로는 수치심이라고 함)을 경험하고 있으며, 그것은 단지 그가 누구인지의 한 부분일 뿐임을 확인하도록 돕는 것일 수 있다. 이것은 또한 다른 존재와 함께 나누고 수용되고 공유될 수 있는 감정임을 보여주는 모델들이다. Kepner는 다음과 같이 말했다.

> 수치심은 말로 표현되지 못하는 배경이 아니라 말로 표현되는 맥락의 한 부분이 될 수 있도록 알아차려지고 명확하게 표현되어야 한다. (1995: 42)

그러고 나서 치유는 치료자와의 관계적 연결을 재확립하는 데 있다.

어린 나이에 수치심이 발생하면, 아이들은 종종 부모의 수치스러운 일축('너는 어리석어', '너는 나에게 짐이야')을 암묵적으로 믿는다. 그런 다음 아이들은 후속 관계적 기대에 대한 왜곡 렌즈가 되는 고정된 게슈탈트를 형성할 수 있다.

내담자가 실수를 했거나 누군가를 화나게 한 상황에서 내담자 스스로에게 하는 말을 확인하고, 보다 사려 깊은 반응을 해 보도록 요청하거나(예를 들어 '당신은 할 수 있는 최선을 다했다'), 비슷한 상황에서 가장 친한 친구에게 무슨 말을 할 수 있을지를 내담자에게 질문하는 것도 유용하다.

내담자의 자기 인식에서 출발하기

내담자가 자신에 대해 매우 비판적일 때, 특히 그들이 잘못 알고 있는 것이 너무 명백해 보일 때, 상담자에게 다가오는 일반적인 유혹은 반대 극성으로 이동하여, 내담자가 수치심을 느끼지 않도록 내담자를 설득하려고 하는 것이다. 내담자에게 모든 것이 당신 탓만이 아니고, 가족 중 가장 바보 같은 사람이 아니며, 사랑스럽지 않은 사람일 리 없다는 것을 설득하려고 하는 것 자체가 사실상, 상담자가 내담자에게 틀렸거나 실수했다고 말하는 또 다른 사람이 되면서 내담자로 하여금 수치심을 재경험하게 한다.

> 자책은 타인이 자신에게 벌을 줄 행동에 제동을 걸기 위한 목적으로 사용된다. (Fisher, 2013: 10)

자기 비난이나 자기 수치심이 보호 기능을 제공하며 종종 위험한 가족 상황에서 생존하는 가장 좋은 방법이라는 것을 기억하는 것은 창조적 무심의 치료적 입장을 지지하는 데 도움이 된다.

사례 8-3

로우는 비밀로 해왔던 섭식 문제로 오랫동안 고통받아 왔다. 로우가 치료자를 점점 더 신뢰하게 되면서 점차 자신이 못생기고 뚱뚱하고 멍청하다는 야만적인 자기 이미지를 드러냈다. 치료자는 창조적 무심과 호기심을 유지하면서 내담자에게 더 구체적으로 이야기 듣기를 요청했다. 로우는 그녀가 자신을 어떻게 보는지에 대해 더 많이 이야기하면서 꽤 편안해진 것처럼 보였다. 로우는 결국 멈춰서서 누군가가 자신이 멍청하고 뚱뚱하고 못생긴 사람이 아니라고 설득하려 하지 않고 그냥 듣기만 한 것은 처음이었다고 말했다. 그녀는 받아들여지고 이해되어 안도감을 느꼈다. 이어지는 회기에서 로우는 약간의 안도감을 느끼며, 비록 그녀가 여전히 모든 자기 판단을 믿었지만 자기 판단들이 더 이상 그녀를 괴롭히지 않는다고 생각하기 시작했다고 말했다.

다른 감정 뒤의 수치심을 인식하기

2003년 Gilligan의 유죄판결을 받은 살인자에 대한 연구가 보여주듯이, 살인은 어린 시절 만성적으로 학대를 받고 수치심을 느꼈던 사람의 수치심에 대한 방어이다. 이것이 극단적인 예이기는 하지만, 우리 모두는 타인 또는 자기 자신을 공격함으로써 스스로를 보호하려는 경향이 있다. 따라서 상담실에서 철수와는 대조적으로, 수치심 반응의 일부가 상담자를 향한 격렬한 분노로 나타날 수 있다. 이는 비록 일부 상담자들에게는 견디기가 더 어렵겠지만 어떤 면에서는 인지된 위협에 대한 더 건강한 반응이라는 것을 알 필요가 있다. 왜냐하면 그 순간 내담자는 자신이 적대적인 거절이나 공격을 받고 있는 경험을 하기 때문이다. 수치심에 대한 일반적인 방어는 다음과 같다.

◆ 수치심 반응을 유발한 의견을 말하거나 개입을 한 치료자에 대한 분노
◆ 경멸—치료자에게 수치심을 재분배하려는 시도
◆ 부러움—내담자의 수치스러운 '약점'에 대한 초점이 맞춰지는 것이 아니라 치료자의 힘이나 능력에 대한 부러움(그리고 그 힘을 폄하하거나 훼손하는 것)에 집중됨

상담자가 내담자의 비판이나 분노에 반응하여 자신의 수치심을 유발하는 것은 위험하다.

당신이 공격을 받고 견디기 위해서는 자신을 지지하면서 그저 버텨야 한다. 개입을 짧게 하고 가능한 공감하면서 철수하거나 보복하지 않고 살아남아 있다는 것을 보여주라. 그러면 당신은 무슨 일이 일어났는지 이해하기 위해 내담자와 더 나은 이야기를 나눌 수 있고, 공동으로 창조된 경험에서 당신의 역할을 수행할 수 있을 것이다.

방어적으로 혹은 사과하는 방식으로 내담자에게 반응하려는 충동을 피하자. 이러한 행동은 내담자가 경험을 쌓고 이해를 얻거나 보다 적응적인 반응을 찾지 못하게 한다. 분노로 반응하는 내담자의 입장에서 회복력과 여유가 있는 다른이에게 그들의 감정을 표현하도록 허용하는 것은 유용할 수 있다. 언어적 공격에 대한 반응으로 '계속 말씀 하세요' 혹은 '알겠습니다. 지금 무엇을 더 할 수 있을 것 같으신가요?' 혹은 '당신은 지금 저에게서 무엇을 원하나요? 무엇을 필요로 하나요?' 등이 있다(Clemmens, 개인적 교류, 2008).

공격이 매우 심할 경우, '그렇게 소리를 지르면 제가 도저히 들을 수가 없습니다' 식으로 경계를 긋는 것이 적절하다. 아니면 '당신이 계속 위협한다면 저는 이 방을 나가겠습니다' 라고 할 수 있다.

비록 내담자가 당신에게 직접 표현하지 않더라도, 상담실 밖에서의 분노 문제들을 묘사하는 내담자는 그들의 분노 폭발의 기저에 깔려 있는 수치심의 공포에 대해 생각함으로써 도움을 받을 수 있다. 또한 '세상'이 그렇지 않다고 느낄 때에도 연민의 마음으로 어떻게 자신을 지지할 수 있는지에 대해 생각함으로써도 도움을 받을 수 있다.

혐오 표현 부추기기

Philippson(2004)은 수치심을 반전된 혐오감, 분출할 수 없는 무언가를 받은 것에 대한 반응(다른 사람에 의해 버려지거나 피해를 입을 것에 대한 두려움)으로 이해할 수 있다고 주장한다. 치료과제는 내담자가 혐오와 거부 반응에 대한 자신의 능력을 재소유할 수 있는 환경을 창조하는 것이다.

몸 작업

수치심은 종종 신체 알아차림의 둔감화, 혹은 반대 극에 위치한 감각의 홍수를 초래할 수 있다. 몸 에너지는 차단되거나 보호 기능이 붕괴되고 신체적 자기 지지는 상실된다. 14장 체화된 과정에서와 같이 무엇보다도 가장 유용한 초기 지지는 안정적인 호흡을 촉진하고,

지금 여기에서 경험되는 몸의 감각으로 주의를 기울이고 접촉할 수 있도록 하면서 주의를 환기하는 방법을 찾는 것이다. 물론 상담자가 그 순간 자신의 몸 알아차림으로 돌아오는 것은 필수적이다. 현실에 단단하게 서 있는 상담자가 안정적으로 호흡하는 것은 자기 지지와 용기의 모델이 될 것이다.

보다 탄력적인 내담자와 함께 할 때 당신은 몸의 자세를 바꾸거나 상담실 내에서 다른 위치에 자리를 하거나 더 완전하고 적극적인 에너지 반응을 표현할 수 있다. 혹은 인지된 수치스러운 상황에서 움츠러들거나 부풀어 오르는 신체 반응을 과장하여 실험을 해도 좋다.

접촉 실험

많은 수치심 경험은 숨고 싶은 강한 충동을 동반한다. 내담자가 이에 저항하고 두려움과 환상을 확인하면서 타인과 접촉하는 위험을 감수하도록 내담자를 지지하는 것은 매우 치유적이다. 이는 특히 내담자가 당신에게 수치심을 느낄 때 유용하다. 당신은 내담자가 어떻게 느끼는지, 무슨 일이 일어나고 있는지를 당신에게 직접 이야기할 수 있도록 적극적으로 격려한다. 예를 들어 내담자가 당신의 표정을 보거나 당신의 경험에 대해 직접 질문하기를 내담자에게 제안할 수 있다. 그 결과 내담자는 치료자가 상상했던 것보다 훨씬 지지적이거나 적어도 그렇게까지 심하게 비판적이지 않았음을 깨닫는 경우가 많다.

무엇보다도 적절한 수준의 지지를 찾는 것은 중요하다. 내담자는 당신이 그와 함께 있다는 것을 공감적으로 느껴야 한다. 그러나 너무 많은 지지가 때로는 너무 적은 지지만큼이나 피해를 줄 수 있다는 것을 명심해야 한다. 내담자를 마치 유리로 만들어진 것처럼 대하는 것은 그가 너무 취약하거나 상황이 그가 생각한 것만큼 끔찍하다는 것을 암시함으로써 그를 다시 수치스럽게 할 수 있다. 이상적으로 상담자는 경험을 함께 일반화하고 수치심을 단지 그냥 하나의 다른 감정으로 볼 수 있게 될 것이다. 이러한 과정은 지지적이고 치료적인 관계 안에서 마주하고 해결할 수 있다.

권장문헌

Brach, T. (2003) *Radical Self Acceptance*. London: Random House.

Brown, B. (2010) *TED Talk on shame and vulnerability* at www.brenebrown. com/about.

Carlson, C. and Kolodny, K. (2009) 'Have we been missing something?', in D. Ullman and G. Wheeler (eds),

Co-creating the Field: Intention and Practice in the Age of Complexity. New York: Routledge.

Cavicchia, C. (2012) 'Shame in the coaching relationship', in E. de Haan and C. Sills (eds), *Coaching Relationships.* London: Libri Press.

Gillie, M. (2000) 'Shame and bulimia', *British Gestalt Journal*, 9 (2): 98–104.

Greenberg, E. (2010) 'Undoing the shame spiral', *British Gestalt Journal*, 19 (2): 46–51.

Heiberg, T. (2005) 'Shame and creative adjustment in a multi-cultural society', *British Gestalt Journal*, 14 (2): 118–27.

Kearns, A. and Daintry, P. (2000) 'Shame in the supervisory relationship', *British Gestalt Journal*, 9 (1): 28–38.

Lee, R. G. and Wheeler, G. (eds) (1996) *The Voice of Shame.* San Francisco, CA: Jossey-Bass, for the Gestalt Institute of Cleveland.

Nemirinskiy, O. (2006) 'Dialogue and shame', *International Gestalt Journal*, 29 (2): 83–9.

Philippson, P. (2004) 'The experience of shame', *International Gestalt Journal*, 27 (2): 85–96.

Wheeler, G. (1996) 'Self and shame: A new paradigm for psychotherapy', in R. G. Lee and G. Wheeler (eds), *The Voice of Shame.* San Francisco, CA: Jossey-Bass.

Wheeler, G. (2002) 'Shame and belonging', *International Gestalt Journal*, 25 (2): 95–120.

Yontef, G. (1993) Awareness, *Dialogue and Process: Essays on Gestalt Therapy.* Highland, NY: Gestalt Journal Press. (**See Chapter 15**.)

제9장

차이와 다양성

넓은 의미에서의 차이와 다양성은 모든 상담과 심리치료에서 당연하고 중요하다. 사실, 동일성과 차이점을 찾는 것은 치료자의 핵심 기술이다. 즉, 치료자는 지지와 공감으로 내담자와 함께 하고 도전과 자기를 활용해 차이를 제공한다. 이 장에서는 성별, 인종, 신체적 능력, 언어와 같이 때로는 '눈에 보이는', 그리고 성, 계급, 종교, 교육과 같이 때로는 '눈에 보이지 않는' 종류의 차이를 다루었다. 이것들은 근본적인 차이이고 사회적으로 중요하며 우리의 가장 깊은 정체성의 일부이다. 이 장에서는 사회의 몇 가지 차이점과 그것이 상담에 미치는 영향에 대해 살펴보고자 한다.

2017년 8월, 우리가 이번 4판을 준비하면서, 세계의 상태는, 민족과 문화의 다양성의 풍요로움 측면에서 보면 그 어느 때보다도 좋지 않아 보인다. 우리 인간은 다문화주의를 받아들이는 데 어려움을 겪고 있는 것 같다. Batts(2013)는 다문화주의를 '우리 문화가 아닌 다른 문화를 인정하고 이해하고 감사하게 되는 과정'으로 정의했다. 정치적·경제적 압력이 '타자화'라는 근본적인 역동을 부채질하고 차이에 대한 증오는 그 어느 때보다 만연해 있다. Lowe(2013)는 우리는 여전히 '사람을 "좋은 사람과 나쁜 사람"으로 나누는 습관'이 있고 나와 다른 사람을 싫어한다고 지적한다. 아마도 여기에는 '보다 더 나은' 느낌으로 자존감을 강화하고 싶은 욕구, 우리가 거부하는 자신의 일부를 다른 곳에 투사하고 싶은 욕구, 우리가 다른 사람들을 억압하는(또는 억압받는) 방식을 인정하는 것에 대한 저항, 모르는 것에 대한 두려움, 단순히 절망적인 수동성에 대한 두려움 등 많은 무의식적인 이유가 있을 것이다. 우리는 이 모든 것이 수치심에 의해 유지된다고 믿기 때문에 8장 수치심 바로 뒤에 이 장을 배치했다. 가난하고 멸시받는 것은 수치스러운 일이고 이것은 억압했던 사람에 의해 내면화되는 것이지만 학대자가 되는 것 또한 수치스러운 일이다. 이러한 상호 수치심은 우리가 앞 장에서 설명한 것처럼 매우 쉽게 분노로 바뀔 수 있다. 이것은 국가와 국민이 폭력적인 폭발로 서로 수치심을 맞대고 부끄러워하는 것을 보는 것과 비슷하다.

　이유가 무엇이든, 인간 사회는 나쁜 방향으로 나아가고 있다. 4판의 이 장을 다시 읽었을 때, 우리는 이 장의 내용이 매우 부적절하다는 것을 발견했고, 도움이 되는 어떤 것을 말하려는 충동을 거의 포기할 뻔 했다. 그러나 우리는 이 절망적인 포기가 (우리가 속한) 특권층의 다수가 불평등과 억압을 유지할 수 있는 고전적인 방법이라는 것을 우연히 깨달았기 때문에 우리는 '참고 버렸고' 당신도 그렇게 하기를 권유한다.

　다양성에 대해 가장 먼저 말하고 싶은 것은 이것이 물론 인간과 인간관계에 대한 이야기이므로 이 책의 모든 장의 내용이 관련이 있다는 것이다. 본질적인 것은 각 내담자를 고유한 한 존재로 보면서, 내담자가 가져온 것을 가지고 작업하는 것이다. 그러나 치료자와 내담자의 문화적 정체성의 차이는 어떤 식으로든 관련이 있을 수밖에 없다. 민족, 소수자, 성적 다양성, 여성, 장애인 등 '다르다', '더 적다'로 간주되는 집단 구성원의 문화 문제는 '소수자 스트레스(다수 집단에 의해 경시당하는 영향)', 트라우마, 소외, 무력감, 수치심과 관련이 있을 수 있다. 이 마지막—수치심—은 우리가 위에서 언급했듯이 중요한 주제이며 상담에서 제 자리를 인식하는 것이 중요하다. 예를 들어 백인 치료자는 종종 자기 인종이 한 짓이나 지금도 계속하고 있는 일에 대한 수치심의 감정으로 자신을 무력화시키는 경우가 많다. 이것은 그들이 차이에 대해 이야기하는 것을 피하거나, 부적절한 행동에 이의를 제기하는 것을 소홀히 하는 것과 공모하도록 이끌 수 있다.

인종과 문화

우리가 세상에 대해 이야기해 왔기 때문에 이 장에서는 주로 인종과 문화의 문제에 초점을 맞추었다. 더 나아가 우리는 알아차림을 위한 몇 가지 생각을 제시할 것이며 대부분의 아이디어는 다른 차이 영역으로 일반화될 수 있다고 생각한다. 이 장에 이어지는 연습에서는 당신이 직면한 모든 차이를 고려해 보기 바란다.

점점 더 다원화되는 사회에서는 내담자와 상담자 사이의 인종과 문화의 차이가 발생하기 쉽다. 개인 상담(교육분석)이 끝난 지 몇 년 후에도, 우리(저자들)가 여전히 우리의 문화에 따라 우리의 생각과 인식이 제한되고 있음을 알아차리는 것은, 신나는 직면일 뿐만 아니라 가혹한 경험이 될 수 있다. 더욱이 여러 문화적 정체성의 지리심리학적[1] 움직임은 게슈탈트 상담자에게 새롭고 도전적인 풍경을 만들어낸다. Philippson(2016)은 '문화적 · 도덕적 가치에서부터 국경과 정치적 충성심에 이르기까지 모든 것이 의문을 제기하고 있다. 사람들이 움직이고 있다. 그것은 우리가 이전에 알고 있던 세계는 아닐 것이지만, 익숙한 문화와 낯선 문화로 단순히 구분되지는 않을 것이다'라고 말했다. 이는 후반부에서 다시 이야기할 것이다.

인종 정체성

인종 정체성은 인격의 통합적이고 필수 불가결한 측면이다. 자신과 타인에 대한 내담자의 핵심 신념, 그들의 창조적 적응, 고정된 게슈탈트는 모두 내담자의 고유한 부분인 인종, 문화, 언어적 규범에 의해 영향을 받을 것이다. 이러한 면을 충분히 고려하기 위해서는 내담자뿐만 아니라 상담자가 인종 정체성과 이것이 상담 관계에 미치는 영향을 탐색하고 받아들이는 것이 필수적이다.

20세기의 상담과 심리치료는 주로 백인 중산층 의사들에 의해 좌우되었다는 사실을 인정하는 것도 중요하다. 이는 게슈탈트를 비롯한 이론과 실천에 내재된 가치관과 관습이 대체로 백인과 중산층이라는 것을 의미한다. 따라서 불가피하게, 우리가 거의 알아차리지 못하는 편견이 있는 것이다. 그것들은 바로 우리 수련의 배경이다. Jacobs(2006)는 문화적 배경이 백인의 문화와 관습을 담고 있다면 유색 인종이 온전한 존재감을 갖기는 어렵다고 지적한다. 상담자가 흑인이든 백인이든, 혹은 상담자가 살고 있는 대다수의 사람들과 다른 인종적 배경을 가지고 있든, 상담자는 그 사회의 문화적 배경에 영향을 받을 것이다.

내담자와 상담자 모두의 배경에는 고유한 역사와 인종, 국적, 문화뿐만 아니라 종교, 성이 혼합되어 있다. 이 모든 것들은 잠재적으로 영향력이 있으며, 상담이 이루어지는 사회

1　역주) 지리심리학Geographical Psychology이란 심리적 현상의 공간적 구성과 개인의 성격 특성, 삶의 만족도, 사회적 행동이 장소에 따라 어떻게, 왜 다른지와 같은 심리적 현상과 장소 사이의 연관성을 연구하는 학문을 말한다 (Rentfrow&Jokela, 2016; psychologytoday.com).

의 지배적인 인종, 국적, 문화도 마찬가지이다. 상담자의 '부족部族'과 내담자의 '부족部族' 사이의 역사적 관계는 현재 사회에서 일어나고 있는 모든 긴장과 통합을 잠재적으로 수행하도록 알아차림 안팎에서 관계적 장의 일부를 형성한다. 그리고 복잡성은 일생 동안 다양한 경험들의 영향을 받고, 그 영향을 고려할 때 복잡성은 심화된다.

> ### 💡 제안 9-1
>
> 문화, 인종, 국적 그리고 당신에게 중요한 다른 요소들에 대해 당신은 어떻게 자신을 묘사할 수 있을까요? 예를 들어 당신은 여성, 백인, 노동자 계급, 아일랜드인이라고 말할 수 있습니다. 이제 당신에게 영향을 미치고 당신이 지금의 당신을 형성하는 데 도움을 준 다른 모든 하위 문화에 대해 잠시 생각해 보세요. 예를 들어 당신의 부모님과 조부모님을 어떻게 묘사하시겠습니까? 어렸을 때 다른 지역으로 이사를 한 적이 있나요? 이러한 각각의 문화적 영향에 대해, 당신이 지금도 가지고 있는 하나의 가치나 관습을 생각해 보세요. 그럼 이제 내담자들을 하나씩 생각해 보세요. 두 문화(성별, 종교, 교육, 생활방식, 문화, 민족 등) 사이의 역사적 관계는 무엇입니까? 그 역사가 당신의 관계에 어떤 영향을 미칠까요?

관습과 가치관의 차이

5장에서 언급했듯이, 가치관과 태도의 차이는 정신건강 분야에서 달갑지 않은 편견을 야기한다. 적어도 (관계에서 더 큰 힘을 가지고 있는) 치료자는 알아차림의 안팎에서 내담자에게 자신의 가치관을 강요할 수 있다. 여기서 게슈탈트 치료자는 현상학적 탐구 방법이 그러한 가치관 강요를 피하는 데 도움이 되기 때문에 보다 효과적인 입장에 있다.

Evans는 '임상 현상학으로서의 게슈탈트 치료가 문화를 초월할 수 있는 이유는 내담자와 치료자 모두의 고유한 세계관을 존중하고, 치료자가 자신의 세계관과 가치체계를 모색하고 그것이 치료 작업에 어떻게 영향을 미칠 수 있는지를 탐색할 것을 요구하기 때문이다. 현상학적, 대화적 탐색을 통해 우리는 차이를 인정해야 한다'고 주장한다(Evans, 2015: 97, Black, 2015: 58에서 인용).

많은 가치관들이 알아차리지 못할 정도로 깊이 뿌리박혀 있기 때문에 경계가 필요하다. 아무리 좋은 의도를 가지고 있더라도 내담자에게 큰 의미가 있을 수 있는 차이를 무시하는 것은 쉬운 일이다. 내담자에게 중요한 가치들을 당신과 공유하기 위해 의도적으로 내담자를 초대하는 것이 더 안전하다. 내담자의 문화나 국가적 관습에 대해 이미 알고 있는 것도 도움이 되기는 하나 때로는 무례한 일반화로 이어질 수도 있기 때문에 항상 유용하지는 않다. 중요한 것은 당신과 내담자 사이의 차이를 인정하고, 내담자가 당신이 알았으면 하는 것이라면 무엇이든 이야기하도록 초대하는 것이다. 그렇게 하면 내담자는 차이가 무시되거나 거부된다고 느끼지 않는다.

당신은 다음과 같이 말할 수 있다.

"저는 폴란드 여성이고 당신은 자신을 영국계 인도 여성이라고 묘사하기 때문에 우리 사이에는 몇 가지 중요한 차이점이 있습니다. 저는 이것이 당신에게 어떤 의미인지 정말 궁금합니다. 저는 당신의 문화에 대해 잘 모르지만, 알고 싶습니다. 그것은 우리가 함께 작업하는 데 있어 중요할 것이 분명하며, 서로를 알아가면서 우리의 차이점에 대해 어떻게 생각하고 느끼는지 저에게 말해주길 바랍니다. 저는 우리 둘 다 영국에서 여러 해 동안 살았기 때문에 비슷한 경험을 공유할 수도 있다고 생각합니다."

제안 9-2

부정적인 감정이나 신념을 가지고 있는 문화, 국적, 공동체 또는 그룹을 생각해 보세요. 싫어하는 것을 말로 표현하세요. 그 부정적인 감정들은 확실한 증거에 근거한 것인가요? 만일 그렇다면, 그것들은 여러분이 좋아하지 않는 관습이나 습관의 결과인가요? 그리고 만일 그렇다면, 당신은 왜 그것을 좋아하지 않나요?(즉, 그것이 당신에게 중요한 가치에 어긋나는 건가요? 아니면 단순히 그것이 다르고 이상하고 불편하기 때문인가요?) 그 부정적인 감정이나 신념이 당신의 공동체, 지역사회, 국가에서 공유되고 있나요? 역사적인 뿌리가 있나요?

이러한 모든 역사적, 구조적, 그리고 '지금 여기에서의 문화적' 영향이 상담실에 존재한다. 이것은 몸짓, 단어 선택, 삶에 대한 가치관과 편견, 그리고 치료자와 내담자 사이의 전이와 역전이 관계에 나타난다.

영국에서 자랐다면 당신은 인종 차별적 태도를 내면화했을 가능성이 크다. 이러한 태도는 우리의 알아차림 깊숙이 묻힐 수도 있지만, 백인 영국인의 우월감을 어느 정도 내면화하지 않고는 그러한 식민지 역사와 세계적 영향력에 대한 지속적인 열망을 가진 문화에서 성장할 수 없다. 이것은 당신이 백인이든, 아시아인이든, 흑인이든 사실이다. 물론 이것이 당신에게 미치는 영향은 매우 다를 것이다. 당신이 백인이라면 백인의 '올바름'에 대한 감각은 당신 자신에 대한 깊은 감각이었을 것이다. '다르다'는 것은 '더 적다'는 것이다. 당신이 유색인종이라면 억압이나 무력감(덜 강력하거나 덜 자격이 있는 '다름'에 대한 감각)을 내면화할 것이다. 이것은 상담실에서 중요한 장 조건이다. 내담자가 백인이고 상담자가 흑인인 경우 특히 관련이 있다. 치료 관계는 이미 권력 격차에 대한 내재된 잠재력을 가지고 있으며 제도화된 인종 차별은 이를 강화한다.

사례 9-1

상담자는 자신이 얘기를 할 때마다 내담자 재지어가 상담자 자신을 잘난 척하는 것으로 여기는 것에 낙담했다. 재지어는 엄격한 무슬림 가족의 요구에 순응하기 위해 남자친구(젊은 백인)를 포기할지 여부를 결정하는 데 고심하고 있었다. 상담자는 자신이 정말로 중요한 문화적 의미를 이해하려고 노력했고 내담자에게 공감과 지지를 충분히 해주었다는 사실에 자부심을 느꼈다. 그러나 상담자를 향한 재지어의 이러한 비판은 결국 그를 불안하게 만들기 시작했다. 수퍼비전에서 상담자는 내담자의 반응을 전이(그녀의 지배적인 아버지와 백인 남성에 대한 문화적 고정관념 둘 다)로 정의하고 있었다는 것을 깨달았다. 수퍼바이저는 상담자가 그 상황에 어떻게 기여하는지를 살펴보았고, 내담자의 딜레마에 대한 상담자의 감정과 생각을 탐색하도록 요청했다. 상담자는 재지어에게 그녀의 문화적 가치를 존중하기 위해 힘을 실어주려는 열망을 제쳐두고 있음을 깨달았다. 미묘한 방식으로, 상담자는 내담자에게 문제의 심각성을 최소화하고 내담자가 결정을 내리기를 기대했다.

다음 회기에서, 상담자가 내담자에게 질문한다. "제가 당신과의 관계에서 얼마나 잘난 체하고 있는지를 알고 싶어요. 우리 두 사람의 관계를 진정으로 살피는 데 이번 회기를 진행하면 어떨까요?" 내담자는 매우 안심했고, 상담자와 내담자는 함께 상담자가 '옳은 일을 하고 있는 것'이 내담자가 원했던 대로 그녀를 지지하지 않았던 많고 소소한 방법들에 대해 이야기를 나눌 수 있었다.

물론 불평등과 인종 정체성은 치료자와 내담자 모두 백인이거나 흑인이거나 다른 범주의 차이점이 비슷하더라도 여전히 중요한 초점이 될 수 있다.

그 밖의 차이들

두 사람 사이의 어떤 만남이든 많은 차이가 있고 이 모든 것은 잠재적으로 치료와 관련이 있다. 상담실에서 인종적 차이와 같은 역동을 가진 차이가 몇 가지 있다.

Batts(2000, 2013)의 연구는 억압, 비호감 또는 차별의 대상이거나 대상이 되었던 집단에 속해있는 경우, 그 차이를 조명하는 데 도움이 될 수 있다. 이것은 고의적일 수도 있고 '우발적'일 수도 있다(즉, 미묘한, 심지어 선의의 행동이 이 현상을 유지하는 경우). 이러한 차이에는 성별, 신체적 능력, 성적 취향, 나이, 종교, 계급, 교육 또는 지능이 포함된다.

이러한 것들은 문화적 차이와 마찬가지로 주의 깊게 다뤄질 필요가 있다. '표적 집단'에 속한 사람을 포함한 상담자와 내담자(Batts, 2000)는 문제의 의미를 고려하여 표적 집단에 속한다는 것과 표적 집단에 속하지 않는다는 것이 어떤 의미인지, 장점과 단점은 무엇인지 등을 검토해야 한다. 예를 들면, 여성, 동성애 또는 장애에 대한 편견의 흔적이 있다. 상담자는 내담자가 자신에 대해 가지고 있는 어떠한 부정적인 신념도 가져서는 안 된다. 실제로, Lapworth(2011)는 게이 및 레즈비언 내담자에게 내면화된 동성애 혐오에 대해 충분히 개인 작업을 수행하여 내담자의 자기감을 온전하고 건강하게 환영하고 반영할 수 있는 게이/레즈비언 치료자가 있어야 한다고 주장한다.

> 💡 **제안 9-3** (Batts, 2000에서 발췌)
>
> 당신이 '표적 집단'의 일원이자 '부족한' 사람으로 대우받았던 경험을 생각해 보세요. 만일 당신이 백인, 남성, 이성애자, 영어 사용, 중산층, 신체적 능력, 교육 수준이 높은 경우라면, 당신은 그러한 경험을 식별하기 어려울 수도 있습니다. 그렇다면 당신이 어린아이가 되는 경험을 생각할 것을 제안합니다. 이것은 슬프게도 종종 '표적'의 대상이 되는 경험을 하는 경우가 많습니다. 당신 자신, 타인, 그리고 세상에 대해 어떻게 느끼고 어떻게 생각했나요? '표적' 경험을 어떻게 사용하여 힘을 제한하나요? 이제 이 집단에 속하는 이득을 이해하세요. 당신은 지금까지의 경험을 통해 어떤 힘이나 이득을 얻었나요?

이 장의 서두에서 말했듯이, 문화적 지형에서 가장 큰 변화는 여러 문화적 정체성을 가진 사람들이 점점 증가하고 있다는 인식이다. 2015년 유럽에는 4,200만 명의 이민자가 있었으며, 그중 일부는 유럽 국가에서, 일부는 외부에서 왔다(Whitol de Wenden, 2016). 다른 나라의 국적을 가진 이민자들은 자신들이 출신 국가의 정체성을 갖고 있다고 생각하지 않을 수도 있지만, 정착한 나라에 완전히 적응해야 한다는 압력에 저항할 수도 있다. 그들에게는 다중 자아를 설명하는 새로운 정체성이 필요하다. 지리 심리치료사 Sironi(2013, 2016)는 '내담자의 주체성을 자신의 이야기의 중심에 두기 위해' 역사적, 종교적, 정치적, 세대 교체적 요소를 포함한 다양한 문화적 정체성을 획득하기 위한 내담자와의 협력의 중요성을 강조한다.

이민자, 난민과 상담하기

다원적 정체성을 지지할 필요성은 경제적 기회부터 전쟁이나 정치적 박해에 이르기까지 다양한 이유로 다른 나라에서 삶을 재건하고자 하는 이민자들과 상담하는 상담자에게 특히 중요하다.

지면 관계상, 그리고 실제로 우리의 지식과 경험의 한계로 인해 주제를 깊이 있게 다룰 수 없다. 권장문헌을 참조하기를 바란다. 여기서는 게슈탈트 수련과 특히 관련되는 몇 가지 요점을 간략히 소개한다.

국가, 직장, 가족, 지역사회, 기후, 언어, 문화적 전통을 떠나야 했던 내담자는 여러 가지 상실을 경험한다. 그들은 또한 다른 사람들이 도망치지 않았는데도 자신은 도망친 것에 대해 죄책감을 느끼거나 학대가 주는 수치심을 느낄 수도 있다. 새로운 삶과 정체성을 구축하는 과도기는 16장 여정 마무리에서 설명하는 모든 요소가 관련될 수 있는 시기이다.

이 모든 상실은 트라우마 반응을 일으키기에 충분하고 내담자는 그의 수용의 창[2]에서 쉽게 촉발될 가능성이 있다. 게다가, 이민은 억압에 의한 결과였을 수도 있고 훨씬 더 나빴을 수도 있다. 사랑하는 사람들이 끔찍한 공포에 시달렸을지도 모른다. 이 내담자 집단에서 PTSD는 일반적이다. 20장과 21장의 모든 자료가 도움이 될 수 있다.

신뢰할 수 있는 다른 사람과의 관계 가능성이 치유를 시작하는 가장 빠른 방법이라는 것을 기억하자! 공감적 연결감을 구축하는 것이 무엇보다 중요하다. 언어가 어렵다면, 통역사를 통해 작업하는 것을 다루는 몇 가지 텍스트가 있다(권장문헌 참조). 밀라노에 위치한 Ferite Invisible(보이지 않는 상처) 클리닉의 Marco Mazzetti 박사와 그의 동료들의 연구에서 지지와 영감을 얻자! 말 한마디 주고받지 못하는 내담자에 대한 사랑과 연민으로 그저 조용히 앉아 많은 상담 회기를 보내는 것은 드문 일이 아니다. 그리고 내담자는 계속 상담에 참석한다.

1. 인간의 기본적인 욕구는 공동체에 소속되는 것이다. Sironi(2016)는 공동체를 박탈당한

---

2 역주) 정신과 임상 교수인 Dan Siegel에 의해 개발된 '수용의 창'은 우리가 일상생활에서 기능하고 성장할 수 있는 각성 또는 자극 상태를 설명한다. 우리가 이 창 안에 존재할 때 우리는 효과적으로 배우고, 놀고, 우리 자신 그리고 다른 사람들과 관계를 잘 맺을 수 있다. 그러나 우리가 창 밖에서 움직일 경우 우리는 과각성되거나 과소각성 상태가 될 수 있다(Jersey Psychology and Wellbeing Service, 2020)(21장 트라우마 2 참조).

내담자, 특히 젊은 남성이 단순히 소속감을 느끼기 위해 근본주의 종교 집단 같은 단체에 소속될 위험이 있다고 설명한다. 그들은 다양한 정체성에 연결된 느낌을 갖도록 지지받음으로써 도움을 받을 수 있다. 소속감을 느끼기 위한 공간으로 토론모임과 자조모임을 만들자는 강력한 주장도 설득력이 있다.

2. 게슈탈트 치료의 관계적이고 상호 영향을 미치는 특성으로 인해 대리 외상에 취약할 수 있으므로 당신 자신과 자신의 지지에 주의를 기울이는 것은 특히 중요하다. 이는 인도주의 활동가들의 스트레스에 대한 Kolmannskog(2017)의 연구에 의해 잘 설명되어 있다.

치료자의 책임

인종, 문화, 그리고 어떠한 종류의 차이 문제를 효과적이고 유용하게 다루기 위해 상담자에게는 몇 가지 의무가 있다.

먼저 상담자는 먼저 자신의 문화적 배경, 편견, 선호도, 인종 차별, 동성애 혐오, 연령차별 등이 장에 미치는 영향을 살펴야 한다. 편견을 인정하는 것은 불편하지만 상담자가 그 발견으로 마비되어서는 안 된다. 예를 들어 적절한 수치심과 문화적 당혹감은 당신이 존중하는 문화적 가치와 성취에 대해 동등하게 적절한 자부심과 함께 적절하게 조절되어야 한다. 지배적이거나 때로는 억압적인 문화권에서 온 상담자는 내담자의 이해를 기대하며 겸손한 사과로 내담자에게 부담을 주어서는 안 된다. 반대로, 상담자는 때로는 억압적인 사회의 대표자가 되어 그 역할에 따른 분노를 기꺼이 받아들일 때도 있어야 한다. 마찬가지로, 표적 집단의 상담자는 집단의 문화나 민족이 무엇이든 간에 내담자의 투사를 받아들이는 데 매우 강건해야 하며, 내담자가 편견이나 이상화(어느 쪽이든 내담자가 눈에 들어오지 않는 것처럼 느낄 수 있음)를 통해 작업하는 동안 대화적 관계를 제공할 준비가 되어 있어야 한다.

어린 시절부터 우리에게 깊이 뿌리내린 편견과 선입견을 모두 알고 인정할 수 있다고 기대하는 것은 비현실적이다. 우리의 선입견 중 일부는 의식적인 알아차림에 접근할 수 있지만, 대부분의 선입견은 우리가 알아차리지 못하는 배경에 존재하여 상담에 영향을 미치는 경우가 많다. 치료자로서 스스로에게 물어봐야 할 것은 그것들을 알아차리고, 검토하고, 도전하려는 의도와 선한 의지이다.

또한 타인으로부터 미움을 받는 것은 우리 자신의 거부된 부분이 투사된 것이라는 믿음을 바탕으로 치료자는 이를 통합하기 위해 깊이 있는 심리치료에 몰두해야 한다. Lowe(2013)는 '세대를 초월한 증오를 반복하거나 대물림하지 않기 위해서는 우리 자신의 트라우마와 그 트라우마로 인해 어떻게 상처를 입었는지를 기억하고 직면해야 한다'고 주장한다.

표적 집단 또는 비표적 집단에서의 경험이 어떻게 역기능적 행동으로 이어졌는지 인식하기 시작할 수 있다. 비표적 집단의 경우 이미 논의한 바와 같이, 부정, 수동성 또는 자기 정당화가 자주 발생한다. 표적 집단에게는 부정, 수치심, 체제남용, 비난, 수동성이 일반적이다. 내담자의 고통에 기여하는 사회 시스템에 도전하고 변화시킬 수 있는 행동으로 전환할 수 있도록 우리 스스로 그리고 내담자가 함께 일해야 한다. 차이를 알아차리고, 책임을 지고, 접촉하고, 권력에 진실을 말하자. 오늘, 지금, 우리가 할 수 있을 때마다 실천하는 게슈탈트 수련자로서 우리를 참여시키자.

마무리

이번 4판을 준비하면서 우리는 문화와 관련한 영국의 장의 변화를 알아차리고 있다. 첫 번째 변화는 인종 편견에 관한 것이다. 젊은이들은 3세대와 4세대 흑인과 소수민족 공동체로서 영국 사회에서 자랐기 때문에 훨씬 더 다양한 문화를 경험할 것이다. 그들은 또한 영국의 우월성에 대한 오만함을 덜 주입했을지도 모른다. 그러나 정치적으로 혼란스러운 시대가 인종차별의 양상을 바꾸고 있다. 근본주의는 증오를 정당화하기 위해 영성을 채택했으며, 다양한 문화, 종교, 전통 사이에 새로운 경계심과 편견이 있다. Jacobs(2004)가 제시한 '보살핌, 포용, 대화에 대한 개방성을 가지고 동료 남녀를 맞이하자'라는 도전과제는 그 어느 때보다 절실하다.

2017년 8월 13일, 미국 샬럿빌에서 인종 차별 반대 운동가가 살해된 후 트위터에 올린 Barack Obama의 글을 인용하며 마무리한다. 그는 Nelson Mandela의 책 *The Long Road to Freedom*(자유로의 긴 여정)에서 인용했다.

그 누구도 피부색이나 배경, 종교를 이유로 태어날 때부터 다른 사람을 미워하지 않는다. 사람들은 미워하는 법을 배우는 게 틀림없다. 미워하는 법을 배울 수 있다면 사랑하는 법도 배울 수 있다. 왜냐하면 사람의 마음에는 사랑이 미움보다 더 자연스럽게 스며들기 때문이다.

이 게시물은 일주일 만에 4,509,635개의 '좋아요'를 받았고 1,682,525회 리트윗되었다. 뭔가 희망적이다.

다양성 관련 권장문헌

Appel-Opper, J. (2012) 'Intercultural body-oriented psychotherapy: The culture in the body and the body in the culture', in C. Young (ed.), *About Relational Body Psychotherapy*. Body Psychotherapy Publications, UK.

Batts, V. (2013) Awareness of Self as a Cultural Being. *Enhancing Cultural Competence In Clinical Care Settings (4C) Training*, California State University. http://studylib.net/doc/8792912/valerie-batt-s-powerpoint-slides---california-state-unive... (accessed 21 August 2017).

British Gestalt Journal (1998) 'Special focus on gay and lesbian issues', special edition, 7 (1).

Blackwell, D. (2005) *Counselling and Therapy with Refugees*. London: Jessica Kingsley.

Boyles, J. (ed.) (2017) *Psychological Therapies for Survivors of Torture*. Rosson-Wye: PCCS Books.

Brown, J. (2004) 'Conflict, emotions and appreciation of differences', *Gestalt Review*, 8 (3): 323–35.

Counselling Psychologist (2007) Special issue on racism, 35: 13–105.

Davies, D. and Neal, C. (eds) (1996) *Pink Therapy Two: Therapeutic Perspectives on Working with Lesbian, Gay and Bisexual Clients*. Buckingham: Open University Press.

Desmond, B. (2016) 'Homophobia endures in our time of changing attitudes: a "field" perspective' *British Gestalt Journal*, 25 (2): 42–5.

Erdogan, K. https://de.wikipedia.org/wiki/Kazım_Erdoğan

Fernbacher, S. (2005) 'Cultural influences and considerations in Gestalt therapy', in A. L. Woldt and S. M. Toman (eds), *Gestalt Therapy – History, Theory and Practice*. Thousand Oaks, CA: Sage.

Jacobs, L. (2000) 'For whites only', *British Gestalt Journal*, 9 (1): 3–14.

Ingelby, D. (ed.) (2005) *Forced Migration and Mental Health: Rethinking the Care of Refugees and Displaced Persons*. New York: Springer.

Kato, J. (2014) 'Experiences from a multicultural field – a Gestalt perspective on work in detention centres', *British Gestalt Journal*, 23 (1): 13–18.

Kolmannskog, V. (2017) '"Are we becoming bullies?" A case study of stress, communication, and Gestalt interventions among humanitarian workers', *British Gestalt Journal*, 26 (1): 40–7.

Levine Bar-Joseph, T. (ed.) (2005) *The Bridge: Dialogues Across Cultures*. New Orleans, LA: Gestalt Institute Press.

Lichtenberg, P. (1990) *Community and Confluence: Undoing the Clinch of Oppression*. Cleveland, OH: Gestalt

Institute of Cleveland.

Lowe, F. (ed.) (2013) *Thinking Space: Promoting Thinking About Race, Culture and Diversity in Psychotherapy and Beyond*. London: Karnac and Tavistock Clinic.

Mazzetti, M. (2008) 'Trauma and migration: a transactional analytic approach towards refugees and torture victims', *Transactional Analysis Journal*, 38 (4): 285–302.

Parlett, M. (2014) 'The impact of war', *British Gestalt Journal*, 23 (1): 5–12.

Ponterotto, J. G., Utsey, S. O. and Pederson, P. B. (2006) *Preventing Prejudice: A Guide for Counsellors, Educators and Parents*, 2nd edn. London: Sage.

Ryde, J. (2009) *Being White in the Helping Professions*. London: Jessica Kingsley Publications.

Sironi, F. (2016) Clinical Geopolitical Psychology. A New Approach Adapted to Planetary Changes and Emerging Identities. Keynote EATA Conference,

Geneva. Available at: https://youtu.be/XDWaImkPv2w (accessed 12 August 2017).

Thompson, C. E. and Carter, R. T. (eds) (1997) *Racial Identity Theory*. New Jersey: Lawrence Erlbaum.

Wheeler, G. (2005) 'Culture, self and field: A Gestalt guide to the age of complexity', *Gestalt Review*, 9 (1): 91–128.

Whitol de Wenden, C. (2016) Europe faced with the refugee crisis. Opening Keynote. EATA Conference, Geneva. Available at: https://youtu.be/FyxqpKcwhFk (accessed 12 August 2017).

제10장

실험하기

실험은 내담자가 새롭고 참신한 방식으로 갈등, 교착 상태 또는 떠오르는 주제를 적극적으로 탐색할 수 있도록 돕는 방법이다. 내담자가 말을 할 때 몸의 자세를 바꾸자고 제안하는 것처럼 단순할 수도 있고, 내담자의 생생한 대화 속에서 갈등의 두 가지 다른 부분을 연기하는 역할극처럼 복잡할 수도 있다.

> 내담자는 단순히 그것에 대해 이야기하기보다는 **행동하거나** 무언가를 **하도록** 초대받는다. 그 **행동의 과정**에서, 문제에 대한 '이야기'는 현재의 사건이 된다. (Kim & Daniels, 2008: 198)

실험은 자연스럽게 진행되고 내담자는 떠오르는 주제에 몰입하고 에너지를 얻는다. 때로는 프로세스가 고착되거나 고정될 수 있으며, 치료자는 예상치 못한 모든 방향에 대해 열린 자세를 유지하면서 자신의 직관과 창의력을 사용하여 격려, 제안 또는 에너지를 주어야 한다. 어느 쪽이든 치료자는 새로운 가능성, 즉 실현되지 않았거나 알려지지 않은 것을 탐색하기 위해 현상학적 탐구를 사용하는 창조적 무심의 입장을 취한다. 내담자가 새로운 가능성, 관점 혹은 반응에 도달하면 실험은 완결된다.

실험의 순서

실험은 일련의 중첩 단계로 나눌 수 있다. 이러한 단계는 순서에 관계없이 발생할 수 있지만, 일반적으로 동일한 순서를 따른다.

◆ 떠오르는 주제 혹은 전경 정의하기

◆ 실험 제안하기

◆ '위험'과 도전을 위한 실험의 단계 정하기

◆ 실험 발전시키기

◆ 완결하기

◆ 학습을 동화하고 통합하기

떠오르는 주제 혹은 전경 정의하기

내담자가 이야기하고 있는 사이 당신은 특히 미해결과제, 호소문제, 반복적이거나 고정된 것처럼 보이는 주제나 전경이 나타나는 것을 볼 수 있다. 주제는 내담자가 특정 주제에 대해 말할 때마다 몸을 긴장시키는 방식과 같이 작은 것일 수 있고, 그가 해결하려고 노력했지만 앞으로 나아갈 길을 찾지 못하는 상황일 수도 있다. 아니면 늘 좌절로 끝나는 내담자의 반복적인 이야기일 수도 있다.

사례 10-1

베벌리는 치료자에게 자신의 삶에서 제대로 된 것이 하나도 없는 것 같다고 이야기하고 있었다. 그녀는 아무런 힘이 없는 것처럼 낙담하고 희망이 없다고 느꼈다. 이 이야기를 하면서, 그녀는 남편이 자신이 한 일에 대해 그녀를 비난하고 자신이 책임을 졌던 상황을 자주 언급했다. 그녀는 이야기들 사이에 "절망적이야."라고 덧붙였다.

이 단계에서 당신은 주제가 떠오르는 것을 볼 수 있다. 이 경우에는 베벌리는 남편과의 불만족스러운 관계로 인해 남편의 비난에 반복적으로 무력감을 느꼈다는 것이다. 치료자는 베벌리에게 "남편이 항상 당신을 무시하는 것처럼 느끼는 것 같습니다."라며 치료자가 생각하는 새로이 떠오르는 주제를 공유했다. 또는 "당신이 도움을 못받고 옆으로 밀려나는 이미지가 떠오릅니다."라며 치료자에게 떠오른 이미지를 공유했을 수도 있다. 베벌리는 "예, 맞아요."라고 대답했다. 그녀의 에너지와 관심에 찬 반응은 치료자가 베벌리에게 중요한 문제를 발견했음을 확인시켜 주었고, 치료자는 실험을 제안하기로 결정했다.

실험 제안하기

언제 실험을 제안하는 것이 적절한지 판단하는 것은 어려운 일이다. 한편으로 실험은 중단된 프로세스를 흘러가게 하거나 내담자에게 새로운 옵션을 소개할 수 있다. 다른 한편으로는 '무언가'에 대한 불편함에서 벗어나 곧바로 행동으로 직행하는 편향으로 활용하거나, 치료자와 내담자의 관계 문제를 외면하는 방식으로 활용될 수 있다. 대부분의 게슈탈티스트들은 이 시점에서 그들의 직관, 즉 무언가 다른 것이 필요하다는 감각, 새로운 에너지를 신뢰하는 것 같다. 종종 알아차림을 높이는 간단한 실험(예 : 우리가 2장 현상학과 장 이론과 3장 알아차림에서 설명한 종류의 개입)은 내담자의 에너지를 전환하여 자연스럽게 자신과 함께, 또는 세상에 존재하는 새로운 방식으로 움직이게 한다. 하지만 때때로 내담자는 어딘가에 갇혀 옴짝달싹 하지 못한다. 달라지고 싶은 무언가가 있음을 알면서도 새로운 가능성을 볼 수 없거나 너무 초초해 시도조차 하지 못한다.

첫 번째 단계는 내담자가 새로운 것을 시도할 준비가 되어 있는지 여부를 협상하는 것이다. 처음으로 실험을 제안할 때는 명시적인 구두 계약을 하는 것이 유용하다. 예를 들어

"남편과의 관계는 당신에게 매우 중요하고 어려운 것 같습니다. 이것을 새로운 방식으로 어떻게 이해할 수 있을지에 대해 제안을 하고 싶습니다. 지금까지 시도하지 않았던 것을 상상하거나 연기를 하도록 요청할 수도 있습니다. 이것을 탐색하는 것에 관심이 있나요?"

내담자가 당신의 제안을 거절할 수 있다는 것을 아는 것은 중요하다. 상담자에게 적응 중인 내담자가 수행하는 실험은 실패할 수 있을 뿐만 아니라, 오래되고 고정된 게슈탈트와 자기 제한적인 패턴을 반복하고 강화할 위험이 있다. 내담자가 거절할 수 있는 힘은 다음과 같이 명시적으로 언급되어야 한다. "당신은 '아니요'라고 거절해도 괜찮습니다." 상담자는 내담자의 신체 신호 및 지나치게 성급한 동의와 같은 기타 적응의 징후에 세심한 주의를 기울여야 한다. 이는 내담자가 **전적으로** 이 실험에 참여해야 할 필요는 없지만, 실험에 대한 내담자의 불안은 내담자의 에너지와 관심과 균형 있게 다루어져야 한다(다음의 '단계 정하기' 참조).

경험이 많고 실험에 익숙한 내담자라면 "제안이 있습니다. 관심이 있으신가요?" 또는 "그래서 실험해 보시겠어요?"라고 말하는 것만으로도 암묵적인 계약을 맺을 것이다. 이러

한 일상적인 접근에도 불구하고, 내담자가 실험을 거절할 수 있는 선택권이 있음을 실제로 안다는 것은 여전히 중요하다.

단계 정하기

다음 단계는 가장 생산성이 높은 도전의 양을 찾는 것이다. 이 도전을 충족시키기 위해 내담자는 새롭고 불확실한 탐색에 대한 불안에 직면해야 한다. Perls와 동료들(1989[1951]: 288)은 치료란 내담자가 변화의 위험에 직면할 수 있는 충분한 지지와 안전감을 가지고 있는 '안전한 응급 상황'이라고 말했다.

과제는 내담자가 부담을 느끼면서도 여전히 유능하다고 느끼는 수준의 도전을 찾는 것이다. 위험이 너무 크면 내담자는 압도당하거나 부적절하다고 느낄 것이다. 위험이 너무 적으면 내담자는 아무것도 배울 수 없다. 내담자마다 민감도 또는 위험 임계치가 다르다. 또한 다양한 활동들은 다른 사람들에게 도전적이다. 예를 들어 의자에서 일어나는 것과 같이 신체적으로 움직이는 것이 가장 어려운 내담자도 있고, 감정을 표현하거나 큰 목소리로 말하는 것이 더 어려운 내담자도 있다. 일부 내담자는 수치심을 유발하기 매우 쉽기 때문에 치료자는 이러한 순간에 충분한 알아차림이 필요하다. '실험을 제안하고 싶습니다'라는 첫 번째 제안조차도 비생산적인 괴로움이나 수치심을 유발할 수 있다. 당신의 첫 번째 제안에 대한 내담자의 언어적·신체적 반응은 그들이 인지할지도 모르는 몇 가지 위험 징후를 보여준다.

위의 사례를 계속하겠다. 상담자는 베벌리에게 물었다.

> "남편의 비난에 대해 남편에게 어떻게 말할지 연습할 준비가 되셨나요? 지금 저 맞은편 의자에 우리와 함께 앉아 있는 남편의 모습을 상상해 보시겠어요?" 베벌리는 이 제안에 긴장한 듯 보였지만 "할 수 있을 것 같아요. 두렵지만 해볼 각오는 되었어요."라고 말했다.

베벌리가 이 제안을 너무 어렵게 생각했다면 상담자는 다른 실험을 제안할 수도 있다. 예를 들어 남편이 자신을 비난했던 실제 에피소드를 기억해 달라고 부탁한 뒤 그와 마주하는 것이 그 기억이라고 상상해 보라고 베벌리에게 요청할 수도 있다.

실험이 진행됨에 따라 치료자는 내담자가 스트레스를 받거나 어려움을 느끼는 정도를 모니터링하고 내담자의 자기 지지 변화에 따라 강도를 높이거나 낮춰 위험의 단계를 준비해야 한다(지지 강화하기에 대해서는 18장 내담자 자원 참조).

제안을 할 때 위험 수준을 조절할 수 있는 몇 가지 방법이 있다. 예를 들어 새로운 행동 방식에 대해 생각하거나 이야기하는 것과 같은 최소한의 도전부터 상담실 밖에서 실행에 옮기는 것까지이다. 다음 실험은 베벌리의 도전을 높이기 위해 나열한 것이다.

◆ 그 상황에서 내담자가 어떻게 다르게 행동할 수 있는지에 대해 이야기하기
◆ 내담자의 상상 속에서 일어나고 있는 실험을 시각화하기
◆ 내담자가 어떻게 다르게 행동하는지를 상담자에게 큰 소리로 이야기하기
◆ 상담실에서의 행동을 잠정적으로 실천하기
◆ 실험에서 드러나는 것을 전적으로 체화하기
◆ 상담을 마친 후 남편과 함께 새로운 행동을 연습하기

실험이 진행됨에 따라 실험이 너무 어려워 보인다면 위험 수준을 조절할 수 있는 몇 가지 방법이 있다.

◆ 내담자에게 잠시 멈추고 숨을 쉬도록 요청하자.
◆ 내담자에게 잠시 멈추고 자신이 경험하고 있는 것을 살펴보도록 제안하자.
◆ 당신이 내담자를 돕기 위한 지지자로서 그 곳에 있으며 내담자는 언제든지 멈출 수 있다는 것을 상기시키자.
◆ 내담자가 자신의 몸이 더 안정되고 자원이 있다고 느끼기 위해 일어설 것을 제안하자. 당신이 먼저 일어서서 이것을 직접 시범을 보이는 것이 종종 도움이 된다.
◆ 상황을 바꿔보자. 예를 들어 "남편이 지금은 말을 할 수 없고 당신의 말을 듣는 것만 가능하다고 상상해 보세요." 또는 "당신을 지키는 튼튼한 유리벽이 있다고 상상해 보세요."라고 말하는 것도 좋다.
◆ 자신을 지지해줄 사람을 상상해 보도록 제안하자. "당신 옆에 정서적으로 강한 사람 누군가가 서 있는 것을 상상해 보세요."라고 말할 수 있다.

실험 발전시키기

이 단계에서 당신은 가장 창의력을 발휘할 수 있다. 실험은 단순한 전경, 이미지 또는 주제로 시작하며, 발전함에 따라 더욱 역동적인 표현을 장려한다. 자원이 부족하거나 절망적인

내담자와 함께 있다면 처음에는 성장의 방향성을 이해해야 한다. 보다 더 강한 목소리를 가지고, 자세를 다르게 취하고, 적절한 힘을 가지고 그 방향으로 제안을 할 필요가 있다. 그러나 실험이 진행됨에 따라 내담자에게 공감적이고 직관적으로 반응하되, 내담자의 움직임을 추적하면서 기꺼이 한 방향을 포기하고 다른 방향을 채택하는 것을 제안할 준비가 되어 있는 것이 가장 이상적이다. 정지하거나 방향을 바꾸거나 후진할 준비를 하자. 올바른 결과는 없다. 말 그대로 무엇이 나타날지 보기 위한 실험이다. 내담자는 특정한 결과에 도달하려는 것이 아니라 다른 존재의 방식으로 함께 **놀거나 시도할** 기회를 제공받고 있다.

초기 단계에서 치료자는 더 적극적으로 격려하고, 제안하고, 그의 에너지를 투입한다. 매우 현실적인 의미에서 치료자가 치료에 개입하는 것은 일종의 실험이다. 스스로에게 '이 상황에서 놓치고 있는 것이 무엇인가?'라고 생각하는 것은 유용하다. '만일 내가 하나의 요소를 바꾼다면? 무엇이 큰 차이를 만들까? 여기에서 내담자가 결코 표현하지 않는 것에서 큰 차이를 만들 수 있는 것이 있는가?' 관찰, 상상력, 그리고 내담자로부터의 피드백 이외에도 자신의 역전이 기법을 사용하여 작업의 방향을 평가하고 자신의 관여 수준을 측정할 수 있다.

일반적인 경험에 따르면 당신은 실험에 대해 비판단적 태도를 유지해야 하며, 특정한 방향으로 치우치지 않도록 해야 한다. 이상적으로, 우리가 말했듯이, 실험은 상담자와 내담자가 공동으로 만드는 것이다. 그것은 미리 정해진 형식을 취하지 않는다. 그러나 여기에는 당신의 상상력을 자극할 수 있는 아이디어 목록이 포함되어 있다. 그것들은 모두 실험을 위한 수단이다. 일부 내담자는 시각화를 실험하는 것이 더 쉬울 것이고, 다른 내담자는 운동 감각이나 청각 알아차림에 민감하기도 할 것이며 또 어떤 내담자는 행동을 통해 실험하는 것이 더 쉽다는 것을 알게 될 것이다. 내담자가 어떤 양식을 사용할 수 있는지를 염두에 두자. 그리고 질문하자. 예를 들면 "당신은 사람을 쉽게 떠올릴 수 있나요? 몸 안의 에너지나 감정을 느낄 수 있나요?" 등이 있다.

풍부한 가능성 중에는 일반적인 실험 범주가 몇 가지 있다.

알아차림 높이기

내담자에게 아무것도 하지 말 것을 제안하는 것도 유익한 실험이 될 수 있다! 일반적으로 내담자는 다양한 방법(예 : 주제를 자주 바꾸는 것)으로 어려운 지점에 직면하는 것을 피하려고 한다. 내담자가 꼼짝 못하거나 무력감을 느끼는 자신의 경험을 그대로 유지할 것을 제안하는 것은 상당히 깊은 의미를 가질 수 있다(변화의 역설적 이론을 논의하는 3장 참조). 여기서 우리는 변화의 역설적 원리에 대해 논의한다. "그 불편함/느낌을 조금만 더 오래 머물러보시겠어요?"

내담자에게 내적 경험이나 다양한 신체 위치에 초점을 맞추고, 몸의 감각이나 감정에 주의를 기울이며, 장에 나타나는 감정이나 생각을 알아차리고, 긴장이나 이완에 대한 알아차림을 높이도록 요청하자. 이 모든 것들은 생각과 감정이 몸에 나타나기 때문에 신체 프로세스에 대한 알아차림을 높인다. 내면의 경험을 살펴보고 큰 소리로 이름을 명명하도록 격려하는 것도 알아차림을 높일 수 있다.

과장 그리고 조절

알아차림을 높이는 효과적인 기법은 내담자가 자신의 행동을 과장하게 하는 것이다. 그 이유는 내적 경험이 종종 신체 언어와 행동으로 드러나기 때문이다. 따라서 얼굴을 찌푸리거나 미소를 짓거나 어깨를 으쓱하거나 손가락으로 가리키는 우연한 몸짓은 만일 그것이 주의를 기울여 과장되게 표현된다면, 내담자 경험의 가장자리에 무엇이 있는지를 보여주는 강력한 지표가 된다. 마찬가지로, 무심코 사용되는 언어 표현이나 특정 목소리 톤도 상대방이 거부하거나 무시하고 있을 수도 있다는 느낌을 드러낼 수 있다.

14장에서 더 자세히 설명하겠지만, 내담자 손의 작은 움직임에 대한 감각에 실제로 주의를 기울이면서 그 움직임의 에너지나 의도가 어디로 이어질 수 있는지에 대해 미세하게 관심을 가지도록 요청하는 것은 유용하다. "그 작은 몸짓에 조금 더 머문다면 무슨 일이 일어날까요?"

또는 내담자가 의사소통에서 에너지를 증폭시킬 필요가 없는데도 과장된 언어의 속도를 사용하여 자신의 경험을 피한다는 것을 발견할 수도 있다. 소통을 서두르고 극단적인 언어를 사용하는 것은 자신의 진정한 감정과 생각에 동떨어진 채 상당히 표현력이 풍부한 것처럼 보이는 방법이 될 수 있다. 한 내담자는 너무 혼란스러워서 "머릿속이 말 그대로 빙글빙글 돌았어요."라고 말했다. "도저히 참을 수가 없었어요. 뭔가가 터지는 줄 알았어요." 이 내담자에게는 천천히 호흡하며 몸의 팽팽한 긴장에 집중하는 실험이 제안됐다. 속도를 줄이면서 내담자는 울기 시작했다. "정말 무서웠어요. 그리고 화가 났어요."

시각화

내담자에게 눈을 감고(상담자의 안내에 따라) 상상 속에서 바꿀 수 있는 과거의 장면이나 자신의 잠재적인 미래를 탐색하도록 요청하자. 내담자는 모든 감각을 사용하여 가능한 자세하게 상상한다. 예를 들어 "저 괴롭힘에 맞서는 것을 상상해 보세요."라고 말할 수 있다.

미술 재료 사용하기

내담자에게 크레파스, 물감, 찰흙 등을 사용하여 내부 또는 외부 세계를 표현하도록 요청하자. 일반적으로 이 작업은 실험을 위한 안전한 공간 및 경계를 제공하는 큰 종이 한 장에 수행된다.

그 밖의 다른 방법으로 표현하기

음악, 목소리, 춤, 드럼, 사진, 편지 쓰기 등 내담자의 자기 표현에 모든 채널을 사용하자.

습관적인 반응을 바꾸어 새로운 반응 개발하기

내담자에게 막히는 상황이 나타날 때 완고함, 죄책감 또는 완벽주의와 같은 중심적인 특성이나 태도를 파악할 수 있는지 살펴보자. 그런 다음 이 특성이 어떤 연속체에 속할 수 있을지 상상해 보자. 예를 들어 이 특성의 반대 위치는 무엇일까? 즉, 극성의 반대쪽 끝은 무엇일까? 아니면 이 특성이 두 극단의 중간에 있는가? 내담자가 이 연속체 위에서 한 가지 위치에만 자신을 제한하고 있는가? 이것은 내담자의 반응 레퍼토리를 넓히기 위한 제안으로 이어진다. 사실상, 선택지는 반대로 하고, 더 많이 하고, 덜 하는 것이다. 여기에서 우리는 게슈탈트 실험에서 가장 널리 사용되는 방법 중 하나인 '빈 의자'(또는 '두 의자 작업')에 대해 자세히 설명할 것이다.

빈 의자

게슈탈트 실험에 대한 이 고전적인 고정관념은 때로는 안타깝게도 게슈탈트 접근 방식의 결정적인 특징으로 여겨지며, 짧은 순간의 최고의 카타르시스만 가져올 뿐 지속적인 변화는 가져오지 못하는 방식으로 과도하게 사용되기도 한다. 그러나 실제로는 지금 여기 알아차림과 함께 실제적이고 즉각적이며 감정적 경험 또는 재경험에 대한 이중 알아차림을 가능하게 하므로 변화를 위한 본질적인 수단이 될 수 있다.

　빈 의자 실험은 알아차림을 증폭하여 양극성, 투사 및 내사를 탐색하는 방법이다. 이 실험은 내담자의 경험에 목소리를 제공하고 소외된 특성을 알아차리고 재소유하는 방법이다. 빈 의자는 또한 대인관계의 역동을 탐구하고 새로운 행동을 '시도'하는 데 탁월하다. 이 기법은 매우 자주 사용되므로 자세히 살펴보겠다.

　'빈 의자' 실험에서는 이름에서 알 수 있듯이 상담실에서 하나 이상의 의자 또는 좌석을 사용한다. 이 의자는 치료자나 내담자가 일반적으로 사용하지 않는 것이다. 빈 의자의 아주 단순한 형태는 내담자로 하여금 그의 현재 또는 역사적 삶에서 누군가가 의자에 앉아 있는 것을 상상하도록 초대하는 것이다. 그 후 내담자는 자신의 말을 검열하지 않고 그 또는 그녀에게 이야기한다. 이것은 상담실에서 외부에서 공동으로 만들어진 상황에 직접 접근할 수 있기 때문에 특히 유용한 실험이다. 이것은 상황의 모든 측면을 표면화하고 알아차림으로 가져오는 좋은 방법이다. 내담자가 자신의 경험을 온전한 목소리로 충분히 표현한 후, 의자를 바꾸어 상대가 될 수 있다. 즉, 상대방이 가지고 있는 투사를 완전히 탐색하거나 상대방의 관점에서 상황을 이해할 기회이다. 치료자는 내담자가 자신의 마음과 목소리에 머무르는 것이 유용한지, 아니면 상대방의 마음과 목소리를 살피는 것이 더 유용한지에 대해 생각해야 한다.

　빈 의자는 또한 (사람의 지배적인 측면과 종속된 측면 사이의 내적 투쟁에 대한 은유인) '상전-하인' 갈등에서의 교착 상태를 탐색하고 증폭시키는 전통적인 방법이다. 상전의 '해야 할 일'은 한 의자에서 표현되고 하인의 욕구는 다른 의자에서 표현된다. '소심한' 하인은 상담자의 지지로 자신의 힘을 얻어 상전의 괴롭힘에 맞설 수 있도록 격려받는다. 유용한 결과는 서로의 유용성을 인정하는 두 입장이 상호 완화되는 것이다. 사실 그것들은 한 인간의 두 가지 측면이며 어느 쪽이나 목적과 의미가 있다. 이런 식으로 내담자는 자신의 경험에서 상충되는 부분을 발견하고, 소유하고, 조정할 수 있다.

　이런 종류의 실험은 종종 극성을 탐색하는 데 사용된다. 예를 들어 습관적으로 누구에게나 친절하고 피곤함을 느끼는 내담자에게 자신의 잔인한 부분을 상상하고 맞은편 의자에 앉아 대화에 참여하도록 요청할 수 있다. 상전-하인 작업과 마찬가지로 내담자는 종종 새롭고 더 적절한 범위의 경험과 표현을 허용하는 둘 사이의 통합 또는 타협인 중간 위치를 찾는다. 내담자는 또한 자신의 내적 상호 대화를 탐색하고, 논쟁이나 갈등과 같은 자신의 다양한 '부분'에 귀를 기울이고 목소리를 낼 수 있으며, 이를 위해 자리를 움직일 수 있다.

의자 작업 세팅하기

치료 초기 내담자가 이런 종류의 상상 작업에 익숙하지 않을 때, 특히 중요한 것은 장면을 설정하고 내담자의 에너지와 관심을 실험에 참여시키는 것이다. 이때 예를 들어 다른 사람과 대화하는 역할극의 경우, 내담자가 가능한 많은 이미지를 선택할 수 있도록 허용하자. 다른 사람이나 그 일부가 상담실의 어딘가에 앉아 있거나 서 있는 모습을 상상할 수 있다.

일반적인 도입은 다음과 같다.

> "남편이 방에 있다고 상상한다면 남편은 어디에 있을까요? 그는 서 있을까요, 앉아 있을까요? 그는 당신에게서 얼마나 떨어져 있나요?" (참고 : 이것은 '현실적인' 시나리오를 만드는 데 도움이 된다. 예를 들어 멀리 떨어져 있고 사랑하지 않는 남편은 아내 및 상담자와 가까이 앉지 않을 것이다. 기껏해야 그는 방의 먼 구석에 앉아 반쯤 몸을 돌린 채 신문을 읽고 있을 것이다. 이것은 내담자가 위협적으로 인식할 수 있는 사람과 위험 단계를 바로 평가할 수 있다.)

> "이제 눈을 감고 남편이 어떤 옷을 입고 있는지, 얼굴 표정, 그가 앉거나 서 있는 방식을 상상해 보세요." (참고 : 이것은 내담자와 사람의 관계에서 가장 중요한 측면에 접근할 수 있다.)

> "천천히 눈을 뜨고 남편을 바라보세요. 당신의 신체 감각이 당신에게 뭐라고 말을 하나요? 당신은 어떤 감정을 느끼나요? 당신이 원하는 것이 있나요?" (참고 : 이 시점에서 당신은 종종 내담자가 이 상황에서 겪는 어려움에 접근하게 될 것이다. 예를 들어 '그는 나를 비난하고 있어요.' 또는 '나는 그의 얼굴을 똑바로 볼 수 없어요.')

이제 실험을 다시 하고 단계를 다시 정해야 할 수도 있다. "남편에게 무너지지 않고 대할 수 있는 방법을 찾는 데 관심이 있나요?…남편에게 당신을 비난하지 말라고 말하는 것이 얼마나 위험한가요?" 빈 의자 기법은 매우 단순한 지금 여기에서부터 복잡하고 능동적인 자기 부분 탐색에 이르기까지 단계를 쉽게 분류할 수 있다. 예를 들어 내담자 베벌리의 경우 치료자가 다음과 같이 말할 수 있다.

> 치료자 : 남편이 지금 여기 있다면 남편에게 무슨 말을 하고 싶은가요? 말조심하지 않아도 된다면?

베벌리 : 나는 그의 끊임없는 비난에 완전히 질렸다고 말하고 싶어요. (이 정도면 충분
할 수도 있고, 치료자와 내담자는 내담자의 어려움에 대해 남편과 계속 이야
기하면서 지금 여기에서 내담자의 감정을 탐색할 수도 있다.)

약간 '높은' 단계는 다음과 같다.

치료자 : 그래서 남편이 지금 여기 있다고 상상해 보세요. 남편에게 직접 말할 의향이
있나요?

베벌리 : 어… 네. 그러니까 당신 말은…

치료자 : 때로는 갈등을 바로 여기로 가져오는 것이 유용할 수 있습니다.

베벌리 : 네, 알겠어요.

치료자 : 만일 남편이 지금 우리와 함께 이 방에 있다면, 당신은 그가 어디에 있을 것 같
나요? 한번 상상해 볼래요?

베벌리 : 아, 그건 쉬워요. 책상 뒤에 있어요. 다만 책상이 훨씬 더 크고 의자가 제 것보
다 더 높을 거예요.

치료자 : 남편이 책상에 앉아 있는 모습을 계속 상상해 보세요. 그 사람은 어떻게 보이
나요? … 어떤 말을 하고 싶나요?

베벌리 : 당신은 날 소유할 수 없어. [내담자가 소리친다] 네가 뭔데? 도대체 날 뭘로 보
는 거야?

치료자 : 남편에게 당신이 누구인지 말해주세요, 베벌리.

베벌리 : 난… 난 베벌리야. 난 베벌리야. 난 당신이 아니야. 난 베벌리야. 난 그냥… [베
벌리는 꼬리를 내리고 상담자에게 고개를 돌려] "나는 장난꾸러기 어린 소녀가 아
니야."라고 말하려던 참이었어요. 나는 방금 무언가를 깨달았어요. 그가 누구
를 생각나게 하는지 아세요?

치료자 : [모른척하며!] 누구인가요?

이 사례에서 빈 의자 기법은 베벌리의 알아차림을 높이기 위해 사용되었다. 베벌리가 자신
을 통제하고 비난하는 배우자에게 양아버지의 얼굴을 어떻게 두었는지에 대한 것이다. 그
때 베벌리는 이것이 남편에게 맞서는 것이 얼마나 어렵게 만들었는지를 깨달았다.

우리는 또한 단순히 베벌리에게 남편을 보고 그녀가 긴장되는 몸의 어느 부분을 느껴보

라고 제안했을 수도 있다. 우리는 그녀가 다른 방식으로 앉도록 격려했을 수도 있고, 그녀가 느끼고 있는 것을 보거나, 그녀가 자신에게 말하는 메시지를 보거나, 그녀의 용기 있는 에너지와 접촉할 수 있는지 보도록 격려했을 수도 있다. 또 다른 버전은 의자를 바꾸고 다른 위치에서 말하거나 반대 극성을 취하여 그녀의 순응적이고 무력한 위치를 과장하는 것이다.

주목 : 우리는 움직임과 관련된 실험을 설명했으며, 의자를 움직이는 행위가 내담자가 존재의 상태를 놓아주고 다른 상태를 완전히 구현하는 데 도움이 된다는 것을 발견했다. 그러나 일부 내담자는 그렇게 할 수 없거나 불편함을 느끼며 돌, 조개, 방의 물건 또는 인형을 사용하여 동일한 종류의 일부 작업을 수행할 수 있다.

주의사항

빈 의자 작업을 할 기회가 생길 때(또는 실제로 이러한 유형의 실험) 치료자는 중요한 선택을 해야 한다. 내담자가 자신의 일부와 대화함으로써 가장 큰 혜택을 받을 수 있을까? 아니면 상담실에 있는 상담자와 지금 여기에서 접촉하는 것이 더 치료적일까?

다른 이들과 쉽게 접촉하는 내담자는 종종 치료자의 공감적 존재 중 자기의 일부와 접촉을 탐색함으로써 많은 이익을 얻는다. 내담자가 딜레마나 어려움을 겪고 있는 사람에 대해 이야기할 때, 그 모습에 대한 에너지가 갑자기 방안에 제삼자가 있는 것처럼 느껴질 정도로 점점 커지고 깊어지고 있는 것은 분명할 수 있다. 제삼자 또는 자기의 일부와 대화로의 전환은 자연스러운 것이다.

그러나 다른 이와 실제로 접촉을 하는 것이 가장 중요한 내담자도 있다(예 : 사회적으로 고립되어 있거나 매우 위축된 내담자). 그것은 확실히 치유의 핵심이다. 이러한 개인들에게 그들 자신과의 대화는 '진정한 타자'와의 접촉을 더욱 회피하는 것이 될 수 있다. 그러면 그 실험은 금방 공허하고 재미없게 느껴지기 시작한다. 치료자는 자신의 존재가 단순히 청중으로서 필요한 것처럼 느끼거나 심지어 자신이 무관하다고까지 느낄 수 있다. 이러한 상황에서 치료자는 내담자로 하여금 치료자와 계속 접촉을 유지하고, 그의 이야기를 하고, 그의 경험을 치료자에게 전달하려고 노력하고, 치료자의 반응을 보고 느끼며, 그 반응에 반응함으로써 보다 현실적인 방식으로 내담자 자신과 접촉할 수 있도록 도움을 줄 수 있다.

다양한 실험 옵션을 탐색하기 전에 한 가지 더 주의해야 할 사항이 있다. 내담자의 자기 프로세스가 매우 취약한 경우(예 : 파편화, 경계선 또는 해리 프로세스의 경향이 있는 경우) 자기 자신의 다양한 부분과의 두 의자 대화를 피하는 것이 좋다. 이러한 내담자는 작업의 경계 및 안전기지 역할을 하는 치료적 관계의 안정감을 필요로 하며, 자기의 일부가 되기보다는 자기의 일부에 대하여 **알아차리고 이야기하는** 것이 더 도움이 된다. 이러한 내담자와의 빈 의자 대화는 처음에는 그들의 삶에서 실제 사람과의 상호작용에 대한 지금 여기 탐색으로 제한되어야 하며, 그것의 목적은 새로운 의사소통 방법이나 더 나은 자기 관리 전략을 연습하는 것이다.

치료자-내담자 관계의 모든 영역을 실험하는 목록에 포함하는 것을 잊지 말자. 내담자를 초대하여 당신과의 관계를 탐색하자. 예를 들어 "저에게 말하는 것을 망설인 적이 있나요?" "혹시 제가 말하거나 행동한 것에 대해 마음에 들지 않는 것이 있나요?" 또는 "저에게 화를 내는 것을 상상할 수 있을까요?"라고 할 수 있다. 당신 자신의 회복 탄력성에 따라 도전의 정도를 정하자.

작업 완결하기

실험이 잘 설계된다면 내담자는 서서히 그 자리를 이어받아 실험의 방향을 스스로 조절하기 시작한다. "아니요, 그에게 할 말이 더 있습니다." "전에는 몰랐던 것을 지금 알아차렸어요." 내담자가 이렇게 이야기하는 과정에서 치료자는 실험이 그 자체로 생명을 얻는 것처럼 보이기 때문에 에너지가 지속적으로 증가하는 것을 발견할 수 있다. 치료자는 무엇이 유익한 결과가 될 수 있는지에 대한 아이디어를 가지고 있지만, 내담자가 적절히 감정을 표현하고, 더 나은 지지를 경험하며, 미해결과제를 완결하고, 만족감을 느끼고, 소외된 부분을 재소유하는 것과 같은 **프로세스** 목표만 가지려고 노력한다. 치료자는 특정 결말이나 결과를 염두에 두지 않으며 **내용** 목표는 없다. 그것은 전적으로 내담자의 손에 달려 있다. 앞에서 말한 것을 강조하기 위해 치료자는 가능한 모든 것이 가능하며 옳고 그른 결과가 없는 창조적 무심의 태도를 받아들여야 한다.

그러나 내담자가 역할극에서 갑자기 역할을 그만두고 실험을 중단한 것처럼 보일 수 있다. 이 시점에서 "당신은 역할에서 벗어난 것 같습니다/프로세스를 중단한 것 같습니다."라고 말하고 내담자가 일시 중지, 중지 또는 다른 방향으로 이동하기를 원하는지 확인해야 할 수도 있다. 그러나 일반적으로 실험이 결론에 도달하는 것처럼 보이는 지점이 있다. 이것은 일반적으로 내담자가 종결의 징후를 보일 때 발생한다. 이는 내담자가 역할에서 벗어나 무슨 일이 일어났는지를 되돌아보기 위해 당신을 쳐다보았을 때, 갑작스러운 통찰력을 얻었을 때, 또는 그의 에너지 변화가 그가 다른 곳으로 이동했음을 보여줄 때일지도 모른다.

실험의 이 시점에서 치료자는 적절한 결론에 대한 자신의 견해에 유혹되어 내담자에게 실험을 계속하도록 유도하기가 매우 쉽다. 창조적 무심의 원칙을 고수하고 내담자가 선택한 목표에 도달하도록 허용하려면 때로는 많은 훈련이 필요하다.

이에 비추어 볼 때 흥미로운 새로운 지점에 도달한다고 해도 '여기가 멈추기에 딱 맞는 곳이다'라고 말할 수는 없다. 단, 회기 종료 최소 10분 전에 실험을 마치고 내담자와의 접촉을 재정립하고 보고하고 회기를 마칠 준비를 하는 것은 항상 현명한 일이다. 이것은 회기가 곧 끝나므로 즉시 멈춰야 한다는 것을 내담자에게 알리는 것과 같이 간단할 수도 있고, 실험을 일시적으로 중단하는(예를 들어 다음 시간까지) 보다 적극적인 요청이 필요할 수도 있다. 상담자는 내담자가 실험을 끝내고 현재의 관계로 돌아갈 수 있도록 돕는 방법을 찾는 데 있어 민감하고 창의적이어야 한다.

사례 10-2

베벌리는 상상 속의 남편과 격렬한 말다툼을 하며 감정에 떨고 있었다. 상담자는 세션이 15분밖에 남지 않았다는 것을 깨닫고 실험을 중단하기로 결정했다. 상담자는 베벌리에게 세션이 끝나가고 있으며 당분간 이 갈등을 끝낼 방법을 찾아야 한다고 말했다. 상담자는 베벌리가 남편에게 '지금은 멈추지만 아직 끝나지 않았어. 곧 돌아오겠어.'라고 말할 것을 제안했다. 베벌리는 다음에 남편을 다시 부를 때까지 기다릴 수 있는 안전한 장소로 남편을 보내는 것을 상상했다. 이후 상담자는 베벌리에게 그녀의 호흡에 집중하고, 접촉 기능에 주의를 기울이며, 상담실과 상담자의 존재로 주의를 전환하고 실험을 떠나기 위해 더 해야 할 일이 있는지 확인해달라고 요청했다. 베벌리가 여전히 떨고 있었기 때문에 상담자는 베벌리가 상담실을 떠나기 전에 진정시키는 일상으로 베벌리를 안내했다(18장 내담자 자원 참조).

학습을 동화하고 통합하기

실험이 완료된 후, 가장 중요한 학습이 이루어지는 동화와 통합의 기간을 위한 시간을 확보하는 것이 중요하다. 여기서 내담자는 인지적으로 그리고 일반적으로 자신의 삶 전반에 대한 영향의 관점에서 무슨 일이 일어났는지를 논의하고 이해할 수 있다. 또한 내담자 자신의 신념 체계가 자신의 선택과 가능성을 얼마나 제한했는지를 알게 되는 심오한 순간이 될 수 있다. 내담자와 함께 이 새로운 학습을 그의 삶에 적용하는 방법에 대해 계획하는 것이 필요할지도 모른다. 이것이 개인 자원과 환경 자원 간의 상호 의존성이 핵심이 되는 부분이다. 새로운 통찰, 알아차림 및 넓어진 선택 사항은 그것들이 완전히 통합되기까지는 다소 시간이 걸릴 것이다. 때때로 내담자는 갑자기 다른 행동 방식의 가능성을 발견하는 명백한 '아하!' 경험을 할 것이다. 다른 경우에는 실험이 더 큰 어려움이나 게슈탈트를 탐험하거나 완성하는 첫 걸음이 될 것이다.

사례 10-3

베벌리는 분노를 표현하고, 더 나은 자립심을 발견하고, 남편의 이미지에 맞설 수 있게 된 후, 자신이 항상 양아버지와의 갈등을 늘 피해 왔다는 사실을 깨달았다. 이것은 치료의 새로운 국면으로 이어졌고 그녀는 현재의 어려움의 역사적 뿌리를 탐색하기 시작했다. 베벌리는 상담실 밖에서 다른 방식으로 행동했고, 그녀의 양아버지가 과거에 그녀를 이용했던 것에 대해 양아버지와 맞서기로 했다.

내담자가 중간에 실험을 중단하고 갑자기 현재 순간으로 돌아오더라도 여전히 이에 대해 이야기를 하는 것은 중요하다. 상담자는 실험이 잠시 중단되었다고 말하고 중단의 원인이 무엇인지, 어떤 의미가 있는지, 그리고 내담자가 충분히 완결되었다고 느끼기 위해 이 시점에서 어떤 일이 일어나야 하는지를 알도록 초대해야 한다. 때로는 강력한 실험 후 그 주 동안 작업이 안정되도록 하고 다음 회기에서 학습에 대해 논의하는 것이 적절하다. 이 중요한 동화 작업을 잊지 않도록 주의하자. 왜냐하면 이러한 동화 작업은 단순한 정서적 해방과 깊은 재학습 사이에서 모든 차이를 만들기 때문이다.

마지막 생각

실험은 게슈탈트 심리치료에서 경험이 풍부한 전문가가 안전한 치료 경계를 넘어 위험을 감수하기로 결정할 수 있는 영역이다. 게슈탈트 치료자들의 문헌에는 산책을 하고, 집에 있는 내담자를 방문하고, 그들과 요리를 하고, 카페에서 만나고, 그들의 어머니를 만나고, 그들과 게임을 하는 등 희귀한 실험을 제공하는 사례들이 많이 있다. 기본적인 입장으로 우리는 안전한 경계 편에 서지만, 우리는 또한 게슈탈트 실천의 무정부주의적인 '경계선

허물기' 정신을 지지하고 싶다. 다만, 당신이 고려하고 있는 실험이 동료들에 의해 매우 '위험'하다고 생각될 가능성이 있다는 것을 알게 된다면, 먼저 수퍼바이저와 상의할 것을 권한다.

권장문헌

Brownell, P. (ed.) (2008) *Handbook for Theory, Research and Practice in Gestalt Therapy*. Newcastle: Cambridge Scholars Publishing. (**See Chapter 10.**)

Perls, F. S. (1975) *Legacy from Fritz*. Palo Alto, CA: Science and Behavior Books. (**See Chapter 2.**)

Polster, E. and Polster, M. (1973) *Gestalt Therapy Integrated*. New York: Vintage Books. (**See Chapter 9.**)

Roubal, J. (2009) 'Experiment: A creative phenomenon of the field', *Gestalt Review*, 13 (3): 263–76.

Sills, C., Lapworth, P. and Desmond, D. (2012) *An Introduction to Gestalt*. London: Sage. (**See Chapter 12.**)

Spagnuolo Lobb, M. and Amendt-Lyon, N. (2003) *Creative Licence: The Art of Gestalt Therapy*. Vienna: Springer-Verlag.

Zinker, J. (1977) *The Creative Process in Gestalt Therapy*. New York: Random House.

제11장
접촉 만들기

이번 4판을 준비하면서 이 장의 접촉^{contract}에 대한 중심 개념이 우리 두 저자 사이의 실질적인 차이점임이 분명해졌다. 우리는 이 글을 다시 쓰는 동안 다음과 같은 활발한 토론을 시작했다.

> 필　　: 나는 접촉과 접촉 수정을 다룬 이 장에는 거의 관심이 없어요. '접촉'이라는 개념은 너무 혼란스러워요. 접촉은 게슈탈트 문헌에서 매우 다양한 방식으로 설명되며, 일반적인 단어의 개념과는 매우 달라요. 그래서 접촉 수정에 대한 아이디어가 게슈탈트 상담 수련에 그다지 도움이 되지 않을 것 같다는 생각이 들어요.
>
> 샬롯　: 나는 완전 반대예요. 나는 '접촉'이라는 개념이 너무 좋아요. 나라면 이 책에 치료의 과정과 목표를 연상시키는 단어로 오래된 게슈탈트의 머리글자인 ACE(Awareness, Contact and Experiment)를 넣었을 거예요. 최근에는 저는 그것을 FACE(Field, Awareness, Contact and Experiment)로 가르치고 있어요.
>   제가 당신과 동의하는 부분은 접촉 수정이 다루기 힘들고 어렵다는 거예요. 이번에는 우리가 접촉 수정에 대해 무엇을 할 수 있을지 알아볼까 해요. 우선, 접촉은 무엇을 의미하는 걸까요?
>
> 필　　: 글쎄, 지금 나는 이 의자와 접촉하고 있고 비록 의견차는 있지만 당신과 접촉하고 있고, 먹고 싶은 욕구와 접촉하고 있어요. 이것들은 나에게 상당히 다르게 느

껴져요. 어쨌든, 나는 의자와 당신과의 접촉을 차단하고 샌드위치를 만들러 갑니다.

샬롯 : 게슈탈트에서 접촉이 정확히 무엇을 의미하는지에 대한 혼란스러움에 동의해요. 나는 PH&G를 검색하기 시작했는데 약 5개의 흥미롭고 다른 이해를 가지고 중간에 멈췄어요. 나는 두 가지 중요한 의미를 확인했어요. 하나는 '자발적 주의 집중과 고조되는 흥분의 작업'(Perls et al., 1989[1951] : 73)인 지금 여기에서의 개인의 경험과 관련한 것이고, 다른 하나는 '유기체와 환경의 상호작용'(ibid. : 287)과 관련된 것이에요.

필 : 나에게 접촉이라는 개념은 내가 아닌 다른 사람과의 신체 접촉, 접촉의 경계(예 : 피부와 물체가 맞닿는 곳)와 가장 관련이 있어요. 이 경계가 호흡이나 소화와 관련이 있는 경우, 필요한 음식과 산소와 같이 필요한 것을 취하고 필요하지 않은 것을 나눠주는 교환도 있지요.

심리학 세계에서는 '모래와 바다의 만남으로 생겨나는 해안선'에 대한 Latner의 은유[1]처럼, 나와 내가 아닌 것이 만나는 곳은 가변적이고 유연하지만(그리고 정의하기 어렵죠), 명백한 구분은 없어요. 하지만 내가 다른 사람을 만나는 방식은 심리적 욕구와 습관적인 만남 패턴에 따라 다양한 방식으로 형성되고 조절될 수 있죠.

샬롯 : 그러면 당신의 설명은 좀 더 관계적인 전환을 가져오는데, 나는 이것이 우리 책의 주제와 맞다고 생각해요. 그래서 두 가지 주요한 접촉 형태에서 시작해 보자면 첫 번째, 피할 수 없는 부분인 자기 경험으로서의 접촉과 두 번째, 다른 사람과의 관계 또는 접촉이에요. 그것은 관계적 관점과 더 일치할 거예요.

나도 샌드위치 만들어 줄래요?

우리는 더 이상 지체하지 않고 여러분에게 우리의 토론 결과를 제공할 것이다. 접촉이라는 단어가 게슈탈트 문헌에서 다양하게 사용되는 것은 분명 사실이다. 하지만 이 내용은 우리

---

1 역주) The gestalt therapy book(Latner, 1973)의 접촉경계에 대한 메타포이다. Latner는 해변과 바다가 만나는 지점을 은유로 사용하여 우리가 주변 환경과 만나는 방식을 설명하면서 접촉경계는 유동적이며 순간적으로 생성되는 사건임을 강조한다. 이 이미지에서 물과 육지 모두로 구성되어 있는 해안선은 끊임없이 변화한다. 사람과 사람 사이의 상황에서도 양쪽 모두에게 동일한 움직임과 유연성의 기회가 존재한다(Skottun & Krüger, 2021).

두 사람이 동의한 것이다.

3장에서 우리는 경험의 주기를 소개하면서 떠오르는 전경이나 감각으로 시작하여 그 표현과 접촉의 '순간'에 이어 만족과 에너지의 철수로 이어지는 역동적인 단계를 기술하였다.

'건강한' 접촉은 완전한 경험('이것은 이렇다'는 연결감 혹은 완결감)의 미학이다. 한 사람이 온전히 경험에 자신을 내맡기는 순간, (변화의 역설적 이론에 따라) 경험 그 자체가 되고, 경험을 구현하고, 그렇게 해서 그 경험을 완성하고 다음 경험으로 넘어가게 된다. 누군가 자신의 경험에 접촉한다는 것은 그와 관련된 모든 느낌, 감정, 생각, 이미지, 신체 감각, 움직임 등을 허용하는 것이다.

그러나 우리는 이 '자기 경험으로써의 접촉'을 완전한 알아차림과 동의어로 간주하며, 이는 이 책 전반에 걸쳐, 그리고 특히 3장에서 다루었다. 따라서 우리는 다른 사람들과의 '관계적 접촉'을 이 장의 초점으로 삼고자 한다. 다른 사람과 접촉하는 순간 그 사람은 자신과 다른 사람의 경험을 포함한 관계적 공간에 자신을 내어 주게 되며, 이를 통해 자신을 더 깊이 알고 상대방에 의해 알려지고 또한 알 수 있게 된다. 이것은 나-너의 만남의 경험이다. 만일 이것을 통제하려 하지 않고 자연스럽게 만남이 전개되도록 내버려두면, 그것은 본질적으로 불확실하고 예측할 수 없을 것이며, 미지의 것에 대한 필연적인 항복surrender을 수반하므로 흥미진진하지만 위험할 수 있다. Polster와 Polster(1973: 99)가 말했듯이, 접촉은 '항상 독립성을 요구하는 존재와 항상 융합에 사로잡힐 위험을 감수하는 존재' 사이에서 일어난다.

접촉 조절과 접촉 수정

그러나 때때로 세상에서의 고통스러운 경험으로 인해 사람들은 이러한 진정한 만남을 피한다. 그리고 자신의 욕구를 충족시키는 유일한 방법이었거나 어려운 상황을 관리하려는 최선의 시도였던 오래된 관계 패턴이나 습관을 사용하고 재사용하는 경직되고 고정된 방식으로 반응한다. 이는 그들이 일관되게 그들의 만남을 형성하거나 접촉을 '수정'하는 방법이다.

아이는 필연적으로 자신의 욕구를 충족시키고 관리하는 방법을 배우게 되는데 이는 '충분히 성공적'이고, 일반적으로 익숙한 반응 및 관계 패턴이 되는 방법, 즉 창조적 적응이다. 이것은 필요하고 정상적인 것이다. 그러나 새롭거나 변경된 장 조건에 대해 습관적인 반응이 업데이트되지 않으면 문제가 발생한다. 이것은 특정 상황일 수 있고 알아차림 밖의 다양한 상황에서 일반적인 접촉 유형이 될 수 있으며, 이는 세상에서 누군가와 관계를 맺는 방식의 모든 측면에 스며들 수 있다. 그러면 그 사람은 새로운 선택이나 적응을 자유롭게 할 수 없으며 한때 유용했던, 혹은 적어도 그 당시에는 그렇게 보였던 관계적 반응을 반복한다. 그는 과거의 존재 방식을 현재에 그대로 옮긴다(13장 전이와 역전이 참조). 이것은 학대받은 아동이 성인이 되어 친밀한 관계를 피하거나 과식이나 과음을 함으로써 항상 스트레스에 반응하는 내담자에게서 볼 수 있다.

게슈탈트 치료 초기 연구자들은 내담자가 어떻게 접촉하는지에 대해 일반적으로 반복되는 특정 패턴이 있음을 알아차리기 시작했고 반전, 융합, 둔감화, 내사, 투사, 자의식(Perls, 1947; Perls et al., 1989[1951]) 그리고 편향(Polster & Polster, 1973)이라 명명하였다. 총칭하여 '접촉 방해'로 알려진 이들은 감정적 충동 관리, 욕구 충족, 애착과 분리의 조절, 타인과의 관계에서 오는 힘과 친밀감의 춤 등 세상에 존재하는 데 따르는 어려움에 대한 창조적 적응에 대해 묘사했다.

이 일곱 가지 '접촉방해'는 나중에 '접촉 수정'으로 불리며 '방해'가 관계적 접촉이 완전히 정지됨을 의미하지만 관계적인 유형은 계속된다는 점을 지적하였다. 실제로 우리는 관계하지 않을 수 **없다**. '접촉 수정'으로 이름을 바꾼 것은 침묵하고 철수하는 것조차 관계적 의미를 갖는다는 것을 인정한 것이다. 이 개념은 많은 게슈탈트 연구자들에 의해 수년 동안 여러 차례 재작업되어왔다(Swanson, 1988; Wheeler, 1991; Mackewn, 1997; Joyce & Sills, 2001, 2010, 2014; Gaffney, 2009; Clarckson & Caviccahia, 2013). 분명 몇몇 패턴은 자신의 에너지와 감정 반응에 대한 방해나 간섭과 관련이 있다. 그러면서도 우리와 다른 사람 사이의 진정한 만남을 얼마나 허용할 수 있는지에 대해 언급하는 사람도 있다. 그러나 우리는 이 모든 것이 앎과 앎의 과정을 조정하는 방법이기 때문에 '타인과의 관계로서의 접촉'이라는 렌즈를 통해 볼 수 있다고 생각한다. 우리는 **경계 역량**을 생각하는 것이 도움이 된다고 본다. 이는 자신과 타인을 민감하게 하거나 둔감하게 하고, 자신과 타인을 수용하거나 거부하고, 자신을 표현하거나 자제하는 능력이다. 이것은 접촉의 연속체라는 개념을 낳는다.

만남 ········· 조절 ········· 수정

만남에서는 두 사람이 경계능력을 완전하고 유연하게 사용한다. **조절**은 상호 형성과 제한을 포함한다. **수정**은 경계 역량을 일방적으로 차단, 제한 또는 경직시키는 것 의미한다. 이것이 습관적인 패턴이 되어 **접촉을 위한 수정**이 이루어진다.

2010년 이 책의 2판에서 우리는 접촉 수정에 대한 우리만의 관점을 제시했다. 일반적으로 식별되는 일곱 가지 접촉 수정이 마치 색상차트의 색상과 같이 반대극과 그 사이에 수많은 '음영'이 있는 잠재적 연속체의 한쪽 끝을 차지하고 있다고 설명했다. 건강함이란 연속체 상에서 어떠한 위치든 적절하게 취할 수 있는 능력이라고 주장했다. 우리는 여전히 이 생각에 찬성한다. 그러나 2014년 3판과 이번 4판에서는 경계 역량에 대한 원래 접촉 수정을 바탕으로 특정 관계 패턴에 초점을 맞추는 것이 가장 유용하다고 결정했다. 왜냐하면 특정관계 패턴은 상담실과 상담실 밖 그리고 일상생활에서 매우 반복적으로 일어나는 것으로 보이기 때문이다(글상자 11.1 참조). 여기서는 이들을 소개하고 인식하고 작업하는 방법을 제안한다. 우리는 정적인 위치가 아닌 접촉을 조절하기 위한 능동적 과정으로 수정/중단을 반영하는 단어(가능한 경우 동사)를 사용하기 위해 노력했다. 결과적으로, 우리는 내담자가 당신의 제안이나 (지혜의) 말을 무비판적으로 받아들이는 지금 여기에서의 적극적으로 내사하는introjecting 과정과 동화되지 않은 신념이나 과거로부터의 지시(12장 미해결과제에서 설명함)로 '내사introject'를 차별화하기로 결정했다. 이것은 역동적인 과정이며 융합의 한 유형으로 간주된다.

글상자 11.1

융합
내사하는
투사하는
편향하는
반전하는
둔감화하는
자기 모니터링하는(자기를 의식하는)
충동성

고정된 게슈탈트로서의 접촉 패턴

내담자에게서 반복적인 관계 패턴을 발견하면, 당신은 먼저 이것이 치료 관계 안에서만 일어나는 접촉 방법인지를 확인해야 한다. 그것은 당신과 내담자가 함께 만들어낸 것이기 때문이다. 여기서 우리는 **접촉을 적절하게 하는 것**에 대해 이야기할 것이다. 그렇다면 초점은 지금-여기에서 관계하고 있는 '사이'이다. 그러나 치료실 밖에서의 관계에 대해서 내담자가 대부분의 상황에서도 사용되는 관계 유형(예외는 항상 흥미로운 탐색 주제임)이라고 말한다면, 그것은 '경직된 관계'의 범주에 속한다. 이는 12장 미해결과제에 설명되어 있으며, 일반적으로 내담자가 제시하는 문제의 중요한 측면이다. 그런 다음 습관적인 관계 패턴으로서의 접촉을 수정하는 아이디어가 도움이 된다.

치료의 출발점은 항상 지금-여기의 관계에 있다. 예를 들어 내담자는 사회적 고립과 자신감 부족의 패턴을 말하고 있다. 상담 장면에서 당신은 내담자의 목소리가 더 조용해지고 머뭇거리다가 바닥을 바라보는 것을 알아차린다. 첫 번째 질문은 다음과 같다. **방금 무슨 일이 일어났나요?** 이 친숙한 반응을 불러일으켰을 수도 있는 당신에게서 내담자는 무엇을 보고 있는가? 당신과 내담자 사이에 일어난 일에 대한 경험을 공유하도록 내담자를 초대한다. 이것은 당신이 내담자의 이야기를 들으면서 눈살을 찌푸렸을 수도 있는 것과 같이 당신의 알아차림 밖에 있었던 당신 자신의 관계 방식에 대해 귀한 정보를 줄 수도 있다. 중요한 것은 두 사람 모두 이러한 접촉 유형을 유발하는 원인을 보다 즉각적으로 정확히 이해할 수 있다는 것이다. 당신이 얼굴을 찌푸리는 것을 보고 내담자는 무엇을 경험했을까? 만일 비판당했다고 가정한다면 내담자는 편향하고 철수할 수 있을 것이다.

물론 지금 이 순간 관계가 깨질 여지가 있기 때문에 당신의 질문 방식에 신중을 기하는 것이 중요하다. 내담자는 이미 자신의 패턴에 영향을 받았다. 즉 이미 의심을 받거나 위협을 느끼고 있다는 것이다. 치료자가 단순히 자신 있게 '알아차림' 발언을 하면 내담자는 그것을 보다 비판적이고 수치스러운 것으로 경험할 위험이 있다. 특히 많은 치료자들이 그러하듯이 치료자가 관계적 접촉의 명백한 상실에 대해 불안을 느끼기 시작한 경우 이런 일이 일어날 가능성이 높다.

치료자는 공감과 호기심으로 '사이'에 대한 탐구에 접근해야 하며, 내담자가 어떻게 경험했을지(예 : 침범적이거나 멀리 떨어져 있거나 논쟁적이거나) 이해할 준비가 되어 있어야 한다. 그리고 어떤 반응이 유발되었고 어떤 의미가 만들어졌는지에 관심을 가져야 한다.

충분히 견고한 작업 동맹을 전제로 한 이 탐색은 '무엇을 다루거나 해결하기 위해 이 수정을 시도하고 있는가?' 또는 '어떤 전이 역동이 나타나고 있는가?'에 대한 질문으로 이어질 수 있다. 그것은 또한 미해결과제를 완결하거나 새로운 치료 방향으로 이어질 수 있다.

지금부터 융합을 시작으로 모든 수정을 자세히 살펴보고자 한다.

융합

건강한 사람은 융합confluence(예 : 사랑하는 사람과 애정을 나누는 순간)과 차별성differentiation (예 : 전통적인 가족 내사에 동의하지 않음) 사이의 연속체를 따라 유연하게 움직일 수 있다.

이 연속체의 양 끝단에 습관적으로 고정된 위치는 애착 또는 분리에 어려움을 겪고 있음을 시사한다. 다른 사람과의 친밀감이 어떤 식으로든 위협(상실, 거부, 상처 또는 유기)이 된다고 두려워하는 사람은 상대방과 융합하거나 심리적으로 철수함으로써 문제를 해결한다. 우리는 이 장의 후반부에서 습관적 접촉 유형인 철수하는 내담자를 극단적인 형태의 편향으로 다루었다.

융합을 통해 접촉을 수정한 내담자는 자신이 관계에서 상대방과 뗄 수 없이 단단하게 결합되어 있거나 상대방이 내담자와 뗄 수 없는 단단한 관계로 맺어진 것처럼 행동한다. 대인 경계를 구분하지 못하는 것이다. 타인의 감정과 소망은 융합하는 내담자를 쉽게 압도하며, 내담자는 그것이 마치 자신의 감정인 것처럼 반응하거나 분리된 마음의 증거에 불안해하거나 화를 낸다. 당신은 내담자가 과도하게 순응하거나 지나치게 동의하거나 설명하지 않고도 당신이 그들을 이해해주기를 기대하는 것을 알아차릴 수 있다. 당신과 내담자 사이에 융합이 있다는 것을 알아차린다면, 당신 역시 융합되는 경향이 있을 가능성이 높다(결국 공감적 이해를 제공하는 당신은 이러한 능력을 가지고 있어야 한다). 당신은 특정 내담자에 대해 명확하게 생각하고 있지 않다는 점을 점차 깨닫게 될 수도 있고, 내담자의 경험에 빠져들 수도 있다.

또는 내담자가 당신으로 하여금 자신을 대신해주기를 기대하는 것 같아 짜증이 나거나 불안해지기 시작할 수 있다. 아니면 내담자의 눈치를 살피며 매우 조심스러운 모습으로 자신의 생각이나 의견을 갖지 않으면서 내담자로부터 분리하는 자신을 발견할 수 있다. 물론 치료적 연결을 위해서는 어느 정도의 융합이 필요하지만 이것이 과도할 경우 이를 해결하는 것이 중요하다.

중재 제안 :

◆ 내담자가 '그것'이나 '우리'보다 '나' 진술을 하게 하자. 또한 자신이 '나'라고 말할 때 명확하게 강조함으로써 프로세스를 모델링할 수도 있다. 예를 들어 '당신의 말을 들으면 슬퍼요. 지금 당신의 기분은 어떠신가요?' 또는 '저는 이 의자에 앉아 있고 당신은 맞은 편에 앉아 있는데, 지금 저에게 원하는 것이 무엇인지 궁금합니다'라고 말할 수 있다.

◆ 유사성과 차별성을 찾고 강조하자. '당신이 동의한 것처럼 들립니다… 하지만 당신이 동의하지 않는 것도 있다고 생각합니다.'

◆ 이별, 종결 및 상실에 대한 두려움을 탐색하고 공감하자. 종종 이것은 처음에는 알아차리지 못할 수도 있는 중요한 미해결과제(12장 미해결과제, 21장 트라우마 2 참조)를 다루는 것을 의미할 수 있다.

내사하는

타인 또는 사회적 환경으로부터 의견, 태도 또는 지시를 의심의 여지없이 마치 사실인 것처럼 받아들이는 과정인 내사를 통해서도 융합은 일어날 수 있다. 내사하는 것은 제안된 의견의 타당성을 고려하거나 씹어 소화시키는 것을 회피하는 것이다. 내사하는 과정은 선택적으로 받아들여지지 않은 신념을 유지하는 것으로 이어진다.

내사하는 것을 접촉의 주요 방법으로 사용하는 내담자는 당신이 원하는 방식을 적극적으로 내사한다. 내담자는 당신의 의견에 매우 쉽게 동의한다. 누군가가 자신의 의견에 그렇게 진심으로 동의하는 것은 불쾌한 일이 아니기 때문에 상담자가 이를 알아차리지 못하는 경우가 많다. 그러나 프로세스를 모니터링하고 내담자가 당신의 제안을 얼마나 쉽게 삼켰는지를 내담자가 알아차릴 수 있게 하는 것은 중요하다.

중재 제안 :

◆ 내담자가 당신의 의견에 동의하기 전에 잠시 멈추고 곰곰이 생각해 보게 하자. 무엇보

다도 내담자에게 시간을 갖고 당신이 말한 것에 대해 감정을 느끼고 알아차릴 수 있도록 안내하자. 내담자가 이에 대해 극도로 불안해지기 시작하면 내담자와 함께 앉아서, 예를 들면 분노 같은 다른 감정이 있는지 탐색하자.

◆ 주의 : 취약한 내담자는 관계를 시작할 때 충분히 안전하다고 느끼기 위해 실제로 내사나 융합이 필요할 수도 있다. 치료자가 이러한 가능성에 민감하게 반응하는 것은 중요하다.

투사하는

내담자가 자신의 자기개념과 양립할 수 없는 성격의 일부를 부인할 때, 내담자는 이를 알아차리지 못한 채 그것을 다른 사람에게 효과적으로 투사할 수 있다. 그런 다음 자신의 특성을 부인하면서 다른 사람에게서만 그것을 본다. '나는 적대적이지 않아요. 화를 내는 사람은 당신이에요.' 이것이 우리가 여기에서 사용하는 의미이다.

물론, '투사하는projecting'이라는 용어를 사용하는 것의 관계적 타당성에 대한 몇 가지 심각한 의문이 있다. 첫째, 이 용어는 상담자는 내담자가 투사하는 빈 화면이라는 것을 의미하며 내담자의 모든 경험에 상담자가 필연적으로 개입한다는 것을 무시한다. 또한 실제로 자신의 일부를 투사할 수 있을까? 이 개념은 종종 상상력이나 오인을 암시하는 '그것은 단지 투사일 뿐'이라는 말로 치료자의 감정적 반응을 부정하기 위해 사용되었다는 점에서 불행한 역사를 가지고 있다. 많은 경우, 실제로는 내담자가 자신의 특성을 부정하는 것이 아니라 치료자가 자신의 알아차림 밖의 자료를 부정하고 있을지도 모른다.

관계적 치료자는 최소한 내담자가 상담자의 행동이나 외모의 어떤 요소를 선택적으로 알아차리거나 지나치게 우선시하는 과정, 즉 투사를 포착할 수 있는 '고리'에 대한 은유로서 투사의 공동창조의 요소를 인정할 것이다. 또한 치료자가 충분히 교육분석을 받아 자신이 거부하는 부분을 인지하고, 공동창조에 기여할 가능성이 있는 시점을 인식할 수 있을 때 문제가 덜 발생한다.

그러므로 투사를 자기의 한쪽 측면을 부인하고 관계적 경험으로 공동창조하는 과정으로 보기를 권장한다. 투사는 내담자와 상담자 모두에게 과거와 현재의 내면 세계에 대한 매우 풍부한 정보원이 될 수 있다.

사례 11-1

직장의 일에 매우 열심인 내담자는 유난히 힘든 하루를 보내고 집으로 돌아온 때에 대해 말했다. 문 앞에서 아내를 만나 "당신 정말 피곤해 보여."라고 말했고, 아내는 "몇 시간 정도 누워있어야 할 것 같아요."라고 슬쩍 대답했다. 그가 잠에서 일어났을 때, 그의 아내가 그에게 말했다. "내가 더 쉬어야 할 것 같아 보이나요?"

중재 제안 :

◆ 내담자가 당신을 비판적이거나 평가적이라고 생각할 때(당신은 그렇지 않다고 확신할 때) 먼저 이것이 내담자에게 미치는 의미와 영향을 탐색하자. '항상 당신에게 비판적이라고 생각하는 사람과 함께 있으면 기분이 어떤가요?' 그때 바로 내담자도 같은 특성을 가질 가능성을 탐색하기 시작하자. '저에 대해 비판적이라고 느낀 적이 있나요?' 처음에 내담자는 종종 '아뇨, 저는 결코 당신을 비판하지 않아요. 당신은 항상 최선을 다해요'라고 말하면서 자신이 그런 특성을 가질 수 있다는 것을 부인할 것이다.

◆ '만일 당신이 저에 대해 비판적이라고 느낀다면, 어떤 것이 있을까요?'와 같이 매우 천천히 시작해야 할지도 모른다. 내담자가 방을 둘러보고 마음에 들어 하지 않는 물건, 색깔 또는 모양을 찾아 치료자의 물건에 대해 비판하는 연습을 하기를 제안한다. 치료자가 자신에게 말하거나 행동하는 방식에 대해 내담자가 마음에 들지 않는 말을 할 수 있을 때까지 점차 강도를 높일 수 있다. 가능성이 풍부한 장이 될 것임이 분명하다!

◆ 또 다른 접근은 내담자가 어떻게 자신의 투사를 믿게 되었는지를 탐색하는 것이다. 내담자에게 있어 당신이 비판적이라고 믿게 만든 당신의 행동이나 말은 무엇이었는가? 앞서 말했듯이 투사는 대개 공동창조 된다. 내담자의 관점에서 '일말의 진실'을 찾아보자. 당신은 어떤 식으로든 내담자의 경험에 기여했을 가능성이 매우 높고, 이를 기꺼이 인정하는 것은 내담자의 경험과 거부된 태도를 모두 정상화시킬 수 있을 것이다.

편향하는

편향하는deflecting 것은 내부자극(예 : 원치 않은 생각) 또는 환경자극(예 : 반갑지 않은 개인

정보 요청)을 무시하거나 외면하는 것을 의미한다. 자극 자체를 차단하거나 외면하거나 다른 방향으로 돌려버리는 것이 특징이다.

내담자는 끝없이 말을 하거나, 진지하게 생각하는 대신 웃거나, 항상 상대방의 요구에 집중하는 것으로 자신의 감정과 충동에서 벗어나곤 한다. 다른 사람의 영향에 대한 편향은 특정 문제가 언급될 때 반복적으로 주제를 바꾸는 내담자, 무언가를 듣거나 보지 않는 것처럼 보이는 내담자, 말이나 행동을 오해하거나 재정의하는 내담자에게서 볼 수 있다. 편향은 접촉, 특히 알아차림을 피하는 적극적인 과정으로, 당신이 내담자와 회피한 주제를 다루려고 하면 내담자는 당신의 개입을 밀어내는 경향을 보인다. 이 과정은 매우 미묘하다. 유일한 단서는 상담자가 무언가에 대해 대화하고 있는데, 어떻게 거기에 도달했는지를 전혀 모른다는 것을 발견할 때이다.

중재 제안 :

◆ 하나의 주제를 유지하고 무엇이 어려운지에 대한 가설을 제시하는 끈기를 모델링하자. '입양에 대해 이야기하는 것이 어려울 수 있어요. 그것에 대해 생각조차 하지 않으려고 하는 것은 쉬울 것입니다.' 때로는 편향 프로세스를 부드럽지만 강력하게 중단해야 한다. '제가 이 이야기를 꺼낼 때마다 당신이 화제를 바꾼다는 것을 알아차렸습니다. 당신도 알고 계신가요?' 또는 '당신이 제 질문에 답하지 않은 것을 알아차렸습니다. 아마도 당신이 이에 대해 말할 준비가 되지 않았기 때문이 아닐까 해요'라고 말할 수 있다. 이것은 어떤 의미에서는 내담자가 무언가에 대해 이야기 하지 않는 선택을 할 수 있는 권리를 인정함과 동시에 알아차림을 높이고 '침묵하는 부분'도 중요하다는 인식을 높여 안심시키는 것이다.

심리적 철수는 접촉에서 벗어나는 편향의 극단적 현상이다. 습관적으로 철수하는 사람은 종종 상담받기를 꺼려한다. 하지만 가끔은 위기에 처해 자신이 세상에 속하지 않는 것처럼 느껴지고 남들처럼 사람들과 잘 지내지 못하고 '뭔가 부족한 게 있다'고 생각하면서 상담에 온다. 자신에 대해 외계인이 된 것 같은 느낌, 거품 속에 갇히거나 보이지 않는 벽 뒤에 있는 것과 같다는 은유를 사용할 수 있다.

이러한 습관적인 접촉 유형으로 작업할 때 당신은 쉽게 내담자와 연결되기 어렵고 몇 달 동안 치료에서 아무 일도 일어나지 않는 것처럼 느낄 수 있다. 포함하려는 시도가 별 효과가 없는 것처럼 보일 수도 있다. 세심하게 단계를 거친 대화 방식을 통해 오랜 시간에 걸쳐 작업 동맹을 구축하는 것에 만족하자.

중재제안 :

◆ 만일 내담자가 회기에서 철수한다면 당신의 내담자에게 '무슨 일이 일어나고 있는지' 말해달라고 강요하지 말자. 그것은 내담자의 철수를 증가시킬 수 있다. 창조적 무심의 자세를 취하고 묵묵히 내담자와 함께 기다리자. 조용히 포함을 실천하자. 주의를 기울이고 관심을 유지하자. 때때로 초대를 제안할 수도 있다. 예를 들면 '지금은 당장 마음을 닫아야 할 것 같으신가봐요. 저는 단지 당신과 함께 있는 것만으로도 좋습니다. 저는 당신이 지금 무슨 일이 일어나고 있는지에 대해 얘기하고 싶다면 저는 매우 관심이 있고 이야기를 듣고 싶다는 것을 말씀 드립니다'라고 말할 수 있다.

반전하는

사람은 말하고 감정을 표현하는 등 행동하고자 하는 충동을 억제할 때 반전을 한다. 에너지 흐름은 중단되어 이로 인해 여러 가지 결과가 초래될 수 있다. 억제된 충동은 자연스럽게 사라질 수도 있다. 그러나 이 반전하는retroflecting 과정이 자주 반복되거나 충동에 강한 에너지가 포함되어 있다면 이를 억제하는 것은 에너지가 자신을 향하게 된다. 이것은 만성적 신체 긴장, 심인성 질환, 우울증 혹은 심지어 자해로 이어질 수 있다.

중재 제안 :

◆ 반전에 수반되는 관련 신념이나 내사 및 초기 결정을 탐색하자. 내담자가 자신의 에너지를 행동으로 옮길 때 초래될 결과라고 믿고 있는 것을 발견하는 것은 특히 중요하다. 반전은 상담자와 내담자 모두 내담자가 방출된 에너지를 적절하게 관리할 수 있는 충분한 지지와 이해를 가지고 있다고 확신하는 경우에만 '취소'되어야 한다.

◆ 반전은 일반적으로 신체에 유지되므로, 이를 방출하는 작업을 할 때 신체 프로세스에 집중하는 것이 유용하다. 내담자가 자신의 몸 어디에 에너지가 저장되어 있다고 느끼는지 알게 하자. 당신은 또한 내담자가 목소리를 내기 위해 신체의 어느 부분이 되어 말

할 수 있도록 초대할 수 있다. 상황에 따라 내담자가 '호흡'하거나 그의 몸에서 무슨 일이 일어나고 있는지를 알아차리도록 제안할 수도 있다.

◆ 상담실에서 반전을 실연하자. 이것은 내담자가 종종 반전의 중심에 있는 내사를 알아차렸을 때(예 : 화내면 안 된다) 특히 유용하다. 내담자에게 자신의 몸에 집중하고 긴장을 과장하여 큰 소리로 내사된 메시지를 반복하도록 요청하자. 만일 내담자가 그렇게 할 준비가 되었다고 느끼면 긴장을 풀고 치료실의 안전한 곳에서 자신의 에너지를 외부로 향하게 한다(10장 실험하기 참조).

◆ 모든 접촉이 공동창조된다는 것을 기억하면서, 반전하는 순간 당신의 존재가 어떤 영향을 미치는지 말해달라고 내담자에게 요청할 수도 있다.

물론 모든 접촉 수정과 마찬가지로 반전은 성공적인 관계에서 나름대로의 역할을 한다. 충동을 반대로 반전하는 것은 종종 특정한 맥락에 대한 적절하고 효과적인 조정이다. 예를 들어 곤란한 동료나 어려운 직장 상사에게 충동적으로 의사표현을 하는 것은 (보통) 생산적이지 않다.

둔감화하는

둔감화하는desensitizing 것은 편향과 유사한 과정으로 감각과의 접촉을 피하는 또 다른 방법이다. 그러나 편향은 주로 자극을 완전히 받아들이는 것을 차단하는 것과 관련이 있는 반면(보통 어느 정도 알아차림이 있기도 함), 둔감화는 문제의 반응에 대한 모든 알아차림을 잃음으로써 보다 심오한 차단과 관련이 있다. 만성 외상의 경우 해리(20장 트라우마 1 참조)와 같은 영역이다. 실마리는 치료자의 현상학에서 찾을 수 있다. 치료자는 둔감한 내담자 앞에서 졸리고 무거운 느낌을 받는 반면, 편향된 내담자에 대한 반응(예 : 짜증, 좌절 또는 내담자의 인식되지 않은 감정인 불안한 동요)은 조금 더 활력이 있는 자신을 발견한다.

사례 11-2

게이코는 배 고픈 줄도 모르고 상담 회기 내내 팔다리가 뻣뻣해지는 것을 전혀 눈치채지 못한 채 의자 끝에 앉아 있었고, 장 뤼크는 동생이 사망하였는데도 아무런 느낌이 없었다고 말했으며, 제니퍼는 심한 학대를 당했지만 어떠한 감정도 없는 목소리로 그 상황을 들려주었다.

중재 제안 :

◆ 이것이 아마도 일어난 일에 대한 그들의 최선의 또는 유일한 반응이었다는 것을 당신이 이해하고 있음을 보여주자.

◆ 내담자의 신체 알아차림을 높이고 내담자가 무엇을 알아차리고 그의 에너지가 어디에 있는지에 초점을 맞추어 호흡하는 몸의 감각에 주의를 기울이도록 격려하자.

◆ 내담자에게 상황에 대해 어떻게 느끼는지 또는 다른 사람이 어떻게 반응할지를 상상해 보도록 요청하자. 친구가 그런 반응을 보인다면 어떤 기분이 들지 물어보자.

◆ 내담자의 둔감해진 상황에 대한 당신의 반응을 공유하고 가능한 반응을 보여주자. 내담자가 상담자의 반응과 얼마나 공명하는지 확인하자.

내담자가 다시 민감해지면 내담자가 지지원이 거의 또는 전혀 없는 영역으로 이동하게 될 수도 있다. 둔감화된 주제가 트라우마인 경우 특히 그렇다. 알아차림 밖에 있던 주제가 시야에 들어온 후에는 내담자가 자기 프로세스를 충분히 지지할 수 있는지에 세심한 주의를 기울여야 한다. 그렇지 않으면 내담자는 충분한 자원 없이 트라우마를 일으키는 자료에 바로 직진해버릴 수도 있다(19장 우울과 불안과 20장 트라우마 1 참조).

자기를 모니터링하는(원래는 자의식[2])

건강한 자기 모니터링self-monitoring은 자기 성찰을 발휘할 수 있는 능력이다. 이는 최상의

---

2 역주) 자의식egotism의 I-ism으로 번역하는 '자기중심'이라는 용어는 부정적인 의미를 내포하고 있어, 이 책의 저자들은 3판에서 덜 비판적이고 일차적인 인지 방식을 암시하는 자기 모니터링으로 용어를 대체할 것을 제안했고, 이번 4판에서는 자의식 대신 '자기 모니터링'을 사용하였다(Joyce & Sills 2018).

의미에서 '자의식self-conciousness'이라 할 수 있다. 습관적이고 제한적인 관계 스타일로서의 자기 모니터링은 대개 자발적 기능과 완전한 접촉을 해치는 과도한 자기비판을 특징으로 한다. 여기서의 목적은 내담자가 자기 비판에서 벗어나 당신과 내담자의 환경에 보다 즉각적인 접촉을 하도록 격려하는 것이며 자기 스스로에 대한 자기 연민적인 태도를 장려하기 위함이다.

사례 11-3

케스는 불행한 한 주에 대한 이야기를 자꾸 중단하면서 창밖을 강렬하게 바라보았다. 상담자가 무슨 일이 일어나고 있는지 물었을 때, 케스는 자신이 얼마나 멍청한지, 자신의 이야기가 얼마나 어리석은지, 왜 행동을 제대로 하지 않았는지를 상담자가 틀림없이 궁금해하고 있을 것이라고 생각하고 있다고 말했다.

중재 제안 :

◆ 상담실에서 내담자가 내면의 대화를 위해 어떤 방법으로 당신과의 접촉을 끊는지를 주목하고 내담자를 다시 이곳으로 초대하자. 자신에 대해 걱정하는 내담자의 현재 경험 또는 완벽하게 '옳아야 한다'는 욕구에 공감하자. 시간이 지남에 따라, 신뢰할 수 있는 공감 관계의 발전은 내담자에게 자기 모니터링을 계속하려 하는 경향에 대응할 수 있는 새로운 관계적 경험을 제공할 것이다.

◆ 생각을 버리고 감각으로 돌아가라는 전통적인 게슈탈트 격언에 따라 신체 프로세스에 초점을 맞추고 외부환경에 신중하게 주의를 기울이는 그라운딩 기법을 권한다.

◆ 비판이 어디에서 나오는지를 탐색하자. 그것들은 초기 중요한 양육자로부터 나온 내사인가, 아니면 과도하게 비판받은 아동이 상처받지 않도록 보호하기 위해 사용하는 방어로써 자신을 보호하는 방법인가? 내면의 비평가를 포기하는 것은 때때로 내담자에게 슬픔과 상실감으로 이어질 수 있다. 내담자의 내면의 비평가는 불쾌하기는 하지만 어느 정도는 평생의 동반자처럼 느껴질 수 있다. 비판적인 '친구'라도 친구가 전혀 없는 것보다 낫다.

◆ 자기 연민 자원을 실천하도록 격려하자(18장 내담자 자원 참조).

충동성

충동성impulsivity은 반전 혹은 자기 모니터링의 정반대일 수 있으며 맥락이나 결과를 충분히 고려하지 않은 행동의 형태로 도박, 알코올 남용, 경계선 프로세스에서 흔히 볼 수 있다. 경험의 주기 측면에서, 이러한 내담자는 감각을 완전히 알아차리고 평가하기 전에 행동으로 즉시 옮긴다.

중재 제안 :

◆ 내담자가 충동을 조절하는 것을 배우고자 한다면 경험의 주기 단계를 구체적으로 알아차리는 습관을 갖도록 돕는 것이 매우 유용하다(3장 알아차림 참조). 내담자에게 자신의 감각과 감정에 주의를 기울이고, 그것에 관심을 갖고, 인정하고, 알아차릴 수 있게 요청하자. 내담자는 행동의 선택지를 검토하고 그중 하나를 선택할 수 있다. 내담자가 이러한 단계를 거친다면, 내담자는 속도를 늦추고 더 적절한 행동으로 이어질 것이다. 내담자에게는 이 과정이 매우 어려울 수 있기 때문에 상담 장면에서 이 과정을 반복해서 경험할 수 있도록 해야 한다. 당신은 또한 내담자가 자신의 감각을 알아차리고 자신의 감정에 이름을 짓고 그것들이 나타나는 동안 그것들을 완전히 알아차릴 수 있도록 내담자를 자주 초대함으로써 내담자를 격려할 수 있다. 그러면 내담자는 에너지를 동원하여 행동을 한다.

◆ 이전 장에서 설명한 그라운딩 기법과 실천도 유용하다. 충동적인 내담자는 종종 자신의 감정에 사로잡히고 매몰되는 경험을 한다. 그들은 '그 순간 나는 매우 화가 나 있었어요. 마치 폭발할 것 같은 느낌이 들었어요'라고 말한다. 몸의 경계에 대한 알아차림을 높이고 안정화하면 감정을 담아내고 진정시킬 수 있다. 마음챙김(18장 내담자 자원 참조)은 충동 프로세스를 늦추는 데 유용하며, 내담자가 단순히 자신의 반응을 알아차릴 뿐, 그 반응과는 동일시하지 않는 '이중 알아차림'을 발달시키는 데 특히 도움이 된다.

일반적 고려사항

상담실에서 어떠한 접촉 유형에 초점이 맞춰지더라도 공통적인 특정 치료과제가 있다.

알아차림 높이기 : 대부분의 상황에서 내담자는 특정 방식으로 그들의 접촉이나 만남을 수정하고 있다는 사실이나 다른 선택지가 있다는 사실을 거의 알아차리지 못한다. 여기서 치료자의 임무는 내담자가 관계적 접촉을 하는 방식에 대한 알아차림과 이해를 높이는 것이다. 예를 들어 내담자는 자신이 주제를 바꾸면서 곤란한 감정에서 벗어나거나 아버지에 대해 말할 때마다 몸에 긴장을 준다는 것을 깨닫지 못할 수 있다. 그는 자기 표현을 위한 다른 묘약들을 알지 못할지도 모른다. 당신은 내담자가 고려해야 할 가설을 제시할 수도 있고 당신이 알아차리고 궁금해하는 것을 제시할 수도 있다. '저는 당신이 아버지에 대해 말할 때마다 주먹을 꽉 쥐고 있다는 것을 알아차립니다. 당신은 이것을 알고 있나요?' 아니면 '당신은 아버지에게 당신의 화를 표현하는 것을 생각해 본 적이 있나요?'라고 질문할 수 있다.

패턴의 기원 탐색 : 이것은 고통이나 어려운 감정을 피하는 방법인 접촉 수정을 정상화하는 데 도움이 될 수 있다. 아마도 접촉 수정이 내담자를 안전하게 지켜주고 내담자가 살아남도록 도와주었던 때가 있었을 것이다. 그러므로 당신은 내담자의 자기 통제 방식을 이해하기 위해 때때로 원래 상황의 고통이나 어려움을 상상하거나 공감할 필요가 있다. 접촉 수정의 원래 원인을 파악하면 미해결과제에 집중할 수 있다(12장 미해결과제 참조).

프로세스에 대한 세세한 탐색 : 내담자에게 프로세스 속도를 늦추고 시시각각 접촉 수정이 **어떻게** 유지되고 있는지를 알아보기를 요청한다.

공동창조 실험 : 내담자와 함께 새로운 행동 가능성에 대해 논의하고 이전의 고정된 게슈탈트 혹은 관계 유형에 의해 다루어졌던 상황을 보다 창조적인 방법으로 처리할 수 있는 작은 실험을 설계한다. 예를 들면 지나치게 융합된 경우 경계를 만드는 실험을 할 수 있다. 이는 종종 내담자가 관계하는 방식을 재조정하는 데 어려움을 겪기 때문에 치료의 주요 초점이 될 수 있다.

지금-여기에서의 관계 탐색 : 관계적 관점에서 접촉수정 프로세스를 이해하려면 접촉수정이 항상 상호 영향의 맥락에서 발생한다는 사실을 고려해야 한다. 따라서 접촉 수정은 크든 작든 지금-여기에서의 관계에 대한 반응이다. 위에서 설명한 것처럼 '접촉 경계 역동'(Gaffney, 2009)을 탐색하면 내담자가 자동적 관계 유형을 촉발하는 요인을 이해하는 데 도움이 될 것이다.

당신 자신의 반응 알아차리기 : 내담자와의 접촉을 수정하는 방법은 지금 여기에서의 패턴이 어떻게 공동창조되고 있는지를 알아차리는 데 도움이 된다. 예를 들어 습관적인 접촉 수정이 명백한 내담자와 상담을 마친 후 당신 자신에게 질문을 하자.

나의 역할은 무엇이었는가?

나는 무엇을 느꼈고 어떤 감각을 가졌으며 어떤 생각을 했는가?

나는 무엇을 하였고, 어떤 말을 했는가?

말하고 싶었던, 하지만 말하지 못했던 말은 무엇이었는가?

치료 과정에서 '임상적 선택 지점'이 있을 때, 당신의 생각을 내담자와 공유하고 향후 상담 방법에 대한 선택지를 제공하자. 내담자가 어떤 선택지에 마음이 끌려 하는가? 내담자에게 또 다른 제안이 있는가? 이는 한 사람이 아니라 두 사람이 이 문제에 직면하고 있음을 강조한다!

결론적으로 내담자(그리고 당신 자신)가 각각의 새로운 상황에 창조적으로 적응하는 다양한 방식에 자주 놀란다면, 당신은 건강한 프로세스를 향해 좋은 진전을 이루고 있음을 알 수 있을 것이다.

양극성

개인이 자신의 한 부분을 인식할 때마다 정반대 또는 극성이 암묵적으로 존재한다. 그것은 배경이 되어 현재 경험에 차원을 부여하지만 충분한 힘을 모으면 그 자체만으로도 하나의 전경으로 드러날 만큼 강력하다. 이 힘이 지지되면 통합이 발달할 수 있다.
(Polster & Polster, 1973)

반응의 경직성에 대해 생각할 수 있는 또 다른 방법은 그것이 고정된 극성 때문일 수 있다는 것이다. 사람의 모든 측면은 잠재적으로 한쪽 또는 극성을 띠고 있으며, 다른 쪽은 인식되지 않고 그 전경에 대한 대조되는 지점을 형성한다. 어떤 것은 '남성적이고 여성적', '약하고 강한', '행복하고 슬픈' 등으로 선명하다. '통제와 복종', '결합과 분리'와 같은 개인적 관계 유형에 따라 더 섬세하게 구분되는 것도 있다. 또한 '내가 어떻게 되어야 하는가'에 대한 신념이나 내사와 연결될 수 있다. Perls는 상전과 하인(상전 : 운동을 더 많이 해야 하고 건강한 다이어트를 위해 음식을 챙겨먹어야 하고 책을 더 많이 읽어야 해 VS 하인 : 나는 오늘 스트레스가 너무 많아. 힘들어. 내일 할 거야)이라고 부르는 양극 또는 분열을 구분하는 것을 좋아했다. 이 두 개념은 서로 끌어당기면서 끊임없는 교착 상태를 만든다.

그러나 특정 유형의 극성은 각자에게 독특하다. 건강한 기능이란 습관적인 자동 반응이 아니라 새로운 상황에서의 가장 적합한 반응, 즉 연속체에서 가장 좋은 위치로 대처하는 능력을 말한다.

예를 들어 말콤은 항상 조용하고 친절하다. 그는 자신이 사려 깊고 친절하고 겸손한 이미지를 가지고 있으며 자신을 내세우거나 자발적으로 말하는 것에 대해 강한 저항을 가지고 있다. 또 다른 예로 짐은 세상에는 강함과 무력함이라는 두 가지 입장만 존재하며, 두 입장 중 항상 '강력함'을 유지해야 한다고 생각하도록 양육되었다. 이는 어떤 문제나 원칙에서 자신을 쉽게 '무력'하게 내버려두지 않겠다는 의미일 것이다. 이것은 타협을 요구하는 관계나 동등한 만남이 필요한 팀워크 면에서 그에게 심각한 불이익을 줄 수 있다.

우리는 모든 사람들이 격렬한 감정에 휩쓸릴 수 있고 그 감정을 부정하기보다는 자신의 모든 부분을 알고 격렬한 감정을 사용하지 않는 것을 선택하는 것이 더 건강하다는 입장을 취한다('나에게 무슨 일이 일어났는지 잘 모르겠다'라고 말하는 범죄자의 말에서처럼 자신은 알아차리지 못한 채 감정의 영향을 받을 수 있다).

모든 극성은 잠재적으로 필요하며 극성의 한쪽 끝을 나쁘거나 약하거나 원하지 않는 것으로 쉽게 명명하는 경향에 대해 경고한다(공격성은 어린아이에게는 부적절하지만 가해자를 물리치는 데에는 필요할 수 있다). 양극성에 가치판단을 두는 것 또한 그림자 특성을 수용하거나 변형의 가능성을 잃게 되는 것이다.

💡 **제안 11-1**

잔인함, 비판, 질투, 경쟁심 등 당신이 평소에 표현하지 않거나 자신에게 있다는 것을 알고 있지만 숨기려고 하는 특성을 찾아보세요. 그 특성에 온전히 접촉하고 좋든 싫든 그것을 진정한 당신의 일부로 받아들이세요. 이 특성이 필요하거나 도움이 되는 상황을 찾아보세요. 당신은 그것을 어떻게 긍정적으로 묘사할 수 있을까요?

게슈탈트 이론의 기본적인 믿음은 다루거나 통합하기 너무 어렵다고 생각되는 자신의 일부를 부정하거나 분리하는 것은 건강하지 않은 과정이라는 것이다. 이러한 분리된 부분은 종종 알아차림 밖으로 밀려나거나 다른 사람에게 '투사'된다. 이러한 과정을 알아차림에서 벗어나기 위해서는 에너지가 필요하기 때문에 새로운 상황에서 대응하기 위한 새로운 에너지의 가용성은 감소될 수밖에 없다.

이런 일이 일어나는 주요 방법 중 하나는 동일시 과정을 통해 내담자가 양극단의 한쪽 끝을 부정하고 다른 쪽 끝과 동일시하는 것이다. 예를 들면 '나는 결코 거짓말을 할 수 없다', '나는 혼자가 되는 것을 견딜 수 없다', '나는 절대로 화를 내지 않는다', '나는 결코 내 아이들을 다치게 할 수 없다'라 할 수 있다. 이 과정은 대부분 인지적 또는 정서적으로 발생하지만 신체 에너지가 제한되거나 과도하게 표현되는 것으로 나타나기도 한다. 치료자의 임무는 내담자가 반응의 유연성과 선택을 회복하도록 돕는 것이다.

◆ 내담자가 굳게 잡고 있는 특성의 반대를 확인하는 것으로 시작하자. 이것은 내담자에게 고유하긴 하지만 반드시 가장 분명한 것은 아니다. 예를 들어 사랑의 극성은 미움일 수도 있고 거절일 수도 있다. 내담자에게 그 특성의 반대를 상상해 보도록 권할 수 있다. 당신은 내담자에게 제안을 함으로써 내담자에게 도움을 줄 수 있을 것이다.

◆ 다음 단계는 내담자가 극성이 없을 가능성을 상상하도록 격려하는 것이다.

◆ '당신은 …느낌을 상상할 수 있나요?'와 같은 질문은 종종 '나는 그것을 느끼거나 상상할 수 없습니다' 또는 '그건 나에게 불가능해 보입니다'라는 반응을 불러일으킨다. 다른 극성의 가능성에 대한 저항의 강도는 그것을 알아차림에서 멀리하게 하는 데 포함된 에너지에 대한 단서를 줄 수 있다. 이러한 신념과 태도는 수년 전에 만들어져 현재까지 이르게 된 창조적 적응이라 가정해 보자. 여기 이곳은 작은 실험을 제공할 수 있는 공간이다.

◆ 다른 극성과 동일시하는 경험을 제공하는 것이 중요하기 때문에 두 의자 작업과 역할극(10장 실험하기 참조)은 매우 유용하다. 처음에는 '마치 …인 것처럼'일 수 있다. 그런 다음 당신의 개입이 정확하다면 내담자는 거부된 특성에 안착하고 에너지를 주기 시작할 것이다. 내담자에게 예를 들어 '나는 그 사람을 절대 용서하지 않을 거예요'와 '나는 그 사람을 용서할 거예요'와 같이 문제에 대한 두 가지 상반된 태도 사이에서 대화를 시작하도록 요청할 수 있다. 내담자가 신체 반응, 감정, 반응에 주의를 기울이고

번갈아가며 상대방에게 응답하면서 각각의 극성에 최대한 많은 열정과 에너지를 충분히 쏟을 수 있도록 격려하자. 이 연습이 어떻게 새로운 통합으로 연결될 수 있는지는 실로 놀랍다.

◆ 창조적 무심의 상태를 유지하도록 주의를 기울이자. 한쪽 혹은 다른 쪽(특히 하인)을 지지하고 있는 자신을 발견하기 쉬우므로 조심해야 한다. 가해자로 보이는 측면이 때로는 필요한 에너지를 가지 있으며 뭔가 중요한 것을 표현하려고 할 수도 있다는 점을 염두에 두어야 한다.

◆ 극성의 이름을 재정의해 보자. 강한 것과 약한 것은 강한 것과 유연한(또는 민감한, 취약한, 개방적인, 관대한) 것으로 재구성할 수 있다. 내담자에게 에너지와 통찰력을 제공하는 요소를 확인하자. 예를 들어 호쉬는 스스로 정의한 '게으름'을 상담자가 기업문화의 과잉업무의 압박에 저항하기 위한 '강점'으로 재정의 했다는 말을 듣고 나서 마음에 큰 변화가 일어났다.

◆ 특정 극성에 대한 능력을 갖고 있는 것이 그것에 기초하여 행동을 하는 것과는 다르다는 것을 기억하는 것은 중요하다. 예를 들어 누군가를 죽이고 싶은 마음이나 질투심을 느끼는 자신의 일부를 인식한다는 것은 인간이 가지는 다양한 가능성을 단순히 인정한다는 의미이다. 때로는 내담자들에게 우리가 적대적인 행동을 하고 싶어하는 것과 실제로 행동으로 옮기는 것과의 차이를 이해하고 있다는 사실을 안심시켜줄 필요가 있다.

권장문헌

Mackewn, J. (1997) *Developing Gestalt Counselling*. London: Sage. (**See Chapter 12**.)

Perls, F. S. (1976 [1973]) *The Gestalt Therapy Approach, and Eyewitness to Therapy*. New York: Bantam.

Polster, E. and Polster, M. (1973) *Gestalt Therapy Integrated*. New York: Vintage Books. (**See Chapter 4**.)

Sills, C., Lapworth, P. and Desmond, D. (2012) *An Introduction to Gestalt*. London: Sage. (**See pages 56–66**.)

Simon, L. (1996) 'The nature of the introject', *Gestalt Journal*, 19 (2): 101–30.

제12장

미해결과제

게슈탈트 세계에서 가장 널리 알려진 문구 중 하나인 '미해결과제'는 이 책에서 우리가 여러 번 사용하는 문구이다. 미해결과제unfinished business란 내담자가 해결하지 못한 과거의 상황, 특히 외상적이거나 어려운 상황을 의미한다. 이 책의 대부분의 장은 해결되지 않은 과거로 인해 지금 이 순간을 살아갈 수 없는 일종의 미해결과제와 관련이 있다. 이 장에서는 발생한 일을 완전히 받아들이지 못하고 앞으로 나아갈 수 없는 것이 문제의 핵심이 되는 사건들을 구체적으로 살펴보고자 한다.

시소의 한쪽 끝에는 불편함이나 좌절감이 있다. 내담자는 과거의 사건이 계속해서 생각난다고 이야기한다. 예를 들어 사별한 누군가 혹은 무시당하거나 학대받았다고 느꼈지만 말하지 못했던 상황 등이다. 내담자는 강박적으로 기억 속으로 되돌아가 자신이 말하거나 행동했어야 했던 것을 되새긴다. 상황이 완결되지 않았다는 느낌이 들며 '종결을 강요' 당한다(Perls, 1976: 121). 미해결과제는 강박적인 사고뿐만 아니라 긴장이나 표현되지 않은 감정의 신체 증상으로도 나타날 수도 있다.

다른 한편으로 외상 후 스트레스 장애와 같이 이전 외상으로 인한 미해결과제는 내담자를 심각하게 하고, 심신을 약화시키며, 때로는 일상생활에서 기능을 할 수 없을 정도로 지속된다(20장, 21장 트라우마 참조).

치료과제는 내담자가 앞으로 나아갈 수 있도록 어떤 일이 일어나야 하는지를 알아내는 것이다.

배경 탐색하기

치료의 첫 번째 과제는 미해결과제의 역사와 그것을 유지하는 신념과 내사를 탐색하는 것이다. 이것은 현상학적 탐구 방법을 통해 가장 잘 이루어진다.

사례 12-1

크리스틴은 최근 남자친구로부터 동거를 하자고 제안을 받았는데 이 문제로 남자친구와 헤어진 후 상담을 받으러 왔다. 크리스틴은 남자친구의 제안에 불편함을 느꼈고 그를 밀어내고 싶은 강한 충동을 느꼈다. 이전에도 관계가 깊어지는 상황에서 남자친구와 헤어지는 일이 두 번이나 더 있었다. 그녀는 왜 이런 일이 '계속 일어나는지', 어떻게 이런 패턴을 깰 수 있는지 알고 싶었다. 크리스틴의 역사를 탐색하는 동안 그녀는 사랑하는 어머니가 있었지만 자신을 골칫거리로 여기는 자주 바뀌는 '새아버지들'과 함께 평생을 살아왔다고 말했다.

[내담자가 문제에 집중하고 수반되는 감정, 생각 및 신체적 감각을 완전히 알아차리도록 격려하자.]

상담자(조슈아)는 크리스틴에게 남자친구와 동거하는 상상을 해 보고 그녀의 의식 속에 무엇이 떠오르는지에 주의를 기울일 것을 부탁했다. 크리스틴은 이유를 말할 수 없었지만 결코 잘 되지 않을 것이라는 생각에 불안과 패닉에 빠졌다.

[이 반응을 통해 그것이 이전의 경험과 연결되어 있는지 탐색해 보자.]

상담자는 크리스틴에게 눈을 감고 이런 감정을 기억하는 가장 초기의 기억으로 거슬러 올라가보라고 요청했다(EMDR에서 가져온 플로트백 기법, Shapiro, 2001 참조). 크리스틴은 남자친구와의 감정이 집에서 10대였을 때를 떠올리게 한다고 말했다.

상담자의 격려로 크리스틴은 어린 시절 '새아버지들'이 오갔던 일들을 세세하게 기억해내기 시작했다. 그녀는 반복적으로 무시와 방치되었던 자신의 괴로움과 고통을 재접촉할 수 있었다. 그녀는 방에서 혼자 흐느껴 울던 어릴 적 좌절감과 무력감을 떠올렸다. 그녀는 실제로 어떤 남자도 필요치 않으며 아버지 없이 충분히 자급자족할 수 있다고 스스로 생각하면서 이 상황에 창조적으로 적응해 나갔다. 몇 주에 걸쳐 크리스틴은 어린 시절 세세한 기억들로 돌아갔고, 특히 자신의 경험을 표현할 때 신체반응과 감정에 대해 더 예리하게 집중했다. 크리스틴은 남자친구가 그녀와 함께 살기를 원했을 때 그녀가 어떻게 긴장하고 당황했는지 알아차렸고, 이것이 새아버지가 있는 한 소녀로서의 기억이라는 것을 알아차렸다. 그녀는 또한 딸로서 그렇게 무시당하고 미움을 받은 것은 분명히 뭔가 자신에게 문제가 있는 것이라고 생각했던 것을 기억했다.

크리스틴의 불안과 불신, 남자친구와 함께 살면 모든 것이 잘못될 것이라는 믿음이 과거 경험과 밀접하게 연결되어 있고, 다시 상처받지 않도록 알아차림 밖에서 효과적으로 보호하고 있다는 것이 매우 분명해졌다. 크리스틴은 어린 시절의 경험을 극복했다고 생각했기 때문에 이러한 연결고리가 있다는 사실에 충격과 놀라움을 금치 못했다. 그녀에게는 남자는 믿을 수 없고 결국에는 남자가 자신을 실망시킬 것이라는 핵심 신념이 형성되어 있었다.

핵심 신념과 감정으로 작업하기

문제를 파악한 상담자는 지금 여기에서 문제가 어떻게 유지되는지에 직접 초점을 맞출 수 있다. 한 가지 방법은 인지적으로 작업하여 핵심 신념을 파악하고, 이를 명확히 표현하고, 타당성을 검토하고, 내담자와 함께 대안을 모색하는 것이다. 이를 통해 내담자는 관련 감정을 느끼고 그 밑에 숨어있는 표현되지 않은 감정을 발견할 수 있다.

사례 12-2

크리스틴은 '내가 사랑스럽지 않기 때문에 어떤 남자도 나에게 관심이 없을 것'이라고 믿고 있음을 확인했다. 그녀는 상담실에서 자신의 신념을 강화할 수 있는 방식으로 어떻게 행동하는지에 초점을 맞추었다. 남성 상담자인 조슈아가 따뜻함을 표현하면 크리스틴은 의심하고 그의 관심을 거부하였고, 조슈아는 방어하면서 짜증을 냈다. 수퍼비전 과정에서 상담자는 거부감에 대한 자신의 취약성에 대해 이야기했고, 수퍼비전 이후 상담자는 크리스틴의 철수 욕구에 대한 공감에 계속 머무를 수 있었다. 점차 크리스틴은 '나에게 진심으로 관심을 갖는 남자가 있을지도 모른다', '나도 사랑받을 자격이 있다'는 가능성에 대해 고민하기 시작했다. 크리스틴은 상담자의 관심과 보살핌을 얼마나 원하고 소중히 여기는지를 스스로에게 알려주고 표현했다. 상담이 후반에 다다를 쯤 크리스틴은 '나는 사랑스러운 사람이다'라고 믿기 시작했다.

상상으로 작업하기

조슈아는 다양한 형태의 표현을 시도해 볼 수 있는 실험을 제안하였다. 이는 상상력을 발휘하거나 상담실에서 내담자와 함께 역할극으로도 가능하다(10장 실험하기 참조). 그러나 내담자가 적절한 반응을 하거나 상상하기를 할 수 없을 수도 있다. 이런 경우 당신은 내담자에게 제안을 해야 할지도 모른다. 사별한 사람을 상상하여 '보고 싶다'라고 말하거나 내담자를 괴롭혔던 사람에게 하고 싶었던 말을 큰 소리로 말하는 등 작은 실험을 할 수도 있다.

사례 12-3

크리스틴은 여전히 미해결된 에너지를 느꼈고 다시 이에 대해 이야기를 하였다. 그 후 그녀의 집에 살았던 여러 남자들의 비난과 거부에 직면했을 때 자신이 얼마나 무력감을 느꼈는지를 알아차렸다. 상담자는 가장 상징적인 새아버지 케빈과 대화를 할 수 있도록 다양한 실험을 준비했고, 크리스틴은 처음에는 상담자의 많은 도움을 받아 케빈의 침범이 얼마나 싫은지를 말하면서 화를 내고 분노를 표현했다. 그 후 크리스틴은 매우 활기를 띠게 되었고, 항상 잃어버렸다고 느꼈던 힘과 자신감을 찾았다고 느꼈다.

내사로 작업하기

크리스틴의 경우는 아니지만, 내담자의 내사 때문에 상담의 진전이 없을 때 미해결과제의 특정 형태를 볼 수 있다. 내사는 타인의 신념을 내면화한 것으로 종종 우리가 사회에 적응할 수 있게 해주는 중요한 사회 규칙이다. '큰 길에서 놀면 안 된다', '어두워지기 전에 귀가해라', '도둑질 하면 안 된다' 등 소화되지 못한 꿀꺽 삼켜 통째로 흡수되어 버리는 것처럼 많은 아이들에게 주는 강력한 지시에서 뚜렷한 예를 볼 수 있다. 많은 내사가 필요하고 유용하지만 어떤 내사는 미해결과제의 경직성의 중심이 될 수 있다. 세상에 대한 부정적 가정을 지나치게 일반화하거나 예를 들어 '절대로 다른 사람에게 의존하지 말라', '너는 결코 성공하지 못할 것이다', '너는 사랑받을 자격이 없다'의 내용을 자녀들에게 강요하기도 한다. 아이가 성장한 후에도 여전히 내사에 순응해야 한다는 강한 압박감을 느끼고 그것을 거스르려고 하면 불편함을 느낄 수 있다.

💡 제안 12-1

어린 시절을 떠올려 보세요. 가족 생활에서 어떤 메시지나 지침이 있었나요? 식사에 대한 특별한 규칙이 있었나요? 몸, 정직, 도덕, 교양에 대해 어떤 메시지를 받았나요? '팔꿈치를 식탁에 올리지 말아라', '입을 크게 벌리고 먹지 말아라' 등등. 이제 이러한 생애 초기 지침 중 몇 가지를 여전히 따르고 있는지 생각해 보세요. 이러한 지침들은 성인이 되어 자유롭게 선택한 것인가요? 아니면 아무런 생각이나 의문의 여지없이 그냥 따르고 있는 것인가요?

내담자가 내사를 알아차리게 하여 그가 내사를 유지할 것인지 중단할 것인지에 대한 선택을 할 수 있도록 돕는 것이 치료자의 일이다. 치료자는 일반적으로 어떤 신념이 유용한지 아닌지를 결정하는 데 어떠한 영향도 미치지 않으려고 노력해야 한다. 내담자가 내사를 유지할지 거부할지를 선택하는 것은 내담자의 특권이다.

몇 가지 제안들

◆ 내사의 전체적인 의미를 파악하자. 당신은 근본적인 가정을 주의 깊게 살펴볼 수 있다. '당신이 그것을 결코 바로잡을 수 없다는 강한 신념을 가지고 있다는 것을 알아차립니다', '어떻게 그렇게 믿게 되었나요?', '그렇다면 당신은 아무것도 제대로 할 수 없다는 것이 사실인가요?', '당신은 감정을 표현하는 것이 항상 잘못이라고 생각하나요?'와 같은 질문을 통해 내사 또는 신념을 알아차리게 된다.

◆ 충분한 지지를 받고 있는 내담자에게 현재의 한계가 어느 정도인지 이해하기 위해 내사를 과장하도록 요청할 수 있다. 예를 들면 내담자에게 '절대로 화를 내지 않겠다고 온 힘을 다해 확신을 가지고 말씀해 보세요'라고 할 수 있다. 내담자에게 그 신념을 큰 소리로 말하거나 심지어 '나는 어떠한 상황에서도 절대로 화를 내지 않을 것이다'라고 외치라고 요청할 수도 있다. 이 자체만으로도 내사에 대한 명확한 알아차림을 가져온다. 내담자가 얼마나 엄격하게 이 신념을 가지고 있는지, 그리고 모든 상황에 얼마나 의심의 여지없이 적용하는지가 지금 여기에서 드러나는 것이다. 이 시점에서 내담자는 호기심을 갖기 시작하고 심지어 왜 이것을 그렇게까지 강하게 믿는지에 대해 진정으로 의아해할 수도 있다.

◆ 때로는 내담자가 내사를 받아들인 사람이나 상황을 다시 마주하도록 도와주는 역할극이 필요하다. 그런 다음 그는 모든 자원과 이해를 사용하여 메시지를 거부하거나, 수정하거나, 지금 여기에 있는 내사를 제공한 이와 논쟁하는 등 새로운 결정을 내릴 수 있다. 만일 내담자가 어딘가 막힌 느낌이 들면 역설적인 역할극도 도움이 된다. 예를 들어 오랜 세월을 내사에 복종하면서 보낸 내담자가 부모에게 이야기하는 상상을 하고 직접 말하기를 할 수 있을 것이다.

이러한 경직된 메시지의 구조를 해체하면 내담자는 교착 상태를 유지하고 있는 부분의 영향으로부터 벗어나 선택적으로 움직이며 앞으로 나아갈 수 있다.

통합하기

일부 미해결과제의 종결은 충분히 이루어지지 않을 수도 있다. 심각한 상실, 박탈, 또는 학대의 모든 영향으로부터 온전히 회복되기를 기대하는 것은 비현실적이다. Melnick과 Roos(2007)는 '종결 신화'를 피하고 많은 미완성된 삶에 대한 사건들의 불가피함을 받아들여야 함을 주장한다.

　내담자는 항상 특정 영역에 취약성을 가지고 있을 수 있으며 새로운 상황이 비슷한 위기를 일으키는 경우 그 영역으로 여러 번 돌아가야 할 수도 있다. 그러나 마지막 단계는 배운 내용을 동화하여 지금 여기에서 가장 창조적으로 적응할 수 있는 방법을 모색하면서 앞으로 나아가는 것이다.

사례 12-4

크리스틴은 현재의 남자친구와 자신의 과거를 공유하기로 합의하고, 두 사람은 두려움과 불안이 발생하면 그것들에 대해 이야기하고, 취약성을 설명하기로 했다. 다행히 남자친구는 이에 대해 개방적이었고 이들의 관계는 상담 장면과 유사한 방식으로 발견과 도전의 공간이 되었다. 미해결과제의 압박에서 풀려난 크리스틴은 감정적으로 억누르고 남자친구의 애정을 거부해 온 많은 방식들을 알아차렸다. 그녀는 헌신적인 관계로 나아갈 수 있는 새로운 가능성에 흥분하고 있었다.

권장문헌

Clarkson, P. and Mackewn, J. (1993) Key Figures in Counselling and Psychotherapy: *Fritz Perls*. London: Sage. (**See pp. 68–72 and 115–20.**)

Harris, E. (2007) 'Working with forgiveness in Gestalt therapy', *Gestalt Review*, 11 (1): 108–19.

Korb, M. P., Gorrell, J. and Van De Riet, V. (2001) *Gestalt Therapy: Practice and Theory*, 2nd edn. New York: Pergamon Press. (**See pp. 63–4 and 127–9.**)

Melnick, J. and Roos. S. (2007) 'The myth of closure', *Gestalt Review*, 11 (1): 90–107.

Polster, E. and Polster, M. (1973) *Gestalt Therapy Integrated*. New York: Vintage Books. (**See Chapter 2.**)

제13장

전이와 역전이

전이 현상을 능숙하게 다루지 않고는 좋은 치료를 할 수 없다. 발달상의 문제를 무시해도 좋은 치료는 불가능하다. 게슈탈트 치료에서는 대화적 관점과 현상학적 태도를 사용하여 이 두 가지를 모두 다룬다. (Yontef, 1991: 18)

전이와 역전이란 무슨 뜻인가?

전이란 1900년대 초 Freud가 처음 설명한 현상으로 내담자가 과거 관계의 양상을 분석가와의 현재 관계로 옮기는 것으로 알려져 있다. 내담자는 분석가를 그의 어머니, 아버지 또는 과거의 중요한 인물인 것처럼 대한다. 당초 Freud는 그것을 분석에 대한 방해로 여겼으나 이후 전이 해석이 치료의 초점이 되었다.

Perls(1947)는 게슈탈트 치료를 이러한 주안점에서 벗어나기 위해 무척 열심이었다. 그는 전이의 현실을 부정하지는 않았지만 그 중요성에 의문을 제기했다. 그는 치료에서 가장 중요한 요소는 진정한 관계와 진정한 접촉이라고 주장했다. 초기 게슈탈티스트들은 종종 정신분석적 치료로부터 거리를 두려는 시도에서 '전이를 가지고 작업하지 않는다'고 주장했다. 사실, 그들이 의미했던 바는 그들이 정신분석가과 같은 방식으로 전이를 다루지 않는다는 것이다. Yontef가 서문에서 주장한 것처럼 전이는 여전히 치료의 중요한 부분이다.

전통적인 정신분석가는 전이를 탐구하고 해석하는 경향이 있는 반면, 게슈탈트 치료자(그리고 실제로 대부분의 현대 정신분석가)는 전이를 지금 여기에서 나타나는 상호영향의 관계적 춤(종종 상호주관성이라고 함)으로 간주한다. 전이는 여전히 '실제' 관계의 일부이므로 게슈탈트 상담자에게 매우 중요하며, 게슈탈트 관점에서 전이현상은 공동창조된 것으로 본다. 다음은 이러한 '공동전이'가 어떻게 발전할 수 있는지를 보여주는 예시이다.

사례 13-1

에디트는 외로움과 고립감을 느끼며 자신의 문제에 대해 단조로운 목소리로 말한다. 치료자는 내담자와 연결되었다는 것을 느끼지 못한다. 치료자는 에디트가 말하는 내용이 잘 들리지 않으면서 알아차림 밖으로 밀려나기 시작한다. 치료자는 에디트의 이야기를 건성으로 듣고 시계를 본다. 별다른 인지 없이 에디트는 치료자의 관심 없다는 익숙한 징후들을 그대로 받아들인다. 에디트는 자신의 생기 없는 결혼생활에 대한 묘사를 서두르고 마지막에는 자신이 너무 많은 어려움을 겪고 있는 것은 아닌지 미안하다는 듯이 주장한다. 다행히도 치료자는 다음에 에디트를 만나기 전에 수퍼비전을 받았다. 치료자는 자신이 '꽤 지루한 내담자'를 만났음을 말하면서 그 회기에 대해 지루하고 무관심하게 설명을 한다. 수퍼바이저는 병렬 과정으로 끌려가고 있음을 느끼고, 에디트가 지루한 사람이라고 생각하기 직전까지 갔던 자신을 발견한다. 시간이 지나면서 수퍼바이저는 자신을 다잡고, 에디트의 이야기와 에디트와 치료자의 상담 관계를 묻기 시작한다. 수퍼바이저는 치료자에게 묻는다 : 그때 무슨 일이 일어났나요? 에디트는 그것에 대해 어떻게 반응했나요? 에디트의 에너지는 어디에 있었나요? 그녀의 신체 언어는 무엇이었나요? 치료자는 이들 중 어느 것에도 전혀 궁금해하지 않았다는 것을 알아차린다.

점점 치료자는 자신과 에디트가 거리감과 연결감 부족의 관계를 공동으로 만들고 있었다는 사실을 알아차리기 시작한다. 치료자는 우울한 어머니와 무관심한 아버지를 대신하는 치료자와 에디트 사이의 전이 가능성을 인식한다. 치료자는 그들 사이의 다른 대화의 가능성을 상상하기 시작한다. 다음 회기에서 치료자는 "에디트, 당신에 대해 생각하고 있었는데요. 당신이 당신의 삶에 대해 말할 때 당신이 어떤 감정을 느끼고 있는지를 제가 잘 모른다는 것을 알아차렸습니다. 당신의 느낌에 대해 좀 더 말씀해주실 수 있을까요?" 이번에는 치료자는 연결하고 현전하고 포함한다. 에디트가 자신의 감정과 반응을 그냥 지나치면 치료자는 에디트를 잠시 멈추고 신체감각에 집중하기를 요청한다. 처음에는 에디트가 잠깐 방향을 잃었지만 점차 그녀는 활기를 띠고 실제 만남이 시작되면서 공동창조된 장은 활기와 흥미를 더해간다.

'공동전이'의 영향력과 강도는 내담자와 치료자의 치료적 기대 정도, 그리고 두 사람이 알아차림에서 벗어나는 정도에 따라 상황마다 다르다. 치료자와 내담자가 나-너 관계의 대화에 더 많이 참여할수록 전이가 덜 일어나리라는 것은 의심의 여지가 없다.

내담자(또는 누구나)가 자신의 과거를 통해 현재에 의미를 부여하거나 관계적 기대를 형성하는 과정은 일상생활에서 반드시 일어나는 일이다. 인사를 하러 다가오는 옛 친구의 의도를 알아차리려고 노력하는 것이 바로 이런 방식이다. 손을 뻗어 옛 친구를 포옹하는 것과 같은 인식과 반응은 우정에 대한 과거의 기억과 경험, 그리고 타인들과의 유사한 관계 경험에 대한 나의 기대 또는 전이를 기반으로 한다. 이러한 유형의 전이는 이전 경험을 바탕으로 세상을 이해할 수 있게 해주는 필수적이고 필요한 기능이다.

건강한 관계 프로세스의 가장 중요한 면은 관계 경험이 지속적으로 업데이트되어 현재의 현실이 기대와 예상을 수정할 수 있도록 허용한다는 것이다. 그러나 종종 우리는 과거 진실이라고 생각했던 것이 항상 진실일 것이라고 판단하고서는 우리의 준거 틀을 더 이상 업데이트하려고 시도하지 않는다. 더 정확하게는 업데이트할 수 없다. 준거 틀을 기반으로 하는 관계 패턴은 우리의 알아차림 밖의 프로세스, 즉 우리 배경의 일부로 형성되어 있기 때문에 재적응에 접근할 수 없다(Wheeler, 2000).

어린아이는 자신이 태어난 세상을 이해하기 위해 고군분투 하면서 패턴을 찾고 예측 가능한 사건을 찾아 어떤 행동이 어떤 결과를 낳는지에 대한 감각을 확립한다. 아이는 자신의 욕구를 충족시키기 위해 상호작용 하는 방법을 이해할 수 있도록 자신의 세계가 어떻게 구성되는지에 대한 템플릿이나 고정된 게슈탈트를 만들어야 한다. 이 템플릿들은 주변의 중요한 사람들과의 관계, 물리적 세계, 그리고 그 안에서의 자신의 위치를 이해하는 데 사용된다. 가장 초기의 템플릿은 주 양육자(보통은 어머니나 아버지, 종종 조부모, 누나, 형제 또는 기타 가족 구성원)와의 관계적 장에서 형성된다. 이러한 초기 관계와 이후에 형성되는 학교에서의 관계는 일반적으로 모든 후속 관계에 대한 이해의 기반이 되는 경우가 많고, 특히 가장 친밀한 관계들에 대한 이해에 영향을 미친다.

예를 들어, 만일 내가 어렸을 때 아버지가 비판적이고 지배적이었다면, 나는 습관적으로 내가 틀릴 것이라는 불안과 기대로 반응할 수 있다. 내가 어른이 되어 집을 떠난 후에도 내가 만난 모든 거만한 남성에게서 이러한 반응을 예상한다면—심지어 내가 성인이 되어 집을 떠난 후에도—이것은 공동창조된 전이의 일부이자 제한된 관계 방식일 것이다. 나는 나도 모르게 어린 시절의 경험을 반복하면서 나의 세계관을 확인하게 된다. 전이 현상은 과거 관계에서 존재하는 미해결과제가 완결을 추구하기 때문이다. 때때로 이번만큼은 문제가 해결되기를 바라는 마음으로 몇 번이고 그 문제를 반복하는 패턴을 보이기도 한다.

제안 13-1

다음 네 문장을 형용사 또는 간략한 설명을 사용하여 빠르게 완성하세요. (예 : 어머니는 친절하고 배려하며 나를 잘 돌봐줍니다.)

어머니들은…
선생님들은…
남자들은…
의사들은…

답변이 당신의 전이 기대 중 일부를 나타내고 있는지를 확인하세요.

치료자는 치료실에서 발생하는 전이와 접촉 유형이 더 넓은 세상에서 내담자(그리고 자기 자신)의 관계를 반영할 것이라고 가정한다. 이런 식으로 상담실은 내담자의 관계적 삶을 비추는 밝은 빛이 될 수 있다.

전이 알아차리기

게슈탈트에서 전이를 공동창조된 현상으로 보지만, 내담자가 자신의 경험과 자신의 세계를 어떻게 구성하는지를 더 깊이 이해할 수 있도록 돕기 위해 공동전이 요소를 분리하고 내담자와 상담자의 각기 다른 기여를 확인하는 것이 유용할 때가 있다.

전이는 **능동적인** 과정이며 더 정확하게는 '전이하는'이라고 불러야 한다. 하지만 이 책에서 우리는 명확성을 위해 더 일반적인 용어인 전이를 사용하기로 한다. 더 강한 형태의 전이에서는 내담자가 당신을 전혀 보고 있지 않다고 느낄 정도로 이상하고 부적절한 방식으로 당신을 대하고 있다는 느낌을 가질 수도 있다. 마치 내담자만이 지각하는 것을 당신이 하고 있거나 말하는 것처럼, 당신은 내담자의 반응을 이해하기 어려울 수 있다. 예를 들어 일부 내담자는 단지 몇 번의 회기 후에 당신이 완벽한 치료자이고, 당신이 말하는 모든 말이 깊고 통찰력이 있다거나, 당신이 그들을 완전히 이해한 첫 번째 사람이라고 말하면서 당신을 이상화한다. (대부분의) 치료자에게 있어 이 상황은 믿기 어려운 일이다. 특히 당신이 내담자가 하는 이야기를 이해하는 것이 어렵다는 생각이 들면서 갸우뚱 할 때에는 더욱 그렇다.

오래전 합의된 당신의 휴가가 어떤 내담자에게는 버려짐과 무관심으로 여겨진다. 연구에 따르면, 이를 믿는 내담자의 근거는 적어도 알아차림 안에서는 당신이 인식할 수 있는 그 어떤 것과도 일치하지 않지만, 내담자는 당신에 대한 그의 생각을 경직되고 굳건하게 고수한다.

그러나 전이는 훨씬 더 미묘하고 공동으로 만들어지는 경우가 많다. 때때로 당신은 비정상적으로 피곤하거나 짜증이 나거나 비판적이거나, 반대로 과잉보호 혹은 부모처럼 느끼는 것과 같이 내담자에 대해 모순되게 반응하는데, 이것은 역전이에 의해서만 알아차릴 수 있다. 또 다른 경우, 전이와 역전이의 춤이 내담자와 치료자의 관계적 선호(예 : 두려운 내담자와 돌보는 치료자)와 매우 밀접하게 일치할 것이기 때문에 관계적 고정된 게슈탈트의 '실연'을 알아차리기까지는 상당한 시간이 걸린다.

역전이 확인하기

흔히 내담자에 대한 치료자의 모든 반응을 역전이라고 한다. 그러나 게슈탈티스트로서 우리는 이것이 도움이 되지 않을 정도로 지나치게 일반화되어 있다고 생각하며, 내담자에 대한 반응을 세 가지 범주로 분류하기를 제안한다.

◆ 첫째, 지금 여기의 상황에 대한 현실적인 반응인가? 당신은 내담자에 대해 긍정적으로 느낄 수 있을 것이다. 내담자가 친절하고 따뜻하기 때문인가? 아니면 조심스럽거나 겁이 날 수도 있다. 내담자가 까다롭거나 공격적이어서 그런걸까? 이것은 지금 여기에서의 평범한 반응일 수 있다.

◆ 둘째, 반응적 역전이일 수 있다. 이것은 내담자의 전이 기대나 희망에 반응하는 보다 더 전통적인 의미로 반복적이거나 필요했던 관계를 의미한다(이 장의 뒷부분 참조).

◆ 셋째, 이런 유형의 내담자에 대한 당신의 미해결과제의 전이는 어느 정도인가(Clarkson (1992)은 예방적 역전이라 부름)? 예를 들어 만일 내담자가 당신에게 애정을 요구했던 당신의 어머니를 생각나게 한다면 당신은 불안한 반응을 할 수 있다. '이것이 나에게 익숙한 느낌/생각인가?'라고 묻기에 좋은 질문이다. 만일 대답이 '예'라면 역전이는 적어도 대부분 자신의 전이라고 가정하는 것이 최선이다. 따라서 수퍼비전이나 치료에서의 추후 구체적인 탐색을 위해 이러한 사실을 염두에 두고 있어야 하고 물론 공동창조된 관계에 계속 영향을 미칠 것이라는 점 또한 잊어서는 안 된다.

자신의 기여를 인식했을 때, 당신의 반응에서 나온 내담자에 대한 축적된 경험을 되돌아보면 도움이 된다. 어떻게 이 특정 내담자가 왜 **지금 이 시점**에 당신에게 이러한 전이를 유발했을까? 그는 당신에게 무엇을 전달하고 있는가? 이러한 느낌이 왜 중요한가?

💡 제안 13-2

자신의 삶, 특히 인간 관계의 역사를 살펴보세요. 당신 인생을 통틀어 고정되거나 반복되는 패턴이 있나요? 예를 들어 당신을 나쁘게 대하는 배우자를 선택하거나 항상 당신을 챙겨줄 배우자를 찾거나 지배적이거나 순종적인 친구를 찾거나 상사와 관계를 맺기가 어려운 등의 패턴이 있을 수 있습니다. 자신의 관계 패턴을 파악하고 나면 이것이 내담자와의 관계에 어떠한 영향을 미칠 수 있는지를 생각해 보세요.

어떠한 경우든 전이를 정확하게 파악한다는 것은 치료자에게 있어 자기 알아차림과 명료함을 의미한다. 하지만 특히 치료자는 일반적으로 공동창조된 현상에서 하나의 역할을 담당하고 있기 때문에 이를 달성하기는 어렵다. 이러한 이유로 수련자는 교육분석을 경험하는 것이 매우 중요하다.

그림 13.1은 경직된 관계 패턴과 나-너 관계의 만남의 순간까지의 움직임을 설명한다. 수직축은 과거 패턴의 영향력 감소를 나타내는 것으로, Jacobs(2000, 2017)는 이를 '지속적이고 관계적인 주제'라고 부른다. 수평축은 나-그것에서 나-너 관계로 이어지는 관계 유형과 관련하여 상호 보완적인 역할을 하는 상대방에 대한 '끌어당김'의 감소를 묘사한 것이다.

이 그림은 세 가지 영역을 자세히 설명한다.

◆ 왼쪽 하단은 완전히 경직된 나-그것 관계가 있다. 개인은 타인의 견해와 관계 기대에 의해 주로 움직인다. 이러한 반복 패턴은 일상적으로 무언가 또는 누군가의 존재만으로 낡고 오래된 행동 패턴(때로는 성별이나 옷 입는 방식만큼이나 일반적이고, 때로는 순간적인 손짓, 눈살을 찌푸리거나 창밖을 힐끗하기도 함)을 일으킨다. 이것은 성격장애, 외상 표현, 또는 극단적 정신병리적 과정에서 자주 발견된다.

◆ 오른쪽 상단의 영역은 나-너 관계의 완전한 접촉을 설명한다. 여기에서의 과거 관계 패턴은 현재 적응적이고 적절하며 누군가가 지금 여기 만남에서 나타나는 것에 반응하기 위해 완전히 열려있다.

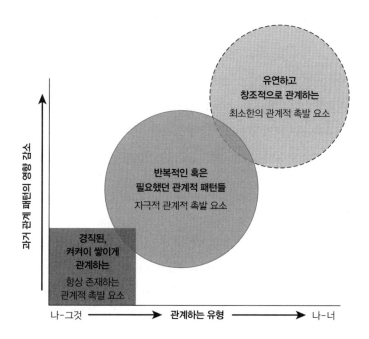

그림 13.1 관계하는 유형

◆ 가운데 영역은 과거 관계 경험에 의해 형성되는 치료 관계의 가장 일반적인 영역을 나
타낸다. 이러한 관계의 반복 중 일부는 안전하고 사랑스러운 관계에 대한 깊은 경험처
럼 긍정적이고 성장적일 수 있다. 그러나 그렇지 않은 경우도 많다. 이러한 관계는 미해
결과제의 유산이자 과거 관계의 재현으로 이미 발생한 혹은 상상하고 갈망했던 관계들
이다(Stern(1994)은 '반복되었던 혹은 필요했던 관계'라 부름).

게슈탈트 치료자와 내담자는 오른쪽 상단 영역에서 많은 순간을 가지지만(특히 치료가 성
공적일 때), 대부분의 작업은 중간영역에서 이루어질 가능성이 높다. 여기서 치료자는 자
신의 관계 패턴을 충분히 알아차려 공동전이의 실연에서 치료자 자신이 어떤 역할을 하고
있는지를 알아차릴 수 있기를 바랄 것이다.

이제 우리는 반복 또는 차이에 대한 풍부한 가능성이 있는 이 중간 영역을 더 자세히 살
펴볼 것이다. 앞서 말했듯이 몇몇 관계 패턴은 기능적이고 유익하다. 이 장에서 우리는 부
정적이거나 겉보기에 긍정적일 수 있는, 내담자에게 문제가 되는 측면에만 초점을 맞추고
자 한다.

반복되는 관계

부정적 반복 전이는 내담자에게 있어(보통 무의식적으로), 당신이 과거 내담자의 관계적 인물과 동일한 부정적인 자질이나 특성(예 : 비판적이거나 적대적이거나 버림받은 부모의 모습)을 가지고 있다고 인식하거나 기대하는 경우이다. 내담자는 당신에게서 과거 관계적 인물의 흔적을 금방 알아차린다. 그런 다음 내담자는 당신을 마치 그 인물인 것처럼 대하고 반응들을 무시하거나 상황을 확인하지 않는 특성을 보인다.

사례 13-2

치료자 키라가 다음 회기에서 작업을 검토하는 것이 도움이 될 수 있다고 제안하자, 내담자 마일즈는 바로 화를 내며 '당신이 나를 없애려고 한다는 것을 이미 알고 있었다'라고 말했다.

긍정적 반복 전이도 유사한 역동을 가지고 있지만 내담자는 당신을 긍정적으로 보고 당신이 예를 들어 따뜻하고 현명하며 사려 깊을 것으로 기대한다.

대부분 공동창조되는 것은 초기 관계역동(대상 관계라고도 함 — 이에 대한 게슈탈트 관점의 확장은 Delisle(2013) 참조) 그 자체이다. 여기에서 치료실로 옮겨지는 것은 특정 인물이 아니라 역동적인 관계적 양극성이다. 위의 키라와 마일즈의 사례를 계속 하자면, 한쪽은 비판적이고 적대적이며 무시하고, 다른 한쪽은 겁이 많고 굴욕적이며 무력감을 느끼게 된다. 이런 역동에서 내담자는 한쪽 극을 취하고 당신은 다른 쪽 극을 취하는 자신을 발견할 것이다. 그리고 그 입장은 반대로 될 수 있다. 이러한 역동은 내담자가 자신의 관계적 세계를 조직화하기 위한 것으로 대부분 알아차림 밖의 방식이다. 관계적 기대는 습관적인 고정된 게슈탈트가 되었고 내담자가 당신에게서 동일한 특성을 발견할 때 쉽게 촉발되거나 확인될 수 있다. 우리는 도표의 중간 부분에서 이러한 유형의 전이가 공동으로 창조된다는 것을 다시 한번 강조한다. 치료자로서 우리 또한 습관적인 패턴을 가져오고 사실상 우리 사이에 일어나는 일에 협력하고 있다. 우리 자신의 관계적 민감도에 따라 대상 관계를 긍정적으로 혹은 부정적으로 보완하는 역할을 실연할 가능성이 높아질 수도 낮아질 수도 있다는 것을 알게 될 것이다.

필요했던 관계

이 전이는 내담자가 발달상으로 필요했지만 과거에는 불가능했던 관계를 당신과 '열심히 행하는' 것과 관련이 있다.

이것은 '타인'에 대한 관계적 욕구의 전이이다. 즉, 보고 확인하고 조율하고 달래고 지지하는, 그렇게 함으로써 건강한 성인관계에 기반이 되는 일종의 공명하는 연결고리를 제공하는 관계다(이는 Kohut(1971, 1977)이 설명한 이상화 및 거울전이와 유사하다). 이러한 방식으로 충족되어야 할 욕구는 평생 계속되지만 건강한 자기 발달을 위한 유아기에 특히 필수적이다. 초기 경험에서 특히 이런 건강한 관계를 박탈당한 내담자는 이러한 유형의 전이를 나타낼 가능성이 높다. 어떤 의미에서 내담자는 지지적인 타자의 경험을 내사하고 내면화하고 동화하고자 한다. 치료자는 깊은 발달적 외상을 치유하는 데 있어 중요한 역할을 하는 좋은 부모 역할에 자신이 끌린다는 것을 발견할지도 모른다(20장, 21장 트라우마 참조).

필요했던 전이를 치료의 중요한 부분으로 인정하면서, 우리는 Philippson(2009)의 방어적, 표현적 전이 개념에 주목하고자 한다. 매우 긍정적이고 분명히 필요했던 관계가 때로는 갈등을 피하는 방어적인 입장이 될 수 있다. 내담자의 여정에서 갈망하는 다른 사람을 대변하는 것이 당신의 역할이라고 생각한다면 자신의 감정에 주의를 기울이자. 당신의 역동이 식상하게 느껴지거나 제약을 받는다고 느껴진다면, 이는 한때 회복적이었던 것이 관계에서 다른 무언가에 대한 방어가 되어 더 이상 회복적이지 않다는 신호일 수 있다.

전이의 출현

내담자가 전이 감정을 경험할 때, 내담자는 상대방으로부터 보완적인 반응을 유도하거나 유발하는 방식으로 행동할 가능성이 높다. 만일 내담자가 당신을 끊임없이 무능한 것처럼 대한다면(예 : 그의 아버지처럼) 그 역할에 순응해야 한다는 압박감을 느끼기 쉽다. 특히 당신이 충분하지 못하다는 미해결된 신념을 가지고 있다면 더욱더 그렇다. 당신은 곧 마치 내담자가 보는 무능하고 무력한 사람인 것처럼 '역전이적으로' 반응하기 시작할 수도 있다. 그러면 당신은 당신이 실제로 역사적 전이 역동의 적극적인 참여자가 되는 소위 전이

'실연'에 휘말려 있다는 것을 이해하는 것이 아니라 치료자로서의 실패를 느끼는 자신을 발견할 수도 있다. 이러한 순간은 더 깊고 무의식적인 의미가 발견되는 유일한 방법이기 때문에 당신은 이 순간들을 기꺼이 받아들여야 한다. 이것은 다른 관계 형태를 만들 수 있는 기회이기도 하다.

> **제안 13-3**
>
> 특정 내담자를 시각화하여 잠재적인 역전이에 대한 알아차림을 높이고 몸의 감각과 느낌에 주의를 기울이세요. 상처나 영향을 두려워하지 않고 무엇이든 말하거나 행동할 수 있는 자격이 있다고 상상해 보세요. 당신은 뭐라고 말할 건가요? 주저하거나 자신에게 인정하고 싶지 않은 것이 무엇인가요 (아마도 어떤 그림자 측면)? 이러한 반응이나 충동 중 몇 개가 당신에게 익숙하고 몇 개가 이 내담자에게만 해당되는 건가요(즉, 그의 이야기의 일부일 가능성이 높음)?

내담자와 함께 앉아 있을 때 당신의 공명, 감각과 신체 반응을 추적하면 전이적 의사소통의 증거들이 드러나기 전에 당신은 보다 더 미묘한 전이적 의사소통을 감지할 수 있다.

역전이를 내담자의 감정 또는 지금 여기에서 재현되고 있는 내담자에게서 발생한 일에 대한 정보로 사용할 수 있다. 이것은 내담자가 그 감정들을 찾고 표현해야 한다는 신호일 수 있다. 특히 강한 감정(예를 들어 필요했던 전이에 의해 유발된 감정)이 있는 경우 수퍼비전을 통해 이러한 감정을 지금 여기의 관계에 어떻게 통합하는 것이 가장 좋은지를 신중하게 고려해야 한다.

우리는 모든 치료사가 (마치 인간처럼!) 실수를 한다는 것을 당부한다. 때때로 당신은 어떤 역전이 반응을 하고 있는 자신을 발견하거나, 한 번 혹은 몇 번의 상담 회기를 끝낸 후에 무슨 일이 있었는지를 생각하면서 자신의 태도가 공동창조된 전이적 역동에 확고히 뿌리를 두고 있었음을 발견할 수도 있다. 이럴 때일수록 자기 자신을 받아들이는 것이 중요하다. 지속적인 피해를 입는 경우는 거의 없다. 경험에 따르면 대부분의 내담자는 도움이 되지 않은 것은 무시할 수 있을 만큼 충분한 지지를 받는다. 오히려 실연은 당신과 내담자 관계의 깊은 의미를 발견할 수 있는 풍부한 기반을 제공한다. 실연은 사고와 언어를 통해 접근할 수 있다. 열린 마음으로 진정성 있게 다음 회기에서 당신과 내담자 사이에 무슨 일이 일어나고 있는지, 그 의미가 무엇인지를 살펴보고 탐색하자. 당신에 대한 내담자의 반응을 받아들이고 공감하며 실수를 인정하고 심지어 사과도 하자. 이 모든 것은 엄청나게 비옥한 탐색과 만남의 장을 제공할 수 있다. 실제 만남을 만드는 작업을 기꺼이 탐색하고 공유하려는 당신의 의지는 상담자와 내담자 모두에게 풍요로운 경험이 될 수 있다.

공동전이로 작업하기

치료자가 전이와 관련하여 중요한 결정을 내려야 하는 것은 분명하다. 역동의 본질을 이해하면 최선의 반응을 결정하는 데 도움이 될 것이다.

전이에 적극적으로 대처하는 방법에 대해 아래와 같이 제안한다. 하지만 이것은 일반적인 지침으로 내담자와의 관계가 혼란스러울 때는 당신 자신에게 먼저 질문할 수 있는 성찰의 공간과 시간을 갖는 것이 좋다.

◆ 내가 지금 내담자와의 관계에서 이런 감정을 느끼는 이유는 무엇인가?
◆ 내담자의 삶에서 내가 가지고 있는 감정을 이해하는 초기 시나리오가 있는가? 예를 들어 내담자 또는 내담자의 삶에 있는 누군가가 내가 지금 느끼는 감정을 언제 느꼈을까? 나는 내담자의 이야기에서 어떤 역할을 해야 한다고 느끼는가?
◆ 유용한 개입을 하기 위해 나의 이해를 어떻게 활용할 수 있을까?

다음은 반응을 위한 여러 가지 방법이다.

받아들임

◆ 매우 취약하거나 외상을 입은 내담자는 작업 동맹을 형성하는 단계에서 참여에 대한 용기를 주기 위해 긍정적인 전이가 필요할 수 있다.
◆ 전이를 아무말 없이 허용하면 전이의 성격이나 목적을 충분히 이해하고 인식할 수 있는 기회와 최상의 전략을 고려할 시간을 가질 수 있다.

탐색하기

◆ 당신이 보고 있는 것을 묘사하여 알아차림에 초대하자.
  ○ "당신은 저의 제안을 불신하는 것 같네요."
  ○ "당신은 저에게 그것에 대해 말하기를 주저하는 것 같군요."

◆ 관계에서 전이의 본질을 탐구하자.
  ○ "제가 지금 생각하고 있는 것에 대한 환상이 있나요?"
  ○ "당신은 지금 제가 당신에게 비판적이라고 느끼고 있는 것 같아요."
◆ 내담자가 어떤 기분일지를 추측하고 그것에 대해 이야기하자.
  ○ "저로 인해 불편함을 느끼고 계신지 궁금합니다."

전이를 명명하고 직면하기

물론 이것은 전통적인 게슈탈티스트에게는 당연한 선택사항이다. 이것은 전이적 기대에 이름을 붙이고 도전하는 과정을 포함한다.

  당신은 다음과 같이 말할 수 있다.

  "당신은 제가 마치 트집을 잡거나 당신을 판단하고 싶어하는 것처럼 저를 대하는 것 같네요. 저에 대한 당신의 반응을 저는 인정하지 못하겠어요. 무슨 이유로 저를 이렇게 보는 건가요?"

혹은

  "당신은 마치 제가 모든 정답을 알고 있는 것처럼 이 문제에 대해 어떻게 해야 하는지 알려 달라고 계속 말하고 있네요. 저를 전문가로서 어떻게 생각하고 계시는지 궁금합니다."

내담자의 반응을 타당한 것으로 받아들이고(비록 전이되어 있을 가능성이 있다고 하더라도) 자신의 반응이나 현상학을 스스로 개방하면서 진정성 있게 만날 수 있다.

  "당신은 저를 비판적이라고 생각하지만 사실 저는 지금 당신에게 따뜻함을 느낍니다."

혹은 Perls와 그의 동료들이 말한다.

  치료자는 오해에 대한 설명으로, 때로는 사과로, 심지어는 (그 자신의) 상황에서 진실에 근거한 분노로도, 분노를 만난다. (1989[1951]: 249)

일부 내담자의 경우 비판, 비난 또는 수치심이 유발되는 대립에 빠지기 쉬우므로 상호 탐구 정신에서 제안된 추측 또는 가설을 제시하는 방식으로 개입할 수 있다.

"당신은 …처럼 보입니다." 혹은 "제가 판단하는 사람처럼 보이시나요?"

관계적 촉발요인 이해하기

앞서 말했듯이, 내담자의 전이 반응은 내담자의 패턴의 일부이든, 개입 방식, 몸짓, 표정 또는 목소리 톤(대개 상담자의 알아차림에서 벗어난)이든 거의 항상 상담자의 어떤 측면에 대한 반응이다. 당신이 무언가를 했을 수 있는 부분에 대해 물어보자.

"그때 갑자기 화가 난 것 같군요. 무슨 일이 일어난 건가요?"
"저의 무슨 말 혹은 행동 때문에 당신의 마음이 닫힌 건가요?"
"그때 무슨 일이 있었나요? 당신의 표정이 바뀌었고 시선을 돌렸어요."

상담자는 또한 기억되는 순간에 대한 자신의 경험을 내담자에게 이야기할 수 있으며, 만일 그 경험이 적절하다면 의사소통 또는 잘못된 조율에 대한 자신의 역할을 선택할 수도 있다. 내담자가 가장 두려워하는 상황이 당신이 그에게 화를 내는 것이라면, 내담자가 당신이 정말 화가 났다는 사실을 듣고 그것이 내담자에 대한 헌신에서 결코 벗어난 것이 아니라는 것을 정상화하는 것은 엄청난 치유가 될 수 있다. 두 사람 사이의 이 진짜 혼란스러운 순간은 두려움에 휩싸인 현실을 새로운 방식으로 대처하기 위한 실험의 기회가 될 수도 있다.

감정을 절제된 방식으로 표현하는 것은 중요하다. 즉, 화를 내기보다는 조바심이나 불편감을 느끼는 것에 대해 이야기하는 것이다. 조력 관계의 불평등한 힘의 역동이 내담자에게 미치는 영향을 증폭시킬 수 있기 때문에 신중하길 바란다.

자기개방

당신의 역전이를 개방하자. 일반적으로 게슈탈트 치료자는 실제 관계와 상호주관적 영역에 중점을 두고 내담자의 관계에 미치는 영향에 대한 알아차림을 높이기 위해 상담자의 역전이에 이름을 붙이는 방법 찾기를 목표로 한다. 통찰과 연민으로 반응을 조절한 다음, 이러한 과정을 내담자에게 제안함으로써 내담자가 관계에서 겪는 몇 가지 문제를 이해하는 데 도움이 될 수도 있다. 치료자가 내담자의 긴장을 풀어주기 위해서가 아니라 내담자를 돕기 위해 개입이 이루어지고 있다는 것을 내담자와 치료자 모두가 아는 것이 중요하다는 것을 특히 강조한다. 이에 대한 전략을 뒷받침하기 위해 4장의 자기개방 지침을 읽는 것을 권한다.

사례 13-3

치료자 : 우리 사이에 뭔가가 일어나고 있음을 알아차립니다. 상사/동료/아내 등이 당신을 진지하게 대하지 않는다고 느끼는 것을 더 잘 이해하는 데 도움이 될지도 모릅니다. 당신이 말할 때, 당신이 그/그녀에게 말하는 것과 비슷한 영향을 저에게 준다는 것을 알아차렸습니다. 당신이 당신 이야기를 할 때 어떤 식으로든 제가 그 이야기에 포함되지 않는다고 느낍니다. 저는 조금도 관여되어 있지 않은 것 같아 약간 무관심한 느낌이 들어요. 그래서 그 부분을 살펴보고 우리 사이에 무슨 일이 일어나고 있는가를 알 수 있을지를 확인하고 싶습니다.

위 사례에 대해 몇 가지 주의사항이 있다. 우리는 의도적으로 자기 책임의 언어를 모델링하지 않았지만('그것'이 나에게 영향을 미치고 있다), 내담자에게 익숙한 단어와 어구를 사용했다. 이는 내담자를 프레임에 참여시키는 것이다. 만일 여기서 일어나고 있는 일이 상담실 바깥의 세계를 상기시키고 있다는 것을 강조하고 싶다면, 지금은 새로운 의사소통 패턴을 보여줄 때가 아니다. 치료자는 또한 내담자의 특정 상황을 언급하여 개입을 적절하게 만든다. 이 사례의 또 다른 특징은 치료자가 확신을 가지고 말하기보다는 잠정적으로 말하면서 이를 탐색해 보자고 제안한다는 것이다. 내담자의 경험과 현상학에 공명하지 않는다면 아무리 통찰력이 있는 개입이라도 가치가 없다. 따라서 치료자는 자신의 현상학을 진실이 아닌 협력적인 탐색을 촉진하기 위해 제공해야 한다. 마지막으로 치료자는 내담자가 문제를 탐색하기를 원하는지 여부에 대해 내담자와 협의한다. 이렇게 하면 프로세스를 책임질 수 있는 권한이 내담자에게 주어진다.

다른 관계의 메아리 탐색하기

내담자에게 당신과의 경험이 다른 사람들과도 경험되는지 질문하자.

"당신의 삶에서 주변 사람들이 당신에게 비판적일 것이라고 생각하나요?"

이는 전이 프로세스를 강조하는 데 매우 유용한 방법이다. 내담자는 모두가 자신에게 비판적일 가능성이 얼마나 희박한지를 알거나, 반대로 모두가 자신을 두려워한다면 내담자 자신이 이러한 감정을 불러일으키기 위해 무언가를 하고 있을 수도 있다는 것을 알 수 있다.

이러한 방식으로 공동창조된 장에서 일어날 수 있는 영향에 대해 논의하고자 한다. 내담자는 비판이 두려워 피드백을 구하지 않을 수 있으며 친구와 동료들에게 내담자는 어떠한 피드백에도 관심이 없다고 믿도록 효과적으로 '훈련'되었을 수도 있다. 결과적으로 내담자는 어떠한 피드백도 받지 못하므로 전이적 기대를 업데이트할 수 없다.

원래의 관계로 연결 고리를 만들자. 역사적 뿌리와 관련된 모든 배경을 탐색하자.

"혹시 전에 이런 기분이 든 적이 있나요?"

"맨 처음 당신을 강하게 비난한 사람은 누구였나요?"

"어렸을 때 누군가 당신을 지속적으로 무시했나요?"

"그래서 당신 마음속에서는, 제가 믿을 수 없는 또 다른 사람이 되어버렸군요."

이를 통해 인생 초기 중요한 타인과의 관계에 대한 소중한 이해를 얻을 수 있다.

미해결과제로 작업하기

때로는 과거의 미해결과제를 해체하고 끝까지 해결해야 할 때도 있다. 내담자는 지금 여기에서 당신에 대한 자신의 감정을 있는 그대로 표현할 수 있다. 당신과 함께 무언가를 직접 해결하는 것, 즉 '현재에서 과거를 해결하는 것'이 필요한 치유가 될 수 있다. 때로는 표현되지 않은 감정이 드러나지 않아 질문을 해야 할 때도 있다. 예를 들어 "당신에게 관심이 없는 치료자를 만났을 때 기분이 어땠나요?"라고 물어볼 수 있다.

전이를 알아차렸다면 전이 반응의 원인이 된 인물과의 만남을 설정하는 실험을 하면 유용하다. 여기에는 역할극, 실연, 두 의자 작업 및 현재에 역사적 자료를 강조하는 다양한 실험들이 포함될 수 있다(10장 실험하기 참조).

가장 간단하게는 두려움의 전이적 반응에 연민을 표현하거나 당신에 대한 전이적 공격을 이해하는 것일 수 있다. 내담자에게 있어서는 단순히 자신의 목소리에 귀를 기울이고 자신의 경험을 받아들이고 자신이 영향을 미쳤다는 것을 확인하는 것 자체만으로도 회복이 될 수 있다.

일반적으로 내담자가 비합리적이거나 어려워 보이더라도 자신의 모든 반응을 당신에게 말할 수 있고 실제로 말해야 한다는 진정한 감각을 발달시키는 것은 도움이 된다. 당신은 관계를 시작할 때부터 이를 초대하고 지지할 수 있다. 이것은 무조건 남용하고 받아들여야 한다는 말이 결코 아니다. 상호 인정하는 대화 속에서의 공동 탐구를 하는 것이다.

회복적 반응 제공하기

가장 중요한 치유 중 하나는 '필요했던 관계'이다. 당신은 내담자의 초기 삶에서 놓쳤던 수용적이고 관심 있고 반응하는 '타인'으로 자신을 사용하도록 허용한다. 하지만 우리는 당신이 해야 할 일이 내담자가 갖지 못한 부모가 되는 것이 아님을 강조한다. 이것은 내담자가 겪은 아픔을 원래의 방치나 학대의 경험에 의한 고통을 통합하는데 방해가 될 수도 있다. 오히려 당신의 역할은 그들에게는 없었고 지금도 결코 존재하지 않는 부모에 대한 슬픔을 포함하여 지금 여기 경험에 대한 반응적인 현전을 제공하는 것이다.

내담자의 감정을 한두 단어로 반영하면 내담자는 당신의 포함과 이해를 느낄 수 있다. 예를 들어 "네, 저는 지금 그 슬픔이 느껴져요."는 진정으로 공감하는 말이다. 이는 내담자가 당신의 말을 듣고 자기 자신을 공감하는 데 도움이 된다. 너무 길거나 지나치게 인지적인 코멘트는 내담자를 완전히 놓칠 수 있다.

당신은 때때로 내담자에게 '오해'를 줄 수 있다. 내담자가 실망하거나 외로워지는 순간, 내담자는 그 자신과 치료자 모두를 당황하게 할 수 있는 깊은 분노와 슬픔을 느낄 수 있다. 그저 경청하고 내담자의 경험을 부드럽게 물어, 내담자와 당신이 함께 그것에 이름을 붙일 수 있게 하는 것만으로도 도움이 될 수 있다.

내담자의 감정이 진정되면 초기 관계에 대한 연결고리를 만드는 것이 적절하다. 그러나 이러한 전이 과정에서 내담자는 종종 매우 오래된 비언어적이고 인지적인 욕구를 반복하고 있음을 기억하자. 이러한 치료단계에 있는 내담자는 어떠한 어려움도 공감받지 못하는 거부의 감정이나 달라져야 한다는 요구로 경험할 수 있으므로 개입을 가능한 짧고 간단하게 하자.

이러한 유형의 관계가 반복되는 관계로 바뀌고 있다는 징후에 주의를 기울이자. 이것은 지극히 일반적이고 예상 가능하며 심지어는 바람직한 진행이다. 회복적 접촉의 형태로 끝없이 머무르는 것은 다른 긍정적 역동을 통한 관계의 작동을 막을 뿐만 아니라, 내담자의 경험이 '진정한' 참여나 연결이 없는 일종의 단일 세계관을 조장하게 된다.

투사적 동일시의 변형

치료자에게 나타날 수 있는 또 다른 종류의 역전이는 내담자의 '경직된 관계' 또는 '반복되는 관계'와 관련이 있다. 그것은 치료자가 내담자의 거부된 감정과 경험을 이해하고 공감하는 것을 포함한다. 2010년 2판에서는 이를 변형적 전이라고 불렀으나 이후 가장 일반적인 명칭인 전이라고 다시 부르고 있다.

이는 일부 분석 이론에서 투사적 동일시라고 불리는 영역이다(이 개념의 의미에 대한 게슈탈트 논쟁에 대해서는 Staemmler(1993), Jacobs (2002)와 Philippson(2012)의 연구를 참조).

여기서 치료자는 강하고 고요하고 원시적인 감정을 느끼기 시작하는데, 이는 정신분석에서는 이전 경험이 어떤 식으로든 치료자에게 '전이'되었다고 이해되며, 내담자의 억압된 경험이 어떻게든 치료자에게 '투입'되었다고 간주된다. 그러나 게슈탈트에서 우리는 이 현상을 매우 다른 방식으로 생각한다. 우리는 내담자가 치료자에게 무언가를 '집어넣을 수' 있다고 생각하지 않는다. 내담자의 억압된 경험이 치료자에게 투입되는 것을 게슈탈트에서는 상담자가 자신을 알아차리고 접촉함으로써 내담자의 '가까운 경험' 뿐만 아니라 이 깊고 탐구되지 않았거나 심지어는 거부된 감정에도 귀를 기울이는 깊은 공감적 공명의 한 형태로 본다.

이 과정은 떠오르는 감정이 압도적이고 통제할 수 없을 정도로 위협적일 때 시작되며, 그래서 감정은 알아차림 밖에서 부인되고 거부되고 몸은 둔감화 된다. 그러나 상담자는 그 당시의 감정에 공명하고 거부된 측면을 대리 경험한다. Philippson(2012)는 이를 치료자가 내담자의 신체 및 얼굴 신호를 알아차리지 못하는 자연스러운 결과라고 설명한다. 우리는 또한 우리 몸이 변연계에서 내장 공명에 이르기까지 다양한 방식으로 서로 소통한다고 믿는다. 내담자의 거부감을 포장했을 수 있다는 신호는 감정, 감각, 예상치 못한 이미지, 신체 움직임 등 뭔가 이상한 것을 느낄 때 나타난다. 치료자들은 갑자기 공포, 메스꺼움, 어지러움, 굶주림, 배고픔, 분노, 학대, 성적 흥분을 느낀다고 보고한다. 많은 치료자들은 이것이 공동전이의 가장 도전적이고 당혹스러운 형태라고 생각한다.

우선 단순히 경험을 받아들이고 함께하자. 치료자의 역할은 내담자가 할 수 없었던 것을 하기 위해 감정을 받아들이고 유지하고 소유하는 것이다. 당신의 일이 복잡하다는 것을 알면서도 가능한 평범하게 내담자와 계속 작업하자. 종종 그 감정은 받아들일 수 없는 것처럼 보일 것이다. 확실히 치료자가 '느끼도록 지지되는' 그런 느낌은 아니다. 내담자가 그것을 불러 일으켰을 수도 있지만 그것은 **여전히 치료자의 경험**이다. 어떠한 경우에도 치료자는 관계의 이익을 위해 보복, 붕괴나 수치심 없이 그 감정에서 살아남아야 한다.

치료자는 감정을 반영하고 탐색하고 동화해야 한다. 자주 치료자는 자신의 미해결된 부분에 메아리가 있음을 발견할 것이며, 기꺼이 그것에 이름을 짓고 자신이 그것을 소유하겠다는 의지가 치료 작업의 중요한 부분임을 알게 될 것이다. 그것이 받아들여지고 통합되면, 내담자는 그것을 인식할 수 있고 내담자는 그것을 자신 안에 스스로 재소유할 수 있다. 소유하고 통합하는 과정은 치료자와 내담자 모두에게 혁신적인 변화를 가져올 수 있다.

또 다른 가능한 장애물은, 치료자가 갖고 있는 감정에 공명하는 내담자가 과거 같은 감정을 경험한 것에 대해 비판을 받았기 때문에 치료자에 대해 매우 비판적이 될 수 있다는 것이다. 당신은 예상치 못한 분노, 경멸 또는 적대감에 직면하게 될 수도 있다. 당신 자신이 그 느낌을 받아들이기 어렵지 않고, 그 느낌과 내담자의 공격 모두 견딜 수 있다는 것을 내담자에게 다시 한번 모델링하는 것이 중요하다.

일부 내담자는 이런 종류의 전이를 전혀 경험하지 않을 수도 있다. 만일 그렇다면 이 시기는 방향 감각이나 관계적 방법을 잃기 쉬우므로 수퍼비전과 교육 분석이 필요할 때라는 것을 당부한다.

주의사항

이러한 전이의 형태를 설명하기 위해 우리는 그것들을 마치 별개의 경험인 것처럼 분리했다. 물론 실제로는 모든 전이 영역이 함께 존재하며 때로는 한 번에 하나씩, 때로는 동시에 여러 개가 나타난다.

성적 전이

내담자가 치료자를 사랑하거나 그 반대의 경우, 이는 거의 전이 현상이거나 적어도 상담 관계의 전문적 친밀감에 기반한 것이다. 전이가 감정적 혹은 신체적으로 성적일 때 가장 문제가 된다.

대부분의 문화권에서는 성에 대해 공개적으로 말하는 것에 대해 강한 금기가 있으며, 이는 수치심, 불안 또는 학대와 관련이 있는 경우가 많다. 그것은 고도로 충전된 에너지와 함께, 특히 만남의 관계적 특성이 상담자도 에로틱한 에너지를 경험할 수 있음을 의미하기 때문에 준비되지 않은 상담자에게는 잠재적인 지뢰밭이다. 그러나 우리는 매력과 성적관심에 대해 개방적인 분위기를 조성하는 방법을 찾는 것을 추천한다. 이 영역에서의 내담자의 공개와 질문은 다른 주제와 마찬가지로 존중, 긍정 및 관심을 받을 필요가 있다. 이때 내담자가 실제 성적 접촉에 대해 혼란스러워하는 것 같다면 당신이 속해있는 학회의 윤리강령과 관련된 관계의 경계를 언급할 수도 있다. 예를 들면 다음과 같다.

> "우리 관계의 한계에 대해 말씀드리고 싶어요. 우리는 치료적 관계를 맺고 있습니다. 이것은 치료 회기 외에는 ○○씨와 관계를 맺을 수 없다는 것을 의미합니다. 이것은 저와 제가 속해있는 학회의 윤리강령의 일부입니다. 즉, 우리는 치료적인 관계 이외에 친구로서 만나거나 다른 어떤 관계도 결코 갖지 않을 것이라는 것을 의미합니다. 이것은 상담과 우리 치료 관계의 본질, 그리고 목적을 보호하기 위한 것입니다."

이것을 명확히 하면 이 영역에서 발생하는 모든 것을 탐색할 수 있어야 하는데 다음의 주의 사항을 기억해 두자.

치료자는 내담자의 사랑이나 성적 감정에 대해 토론하는 것에 대해 당황스럽거나 불편감을 느낄 수도 있다. 치료자가 불안이나 철수로 반응하면 내담자에게는 거부감의 모델이 되거나 수치심을 불러일으킬 위험이 있다는 점을 기억하는 것이 좋다.

내담자가 자신이 매력적이라고 생각하는지를 직접적으로 묻는다면 먼저 질문에 답을 할지, 아니면 탐색을 할지('내 의견이 당신에게 얼마나 중요하나요?')를 결정해야 한다. 만일 당신이 솔직한 대답이 적절하다고 판단되면 적절한 긍정적 표현을 찾자. '저는 당신이 매우 매력적인 남자/여자라고 생각합니다…' 대신에 '당신은 매력적이에요' 또는 '당신에게 끌립니다'(도발적이고 잠재적으로 경계를 위협하는 진술)라고 말하면 의미의 뉘앙스가 달라진다는 점에 유의하자. 이 질문을 받았을 때 좋은 부모라면 10대 자녀에게 어떤 식으로 대답할지를 상상해 보는 것도 도움이 될 수 있다.

성적 관심은 종종 애정 어린 사랑이나 긍정 욕구로 잘못 표현된다. 내담자가 어렸을 때 부모의 관심을 끌기 위해 유혹적이어야 했다면 내담자는 당신에게도 똑같이 행동할 수 있다.

성인의 성적인 면과 아동의 성적인 면은 결정적인 차이가 있다. 많은 내담자가 초기 문제와 접촉하고 어린아이처럼 자신의 성적 관심과 그것이 타인에게 미치는 영향을 발견하거나 실험하고 있을지도 모른다. 이 시기에서 내담자에게는 따뜻하고 수용적이지만 적절한 한계를 설정하는 경계가 있는 (부모의) 반응이 필요하다.

성적 학대의 배경이 있는 내담자는 자신의 학대 경험을 알아차리지 못한 채 실연으로 '경계를 침범하려고' 시도할 수 있다. 만지거나 안아달라고 요구하거나 자신의 매력에 지나친 관심을 가져달라고 요구할지도 모른다.

특히 당신 자신의 성적 관심이나 유혹에 주의를 기울이자. 이런 것들이 당신의 알아차림 밖에 있을 수도 있다. 또한 내담자의 칭찬에 우쭐해져서 치료의 방향을 잃지 않도록 조심하자. 연구에 따르면 내담자와 치료자의 성적 관계는 상담이 끝난 후 관계가 시작되더라도 장기적으로는 거의 대부분 트라우마를 남기고 학대적인 것으로 나타났다.

상담자의 성적 역전이 감정은 정상이며 수퍼비전이나 교육 분석에서 논의되어야 한다. 이러한 감정은 풍부한 이해의 원천이 될 수 있지만 내담자에게는 공개하지 않는 것이 좋다. 이는 상담자에게 강력한 요구를 암시하여 내담자를 위협할 수도 있고 전이적 역동을 반복할 수도 있기 때문에 어떤 치료적 가치가 있다고 보기는 어렵다.

치료자는 사랑 고백을 하는 내담자를 부드러움과 이해심으로 대해야 한다. 내담자가 치료자에게 보여주는 사랑이 치료 상황 밖에서 일어나는 것만큼 현실적이지는 않을지라도 '진정한' 사랑이라는 것을 깨닫는 것은 중요하다(Storr, 1979: 78).

제안 13-4

성적인 것 관련하여 당신 자신의 패턴에 대해 생각할 시간을 가져 보세요. 가족 간에 성에 대해 이야기한 적이 있었나요? 자신의 성 또는 성별에 대해 어떤 메시지를 받았나요? 당신은 매력적으로 보이는 것이 얼마나 중요한가요? 이러한 주제가 등장할 때 내담자와 논의할 수 있으려면 어떤 지지가 필요한가요?

마무리

전이는 관계에 있어 피할 수 없는 구성요소이며 인정을 하든 인정하지 않든 대부분의 상담 관계의 일부이다. 전이는 내담자가 자신의 관계적 장을 구성하는 방식이므로 상담자에게 풍부한 정보자원이다. 정신분석가들과 달리 우리는 변화하는 역사적 해석에는 관심이 없다. 우리는 현재에도 여전히 진행되고 있는 과거와 지금-여기 상담자와의 관계 속에서의 상호작용에 관심이 있다.

마지막으로 우리는 두 가지 당부로 이 장을 마무리하고자 한다. 첫 번째는 자신의 전이 프로파일과 취약성에 대해 알고 있자. 그러면 자신의 관계적 기대에 익숙해지면서 이를 예측하고 허용할 수 있을 것이다. 두 번째는 정기적으로 당신과 내담자 사이에 어떤 공동전이 역동이 나타나고 있는지를 되돌아보기를 권장한다. 그리고 이것이 서로의 여정을 방해하는 것이 아니라 중요한 정보가 될 것이라고 신뢰하기를 바란다.

전이 관련 권장문헌

Clarkson, P. and Mackewn, J. (1993) *Key Figures in Counselling and Psychotherapy: Fritz Perls*. London: Sage. (**See pp. 132–4 and 177.**)

Mackewn, J. (1997) *Developing Gestalt Counselling*. London: Sage. (**See Chapter 10.**)

Melnick, J. (2003) 'Countertransference', British Gestalt Journal, 2 (1): 40–8.

Philippson, P. (2002) 'The Gestalt therapy approach to transference', *British Gestalt Journal*, 11 (1): 16–20.

Staemmler, F-M. (1993) 'Projective identification in Gestalt therapy with severely impaired clients', *British Gestalt Journal*, 2 (2): 104–10.

Thomas, B. Y. (2007) 'Countertransference, dialogue and Gestalt therapy', *Gestalt Review*, 11 (1): 28–41.

성적 전이 관련 권장문헌

Cornell, B. (2004) 'Love and intimacy – a reply to Quilter', in 'Letters to the Editor', *British Gestalt Journal*, 13 (1): 41–2.

Latner, J. (1998) 'Sex in therapy', *British Gestalt Journal*, 7 (2): 136–38.

Mann, D. (1997) Psychotherapy: *An Erotic Relationship*. London: Routledge.

O'Shea, L. (2000) 'Sexuality: old struggles and new challenges', *Gestalt Review*, 4 (1): 8–25.

O'Shea, L. (2003) 'The erotic field', *British Gestalt Journal*, 12 (2): 105–10.

Philippson, P. (2012) *Gestalt Therapy: Roots and Branches*. London: Karnac. (**See Chapter 10.**)

Quilter, S. J. (2004) 'Yes! But … what about love?', in 'Letters to the Editor', *British Gestalt Journal*, 13 (1): 38–40.

Spagnuolo Lobb, M. (2009) 'Is Oedipus still necessary in the Therapeutic Room?', *Gestalt Review*, 13 (1): 47–61.

Wallin, D. J. (2007) *Attachment in Psychotherapy*. New York: Guilford Press.

제14장

체화된 과정

치료자는 매 회기마다 내담자가 자신의 신체적 삶과 경험을 지금 여기의 경험으로 유지할 수 있을만큼 강력한 체화된 장을 조성하여 발전시켜야 한다. (Kepner, 2003: 10)

불안, 우울증, 학대, 중독 및 섭식 장애 등을 보고하는 많은 내담자의 호소에서 내담자 몸의 감각(또는 결핍)은 무엇이 숨겨져 있는지 혹은 무엇을 회피하고 있는지를 알 수 있는 유일한 단서이다. 내담자 몸의 감각은 문제의 근원적인 역동에 대한 잠재적 출입구이며 치료자의 과제는 '내담자가 신체 메시지를 이해할 수 있게 돕는 것'이다(Kepner, 1987: 69). 많은 내담자의 경우 몸 감각은 발달 문제의 증거이자 때로는 트라우마 역사의 유일한 증거이며, 언어화할 수 없는 것을 전달하는 방법이다(van der Kolk, 2015의 신경과학 연구 증거 참조[1]).

더 나아가, 치료자의 몸의 반응은 암묵적 공명, 공감적 지식, 그리고 내담자의 세계를 더 깊이 이해할 수 있는 수단이 될 수 있다. 변연계 공명과 변연계 조절(Lannon et al., 2000)은 우리가 어떻게 주변 사람들의 감각에 공명하고 그것을 어떻게 형성하는지를 보여준다. 당신 자신의 몸의 반응과 공명은 이를 미처 **알아차리지 못한** 내담자에게 신체적·정서적으로 무슨 일이 일어나고 있는지에 대한 소중한 정보가 된다. 당신은 체화된 관계의 에너지 기복과 흐름을 감지할 수 있다. 따라서 게슈탈트 치료자는 자신과 내담자의 신체 알아차림에

---

1   역주) 국내 번역서 '몸은 기억한다'(Bessel van der Kolk, 제호영 역, 을유문화사) 참조

자주 주의를 기울이면서 두 사람의 체화된 현전이 관계적 장에 어떻게 기여하고 있는지를 주목해야 한다. 이 책에서는 '몸에 다가가는' 방법에 대한 많은 사례를 소개하고 있는데, 내담자와 함께 작업할 때 정기적으로 사용할 수 있는 예를 찾아보기를 권한다.

제안 14-1

잠시 당신의 몸을 알아차리세요. 편안한 모습을 한 당신의 자세를 확인하고 이 모든 것을 스냅 샷으로 사진을 찍으세요. 지금 당신의 몸은 당신에게 어떤 메시지를 주고 있나요? 이제 아주 큰 비치볼을 들고 있는 것처럼 두 팔을 앞으로 쭈욱 뻗습니다. 잠시 그 자세를 1분간 유지합니다. 당신의 감정이 어떻게 반응하는지 살펴보세요. 이제 자세를 바꿔, 팔을 가슴에 대고 고개를 숙이고 이 자세를 1분간 유지합니다. 당신의 감각이 어떻게 변화하는지 살펴보세요.

게슈탈티스트에게 건강함이란 감정, 인지, 신체의 상호 연결된 모든 측면이 전체적으로 기능하는 것을 의미한다. 많은 내담자에게 중요한 단계는 회피하거나 눈에 보이지 않는 것들에 대한 알아차림을 높임으로써 신체 과정의 에너지, 활력 그리고 인지기능을 재연결하는 것이다. 이러한 자연스러운 과정을 회복하는 것은 치유와 **전인적** 기능을 재정립하는 데 중요한 요소가 될 수 있다.

주의사항 : 많은 문화권에서 언어적 메시지는 몸을 무시하고 둔감하게 만들며 비난하거나 심지어 처벌하는 것 같다. 모든 문화에는 접촉, 몸짓, 신체표현, 신체경계 및 비언어적 의사소통에 대해 고유하고 독특한 의미가 있다. 따라서 치료자는 독특한 문화적 배경을 학습하고 내담자의 신체 프로세스의 독특한 문화적 배경에 열린 자세로 민감하게 반응해야 한다.

몸 알아차림

몸 프로세스로 작업하기 전에 몇 가지 일반적인 사항을 언급하고자 한다. 몸 프로세스가 보다 구체화되면 감정, 특히 수치심은 더욱 두드러질 수 있다. 많은 사람들은 자신이 느끼고 있는 것을 알아차리는 것에 익숙하지 않아 이를 알아차리도록 초대받는 것에 당황하거나 불쾌감을 느낄 수 있다. 실제로 트라우마 심리치료사인 Janina Fisher는 어떤 내담자에게는 신체(body)의 존재 자체에 주의를 기울이는 것조차 노출과 수치심을 느끼기 때문에 절대로 알파벳 'B'를 사용하지 않는다고 말한다. 초기 계약 단계에서 작업방식을 설명할 때 내면세계를 알아차리는 과정으로 미리 체화된 프로세스를 소개하면 도움이 될 수 있다. 그러면 내담자는 체화된 경험에 익숙해지는 연습을 시작하고 그 과정에서 한층 더 편안함을 느낄 것이다.

매우 지적이고 지식이 높은 사람들 중 몇몇은 자신의 몸이 어떻게 작동하는지에 대해 무지한 경우가 있다. 내담자에게 신체적 스트레스 증상, 불안 및 공황 반응, 외상 후 스트레스 반응, 이완기법 등에 대한 간단한 정보를 제공하는 것은 매우 도움이 되고 안정감을 준다. 회기 사이에 마사지, 격투기, 요가, 걷기, 수영과 같은 활동을 제안하는 것도 좋은 방법이다.

내담자가 자신의 감각과 감정을 알아차리는 것이 익숙해졌다 해도 몸의 움직임을 주목하거나 직접적으로 언급하지 말자. 이는 특히 새로운 내담자에게는 불쾌감을 줄 수 있다. 차라리 다음과 같이 말하는 것을 권한다. '상사에 대한 분노를 이야기하면서 당신 손이 매우 활발해졌어요. 이것을 알아차리셨나요? 손이 무엇을 표현하고 있는 것 같나요?'

💡 제안 14-2

Kelly(1998)는 경험의 통합을 촉진하기 위해 이 훈련을 내담자와 함께 사용할 것을 제안한다. 이 훈련에는 네 가지 초점이 있다. 훈련은 어느 초점에서든 시작할 수 있다.

초점 1. 몸 감각에 대한 알아차림 증진
'자신의 몸에 주의를 기울이고 지금 어떤 몸의 감각을 느끼고 있는지 알아차리세요.' (예 : 나는 배가 울렁거리고 턱이 긴장되고 다리가 편치 않아요 등). 내담자가 감각을 완전히 알아차릴 수 있도록 시간을 두고 다음 단계로 넘어가자.

초점 2. 몸의 움직임 알아차리기
'알아차림에 머물면서 감각이 어떻게 변화하고 발전하고 있는지를 주목하세요. 몸이 원하는 작은 움직임이나 몸짓을 알아차리세요. 그 움직임을 조금 더 크게 해 보고 그것이 어떤 느낌인지 알아차려 보세요.'

초점 3. 감정 구분하기
'감각에 머물면서 거기에 어떤 느낌/감정이 있는지 살펴보세요. 시간이 조금 걸릴 수도 있습니다.' (예 : 슬픔, 분노, 두려움, 원망, 기쁨 등) 내담자가 감정과 감각에 머물게 하자.

초점 4. 생각이나 이미지 확인하기
'당신의 감각과 느낌에 머물면서, 당신의 마음에 어떤 생각, 이미지 또는 기억이 떠오르는지 알아차려 보세요.' (예 : 부모님이 말다툼하는 걸 들으면 이런 느낌이 들었어요, 많은 사람들 앞에 서서 연설을 해야 했던 때가 생각나요 등)

(계속)

> 내담자의 전경으로 시작하자. 예를 들어 내담자가 기억이나 생각을 떠올릴 수 있다. 그런 경우 당신은 그들에게 초점 1, 2, 3으로 돌아가기를 요청할 수 있다. 예를 들어 '당신이 우울했던 경험에 대해 이야기하고 있는데요. 지금 당신의 몸에서 어떤 감각이 느껴지는지 알아차려 보세요.' 만일 내담자가 감정을 먼저 보고한다면, 다시 몸의 감각에 초점을 맞추자. 예를 들어 '당신은 당신이 슬프다는 것을 어떻게 아나요? 당신 몸에서 어떤 감각을 느끼고 있나요? 당신의 몸에 집중하면서 '슬프다'가 지금 당신의 경험에 가장 정확한 표현인지 아니면 정정하거나 보완하고 싶은지, 아니면 더 구체화할 수 있는지 확인해 보세요.'

이것은 자기의 무시된 면의 통합을 촉진하는 효과적인 방법이다. Frank(2003, 2013)는 '발달적 신체작업'이라고 부르는 과정에서 또다른 실험 방법을 개발했다. 이는 치료자와 지금 여기의 관계에서 나타나는 초기 정신−신체적 차단의 과거 경험을 이해하는 방법이다. 치료자는 비언어적 움직임과 반응 패턴에 주의를 기울여 내담자가 나타내는 미해결 발달 욕구를 발견하고 해결한다. 이러한 작업 방법을 더 잘 이해하고자 한다면 Frank의 연구를 읽어볼 것을 권한다.

카타르시스 표출하기

전통적인 게슈탈트 전략은 내담자의 에너지를 높여 보다 생생한 표현을 촉진하는 것이다. 첫째, 내담자가 당신과 충분한 작업 동맹 관계에 있는지 확인하자. 여기에는 내담자가 당신의 초대를 자유롭게 거절하는 것도 포함된다. 그런 다음 신체의 긴장, 에너지 또는 감정의 제한 혹은 유지를 촉진하기 위해 두 의자 작업, 움직임 표현하기, 소리 지르기, 노래하기 및 기타 여러 실험을 사용할 수 있다. 이 실험들은 사건의 신체적 표현 또는 통합의 마지막 중요한 부분이며, 완결과 의미 모두를 제공한다.

그러나 카타르시스를 동반한 에피소드는 천연 아편제가 방출되기 때문에 일시적인 행복감을 얻을 수 있으며, 이것은 잠재적으로 해결이라는 오해의 소지가 있음을 기억하자. 만일 카타르시스적 표현이 단순히 과거의 고통을 재현하는 것이라면, 일시적인 좋은 감정에도 불구하고 작업의 효과는 고정된 게슈탈트를 강화하는 것일 수 있다. 카타르시스는 차단된 감정의 표출이 새로운 동화로 이어질 때에만 치료적이다. 그 이유는 이를 목격하고 완전히 받아들이거나 공감할 수 있는 치료자가 내담자 곁에 있기 때문이거나, 그 경험이 새로운 방식으로 상징화되거나 이해되기 때문이다.

차단된 몸짓

많은 경우 카타르시스 표출보다 더 효과적인 것은 감각운동 심리치료(Ogden & Fisher, 2015[2])에서 광범위하게 설명되고 게슈탈트 관점을 유용하게 확장하는 신체 경험에 대한 느리고 주의 깊은 탐색이다. 12장에서 설명한 것처럼 많은 치료적 문제는 미해결과제와 관련이 있으며 이는 몸의 긴장으로 얼어붙어 완결이나 해결을 방해하는 미완결 동작 또는 차단된 몸짓으로 몸에 나타날 수 있다.

억제된 충동은 일반적으로 초기 또는 외상적 장 조건에 대한 창조적 적응의 일부로 반전된 몸짓이다. 예를 들어 친구에게 손을 내밀어 어루만지고 싶은 욕구(기숙 학교의 차가운 분위기에 무너진 친밀감 표현)와 같은 친밀감 표현일 수 있다. 그것은 두려움, 굴욕, 수치심을 수반하는 미묘한 수축일 수 있다. 이 차단된 몸짓을 알아차리고 신체 감각에 대해 천천히 마음속으로 탐색하도록 유도하면 억제된 에너지를 풀고 자유로워질 수 있다. 또한 내담자가 표현하지 못했지만 완결이 시급했던 부분을 이해하는 데 도움이 될 수 있다.

반전된 방어, 대부분 차단된 몸짓은 외상 당시 차단되었던 반전된 '방어 행동 시스템(Ogden, 2009)'의 일부이다. 스트레스가 심할 때 신체의 자연스러운 충동은 도움 요청하기, 도망치기, 밀고 나가기, 경계 설정하기, 언어적 또는 신체적으로 자기 주장하기 등과 같이 행동하는 것이다.

과거에 일회성 또는 반복되는 상황에서 내담자가 싸우거나 도망치고 싶은 충동을 반전시킬 수밖에 없었다면 그 충동은 미해결과제로 몸에 남을 수 있다. 내담자에게 신체 과정을 추적하도록 초대할 때 내담자에게 무의식적으로 일어나는 '미세한 움직임'(Fisher, 2011)을 알아차리도록 격려하자. 당신은 또한 내담자의 몸(그리고 당신의 몸)을 관찰하고 다음과 같이 말할 수 있다.

"당신의 손이 지금 무엇을 하고 있는지 알고 있나요?"

"저는 지금 어깨에 힘이 들어가고 긴장되는 것이 느껴져요. 당신도 그런게 느껴지나요?"

---

2 역주) 국내 번역서 '감각운동 심리치료(Ogden & Fisher, 이승호 역, 하나의학사)' 참조

움직임을 확인한 후, 단순히 그 움직임을 보고 '다음에 무슨 일이 일어나면 좋겠는지'를 확인하거나 의도적으로 반복하도록 요청하자.

미세한 움직임과 연결된 에너지에 주의를 기울이고 어떤 것이 연상되는지(이미지, 감정, 기억 등)에 주목하자. 다음을 제안해도 좋다.

"몸짓을 완전히 표현하는 것을 상상하고 그 느낌이 어떤지 알아차려 보세요."
"당신의 몸이 그 움직임의 힘을 느끼도록 허용하세요."

무언가를 미는 동작을 할 경우 쿠션을 제공할 수도 있다. 하지만 무엇보다도 내담자는 이 작업을 천천히, 주의 깊게 행해야 한다. 즉, 몸의 감각에 천천히 따라가면서 그 의미를 알아차릴 수 있도록 자신을 허용해야 한다.

내담자가 움직임을 알아차리지 못하는 경우, 그 동작을 모델링하여 어깨를 으쓱하거나 입을 아래로 향하게 하거나 손을 들거나 몸을 돌려 외면하는 등 관계의 영향을 확인하는 것이 유용하다. 그리고 이전과 마찬가지로 의도적으로 그 동작을 다시 한번 하게 하여 무엇을 알아차리게 되는지를 표현하게 하자. 실험이 진행됨에 따라 내담자의 움직임과 몸짓을 반영하면서 알아차림을 높이고 격려하자. 미세한 움직임을 추적한 후, 내담자가 몸의 에너지는 느끼지만 전경으로 떠오르지 않는다면 치료자는 자신의 직관(또한 자신의 몸의 지혜)에 따라 몸짓이나 움직임을 만들기 위한 실험(예 : 멀리 혹은 가까이 스트레칭 하거나 수축하기 등)을 제안할 수 있다. 그 자리에서 또는 상상 속에서 달리는 것은 두려움에 옴짝달싹 못했던 내담자에게 힘과 주체성을 심어줄 수 있다.

이 모든 제안에서 항상 강조되는 것은 창조적 무심의 장소에서 실험하고 몸이 표현하고자 하는 것(당신이 기대하는 것과 전혀 다를 수도 있음)을 표현할 수 있도록 허용하는 것이다. 물론 내담자를 다양한 방향으로 이끌 수 있는 직감, 직관, 아이디어 및 제안이 있을 수 있지만 신체 프로세스를 이동, 표현 또는 완결하는 최선의 '올바른' 방법은 없다. 각 내담자는 고유하고 독특하며 표현, 접촉, 해결의 정도는 각기 다르다.

관계 작업을 논의하기에 앞서 '바닥에 발을 딛고 있는 느낌'을 느끼고 '나는 지금… 여기에서…'라고 말을 함으로써 자주 자기 자신과 연결하는 습관을 계속 유지하는 것을 권한다.

체화된 관계적 장

첫 번째 작업

다음의 모든 작업에 대한 첫 번째 작업은 체화된 시작점을 찾는 것이다. 당신의 체화된 자기와의 연결을 찾기 위해 앉는 자세, 몸가짐, 호흡, 현재 존재하는 다양한 긴장 패턴에 주목하자. 당신의 몸 안에 존재하고 지금 여기에서 사용 가능한 모든 감각에 집중하자.

그런 다음 내담자를 초대하여 내담자의 몸 알아차림을 높이자. 단순히 몸의 위치를 바꾸거나 팔 다리의 감각을 느끼거나 몸 프로세스에 주의를 기울이는 것만으로도 세상에 대한 우리의 태도나 감정을 크게 바꿀 수 있다. 예를 들어 의자에 털썩 주저앉는 것과 반대로 머리를 곧게 펴고 똑바로 앉아 있거나 단호하게 행동하기 위해 서 있는 등의 실험을 하면, 내담자는 자신의 생각과 감정이 어떻게 변하는지를 알아차릴 수 있다. 내담자는 어디에서 긴장감을 느끼는가? 내담자 자신의 몸을 어떻게 유지하고 있는가에 대한 내담자만의 감각은 무엇인가?

내담자에게 몸의 경험을 있는 그대로 호기심을 가지고 알아차리는 방법에 대한 교육이 필요할 때가 있다. 내담자는 몸 프로세스를 해석하고 의미를 찾아 자신을 이해하고자 한다. 마음 속 깊은 호기심을 자극하는 제안을 함으로써 보다 현상학적인 프로세스를 모델링하자.

> "지금 가슴에서 어떤 느낌을 알아차리셨나 보네요. 그것은 단단한 느낌인가요? 아니면 부드러운 느낌인가요? 색깔이 있나요?"
>
> "무슨 느낌인가요? 따끔따끔한? 부드러운? 단단한?"
>
> "뜨거운가요? 차가운가요? 어떤 모양인가요?"
>
> "지금 주의를 기울이면 그 다음에는 어떤 일이 일어날 것 같나요?"

내담자가 몸을 알아차리는 방법이 인지적인 것이 아니라는 것을 알게 되면, 내담자는 자세를 바꾸거나 이름을 붙이기 전에 깊이 수용될 수 있는 경험의 원천으로서 자신의 몸을 신뢰하고 존중하면서 편안함을 느낄 수 있다.

호흡은 모든 경험의 중심이며, 호흡하는 방법을 바꾸면 몸 프로세스와 감정에 관한 경험에 영향을 미친다. 호흡은 또한 자기 지지에 필수적이다. 사람들은 겁을 먹거나 깜짝 놀라면 호흡이 빠르고 얕아진다. 내담자가 특정 상황이나 감정에 대해 이야기하기 시작할 때 내담자의 호흡 변화를 알아차릴 수도 있다. 이러한 경우 내담자의 호흡이 내담자의 경험을 뒷받침하지 못하고 있다는 것이 분명해질 수도 있다. 내담자의 주의를 환기시키면 때때로 건강하고 지지적인 호흡 리듬을 다시 회복할 수 있다. 평소 당신이 내담자에게 보다 규칙적이고 고른 패턴으로 적극적으로 호흡하기를 제안할 수도 있다.

두 번째 작업

두 번째 작업은 상담이 전개되고 내담자가 자신의 이야기에 몰두함에 따라 내담자의 몸 프로세스에 당신 자신을 민감하게 만드는 것이다. 관계 속에서 몸으로 일어나는 일에 마음을 열자. 몸의 움직임, 긴장 및 활동을 스캔하자. 무슨 일이 일어나고 있는지, 일어나지 않고 있는지를 살펴보자. 내담자의 호흡은 얕거나 깊은가? 내담자는 특정한 자세로 앉아 있는가? 억압된 감정이나 표정이 있는가? 반복적인 동작이나 활동이 일어나고 있는가? 이렇게 하다보면 일부 특징이나 전경이 형상화될 수 있다.

세 번째 작업

세 번째 작업은 내담자에 대한 당신 자신의 몸의 반응을 알아차리는 것이다. 치료자와 내담자 사이에는 항상 '체화된 상호교류'가 있으며 이는 대부분 알아차림 밖에 있다.

당신의 신체 경험은 내담자의 경험에 대한 중요한 단서가 될 수 있다. 예를 들어 당신은 긴장하거나 흥분하거나 기운이 없다고 느끼는 경우가 있는가? 목이 조여오고 뱃속이 울렁거리는가?

네 번째 작업

네 번째 작업은 공명경험을 이해하는 방법을 찾는 것이다. Clemmens(2012: 42)는 체현[3], 조율, 공명, 표현의 4단계 프로세스를 설명하면서, 치료자는 내담자 경험의 '메아리'를 포착하고 그 영향에 공명한 다음 생각, 이미지 또는 연상을 통해 이를 말로 상징화할 수 있다고 하였다. 그런 다음 치료 방향을 제시하거나 자신의 신체 반응을 공개하고 '당신의 말을 들으니 가슴이 답답해지네요'와 같이 떠오르는 것을 따라갈 수 있다. 제스처를 취하거나 자신의 신체 일부를 만져보는 것도 도움이 될 수 있다(예 : 말할 때 가슴에 손을 대 보세요).

---

3   역주) 체현體現 : 생각이나 관념 등의 심리적인 것이 구체적인 형태나 행동으로 표현되는 것

공동창조된 체화된 개입의 유형은 Appel-Opper(2012)에도 자세히 설명되어 있으니 권장자료를 참조하기 바란다.

신체 접촉의 문제

> 몸이 자기라고 생각한다면, 우리가 다른 사람을 만질 때 우리는 '몸'을 만지는 것이 아니라 그 사람의 자기 그 자체를 만지는 것이다. (Kepner, 1987: 75)

신체 접촉을 개입으로 사용하는 강력한 방법은 많이 있으며 발달적 회복에 필요한 부분이 될 수 있다. 회기 중 팔을 가볍게 만져 안정감을 주거나 고통스러워하는 손을 잡아줄 수도 있고 등을 지긋이 눌러 호흡이나 감정의 이완을 도울 수도 있다. 이러한 모든 방법으로 치료자는 언어를 넘어서서 직접적인 소통을 가능하게 하며 심오한 수준의 접촉을 제공할 수 있다. 그러나 효과적이고 안전한 접촉을 위해서는 이 분야에 대한 전문 교육과 훈련, 그리고 수퍼비전을 받을 필요가 있다.

우리는 접촉에 대한 몇 가지 일반적인 고려사항을 다음과 같이 제안한다.

💡 제안 14-3

가족 안에서 몸에 관한 어떤 메시지가 있었는지 기억해 보자. 신체 접촉이나 애정, 노출, 성에 대한 규칙과 규정은 무엇이었는가? 당신이 10대가 되었을 때 당신의 가족 구성원들이 당신을 만지는 방법에 변화가 있었는가? 이것은 내담자와 함께 할 수 있는 유용한 연습이기도 하다.

라틴 문화권에서는 치료자와 내담자가 만나고 헤어질 때 신체적 접촉을 하지 않는 것은 이상한 행동으로 간주된다. 영국에서는 신체 접촉이 가족과 친밀한 파트너에게만 허용되기 때문에 신체 접촉은 매우 중요한 의미를 지니며 모성적, 부성적 또는 성적으로 여겨지기도 한다. 신체 접촉은 공감적이고 인간적인 관계의 자연스럽고 정상적인 연장선이며 내담자에게 진정한 만남의 관계를 제공하는 것이기도 하다. 인사나 헤어짐과 관련한 접촉에는 다양한 형식이 있으며 대부분 의례적으로 하는 뺨에 키스, 포옹 또는 악수를 들 수 있다. 그러나 일부 내담자는 이러한 의례를 수행해야 한다는 사회적 압력을 받고 있기도 하다. 물론 첫 만남에서 악수를 거부하지는 않지만 매주 각 상황에서는 독특하고 다른 행동을 요구하지 않는 분위기를 만드는 것은 중요하다. 내담자와 한 번도 논의한 적이 없는 신체적 의례를 마주치기 쉽다. 이러한 의례는 알아차림을 가져오는 데 항상 유용하다. '우리가 만나고 헤어질 때마다 당신이 손을 내밀고 포옹을 요청하고 제 등을 토닥여준다는 것을 알아차립니다. 그것이 당신은 어떤가요?'

따라서 일반적인 지침으로, 관계가 잘 형성되고 특히 내담자의 초기 삶과 문화의 맥락에서 내담자가 신체적 접촉의 중요성에 대한 감각을 가질 때까지 내담자와 신체적 접촉을 하지 않는 것이 가장 좋다. 이것이 이렇게 민감한 이유는 내담자의 신체 관련 문제와 어려움이 종종 전-언어적 혹은 비언어적이거나 알아차림 밖에 있는 경우가 많기 때문이다. 내담자는 무슨 일이 일어나고 있는지 명확하게 설명하거나 이해할 수 없는 나이에 침습적으로 만져지거나 취급되었을 수 있다.

성적 학대를 당한 내담자들은 자신이 학대를 당했다는 사실을 잊거나 부정하도록 지시를 받는 경우가 많기 때문에 특히 신중하게 진행하는 것이 중요하다. 분명히 당신은 가슴, 엉덩이 또는 생식기 부위를 만지는 것을 결코 생각하지 않을 것이다. 그러나 당신, 심지어는 내담자조차도 알지 못하는 몸의 다른 영역이 학대와 관련이 있을 수 있다. 성인인 두 사람에게는 완전히 순수한 접촉일 수 있지만 실제로는 학대받은 경험을 재현할 수 있고 이는 매우 혼란스럽고 불안한 일이 될 수 있다. 만일 내담자를 신체적으로 접촉해야 할 확실하고 임상적인 이유가 없다면 자제하는 것이 가장 좋다. 당신의 충동은 정상적인 인간에 대한 연민일 수 있다. 그러나 그것은 도움이 되지 않는 전이적 촉발요인에 대한 반응일 수도 있다.

만일 내담자와 신체적 접촉을 하고 싶다면, 당신의 내재된 힘이 관계에 불균형적으로 미치는 영향에 대해서도 고려해야 한다. 내담자가 당신을 만지는 것을 허용하겠는가? 내담자가 당신의 허락 없이 괴로워하는 당신에게 손을 뻗거나 당신의 팔을 만지거나 허락 없이 당신을 껴안을 수 있을까? 치료자는 접촉의 제공 여부와 어떻게 받아들일지에 대해 필요한 합의를 명확히 하는 것이 중요하다. 신체 프로세스를 다루는 것은 게슈탈트 수련의 핵심이다. 내담자와 상담자가 이 필수적인 차원의 경험에 익숙해지면 새로운 차원의 치료 참여에 대한 깊이 있는 문이 열린다.

권장문헌

Appel-Opper, J. (2012) 'Relational living body psychotherapy', in C. Young (ed.), *About Relational Body Psychotherapy*. Galashiels: Body Psychotherapy Publications.

Blum, D. (2012) 'The scent of your thoughts', in D. Ariely (ed.), *The Best American Science and Nature Writing*. Boston: Houghton, Mifflin & Harcourt. pp. 89–96 (first published 2011).

Clemmens, C. and Bursztyn, A. (2005) 'Culture and the body', in T. Levine Bar-Joseph (ed.), *The Bridge: Dialogues Across Cultures*. New Orleans, LA: Gestalt Institute Press.

Clemmens, C. (2012) 'An embodied relational dialogue', in T. Levine Bar-Joseph (ed.), *Gestalt Therapy: Advances in Theory and Practice*. London: Routledge.

Corrigall, J., Payne, H. and Wilkinson, H. (2006) *About a Body – Working with the Embodied Mind in Psychotherapy*. London: Routledge.

Frank, R. (2003) 'Embodying creativity', in M. Spagnuolo Lobb and N. Amendt-Lyon (eds), *Creative Licence: The Art of Gestalt Therapy*. Vienna: Springer-Verlag.

Frank, R. (2013) *The First Year of the Rest of Your Life: Movement, Development and Psychotherapeutic Change*. New York: Routledge.

Hartley, L. (2009) *Contemporary Body Therapy, The Chiron Approach*. Hove: Routledge. (**See many good chapters, including Chapter 3 'Gestalt body psychotherapy'.**)

Kepner, J. I. (1987) *Body Process: A Gestalt Approach to Working with the Body in Gestalt Therapy*. New York: Gardner.

Kepner, J. I. (1995) *Healing Tasks in Psychotherapy*. San Francisco, CA: Jossey-Bass, for the Gestalt Institute of Cleveland Publications.

Kepner, J. I. (2001) 'Touch in Gestalt body process psychotherapy', *Gestalt Review*, 5 (2): 97–114.

Lannon, R., Amini, F. and Lewis, T. (2000) *A General Theory of Love*. New York: Random House.

Ogden, P. and Fisher, J. (2015) *Sensorimotor Psychotherapy: Interventions for Trauma and Attachment*. London: Norton.

Parlett, M. (2001) 'On being present at one's own life', in E. Spinelli and S. Marshall (eds), *Embodied Theories*. London: Continuum.

Parlett, M. (ed.) (2003) 'Special focus on embodying', *British Gestalt Journal*, 12 (1): 2–55.

Totton, N. (2005) *New Dimensions in Body Psychotherapy*. Maidenhead: Open University Press.

제15장

꿈 작업

Perls는 '꿈은 통합으로 가는 지름길'이라고 말했다(1969: 71). 그는 꿈이란 단순히 미해결과제가 아니라 '인생각본, 업보, 운명'을 이해할 수 있는 '실존적 메신저'라고 믿었다(Baumgardner, 1975: 117). 비록 알아차림의 정도는 다르다 할지라도 그에게 있어 꿈의 모든 요소들은 깨어있는 사람의 양상이었다. 그러므로 모든 꿈은 꿈꾸는 사람의 어떤 부분을 표현하는 것이다. 치료자의 과제는 내담자가 꿈에서 사람이나 대상으로 나타나는 자기의 일부를 재소유하거나 되찾도록 돕는 것이다.

반면 Isadore From은 '꿈의 사건들은 투사가 아니라 반전'이며 실제로는 치료자와의 관계에 대한 메시지로 보았다(Muller, 1996: 72). 그는 깨어있는 삶에서 표현할 수 없는 반전을 이해하고 원상태로 되돌릴 수 있도록 하는 것이 꿈 작업이라고 주장했다.

Sichera(2003: 96)는 Perls 등(1989[1951])이 치료자에게 실제로 구체적인 의미를 이해하거나 해석하거나 찾으려 하지 말고, 꿈을 예술 작품처럼 '주의 깊게 문학이나 그림으로 표현'함으로써 받아들여야 할 해석적 메시지를 가진 것으로 인정하라고 주장하고 있음을 강조한다.

이러한 모든 설명은 서로 다른 시기에 사실일 수 있으며 치료자는 항상 꿈의 출현 의미에 대해 열려 있어야 한다. 꿈은 미해결과제, 특히 해결을 요구하는 반복되는 꿈이나 악몽일 수 있다. 또한 꿈을 꾸는 사람의 전체 인생 이야기의 프랙탈[1]일 수도 있고, 현재 당면한 문제나 주제를 나타내는 것일 수도 있다. 또한 소외되거나 거부당한 자신의 일부를 재소유하려는 시도를 나타내기도 한다. 또한 치료 관계나 치료자와 내담자 사이의 새로운 이해의 기회가 될 수도 있다.

꿈 작업에는 여러 가지가 있으며, 꿈이 꼭 완전할 필요는 없다. 꿈의 단편이나 내담자가 깨어났을 때 경험한 느낌을 다루는 것은 충분히 가능하며, 특히 기억되는 것들은 종종 새로운 미해결과제를 포함하기 때문에 더욱 그렇다. Perls(1969)는 게슈탈트에서 해석은 꿈 작업의 일부가 아니라는 점을 분명히 했다. 그는 꿈의 의미는 꿈꾸는 사람에 의해 탐색과 실험을 통해서만 발견될 수 있다고 강조했다. 그는 꿈, 특히 반복적인 꿈은 꿈꾸는 사람에게 어떤 메시지를 전달한다고 믿었다. 메시지는 그 사람의 현재 삶에 대한 진술이나 묘사, 또는 직면하고 있는 문제일 수 있다. 예를 들어 누군가에게 미행을 당하거나 쫓기는 반복적인 꿈과 빈집에 혼자 있는 꿈의 잠재적인 메시지는 분명히 다를 것이다. Perls는 또한 꿈에는 삶, 죽음 등에 대한 실존적 메시지를 포함될 수 있다고 생각했다.

게슈탈트 관점에서 꿈의 모든 측면, 사건, 주제, 과정은 내담자와 내담자의 삶의 일부를 나타낼 수 있다. 따라서 상담자는 내담자가 모든 각도에서 꿈을 탐색하도록 초대한다. 다음은 내담자가 치료에 가져온 꿈의 한 예와 그 꿈을 다루는 방법의 몇 가지 예이다.

사례 15-1

제이크는 자신의 삶이 막막하고 비참한 기분이 들어 상담에 왔다. 어느 날 그는 꿈의 생생한 조각을 다음과 같이 보고했다. 제이크는 꿈 때문에 화가 났지만 꿈을 이해할 수 없었다. 그의 목소리는 낮고 차분했다.

"저는 황량한 해변을 걷고 있었는데, 긴장되고 두려운 느낌이 들었어요. 하늘은 어둡고 흐린 가운데 파도가 해안으로 부서지고 있었어요. 저 멀리서 누군가 다가오는 것이 보였습니다. 어머니였는데 훨씬 젊으셨어요. 어머니는 울면서 괴로워하며 저에게 애원하고 계셨어요."

---

1   역주) 일부 조각이 전체와 비슷한 기하학적 형태, 이런 특징을 자기 유사성이라고 한다. 프랙탈ractal 구조는 자연물에서 뿐만 아니라 수학적 분석, 생태학적 계산 등 곳곳에서 발견된다.

탐색 방법

꿈 이야기를 들으면서 현상학적 방법 연습하기

내담자가 꿈을 이야기할 때 내담자의 에너지와 관심에 맞춰 에너지가 차단되거나 회피되는 부분을 알아차리자. 내담자와 함께 작업할 때 꿈과 지금 여기의 알아차림 사이를 계속 오가는 것을 잊지 말자. 꿈에서도 삶과 마찬가지로 이미지, 상징, 은유는 각 개인에게 고유한 의미를 가지고 있다. 꿈의 일부 요소가 당신에게 주는 의미는 꿈을 꾼 사람에게 주는 의미와 완전히 다를 수 있다. 따라서 첫 번째 작업은 그 특징이 현재 내담자의 삶에서 일어나고 있는 일과 관련이 있는지, 그리고 사물, 단어, 상징, 사람이 내담자에게 무엇을 의미하는지를 질문하는 것이다. 어떤 연관성이 있는가? 이는 사건과 관련이 있을 수도 있고 소리나 이미지, 다른 단어와 관련이 있을 수도 있다. 꿈은 종종 복잡하고 떠오르는 감정을 알아차리려고 하는 시도이기 때문에, 아이가 자신의 경험을 말로 표현하려고 시도하는 것처럼 떠오르는 언어와 모양은 비논리적인 말장난이나 상징적 형태로 나올 수 있다. 이미지를 '논리에 맞게, 의미 있는' 것으로 만들려고 조급해하지 않는 것이 중요하다.

사례 15-2

상담자는 제이크에게 황량한 해변이 그에게 어떤 의미인지 물었다. 제이크는 중요한 기억을 떠올리며 대답했다. "아버지가 다른 여자와 살기 위해 집을 나간 후, 어머니와 여행을 갔을 때 갔던 바다가 기억나요." 이것은 제이크의 인생에서 고통스러운 시기를 밝혀내는 중요한 계기가 되었다.

지금 꿈이 일어나고 있는 것처럼 말하기

내담자에게 '나'와 현재 시제를 사용하여 지금 꿈이 일어나고 있는 것처럼 말하도록 요청하자. 이것은 더욱 즉각적인 경험을 할 수 있다.

사례 15-3

제이크 : 저는 황량한 해변을 따라 걷고 있어요. 하늘은 어둡고 흐리고 파도는 해안에 부딪히고 있어요. 멀리서 누군가가 다가오는 것이 보여요. 그녀가 다가오자 나는 지금보다 훨씬 젊은 우리 엄마라는 것을 알았어요. 엄마는 울면서 소리 지르며 '네가 나를 도와야 한다'고 말해요. 나는 죽어가고 있어요. 오로지 너만이 나를 도울 수 있다…

제이크가 꿈을 다시 말하면서 그의 에너지는 완전히 달라졌다. 처음에 꿈을 이야기했던 따분하고 거리감 있는 방식과는 달리 감정과 활력이 넘쳤다. 이야기를 계속하면서 제이크는 꿈의 의미를 이해하는 데 관심과 호기심이 생겼고 자연스럽게 이야기를 연결하기 시작했다.

꿈이 마치 사실인 것처럼 내담자의 경험을 활용하여 작업하기

꿈이 재조명됨에 따라 목소리 톤의 변화, 신체적 반응, 접촉 수정 등과 같은 여러 가지 주제와 전경이 나타나는 것을 확실히 볼 수 있을 것이다. 그러면 당신은 그것들을 더 완전한 알아차림으로 가져올 수 있다.

사례 15-4

상담자가 말했다. "잠시 멈춰도 될까요, 제이크? 저는 지금 당신이 저에게 말하고 있는 동안 당신은 매우 긴장된 상태로 앉아 있고, 당신의 목소리는 매우 작아지면서 뭔가 억누르고 있다는 것을 알아차립니다." 이 개입 이후 제이크는 어머니의 고통 앞에서 그의 신체적 반전과 무력감을 알아차리게 되었다.

꿈을 비언어적으로 표현하기

여기에는 다양한 신체 자세를 취하거나 움직이거나 소리를 내는 등 꿈을 실연하는 것이 포함된다. 또한 물건을 가지고 작업하거나 꿈을 나타내는 그림을 그리는 것도 좋다.

사례 15-5

상담자는 제이크에게 종이와 색연필을 가지고 꿈을 표현하게 한 다음 뒤로 한발 물러서서 멀리서 그림을 볼 것을 제안했다. 제이크는 그 그림이 전달하는 메시지가 무엇인지를 보도록 초대받았다. "그림에서 누락된 부분이나 추가하고 싶은 것은 무엇인가요? 해변을 걸으면서 느껴지는 느낌은 어떨까요? 어머니에게 무슨 일이 일어났을까요?" 제이크는 자신이 그린 어머니의 모습에 가운데가 비어 있음을 깨달았다.

꿈속의 캐릭터가 되어 말하기

이 실험은 꿈의 모든 특징이 꿈을 꾼 사람의 일부라는 믿음에 기반하고 있다. 어떤 부분은 알려져 있고 어떤 부분은 알려지지 않았으며 어떤 부분은 아마도 거부되었을 것이다. 넓은 풍경이나 주변의 세부사항과 같이 내담자가 가장 잘 알지 못하는 꿈속의 무언가로 시작하는 것은 때때로 흥미롭다. 이것은 놀라운 통찰력을 가져올 수 있다. 하지만 만일 내담자에게 매우 강한 관심이나 책임을 주는 꿈의 어떤 면이 있다면 그것부터 시작해서 가장 멀거나 어려운 부분까지 작업해 보자. 내담자 꿈의 다른 요소들을 통해 작업을 할 때 내담자는 종종 자발적인 알아차림, 갑작스러운 통찰력 또는 정체성을 갖게 된다. 이것은 어떤 의미나 상징이 지금 존재하기는 하나 알아차림 밖에 있다는 것을 분명히 하는 데 도움이 될 수 있다.

사례 15-6

"나는 제이크가 걷고 있는 해변이에요. 나는 오랫동안 여기에 있었어요. 나는 수 킬로미터를 길게 뻗어 있는데 아주 소수의 사람들이 나를 따라 걸어요. 춥고 외로워요." '외로운 바닷가'라고 말하더니 제이크는 슬픈 표정을 짓기 시작했고 '요즘 정말 외롭다'고 말하면서 눈물을 흘렸다.

때때로 내담자들은 꿈에서 끔찍하거나 공격적이거나 불쾌한 측면과 동일시하는 것이 어렵다고 느낄 수 있다. 사실 내담자는 가장 강력하게 거부감을 느끼는 부분과 동일시하는 것이 가장 어려운 경우가 많다. 이러한 특정 역할을 맡기 위해서는 치료자의 부드러운 격려가 필요하다. 이러한 투사들 중 상당수가 부인하고 투사하는 것에 묶여 있던 엄청난 에너지와 힘을 포함하고 있기 때문에 이 과정은 특히 보람을 느낄 수 있다.

이것은 또한 꿈에서 놓치고 있을지도 모르는 중요한 것을 스스로가 알아차리는 순간이다. 종종 내담자는 '도서관에 사람들이 없었다'거나 '소년은 발이 없었다'고 스스로 이름을 붙이기도 한다. 하지만 꿈을 꾼 사람은 빠진 부분을 명확히 알아차리지 못하는 경우가 많으므로 상담자가 '하지만 다른 사람들은 어디에 있었나요?' 혹은 '어떻게 걸었나요?' 등의 질문을 하는 것이 적절하다. Perls는 꿈에서 빠진 부분은 성격의 누락된 부분을 의미한다고 믿었다.

꿈속의 인물 혹은 사물끼리 대화하고 실험하기

사례 15-7

제이크는 꿈에서 그 자신과 그의 어머니 사이의 대화를 역할극을 하도록 격려받았다. 실험이 진행됨에 따라 제이크가 (꿈속에서) 어머니를 돕거나 만족시킬 수 있는 말은 아무것도 없다는 것이 명백해졌고, 제이크는 점점 더 좌절해 갔다. 그는 갑자기 실험을 멈추고 상담자에게 "내 어머니와 진짜 똑같아요. 어머니는 항상 내가 어머니를 돌보고 필요한 것들을 처리해주기를 기대했어요. 나는 그 압박감이 싫었어요." 이러한 경험으로부터 제이크는 어머니의 불쌍함에 대해 이렇게 자연스럽게 분노를 느껴본 적이 없었다고 말했다(그는 어렸을 때부터 그것을 알고 있었지만 느껴본 적이 없었다).

다른 결과를 창조하는 실험하기

이것은 특히 악몽에 유용하다. 당신은 내담자에게 자신이 더 강해지거나 내담자를 지지하고 도와줄 이미지나 사람을 불러내는 상상을 해 보라고 요청할 수 있다. 그런 다음 꿈을 다시 실행하여 결말이 어떻게 바뀌거나 해결되었는지를 확인한다(여러 번 가능하다).

사례 15-8

제이크는 아버지가 그들을 향해 해변을 걸어오는 상상을 했다. 아버지가 도착하자마자 어머니를 품에 안고 위로하면서 자신이 아내와 아들, 두 사람 모두를 돌보겠다고 말했다. 제이크는 괴로워하는 어머니를 도와야 할 사람은 바로 아버지였다는 사실과 그동안 자신이 죄책감에 시달렸다는 사실을 깨닫게 되었다. 그리고 몇 년 전 아버지가 그들을 버렸다는 것에 얼마나 화가 났는지를 알아차렸다.

집단에서 꿈의 요소를 사용하여 조각을 만들도록 초대하기

집단에서 작업하는 경우, 이는 집단 구성원을 포함시키고 그들의 의식적인 지혜를 꿈과 연결되도록 하는 이상적인 방법이다. 특히 심리적 친밀감과 거리감 문제를 탐색하는 데 유용하다. 내담자는 자신을 포함하여 꿈속의 등장인물과 중요한 사물을 집단 구성원에게 할당하고, 생각보다는 감정과 본능을 사용하여 서로 관련지어 방 주위에 배치한다. 각 집단 구성원은 캐릭터가 그 위치에 있는 느낌이 어떠한지, 필요한 것이 무엇인지 등을 말한다. 그런 다음 꿈을 꾼 사람이 원하는 대로 캐릭터의 위치를 바꾸거나, 캐릭터가 먼저 자신이 선호하는 위치와 이유를 말하도록 초대한다. 새로운 위치로 옮긴 후, 각자가 어떻게 느끼고 있는지를 말하면서 그 과정을 하나씩 반복한다.

내담자가 집단 구성원이 아니더라도 방의 쿠션이나 물건을 사용하여 다양한 요소를 표현하고 방 주위에 배치하여 실험을 조정할 수 있다. 내담자는 각 요소에서 말을 하면서 친밀감과 거리를 조정하는 과정을 거치거나, 한발 뒤로 물러서서 메타뷰를 취하면서 캐릭터를 다르게 배치하는 실험을 시도한다.

상담자 혹은 상담에 대한 메시지로서의 꿈

이런 의미에서 꿈은 내담자가 표현하기 어려운 무언가에 대한 반전일 수 있다. 내담자의 꿈 이야기를 들으면서 그 안에 어떤 메시지가 들어 있을지 상상해 보자. 보살핌을 받거나, 겁을 먹거나, 실망하거나, 아니면 알 수 없는 낯선 사람에게 성적 매력을 느끼는 꿈인가? 내담자의 꿈은 지난 회기에 일어난 일에 대해 당신에게 공명을 불러일으킨 것이 있는가? 내담자의 꿈은 그가 지금 여기에서 쉽게 인정받지 못하는 무언가를 당신에게 말하려고 하는 것인가?

사례 15-9

수퍼비전에서 치료자는 제이크와의 마지막 치료 회기를 다루면서 제이크가 치료자를 불쌍한 사람으로 보았었는지를 기억하려고 노력했다. 치료자는 다가오는 자신의 휴가에 대해 제이크에게 말했던 것을 기억하고 제이크가 이것을 치료자의 불쌍함(휴식을 위한)으로 보았는지 궁금했다. 아니면 제이크 자신이 치료자와의 이별이 다가오고 현재 삶의 압도적인 요구들에 홀로 남겨진 것에 대해 불쌍하거나 버림받았다고 느낀 것은 아닌지 궁금했다.

위에서 설명한 기법은 환상이나 백일몽을 다루는 데에 적합하며, 내담자 알아차림의 가장자리에 있는 욕망, 갈등 및 미해결과제를 나타낼 수도 있다. 또한 꿈에서 누락되거나 회피되는 것(예 : 감정의 반대 극성, 실종된 가족 구성원 등)을 느낄 수도 있다는 것을 명심하자.

이러한 방식으로 꿈 작업을 하면 오랫동안 알아차림에서 벗어나 있던 주제와 감정이 드러나고 현재의 문제에 새로운 의미를 부여할 수 있다.

권장문헌

Amram, D. (1991) 'The intruder: a dreamwork session with commentary', *Gestalt Journal*, 14 (1): 61–72.

Bate, D. (1995) 'The oral tradition and a footnote to dreams', *British Gestalt Journal*, 4 (1): 52.

Baumgardner, P. (1975) *Legacy from Fritz: Gifts from Lake Cowichan*. Palo Alto, CA: Science and Behavior Books. (**See Chapter 2.**)

Downing, J. and Marmorsteing, R. (eds) (1973) *Dreams and Nightmares: A Book of Gestalt Therapy Sessions*. New York: Harper & Row.

Grey, L. (2005) 'Community building viewed from a group dream perspective', *Gestalt Review*, 9 (2): 207–15.

Higgins, J. (1994) 'Honouring the dream – an interview with Dolores Bate', *British Gestalt Journal*, 3 (2): 117–24.

Perls, F. S. (1981) *Gestalt Therapy Verbatim*. Moab, UT: Real People Press. (**See pp. 77–230.**)

Sichera, A. (2003) 'Therapy as aesthetic issue', in M. Spagnuolo Lobb and N. Amendt-Lyon (eds), *Creative Licence: The Art of Gestalt Therapy*. New York/Vienna: Springer-Verlag. pp. 93–9.

Stern, M. E. and Lathrop, D. (2010) 'Dreams: Contact and contact boundaries', *International Gestalt Journal*, 33 (2): 35–47.

제16장

여정 마무리

치료뿐만 아니라 삶의 근본적인 문제는, 한편으로는 고유한 한 사람으로 다른 한편으로는 죽음을 피할 수 없는 한 사람으로, 자신에 대해 생생하게 알아차리는 존재로서의 삶을 어떻게 살아갈 것인가 하는 것이다. (Laura Perls, 1970: 128)

어떤 치료 여정의 마무리는 중요한 이별이며 고립, 상실, 죽음에 대한 우리의 모든 신념과 두려움을 불러일으킨다. 내담자와 상담자가 이러한 문제를 피하고 공모하여 적절한 종결에 이르지 못할 위험은 항상 있다. Perls가 말했듯이, 치료의 종결로 예측되는 죽음(분리)의 현실과 마주하는 것은 엄청나게 어려운 일이다. 그러나 내담자가 사건의 중요성을 충분히 설명하고 완전한 종결 경험을 허용함으로써 선택적이고 적절하게 종결할 수 있는 기회도 있다. 어떤 이는 치료 여정의 끝이 전체 상담 경험 중 가장 깊은 부분이라는 것을 깨닫기도 한다.

종결 패턴

사람들이 상실이나 결말로 인한 고통과 불안을 피하는 방법은 다양하다. 이러한 패턴은 종종 접촉을 수정하는 일반적인 방법과 일치한다(11장 접촉 만들기 참조). 마지막 회기에 결석하거나 회기에 참여했지만 마지막에 이탈하는 내담자처럼 어떤 내담자는 '일찍 떠나기'로 어려움을 피한다. 또 어떤 내담자들은 놓아주는 것을 견디지 못하고 반대로 새로운 미해결과제나 새로운 치료문제 및 처음 왔을 때와 유사한 문제를 발견하여 종결을 지연시키려고 한다. 이는 내담자에게 있어 필요한 경우 상담을 여전히 유지할 수 있는지 확인하기 위해 오래된 대처 전략을 '시도'하는 방법이 될 수 있다. 그러나 그것은 또한 내담자와 치료자가 떠날 준비가 되지 않았음을 확신시키는 방법일 수도 있다.

치료자의 임무는 내담자가 잘 떠날 수 있도록 돕는 것뿐만 아니라 그 과정에서 스스로에 대해 최대한 많이 배울 수 있도록 돕는 것이다. 어떤 결말이든, 특히 치료의 마지막처럼 중요한 종결은 과거의 모든 끝맺음과 전환의 경험과 공명할 것이다. 내담자는 이전에 해결되지 않았던 상실이라는 미해결과제에 다시 연결될지도 모른다. 내담자는 또한 고통스러운 과거의 결말과 이별을 관리하기 위한 창조적 적응으로 발전한 자동적인 반응 패턴에 의존할 수도 있다. 특히 가장 초기의 관계적 경험, 즉 주 양육자와의 관계 경험이 관련이 있다. 이러한 경험은 일반적으로 애착 유형이라 불리는 관계 패턴을 형성하는데 이는 친밀감과 이별을 포함한 미래의 모든 친밀한 관계를 물들인다.

> ### 💡 제안 16-1
>
> 당신의 삶에서 어떤 결말이 있었는지 생각해 보세요. 사별, 새 직장으로의 이동, 파티에서 퇴장하는 방법 등 크고 작은 결말을 모두 생각해 보세요. 관계나 만남을 끝내는 전형적인 방법이 있나요? 예를 들어 뒤돌아보지 않고 재빨리 자리를 뜬다거나 반대로 실제 결말을 인정하지 않고 '곧 만나요'라고 말하는 것 등. 반응하는 방식에서 패턴을 확인할 수 있나요?

자신의 익숙한 반응이 확인되면, 그것이 치료자로서 자신에게 어떤 영향을 미치는지 생각해 보자. 당신은 어떤 회피 패턴과 공모할 가능성이 있는가? 치료자가 친해진 내담자와 끝내는 것이 어렵다는 것을 감안할 때, 당신은 무엇을 피하게 될까?

내담자가 이 결말과 관련된 모든 경험을 알아차리고, 그 중요성에 대해 주의를 기울이도록 도와야 할 수도 있다. 이는 내담자가 종결에 즈음하여 고정된 게슈탈트와 연결하고 전환에 필요한 문제에 직면할 기회가 될 것이다.

치료자와 내담자의 종결 경험에 영향을 미치는 다른 변수들이 있다.

◆ 치료 관계에서의 전이 및 역전이 문제가 완전히 해결되지 않으면 어려움으로 이어질 수 있다. 예를 들어 치료자는 내담자에게 버림받을 수 없는 나약한 엄마로 경험될 수 있거나 내담자는 혼자서는 대처할 수 없는 어린아이로 보일 수 있다.

◆ 상실, 분리 또는 경계가 원래 주호소 문제의 중요한 부분이었다면 마지막에 강하게 이러한 문제가 재현될 수 있다.

◆ 내담자의 문화에서 종결이 내포하는 뜻과 존중되어야 할 사회적 관습은 고려되어야 한다.

◆ 내담자에게 영향을 줄 수 있는 현재의 장 조건을 살펴보자. 예를 들어 내담자는 종결 후 어떤 사회적 지지를 받을 수 있는가? 내담자가 종결과 동시에 스트레스가 많은 다른 변화나 전환을 겪고 있는지? 종결 전에 확인할 수 있는 다른 자원이 있는가?

성공적인 치료는 내담자(및 치료자)가 계약을 이행하고 오래되고 고정된 관계 패턴을 변화시켜 상호적이고 조화로운 일치된 관계를 달성하는 과정으로 볼 수 있다. 이렇게 된다면, 종결은 슬프지만 '좋은 느낌'이 들 것이다. 상호 신뢰의 관계는 드물고 다른 어떤 것과도 비교할 수 없는 자양분이 된다. 하지만 이것은 종결이 더욱 아플 수 있다는 전설이 있다. 두 사람은 모두 안녕이라 말하는 것이 어려울 수 있다.

사례 16-1

브엘라나는 2년 반 동안 상담을 받아 왔다. 어느 날, 그녀는 큰 도움을 받았고 이제 떠날 준비가 되었다고 내담자에게 말했다. 브엘라나는 그날 치료를 그만둘 작정이 분명했다. 상담자가 작별 인사를 할 시간이 조금 더 필요할지도 모른다고 제안했을 때 브엘라나는 매우 놀랐다. 별다른 고민 없이 그냥 헤어질 것이라고 생각했던 브엘라나는 매 학기 기숙학교에 돌아가는 기차를 탈 때마다 그녀의 어머니가 어떻게 그녀를 기차역에 데려다주었는지를 기억해냈다. 어머니와의 작별 인사는 짧았고 뒤를 돌아보지도 않았다. 브엘라나는 이것이 자신의 이별에 대처하는 방식이라는 것을 깨달았다. 학창시절 이별에 대한 실제 기억을 떠올리면서 자신이 어떻게 괴로운 감정을 참았는지를 알아차리게 되었다. 그녀는 이 종결을 다른 방식으로 하기로 결심했고 상담자와 내담자는 5주 동안 서로 작별 인사를 나눌 수 있는 시간을 갖기로 합의했다.

종결 유형

이 장의 후반부에서는 대부분의 치료의 종결에 일반적으로 적용되는 과제를 간략히 설명한다. 그러나 종결에는 다양한 유형의 결말이 있다는 것을 알고 있는 것이 유용하다. 종결은 계획적이기도 하고 계획적이지 않기도 하며 선택적이기도 하고 때로는 강제적이기도 하다. 각각은 고유의 도전과 기회가 있다.

합의 종결

종결이 정해지지 않은 무기한 계약의 경우

여기에서의 종결은 내담자가 호소하는 문제에 대해 새로운 자신감이나 능력을 보여주고 삶의 과제에 직면하여 자기 지지와 에너지를 유지할 때 자연스럽게 찾아온다. 이러한 유형의 종결에서는 내담자는 완전한 알아차림 속에서 선택적으로 종결을 맞이할 수 있다. 이때 내담자는 스스로 사실상 자신의 치료자가 될 수 있고 자신의 상담을 계속할 수 있다는 것을 깨닫게 된다. 상담자 입장에서 가능한 모든 문제를 완전히 해결하기를 기대하지 않고 '충분하다'는 것을 받아들이는 것이 중요하다.

단기 계약의 경우

22장에 구체적으로 제시되어 있다.

예상치 않은 종결

치료자의 필요에 의한 종결

때때로 치료자의 삶의 요인에 의해 치료가 종결되는 경우도 있다. 병에 걸리거나 새로운 장소로 이사 계획을 세우거나 업무량을 줄이거나 은퇴를 결정할 수도 있다. 이 경우 내담자에게 포기에 대한 이슈가 있다면 동요할 가능성이 더 높다. 다시 말하지만 치료자가 내담자의 감정과 생각을 표현할 수 있도록 돕는 것은 중요하다. 예상치 못한 원치 않는 종결을 선언해야 하는 경우 다음 사항이 유용할 수 있다.

◆ 가능한 많이 알려주자.
◆ 내담자가 당신에게 비이성적으로 화를 내거나 실망하는 것을 허용하자. 이는 다른 종결과 관련하여 미해결과제가 표면화 되는 데 매우 중요하다(19장 우울과 불안 참조). 그 이유가 자신의 삶의 위기 때문이라면 내담자가 걱정하고 슬퍼하는 것은 지극히 자연스러운 일이다. 내담자의 지나친 이해로 그의 분노나 슬픔으로부터 당신을 보호하고 있지는 않은지 주의하자.

◆ 종결이 내담자와 개인적으로 연관되어 있지 않는다는 것, 혹은 종결이 내담자와의 상담이 얼마나 '어려웠는지(내담자에게 충분히 흔한 두려움)'에 의해 유발된 것이 아니라는 것과 같이 내담자를 안심시킬 수 있는 이유에 대해 충분히 설명하자.

◆ 가능하면 내담자에게 종결 시점에 대한 선택권을 주자.

◆ 이사 계획이 있는 경우, 새로운 장소에 공간이 있다면 공간을 확보함으로써 내담자에게 지속적인 헌신을 보여주자.

◆ 진정성 있게 말하자(4장 자기개방 지침 참조).

◆ 내담자가 새로운 치료자를 찾는 데 도움을 주자. 때로는 실제로 당신이 다른 치료자를 찾고 인수인계를 돕는 것이 적절할 수도 있다.

◆ 어떤 이유로든 장소를 옮기거나 폐업한 경험이 있는 사람이라면 누구나 그 일이 얼마나 감정적으로 힘든 일인지 알고 있다. 이 기간 동안 많은 수퍼비전과 지지를 받고 자신이 겪는 스트레스를 과소평가하지 말자.

내담자가 '나타나지 않는' 경우

때로는 내담자가 예기치 않게 갑작스럽게 치료를 중단하는 경우가 있다. 내담자는 단순히 상담에 오지 않았을 뿐이다. 당신의 임상 능력에 대한 실망이든, 치료법에 대한 불안이든 이유가 무엇이든 간에 내담자는 선택할 권리가 있다. 이런 종결은 내담자가 자신의 상담 약속에 대해 양가적인 태도를 보이는 치료 초기에 발생하기 쉽다. 내담자에게 전화를 걸어 무슨 일이 있었는지 묻지 않는 것이 좋다. 그것은 내담자가 '몰리는' 느낌이 들 수도 있고 그런 것들이 강압적으로 느껴질 수도 있다. 보통 짧은 문자를 하거나 메일을 보내는 것이 적절하며(내용은 너무 격식을 차리지 않는 것이 좋다), 그가 오지 않은 것에 대해 유감을 표하고 다음 약속을 확인하거나 다른 약속을 위해 내담자가 전화를 걸도록 초대하는 것이 적절하다. 만약 그가 반응하지 않는다면, 그냥 그대로 두어도 되고, 지금은 내담자가 치료를 계속할 생각이 없다고 생각한 것, 그의 건강을 바라고 있다는 것, 만약 내담자가 마음이 바뀌면, 미래에 그로부터 기꺼이 연락을 받을 것이라는 등의 메모를 해 두는 것이 좋다.

내담자가 사라진다는 것은(특히 몇 번의 상담 회기 후에) 그가 목표를 달성하고 기분이 나아졌다는 것을 의미할 수 있음을 잊지 말자. 만일 내담자가 치료의 세계를 잘 알지 못하고 따라서 '좋은 종결의 원칙'에 익숙하지 않다면, 그는 단순히 더 이상 상담을 받을 필요가 없다고 느낄 수도 있다(마치 아픈 것이 해결되면 더 이상 병원에 가지 않듯이). 어쨌든 당신은 스스로 마무리할 수 있는 최선의 방법을 찾아 '기다림'을 멈추고, 미해결과제나 자기 비난을 작업하기 위해 수퍼비전을 받는 것이 필요할지도 모른다.

일정 시간 동안 내담자를 만나왔다면 시나리오가 다소 변경된다. 그렇다면 문자나 메일에 더 많은 내용을 담는 것이 적절할 것이다. 다만, 상담실 밖에서 하는 말은 신중해야 한다. 내담자가 오지 않은 이유를 잘 알고 있더라도 내용에 회기의 내용을 명시적으로 언급하는 것은 상징적인 경계선을 위반하는 것이다. 당신의 치료 개입은 오직 상담실에서만 이루어져야 한다. 메시지를 다른 사람이 볼 수 있기 때문에 현실적인 침범이 될 수도 있다. 단어를 신중하게 선택하자. 예를 들어 당신과 내담자 사이에 어떤 일이 분명히 일어났고 내담자가 와서 그것에 대해 와서 이야기하기를 바란다라는 내용 정도면 적절할 것이다.

내담자가 '조기종결'을 원할 때

우리는 내담자의 결정권을 전적으로 믿는다. 게다가 내담자가 옳을 수도 있다. 당신과 내담자 모두 내담자의 프로세스를 신뢰해야 한다. 그러나 당신은 '잠재적인 내담자', 즉 내담자에게서 보여지는 성장 가능성에 대한 비전을 위해 싸울 수도 있다. 대화적 관계에 대한 당신의 헌신은 내담자가 어려움을 피하고 있다고 생각한다면 떠나고 싶은 그의 욕구에 도전하게 한다. 내담자 중에는 화가 나거나 당신에게서 버림받았다고 느끼지만 이를 분명히 표현할 수 없을 때 상담을 끝내겠다고 위협할 것이다. 특히 남성 내담자 중에는 당신이 그때 얼마나 중요한 존재가 되었는지에 대해 불안감을 느끼고 '도망'을 감행할 수도 있다. 내담자가 무엇 때문에 종결 결정을 내렸는지에 대해 토론해 보자. 다음 질문 중 일부가 유용할 수 있다.

◆ 최근 내담자의 삶과 상담과정에 무슨 일이 일어나고 있는가?
◆ 내담자는 이에 대해 어떤 의미를 갖고 있는가?
◆ 당신이나 내담자가 치료에 좌절감을 느끼거나 괴로워한 적이 있는가?
◆ 내담자는 과거에 관계를 끝내거나 상황을 떠나는 올바른 시기를 어떻게 결정했는가?
◆ 실제로 내담자가 종결을 회피한 것이라면 내담자는 이를 어떻게 알아차릴까?
◆ 당신은 또한 내담자의 결정에 대해 당신의 양극을 공개할 수 있다. 예를 들어 "선택하는 것은 당신의 권리입니다. 저의 마음 한 부분은 당신의 종결 결정을 지지합니다. 저의 또 다른 마음은 당신이 남아 우리의 작업을 계속할 수 있도록 싸우고 싶어합니다."라고 말할 수 있다.

그만두고 싶어 하는 내담자에게 충분한 치료를 받지 않았다고 말하거나 암시하는 것은 분명히 대부분 부적절하고 무례하며 심지어 비윤리적인 행동이다. "당신의 선택을 지지하지만, 당신의 결정이 너무 갑작스럽습니다. 저는 당신이 그 결정에 대해 탐색해 볼 의향이 있는지 궁금합니다."와 같은 식으로 말하는 것이 적절하다.

종결 과업

경험상, 다음 작업은 모든 상실 또는 전환에 대한 것이기 때문에 대부분의 치료 종결에 공통적으로 적용되는 작업이다. 마음에 드는 코트나 지갑과 같이 작지만 중요한 물건을 잃어버린 경우라도 상실 후의 익숙한 여정은 우리 모두에게 잘 알려져 있다. 불신과 부정으로 시작하여 현실에 대한 점진적인 알아차림과 그에 수반되는 강한 감정의 파도를 거쳐 궁극적으로 수용과 내려놓음에 이른다. 그러나 이 장에서 우리는 치료의 끝에 머물러 있다. 종결 프로세스는 끝이 다가옴에 따라 작업 사이를 오가는 과정이 포함된다. 장기 상담이었다면 몇 주 또는 몇 달이 걸릴 수도 있다. 내담자가 이러한 주제를 회피하는 것처럼 보이면 상담이 종료되기 몇 회기 전 상담에서 이러한 주제를 당신이 직접 제기해야 한다.

종결에 대한 알아차림 높이기

당연한 작업처럼 보일 수 있지만 종결에 대한 알아차림을 높이는 것은 의외로 중요하다. 사별을 극복하는 데 가장 중요한 요소 중 하나는 누군가가 죽음의 중요성과 의미를 설명할 수 있어야 한다는 것이라는 연구가 있다. 치료를 포함하여 모든 중요한 결말도 마찬가지이다. 우리는 내담자가 치료의 종결이 그의 여정에 어떻게 부합하는지에 대한 의미 있는 이야기를 할 필요가 있다고 믿는다. 처음에 내담자를 당신에게 오게 한 것이 무엇인지, 그에게 무엇이 펼쳐졌는지, 그리고 그가 지금 어떻게 되었는지를 성찰하도록 초대함으로써 이를 격려할 수 있다.

우리 모두는 여러 면에서 종결의 존재를 부정할 수 있다. 내담자가 필요성을 느낀다면 추후 상담을 계속할 수 있다는 것에도 동의한다. 이것은 유효한 제안이다. 그것은 또한 회피가 될 수도 있다. 중요하고 친밀한 관계를 맺어온 사람에게 작별을 고하는 것은 어렵다. 하지만 이로 인해 내담자는 '깨끗하게' 종결할 수 있는 기회를 잃을 뿐만 아니라 그들 스스로 조절할 수 있다는 것을 발견하는 치료의 최종적이고 중요한 단계의 진정한 경험을 잃게 된다. 당신과 내담자 모두 종료가 적절하다는 데 동의하고 종료 날짜가 정해져 있다면, 새로운(또는 오래된) 증상이 나타나더라도 일반적으로 종료 날짜를 지켜야 한다. 당신은 종결과 관련하여 이러한 증상이 내담자에게 어떤 의미를 가지는지 탐색하도록 내담자를 초대할 수 있다.

종결의 중요성과 의미 알아차리기

상담자와 내담자 모두 상담이 내담자의 삶에서 얼마나 중요한 영향을 미쳤는지 나누어야 한다.

"이곳은 내가 지난 몇 년간 매주 화요일 오후 3시에 왔던 곳입니다."
"당신은 내가 어머니의 광기에 대해 말한 첫 번째 사람이에요. 겉으로 드러난 부분뿐만 아니라 저의 모든 것을 당신에게 말하는 것처럼 느껴졌습니다."
"내 삶에 문제가 생길 때 이곳에 와서 의논하는 데 익숙해졌어요. 나는 이제 당신 없이 그렇게 하는 방법을 찾아야 해요."

상담자와 내담자 양쪽 모두 다음의 사항을 간단히 이야기할 수 있다.

"저는 당신을 좋아해요. 내 인생에서 당신이 그리울 거예요."

사례 16-2

브엘라나는 그녀의 삶에 있어 종결에 대한 질문을 받았을 때 처음에는 놀랐다. "예전에 크고 어려운 결말이 있었나요?" 그녀는 그렇게 생각하지 않았다. 상담자는 의아한 표정을 지었다. "전혀 없었나요? 당신의 결혼 생활은 어땠나요?" 브엘라나는 단호하게 고개를 저었다. "그건 그냥 다행이었어요. 모든 게 너무 좋았어요." "집과 조국을 떠난 것은 어땠나요?" 다시 한번 부인한다. "거긴 정말 안 좋았어요. 나는 도망갈 수 있어서 기뻤어요." 상담자가 브엘라나가 경험한 많은 결말을 열거했지만 각각의 결말들은 묵살당했다. 그녀는 어떠한 경우든 잃어버린 사람이나 상황은 슬퍼할 가치가 없다고 말했다. 그러나 주제를 더 깊이 탐구하면서 브엘라나는 패턴을 알아차리기 시작했다. 그녀는 독립적이고 강해져야 할 필요가 있었다. 그녀의 나라에 전쟁이 닥쳤을 때 그녀는 슬픔에 대한 '어린애 같은 욕구'를 너무 이르게 뒤로 미루도록 강요당했다. 그녀는 그 후 평생을 상실에 대처하는 이런 방식을 따르고

(계속)

> 있었다. 이러한 알아차림은 그녀가 상담자를 어떻게 떠날 것인지, 그리고 어떻게 슬픔에 대처할 것인지를 재검토하게 되었다.

내담자에 따라서 치료자와의 관계는 인생에서 가장 중요하고 강렬한 관계 중 하나가 될 것이다. 그러므로 이 관계를 떠나는 것은 매우 중요해진다. 그것은 또한 치료 경계가 낯설게 느껴질 수도 있다. "그렇게 가까이 지냈는데 아마 다시는 그럴 일이 없을 것 같아요." 이것은 상담자에게도 어렵고, 때로는 손상된 경계 위반(사회적으로 만나는 것, 친구가 되는 것 등에 동의하는 것)으로 이어진다. 우리가 생각하기에, 내담자의 내부 자원으로 관계를 보존하기 위해 치료를 봉인해서 담아 상담을 깔끔히 종결하는 것은 매우 **필요한** 결론이다. 또한 이는 미래에 상담이 필요한 경우 오염되지 않은 치료가 가능하다.

감정을 충만히 표현하게 격려하기

감정의 표현은 슬픔, 분노, 두려움, 안도, 흥분 또는 이 모든 것의 혼합이 포함될 수 있다. 당신은 "이 관계가 당신에게 무엇을 의미하나요?", "저와 헤어질 생각을 하면서 지금 무엇을 알아차리고 있나요?", "지금 어떤 감정들이 느껴지나요?"와 같은 질문으로 이를 격려할 수 있다. 치료에 유용하다고 생각되면 상담자 자신의 답변 중 일부를 말할 수도 있다.

또한 우울증, 씁쓸함, 자기 연민, 죄책감 등과 같은 내담자의 익숙하고 부정적이며 습관적인 감정, 알아차리고 해결할 수 있는 오래된 관계적 패턴이 포함될 수 있다. 그것들은 '나는 중요한 모든 것은 항상 **빼앗긴다**' 또는 '당신이 더 나은 상담자였다면, 나는 지금의 나보다 더 행복했을 것이다'와 같은 익숙한 내사나 신념이 포함된다. 때로는 종결이 마치 아이가 세상이 붕괴되는 것처럼 느꼈던 아주 초기의 상실을 떠올리게 한다. 내담자(또는 실제로 큰 상실을 경험하는 모든 사람)가 자신과 세상에 대해 확신이 없고, 자신이 알고 있다고 생각하는 모든 것을 의심스러운 것처럼 느끼는 것은 드문 일이 아니다. 이런 모든 상황에 목소리를 낼 수 있다. 내담자의 삶에서 확실한 것('이것만은 내가 알고 있다'), 특히 내담자가 어떤 지지를 받고 있는지에 이름을 붙이는 것이 도움이 될 수 있다.

사례 16-3

브엘라나는 종결과 관련하여 자신에 대해 발견한 사실에 깊은 감동을 받았고, 과거에 대해 깊은 슬픔에 잠겨 많은 시간을 보냈다. 종결 날짜를 7월로 정했는데 6월 초 그녀는 주차 문제로 짜증을 내며 상담실에 도착했다. 브엘라나는 내담자에게 주차 장소를 알려주는 더 나은 시스템이 있어야 한다고 말했다. 상담자는 불편함에 대해 공감하고 명확성이 부족했던 것에 사과했지만 브엘라나는 상담 오는 길에 교통 상황이 얼마나 나빴는지에 대해 이야기하기 시작했다. 상담자는 아주 부드럽게 그녀를 놀렸다. "여기에 오는 것은 정말 성가신 일이지요. 그렇지 않나요?" 브엘라나는 상담자를 쳐다보더니 화를 내며 철수했다. 상담자는 자신이 실수했다는 것을 알아차리고 사과했다. 브엘라나는 사과를 받아들이고 눈에 띄게 긴장을 풀었다. 그녀는 울기 시작했다. "당신 없이 어떻게 지내야 할지 모르겠어요." 상담자는 내담자에게 따뜻함을 느꼈고 자신의 슬픔을 알아차렸다. 두 사람은 서로의 슬픔을 인정하며 잠시 말없이 앉아 있었다.

성취한 것을 인정하고 축하하며 여전히 미해결된 것을 인식하기

함께 했던 여정, 즉 어려움과 성공, 변화의 유무를 돌아보자. 내담자에게 여정의 전환점이 되었던 순간, 가장 중요하거나 가장 큰 변화를 일으켰던 순간, 막막함을 느꼈던 순간을 검토하도록 요청할 수 있다. 내담자의 여정과 중요한 순간을 어떻게 보냈는지에 대해 통찰을 공유하는 것도 유용하다. 우리 모두는 우리의 성취 순간을 최소화하거나 잊어버리는 경향이 있으므로 이를 상기시켜야 할 필요가 있음을 기억하자. 당신의 확인 및 인정은 내담자에게 지지와 확신을 준다. 또한 내담자가 당신에게 원하는 피드백이 있는지 그리고 내담자가 당신에게 주고 싶은 피드백이 있는지를 물어보자.

사례 16-4

7월이 다가오자 브엘라나는 흔들리는 기분이 들었다. 그러나 그녀는 '제대로 해낼 수 있다'는 생각에 설레기도 했다. 마지막에서 두 번째 회기에서 두 사람은 함께 작업을 뒤돌아보는 시간을 가졌다. 브엘라나는 말했다. "있잖아요, 제가 선생님을 정말 믿기 시작한 날은 제가 직장에서 어떻게 화가 났는지를 선생님께 말하고 있었을 때였어요. 선생님은 내가 1년 전 할아버지에 대해 했던 말을 기억했어요." 상담자가 브엘라나에게 상담을 한 이후 어떤 변화가 있었는지 알아차려보라고 했을 때, 그녀는 자신이 얼마나 달라졌는지, 얼마나 더 생생하게 살아있고 자신의 삶에 대해 낙관적으로 느끼는지를 알아차렸다.

제안 16-2

이때 유용한 시각화는 내담자에게 '6개월 후의 당신의 미래를 상상해 보세요. 6개월 후의 당신이 되어 말해 보세요. 상담을 종료한 것에 대한 소감은? 후회하는 점이 있다면? 당신이 말하거나 행동하거나 표현했으면 하는 것이 있다면?'이라고 질문하는 것이다.

해결되지 않은 과제가 있는 것은 지극히 당연한 일이다. Melnick과 Roos(2007)는 게슈탈트가 미해결과제의 완결을 강조하는 것에 의문을 제기한다. 그리고 우리는 에너지를 철수하는 것과 상실을 경험한 사람이 마음속으로 애착을 유지하는 것을 결합할 수 있다고 믿는다. 그들은 '버티며 내려놓음'(p.124)에 대해 언급하면서, 상실한 중요한 타인에 대한 내적 애착과 함께 살아가는 데에서 많은 배움과 성장이 있음을 주장한다.

미래를 위한 계획

상호 검토가 끝날 무렵, 종결 후의 문제를 파악하자. 앞으로 몇 달 동안 내담자에게 어떤 문제나 상황이 발생할 것으로 예상되며, 내담자는 특히 치료를 시작했을 때와 비슷한 위기나 어려움을 어떻게 대처할 것인가? 만약 당신이 내담자와 오랫동안 관계를 맺어왔다면, 당신은 자원으로서 내담자에게 내면화되어 있을 것이다. 당신의 모델링, 당신의 목소리, 당신의 보살핌과 관심은 내담자의 내면의 배경의 일부가 될 것이다. 치료가 끝나가는 지금, 내담자의 삶에 또 무엇이 필요할까? 내담자는 어떤 새로운 소셜 네트워크나 활동을 전개할까?

사례 16-5

브엘라나는 상담자의 제안을 진지하게 받아들여 미래를 어떻게 마주할 것인지를 고민했다. 그녀는 어떤 도전에 직면하게 될지, 그것들에 어떻게 대처할지에 대해 신중히 생각했다. 과거에 그녀는 자신을 위한 계획이나 안전을 확실히 하는 욕구나 능력이 현저히 부족했기 때문에 상담자는 그녀의 생각을 듣고 안심했다. 상담자가 이것을 브엘라나와 공유하면서, 그녀는 자신에게 가치 있는 미래가 없다고 믿었던 과거를 알아차렸다. 이 깊은 불안감을 전쟁으로 폐허가 된 나라에서 보낸 그녀의 어린 시절과 연결시키면서, 상담자와 내담자 모두 그녀가 경험한 일과 그녀가 미래의 삶을 돌볼 정도로 자립심을 되찾았다는 것에 깊은 감동을 받았다.

물론 너무 많은 것을 예상하는 것은 불가능하며 자칫 요점을 놓칠 수 있다. 내담자는 자신만의 여정을 계속하고 있으며 그 여정에 대한 불안과 설렘의 일부는 미지의 영역이다.

작별인사 하기

종결 방법은 두 사람의 공유된 결정이어야 한다. 중요하거나 표시해야 할 사항을 함께 고민할 수 있다. 내담자는 작은 선물이나 기념품을 주는 것과 같은 특별한 의식을 행하기를 원할 때도 있다.

사례 16-6

브엘라나는 특별한 의식을 만들고 싶지 않았다. 브엘라나는 작별의 순간까지 단순히 관계를 유지하는 것이 자신에게 중요하다고 말했다. 그녀는 마지막 회기에서 그녀가 울 것이고 슬픔을 가눌 수 없을 것이라고 예측했지만, 함께했던 시간을 기억하고 그동안의 여정을 축하하면서 함께 웃을 수 있었다. 작별 인사를 하기 위해 상담자와 마주했을 때 브엘라나의 눈에 눈물이 가득 찼다. 상담자도 감동을 느끼고 그것을 브엘라나에게 표현했다. 브엘라나는 상담실에서 복도를 따라 걸어가다가 돌아서서 잠시 가만히 서 있었다. 그들은 서로에게 따뜻한 미소를 지었다. 그런 다음 상담자가 문을 닫는 동안 브엘라나는 돌아서서 걸어갔다. 상담자는 브엘라나를 다시는 만날 수 없을 것이라는 것을 알고 있었다. 상담자는 만족스러우면서도 우울함을 느꼈고, 그 강렬한 관계를 놓기가 얼마나 힘든지 알아차렸다.

에너지 철수하기

마지막 과제는 새로운 관계와 떠오르는 전경을 재창조할 수 있도록 치료 관계에서 에너지를 철수하는 것이다. 이것은 상담자와 내담자 모두 마지막 회기 이후 며칠과 몇 주 동안 혼자 수행할 작업이다.

주의 : 사별은 종종 '애도 작업'이라고 불리며, 우리의 의견으로는 이러한 성격의 이별을 완전히 다루고 함께하는 것은 분명한 '작업'이다. 잠재적으로 만족스럽고 변혁적일 뿐만 아니라 소진될 수 있으므로 내담자와 치료자 모두 이 기간 동안 충분히 지지받아야 한다.

치료자의 상실

물론 우리는 내담자가 종결에 대한 자신의 패턴을 파악하도록 돕는 데 초점을 맞추고 있다. 그러나 필연적으로 치료자에게도 자신만의 패턴이 있다. 우리 치료자들도 애착과 상실의 문제로 어려움을 겪고 있으며 모든 종결에서 죽음의 메아리에도 반응한다. 이와 관련하여 우리 자신의 반응을 아는 것은 내담자와 우리 자신을 위해서도 매우 중요하다.

위의 사례는 자신의 종결을 완전히 해결한 내담자인 브엘라나의 사례다. 그리고 치료자에 대해서도 간단하게 쓸 수 있었다. 치료자는 각 단계나 작업에서 내담자와의 관계 상실의 의미와 중요성에 대해 자신과 마주해야 했다.

종결을 최대한 깔끔하게 마무리하기 위해 자신의 패턴에 대해 좀 더 탐색해 보자.

 제안 16-3

어릴 적 새로운 학기의 첫날을 기억해 보세요. 학교 가기 전에 어떤 기분이었는지 기억나나요? 준비하는 데 얼마나 도움을 받았나요? 종종 사람들은 이러한 분리의 경험이 미래의 변화와 적응에 대한 반응 패턴을 나타낸다는 것을 발견합니다. 만일 어린 시절의 기억이 없다면 중고등학교 첫날이나 심리치료 또는 상담 훈련 기관에서의 첫날을 대신 떠올려 보세요.

이 경험은 종결과 새로운 시작에 대한 당신의 태도에 어떤 영향을 미치고 상담자로서의 업무에 어떤 영향을 미칠까요? 그 이후로 이론적으로나 경험적으로 좋은 종결을 맺는 데 도움이 된 것은 무엇인가요?

권장문헌

Houston, G. (2003) *Brief Gestalt Therapy*. London: Sage. (**See Chapter 6 – 'The Ending'**.)

Mackewn, J. (1997) *Developing Gestalt Counselling*. London: Sage. (**See pp. 209–14**.)

Melnick, J. and Roos, S. (2007) 'The myth of closure', Gestalt Review, 11 (2): 90–107.

Philippson, P. (2009) The Emergent Self: An Existential-Gestalt Approach. London: Karnac. (**See Chapter 6 – 'Death and Endings'**.)

Roos, S. (2001) 'Chronic sorrow and the Gestalt construct of closure', *Gestalt Review*, 5 (4): 289–310.

Sabar, S. (2000) 'Bereavement, grief and mourning: A Gestalt perspective', *Gestalt Review*, 4 (2): 152–68.

Vázquez Bandín, C. (2011) 'The process of grief according to Gestalt therapy', *Gestalt Review*, 16 (2): 126–44.

Worden, J. W. (2009) *Grief Counseling and Grief Therapy: A Handbook for the Mental Health Practitioner*, 4th edn. New York: Springer Publications.

제 2 부

특정 영역의
게슈탈트 심리치료의 실천

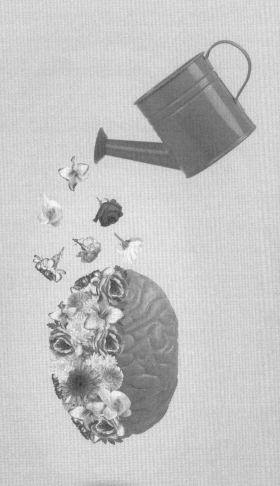

제17장

위기 상황의 평가와 관리

내담자는 삶의 문제, 특정한 상태 또는 행동양식을 보이는 경우가 많다. 이는 치료자에게 특히 도전적일 수 있으며, 위험에 대한 특별한 주의나 전문적인 치료접근이 필요할 수 있다. 이러한 내담자들 중에는 정신병리적 프로세스, 자해 행동, 해리, 퇴행, 트라우마 증상, 우울, 불안 등을 동반하기도 한다. 이들은 전반적으로 기능적인 면에서 어려움을 겪고 있을 가능성이 있으며, 큰 고통 속에 있을 수 있다. 이 경우에는 일반적인 게슈탈트 실천과 크게 다른 특정한 조치를 취해야 함을 시사한다. 위기와 안전 문제(치료자의 안전도 포함)에 대해 보다 집중적인 개입을 통해 훨씬 행동 지향적이고 지시적인 접근이 필요할 수 있다. 이들은 치료자에게 어렵고 불안한 반응을 불러일으키고, 경계에 도전하며, 보다 전략적인 사고와 관리를 필요로 한다.

사례 17-1

제니스는 남자친구(두 자녀의 아버지)와 헤어진 후 관계 문제에 대한 도움을 받고 싶어 상담을 받으러 왔다. 평가 과정에서 치료자는 제니스가 자주 자해를 하고 때로는 자살을 생각하기도 한다는 사실을 발견했다. 제니스는 이러한 에피소드가 점점 더 심해지고 있으며 술도 점점 더 많이 마시고 있다고 털어놓았다. 치료자는 충분히 걱정하고 진료의사(GP)에게 높아지고 있는 위험을 알려야 한다고 판단했고 제니스는 이에 동의했다. 제니스의 허락을 받아 치료자는 진료의사(GP)와 이야기를 나누고 제니스와 함께 작업하면서 내담자의 잠재적 자살 위험에 대해 논의할 수 있었고, 진료의사(GP)는 내담자에게 당일 진료예약을 제공해주었다.

이 장에서는 위기를 평가하고 관리하는 방법을 간략히 설명하여 어떤 조치를 언제 취해야 하는지를 알 수 있게 하였다. 다음 장에서는 모든 내담자에게 효과적이지만, 특히 위기 문제가 있는 내담자에게 지지를 구축하고 기존의 강점을 강화하는 방법인 '내담자 자원'에 초점을 맞출 것이다. 그 다음 장에서는 위기가 문제가 되는 가장 흔한 증상인 우울, 불안, 트라우마에 대해 자세히 살펴볼 것이다.

위기 문제가 있는 내담자와 상담을 진행하고 있는 상담자는 관련 문헌을 참조하고, 해당 전문가의 수퍼비전을 통해 도움을 구하며, 때로는 정신건강의학과의 연계를 고려해야 한다. 권장문헌의 두 가지 유용한 문헌도 참고하기를 바란다. 또한 치료자는 게슈탈트가 아닌 자료를 평가하고 다른 전문가와 의미있는 소통을 하기 위해 DSM-5(더 넓은 세계에서는 중요한 논쟁의 대상이지만 여전히 가장 널리 사용되는 시스템) 및 ICD 10(11판 준비 중)과 같은 표준 진단 시스템에 익숙해지기를 권장한다.

마지막으로, 보다 전략적이고 방향성 있는 방식으로 상담을 하는 것은 '있는 그대로'에 머무르며 자연스럽게 전개되는 프로세스를 허용하는 게슈탈트 가르침을 위반하는 것으로 간주될 수 있음을 우리는 알고 있다. 그러나 이것은 반드시 모순이라고 생각하지 않으며, Yontef와 Philippson(2008: 270~271)의 다음 의견에 동의한다.

성장은 집중, 치료에서의 친밀한 접촉을 통해 자연스럽게 이루어질 수 있다. 또는 체계적인 교육과 실험의 일부일 수도 있다. 그러나 후자의 경우에도 성장은 자기 인식과 자기 수용을 기반으로 진행된다. 많은 임상 상황에서는 심리적 도구의 레퍼토리를 구축하거나 파괴적인 행동을 통제하는 데 초점을 맞출 수 있다. 이러한 학습은 협력적으로 이루어질 수 있다.

필수 고려사항

5장 평가와 진단에서는 초기 면담에서의 위험 평가에 대해 몇 가지 제안을 했다. 여기서는 상담자가 불안, 위험 혹은 갈등을 호소하는 내담자와 상담을 진행할지의 여부를 결정할 때 (또는 기존 내담자의 위기 상황을 관리할 때) 고려해야 할 몇 가지 문제에 대해 더 자세히 살펴보겠다. 다음은 위기 상황을 이해하고 진행 방법을 결정하는 데 도움이 되는 5단계이다.

1. 위기 상황을 **평가하기**
2. 위기 상황을 이해하고 **탐색하기**
3. 위기 상황의 **심각도 평가하기**
4. 상담 진행을 **결정하고** 구체적으로 **계획하기**
5. 상담 진행 상황을 **모니터링하기**

즉각적 대처가 필요한 위기 상황 평가하기

일부 내담자는 초기 면담에서 여러 가지 중첩되는 문제를 호소할 것이며 잠재적인 위기 상황에 따라 곧바로 대처를 할 필요가 있는지 결정해야 한다. 우선적으로 다음 영역에서 이를 평가해야 한다.

◆ 즉각적인 대처를 하지 않으면 직업/관계/주거/자녀/돈/자유를 잃게 되는가?

◆ 내담자가 붕괴 직전이거나 전반적인 기능 상실의 위기에 처해 있는가?

◆ 내담자가 자살을 시도하거나 자해를 하고 있는가?

◆ 폭력이 개입되어 있는가?

◆ 현재 호소문제가 약물 남용이나 새로운 정신 질환을 가리키는 것일 수 있는가?

위의 질문에 '예'라고 답했다면 당신의 주요 관심사는 내담자의 일상생활의 기능수준이 더 이상 저하하거나 상실되지 않게 막는 것에 있어야 한다. 문제를 해결할 수 있는 구체적이고 실용적인 방법을 생각하는 것이 중요하다. 여기에는 내담자와 위기 상황의 관리에 대해 논의하고, 실질적인 조언과 교육을 하며, 지역사회 정신건강 팀에 연락하는 것이 포함될 수 있다. 다른 자원에 연락하는 것은 전문가의 의무이며, 혼자서 해결하려고 하지 않아야 한다.

현재 위기 상황이 아니더라도 상담을 진행할지 여부와 방법을 결정할 때 우선적으로 고려해야 할 다른 중요한 질문이 있을 수 있다.

◆ 먼저 해결해야 할 실질적인 문제가 있는가? 과거와 현재의 장 조건의 맥락에서 생물학적, 인지적, 정서적 및 신체적 요인이 복합적으로 작용하여 나타나는 다양한 상황에 대해 '심리적' 치료 계획을 결정하기 전에 실질적 조치가 필요할 수 있다. 예를 들면, 과도한 스트레스가 많은 업무 환경이나 관계(예 : 학대하는 파트너와의 동거) 등.

◆ 이 사람과 함께 상담을 하고 **싶은가**? 수련교육 및 수퍼바이저의 지원이 충분한가? 당신의 심리치료 스타일에 적합한가? 치료 장소가 적합한가? 심각한 문제를 가진 내담자와 집에서 상담을 하는 것은 바람직하지 않다. 상담기관, 의료센터 등에서 만나면 당신과 내담자 모두 더 안정감을 느낄 수 있다.

또한 내담자가 당신에게 겁을 주거나 관계를 맺기 어려울 수 있고 당신은 이러한 내담자와 상담하기 싫을 수도 있다. 당신 자신의 반응을 진지하게 받아들이고, 당신에게 찾아오는 모든 사람을 도울 수 있다거나 도와야 한다고 거창하게 생각하지 않는 것이 중요하다.

위기 상황을 이해하고 탐색하기

내담자의 상황에 대한 초기 그림을 그렸다면(5장 평가와 진단 참조), 특별히 우려되는 부분이나 면밀한 탐색이 필요한 세부 사항을 파악해야 한다. 필요한 질문을 포함하여 탐색이 필요한 부분을 구체적으로 메모해 두면 유용하다. 이러한 메모는 고위험군 내담자를 평가하는 동안 감정적 영향과 방향 감각 상실로 인해 당신이 압도당하거나 혼란스러워하는 것을 방지하는 데 도움이 된다. 다음 회기에서 다루고자 하는 명확한 내용을 가지고 있으면 상담의 초점과 방향성을 제시하는 데 도움이 될 것이다.

좋은 평가는 문제의 원인과 의미를 탐색하는 일이다. 명확성을 얻는 방법은 현재 제기된 불편함을 주의 깊게 살펴보는 것이다. 초기 평가에서는 모든 유형의 위기 상황에 두루 적용할 수 있는 질문을 다음과 같이 할 수 있다.

◆ 문제가 언제 처음 발생했나요?(예 : 자살 사고, 자해, 약물 남용, 섭식, 미쳐버릴 것 같은 두려움)
◆ 그 당시 당신의 삶에는 어떤 일들이 있었나요?
◆ 가족이나 친구들은 어떻게 반응했나요? 또는 그들이 어떻게 반응할 것이라고 상상하나요?
◆ 당신의 삶에서 이런 일이 얼마나 자주 일어났으며 당신은 그것을 어떤 의미로 받아들이나요?
◆ 당신의 삶에서 문제가 가장 심했던 때는 언제였나요?
◆ 그 문제로 도움을 요청했거나 도움을 받은 적이 있나요?

◆ 마지막으로 그런 일이 일어났던 때는 언제였나요? 또는 가장 힘들었던 때는 언제였나요?

◆ 그 일을 어떻게 대처했나요?

◆ 지금, 이 시기에 도움을 요청하게 된 계기는 무엇인가요?

물론 위의 목록과 같이 이러한 질문들을 순차적으로 하는 것은 아니다! 내담자가 충분히 독립적이라면 한 회기에서 이러한 질문에 답하는 것이 순조로울 것이다. 그러나 여러 회기에 걸쳐 이 정보를 수집해야 할 수도 있다. 내담자는 문제에 대한 민감성과 취약성을 가지고 있음을 기억하자. 상담자는 자살 사고, 환각, 학대 관계 등 특정 영역에 대해 자세히 물어보는 것이 더 큰 고통을 유발할지도 모른다는 두려움 때문에 스스로 긴장할 수 있다. 그러나 많은 내담자들은 고통스러운 일에 대해 물어보고 듣는 것을 두려워하지 않는 사람과 자신의 이야기를 공유할 수 있음에 안도감을 느낀다. 사실 상담자가 관심을 가지고 경청하고, 마음을 열고, 수용하는 그 자체로 내담자는 자신을 향해 비슷한 프로세스를 시작할 수 있다. 지금은 당신 스스로를 안정화시킬 시간이다. 그리고 당신은 어떤 조치를 취할지 결정하기 전에 동료나 수퍼바이저에게 언제든지 도움을 요청할 수 있다는 점을 기억하자.

위기 상황의 심각도 파악하기

고려해야 할 특정 우려사항이 파악되면 해당 분야의 전문 문헌을 참고하고 수퍼바이저와 이를 상의하는 것이 좋다. 이렇게 하면 '시간을 낭비'하지 않아도 되고 다른 전문가들의 경험으로부터 도움을 받을 수 있다. 서술적이고 예측적인 정보들은 다양한 유형의 정신건강 문제의 위험에 대해, 자살 사고가 행동으로 옮겨질 가능성이 가장 높은 시기에 대해, 다양한 종류의 약물의 특수한 영향과 위험에 대해 유용할 것이다.

심각도 평가하기

유용한 시작점은 일상 기능의 대략적인 연속선에서 내담자의 현재 위험을 찾는 것이다.

경미한------보통의------심각한

'경미한' 어려움은 내담자가 주관적인 고통을 유발하는 문제를 가지고 있지만 일상생활에 큰 지장을 주지 않는 경우를 말한다(단, 내담자가 해야 할 일들을 수행하는 데 추가적인 노력이 필요할 수 있음). 자신이나 타인에게 위험은 없다.

'**보통의**' 어려움은 일상생활에 큰 지장을 초래하는 증상이 주기적으로 나타나는 경우를 말하며 악화될 가능성이 있다(예 : 직업 혹은 관계 상실, 자기관리와 같은 일반적인 기능 저하).

'**심각한**' 어려움은 내담자가 대부분의 시간 동안 지속적인 장애 또는 불안 증상을 보이며 일상생활에서 정상적으로 기능할 수 없는 경우이다. 또한 내담자가 자신이나 타인에게 해를 끼칠 위기에 노출되어 있음을 의미할 수도 있다.

연속체의 위치가 심각한 쪽으로 위치할수록 내담자가 직면하거나 경험하고 있는 것에 효과적으로 반응하는 것이 얼마나 어려운지(혹은 불가능한지)를 반영하며 아마도 치료에 참여하는 것이 어렵다는 지표일 것이다. 또한 연속체의 위치를 아는 것은 어려운 회기가 끝났을 때 상담자가 자기 보호와 회복적 돌봄을 고려해야 한다는 중요성을 보여주는 지표가 될 수 있다.

심각도 평가는 다음과 같은 기능을 수행하는 데 도움이 된다.

◆ 행동 개입을 위한 전략적 계획을 어느 정도로 진행할지에 대한 결정(예 : 전문가 상담 혹은 의뢰, 일시적 휴가와 같은 행동 지침 제안, 불안완화 기술 교육 등)
◆ 안정화, 담아주기, 그라운딩을 중심으로 한 심리치료의 구성(예 : 지속적으로 압도당하고 힘들어하는 내담자의 경우 등)
◆ 악화를 피하기 위해 어느 정도의 책임을 져야 하는지에 대한 결정(예 : 타전문가에게 의뢰 또는 위험요인 관리 계획에서 우선순위 정하기 등)

다른 유형의 위기 상황

반복적으로 관계 실패를 경험한 내담자는 치료 관계에서도 조기종결이나 분노 표출과 같은 유사한 관계 실패가 발생할 잠재적 위험이 있다. 또한 외상적 배경이나 발달 문제가 있는 내담자가 압도될 위험도 고려해야 한다. 마지막으로, 치료자가 실제 또는 대리 감정의 과부하로 인해 위험이 발생할 수 있다는 것도 고려해야 한다. 어떤 추가적인 지지가 필요할지 생각해 보자.

상담 진행을 결정하고 구체적으로 계획하기

치료 계약을 제안하기로 결정할 때쯤이면 위험 문제, 내담자의 특정 요구 사항, 당신의 자신감과 역량 수준을 신중하게 고려했을 것이다. 당신은 당신의 수퍼바이저와 내담자에 대해 논의한 후 상담을 진행하기로 결심했을 것이다. 이 특별한 내담자의 욕구들을 생각했을 것이고 먼저 해결해야 할 문제가 있는지 또는 반대로 나중에 해결해야 할 문제가 있는지를 고심했을 것이다. 또한 게슈탈트 관계 유형의 조정 여부도 고려했을 것이다. 강한 존재감을 가진 치료자는 종종 취약한 내담자에게 상당히 압도적으로 보일 수 있기 때문에 고위험군의 내담자는 대화적 관계를 더욱 신중하게 사용해야 할 수도 있다. 그런 다음 6장 치료 계획으로 돌아가서 내담자에게 가장 적합하고 고유한 전략을 결정하는 데 도움을 받을 것을 권한다.

타전문가에게 상담을 의뢰하기

고위험군 내담자에 대한 평가는 당신과의 치료 적합성과 내담자 리퍼에 필요한 고려사항이며, 이러한 결정을 내리기 위해 수퍼비전을 받을 것을 강력히 권한다. 1장 중요한 첫 만남에는 다른 기관이나 전문가에게 상담을 의뢰할 수 있는 몇 가지 제안사항이 제시되어 있다. 당신이 아무리 세심한 주의를 기울여도, 내담자는 이 과정에서 종종 자신이 평가를 받고 수용 불가능하다고 판단된 것이 아닌가 하는 의심을 품기도 한다. 어려운 상황에서 위험을 무릅쓰고 낯선 사람과 자신의 약점을 공유한 내담자에 대한 존중과 연민을 전달하는 데 집중함으로써 이러한 의심을 최소화할 수 있다. "당신이 호소하는 문제는 중요하며 저는 당신을 돕고 싶습니다. 하지만 저는 당신에게 적합한 사람이 아니라고 생각합니다. 우리는 당신이 겪고 있는 일을 보다 전문적으로 다루는 상담자를 찾아야 합니다."라고 말할 수 있다.

자살 위험이 있는 내담자

내담자가 당신을 조종하고 있다고 의심된다 할지라도 자살 위험이 있는 모든 내담자는 심각하게 다루어져야 한다. 그렇지 않을 경우 더 위험한 행동이 유발될 수 있기 때문이다. 극히 드물게, 사람들은 명확한 판단으로 자살을 결심하는 경우가 있다(예를 들어 말기 신체 질환을 앓고 있는 경우). 그러나 대부분의 자살 징조는 혼란스럽고 갈등하는 마음 상태에서 비롯된 것으로, 일종의 의사소통(대부분 타인에 대한 분노, 때로는 자신에 대한 분노)을 공개적으로 표현하지 못하고 자살 충동으로 반전하는 것으로 볼 수 있다. 때로는 건강한 부분을 '구하기' 위해 자신의 박해적인 부분을 죽이고자 하는 욕구일 수도 있다. 이러한 생각은 그 사람이 죽음을 시도하는 것이 아니라 삶에 대한 시도를 하고 있다는 것을 알 수 있도록 도와줄 수 있다.

자살 의도에 대해 질문을 하는 것은 자살을 유도할 가능성이 높다는 일반적인 오해가 종종 있다. 이것은 연구로 입증되지 않았다. 실제로 다른 주제와 마찬가지로, 개방적이고 비판단적인 방식으로 자살 가능성에 대해 논의하는 것은 당사자에게 안정감과 지지를 줄 수 있다. 내담자가 이 주제를 꺼냈을 때 두려움, 불안, 거부감 등의 반응을 보이지 않는 것이 중요하다. 먼저 인명피해를 예방하기 위해 취해야 할 즉각적인 조치가 있는지 판단한 다음, 위험의 정도를 명확하고 상세하게 평가하여 전략을 세워야 한다. 이를 위해 243쪽의 '2. 위기 상황을 이해하고 탐색하기' 단계로 돌아갈 수 있다. 다음은 앞서 언급한 질문 외에 보다 명확한 결정을 내리는 데 도움이 되는 추가 질문들이다.

◆ 내담자는 자살을 실행하기 위한 계획을 세웠을까? 실제로 어떻게, 어떤 방법으로 자살을 실행하기로 마음먹었을까?

◆ 내담자는 과거에 자해를 시도한 적이 있는가? 만약 그렇다면 언제, 어떤 일이 있었는가?

◆ 이전에 자살을 시도하게 된 촉발 요인(예 : 연인에게 거절당함)은 무엇이었는가(현재 존재하는 것인가, 아니면 이 일이 임박한 것인가)? 당신은 "만약 이 '동일한 촉발 요인'이 지금 일어난다면 어떻게 하시겠습니까?"라고 내담자에게 질문할 수 있다.

◆ 이전에 내담자의 죽음을 중지시킨 것은 무엇이었는가? 다른 사람의 개입이 있었는가? 만일 그러하다면, 어떻게 그런 일이 일어났는가?

◆ 내담자의 죽음으로 인해 누가, 어떤 영향을 받을 것인가? 누가 가장 동요할 것 같은가? 자살 행동은 내담자의 가족이나 사회적 네트워크의 체계적인 문제의 일부일 수 있음을 명심하자.

불편할 수 있지만 '실제로 어떻게 자살할지 생각해 본 적이 있나요?'와 같이 구체적으로 질문하는 것이 중요하다. '정확히 어떤 약을 드시겠습니까? 어디서 구할 수 있지요? 언제 어디서 드시겠습니까?' 막연한 의도보다 구체적인 세부 사항이 훨씬 염려스러운 부분이다. 상세한 계획의 증거는 더 심각한 위기 상황으로 간주되어야 한다.

자살 위험 관리하기

지금 당장 일어날 것만 같은 급박한 위기 상황에서는 가족, 의사, 지역 정신건강 팀에 연락해야 할 수도 있다. 급박한 위기는 아니지만 고위험 상황에서는 내담자를 더 자주 만나거나 짧은 전화 통화를 통해 위험 행동을 멈추도록 설득 할 필요가 있다. 일부 상담자는 내담자와 '생명존중 서약'을 해야 한다고 주장한다. 이 아이디어는 게슈탈트 접근법에서는 다소 논란의 여지가 있지만, 몇 가지 긍정적인 이점이 있다(논의에 대해서는 Mothersole, 2006 참조). 생명존중 서약 내용 중에는 내담자가 다음 회기 전까지 자살을 시도하지 않기로 동의하거나 극단적인 경우 내담자가 사전에 미리 전화로 이야기하게 하는 것도 있다(단순히 전화를 거는 것이 아니라 전화를 걸어 당신과 통화하는 것에 대한 계약인지 반드시 확인해야 한다. 당신이 전화를 받지 못하면 계약을 이행하지 않은 것이다). 당신은 내담자가 자살 충동을 느낄 때 전화할 긴급 지원 전화번호 목록을 작성하도록 도울 수 있다. 이 목록은 내담자의 말에 귀를 기울여 들어주고 공감하며 내담자가 의지할 수 있는 선한 사마리아인을 시작으로 구성될 수 있다. 이러한 서약은 내담자가 자살을 시도하지 않고 살아남을 수 있는 방법을 찾는 데 도움이 된다. 그리고 그 서약은 내담자의 의지를 제한하거나 강요하려는 시도가 아니라 그의 삶에 대한 당신의 헌신에 대한 증거이며, 자살 시도를 담아내고 지연시키는 것으로 간주될 수 있다.

내담자에게 자신의 삶과 죽음을 선택할 수 있는 기본적인 권리가 있다 하더라도 당신은 게슈탈트 치료자로서 내담자의 생명을 보존하기 위해 노력할 의무가 있다(25장 윤리적 딜레마 참조). 이는 위험에 대처하기 위해 치료 접근 방식을 일시적으로 변경하는 것을 의미한다. 이럴 때는 강한 경계를 가지고 지지적으로 담아주는 작업이 종종 필요하다. 내담자에게 위험을 대처할 수 있는 능력이 있다는 것이 당신에게 절대적으로 확신되지 않는 한, 카타르시스, 빈 의자 작업, 직면을 시도해서는 안 된다. 때로는 당신의 최선의 노력에도 불구하고 내담자가 자살을 결심하는 경우도 있다. 이것은 매우 고통스러운 일이지만, 자신을 비난하기보다는 지원을 요청하고, 궁극적으로 우리는 내담자의 결정을 통제할 수 없으며 통제해서도 안 된다는 것을 스스로에게 말해야 한다.

내담자를 지금 여기로 데려오기

트라우마에 시달리는 내담자는 상담 장면에서 퇴행, 해리 또는 관계 단절의 상태가 될 수 있다. 이 경우, 자기 지지를 회복하기 위한 도움이 필요하다. 다음은 내담자가 '지금 여기'

로 완전히 돌아와 외부 세계와 접촉할 수 있는 성인 자원(예 : 집으로 돌아가기 위해 운전하기)을 갖추고 상담실을 떠날 수 있게 하기 위한 몇 가지 제안이다.

당신은 회기 종료 최소 10~15분 전에 지금 여기로 돌아와 내담자에게 다음과 같이 제안하고 수행해야 한다. 하지만 "이제 당신이 상담을 마치고 이 방을 떠나기 전에 지금까지 무슨 일이 있었는지 이야기를 할 시간을 가지도록, 지금 여기로 돌아와야 합니다."라고 간단히 말하는 것만으로 충분할 때도 많다. 그렇지 않으면 다음 개입 중 일부 또는 전부가 필요할 수도 있다(반드시 이 순서대로는 아님).

◆ 가능한 한 많은 접촉 기능을 내담자에게 안내하자. '방에 무엇이 보이나요? 어떤 색깔과 모양인가요?', '새소리, 시계 소리, 자동차 소리가 들리나요? 잠시 들어 보세요. 이런 다양한 소리를 구별해 보시겠어요?'

◆ 지금 여기에서 질문을 간단히 하자. '지금 기분이 어떠신가요?', '이 방에서 무엇을 알아차리고 계신가요?', '맞은편에 제가 앉아 있는 것을 알고 계신가요?'

◆ 신중하고 천천히 단호한 목소리로 말하자.

◆ 몸의 감각을 다시 민감하게 하자. '지금 당신 몸의 감각에 주의를 기울여 보세요. 호흡, 의자에 앉은 몸의 무게, 바닥에 닿은 발을 알아차리고, 앉아 있는 의자를 알아차리고, 온몸을 느껴 보세요. 몸의 어느 부분이 긴장되는지, 어느 부분이 이완되는지를 알아차려 보세요.'

◆ 부드럽지만 단호하게 내담자가 당신과 함께 이 방으로 돌아온다고 말하자. 예를 들어 플래시백을 겪고 있는 내담자의 경우, '이것은 당신이 가지고 있는 기억입니다. 저는 당신이 그 기억을 뒤로하고 저와 함께 지금 여기 이 방으로 돌아왔으면 합니다. 제 목소리에 주의를 기울여 보세요'라고 말할 수 있다.

◆ 내담자가 지금 어디에 있는지 상기시켜 주자. '당신은 저와 함께 이 방에 있습니다.'

◆ 다음과 같이 안심시키자. '지금 떠나와도 괜찮습니다. 나중에 다시 돌아와도 되지만 지금은 이 방에 있는 저에게 집중해주세요.'

◆ 생각과 기대를 불러일으키기 위해 치료 회기 후에 내담자가 무엇을 하고 있을지 물어보자. '오늘 오후 혹은 저녁에 상담 후에 무엇을 할 예정인가요?'

◆ 필요하거나 적절하다고 생각되면 내담자에게 일어서거나 방을 같이 걷거나 물 한 잔 또는 심지어 차 한 잔(어쨌든 영국에서는!)을 제안하는 것과 같은 일상적인 활동을 제공

하자.

◆ 쿠션이나 구겨진 종이를 부드럽게 던지며 몸의 감각을 불러일으킬 수도 있다.

◆ 마지막으로 무슨 일이 있었는지 내담자의 이야기를 듣자. 방금 당신이 본 것에 대해 이야기하고 내담자에게 방금 일어난 일에 대해 말하도록 요청하자. 일반적으로 단어와 설명을 사용하면 경험과 거리가 멀어진다. 상담실을 나가기 전에 내담자가 완전한 자기 지지로 돌아왔는지 확인하자. 내담자가 어떻게 집에 갈 것인지, 어떻게 자신을 돌볼 것인지, 비상시 연락하는 방법 등을 물어보자.

상담 진행 상황을 모니터링하기

치료 방향에 대해 신중하게 고민하는 것과 더불어 진행 중인 상담에서 상황을 어떻게 모니터링할 것인가에도 주의를 기울여야 한다. 장기 상담의 경우 과거 내담자가 어떤 방식으로 대처해 왔는지, 성공했는지, 실패했는지, 거기에서 어떤 교훈을 얻었는지, 보다 철저하게 위험 이력을 파악하는 것이 효과적이다.

당신은 생활 환경이나 치료에 대한 반응으로 내담자의 증상이 일시적으로 악화되는 징후를 주의 깊게 살펴야 한다. 내담자가 자해를 더 자주 생각하거나, 음주량이 증가하거나, 출근 시간이 불규칙해지거나, 약물 중단을 생각하거나, 잠을 제대로 자지 못하거나, 식사를 제대로 하지 못하거나, 더 고립되고, 당신에게 반응하지 않는 등의 증상을 보이는가? 이러한 징후는 모두 위기 상황을 재평가하고 전략을 일시 중단하고 새로운 상황에 대처해야 한다는 신호이다. 내담자와 함께 우려 사항을 논의하고 위기를 최소화하는 방법을 찾아야 할 때이다. 또한, 어려움이 가중될 때 함께 행동 계획을 세울 수도 있다. 이런 식으로 당신은 치료 상황을 모니터링하고 내담자가 건강하게 기능할 수 있는 능력을 향상시킬 수 있도록 지원할 수 있다.

상담자의 자기 돌봄

7장 지지 강화하기에서는 치료자가 스스로를 지지하는 방법에 대해 살펴보았다. 113쪽에 지침 목록이 있으니 이 목록을 자주 확인하면서 자기 관리가 유지되고 있는지 확인하는 것이 좋다.

이러한 작업의 결과로 대리 외상, 소진, 이차적 스트레스 장애 및 동정 피로증[1]의 위기가 발생할 수 있다. 관련 연구에 따르면 트라우마를 겪었거나 고위험군 내담자와 상담을 하는 임상가의 약 50%가 때로는 매우 괴로워하거나 오랜 기간 동안 고통을 느낀다고 한다. 이는 치료자 자신이 어린 시절에 비슷한 경험을 했거나 최근에 트라우마를 경험한 경우에 흔히 볼 수 있는 반응이다.

대화적으로 포함하고, 신체적으로 공명하며, 내담자가 느낀 경험을 받아들일 수 있는 우리의 능력은 치유적 환경인 동시에 대리 외상의 원인이 될 수 있다. 이는 또한 관심, 연민, 에너지, 접촉 가능성이 감소하는 소진의 전주곡이기도 하다. 당신 자신을 지지하는 것은 상담 장면에서도 마찬가지로 적용된다. 때로는 내담자에게 이야기를 잠시 멈춰달라고 요청하여 당신이 그 이야기를 소화할 시간을 갖는 것이 합리적이다. 이는 감정을 늦추거나 조절할 권리나 능력이 없다고 느끼는 내담자에게도 좋은 모델링이 될 수 있다.

💡 **제안 17-1**

당신의 내담자 중 가장 어려운 내담자를 생각해 보세요. 상담 회기가 끝난 후 감정적으로 지치고, 고립된 느낌을 얼마나 자주 느꼈나요? 상담 후 불편함을 느끼는 신체 증상 혹은 괴롭고 비정상적으로 느껴지는 다른 감정을 경험한 적이 있나요? 고통스러운 이야기를 들을 때 얼마나 자주 그 고통을 차단하고 싶었나요?

이러한 내담자의 스트레스를 동료 상담자나 수퍼비전에서 공개하는 것이 가끔은 약점이나 무능함을 내보이는 것 같아 꺼려지거나 수치심을 느낄 때도 있을 것이다. 하지만 오히려 우리는 이것이 헌신적이고 섬세한 치료자가 내담자와 공명하고 내담자를 도울 준비가 되어 있는 단순한 결과라고 믿는다.

---

1 역주) 동정 피로증이란 1950년대에 간호사들에게서 처음 발견된 것으로 2차 외상성 스트레스라고도 한다. 타인의 고통에 지속적으로 노출되어 정서적·육체적으로 지친 상태를 말하며 의사나 간호사, 재해 현장의 구조대원 등 타인을 돌보는 역할을 하는 사람들에게 발생할 수 있다.

권장문헌

Howdin, J. and Reaves, A. (2009) 'Working with suicide', *British Gestalt Journal*, 18 (1): 10–17.

Kearns, A. (2005) *The Seven Deadly Sins?* London: Karnac. (**See Chapter 2 – 'Fragile Self Process'**.)

Stratford, C. D. and Brallier, L. W. (1979) 'Gestalt therapy with profoundly disturbed persons', *Gestalt Journal*, 2 (1): 90–104.

제18장

내담자 자원

전통적으로, 게슈탈트 심리치료에서는 치료 변화를 위해 긍정적인 자원을 의도적으로 장려하거나 회복 탄력성을 강화하는 것에는 거의 관심을 갖지 않았다. 그러나 심리치료 결과에 대한 많은 연구(예 : Fredrickson et al., 2003; Luthar, 2006; Rachid & Seligman, 2013)는 우울증, 불안 및 트라우마를 가진 내담자의 회복을 지원하는 요인으로 낙관성, 희망 및 회복 탄력성이 중요함을 확인했다. 우리는 이것이 게슈탈트 심리치료의 최선의 실천에 자원 조달 기법을 포함시키기 위한 설득력 있는 근거라 믿는다.

여러 면에서 심리치료를 받는 모든 내담자는 그들의 현재 장 조건, 관계 또는 어려울 때 도움을 청할 수 있는 능력 등 지지자원이 부족하며 정서적 · 인지적 · 신체적 상태를 관리하는 데 어려움을 겪는다.

내담자가 지금까지 살아남았다는 것은 비록 내담자의 자원이 심각한 '이면'(예 : 둔감화, 약물 남용, 사회적 고립 등)을 가지고 있더라도 어느 정도 자신의 상황과 증상을 관리할 수 있는 충분한 자원을 이미 찾았다는 것을 의미한다. 또한 더욱 혼란스러운 내담자는 현재 위협을 받고 있는 것처럼 반응하는 과각성 반응, 정서적 철수 또는 해리 등 때로는 생존 전략이라고 불리는 것을 사용했을지도 모른다.

하지만 내담자가 당신과 함께 치료에 참여한다는 것은 의심의 여지없이 내담자가 더 건강한 자원을 사용하고 있음을 의미한다(용기 있는 태도를 유지하고, 어려움에 직면하여 고집스럽게 버티고, 지지 활동이나 동료애를 유지하고, 다른 사람들을 돕는 것에 의미를 찾는 것 등). 치료자가 내담자의 삶에서 무엇이 잘 기능하고 있는지를 찾거나 묻는 것, 그리고 이러한 활동과 자원, 관계가 어떻게 확장되고 강화될 수 있는지를 질문 하는 것은 그리 흔한 일이 아니다.

7장 지지 강화하기에서는 이미 건강한 자기 및 환경 지지를 강화하는 일반적인 기법을 다루었다. 이 장에서는 회복력 있는 자기 프로세스와 회복적인 관계를 구축하기 위한 추가 아이디어를 제안한다. 우리는 이것이 다음 장에서 다룰 우울, 불안, 트라우마와 관련된 작업에서 나타나는 일종의 압도적인 고통과 불안을 더 잘 관리하기 위한 필수 전제 조건이라고 믿는다.

자원확보 전략

우리는 우리가 가장 중요하다고 생각하는 여섯 가지 영역을 확인했다.

1. 희망 품기
2. 관계적 지지 강화하기
3. 자원 개발하기
   i. 신체 자원
   ii. 이미지 자원
   iii. 현재의 장 자원
   iv. '잊힌' 자원
4. 마음챙김 태도 장려하기
5. 자기 양육과 자기 연민 발달시키기
6. 긍정적 경험으로 재정향하기

우리는 이 목록이 어려운 것처럼 비추어질 수 있고, 물론 내담자의 조건에 따라 일부 영역만 관련이 있기도 하다는 것을 안다. 따라서 평가 및 진단 단계에서부터 내담자에게 무엇이 부족하거나 개발이 필요한 자원인지를 파악하는 것이 좋다. 내담자가 겪고 있는 일을 보다 효과적으로 관리하는 데 무엇이 도움이 될 것이라고 생각하는가? 과거 위기 상황에서 당신에게 도움이 된 것은 무엇이었는가? 예를 들어 내담자가 희망을 잃었거나 사회적으로 고립되었는가? 내담자는 자신의 상황에 대한 자기 연민을 거부하는 자기 비판적인 목소리를 가지고 있나? 과부하 되거나 마음을 닫지 않고는 그들의 감정적 고통을 감당할 수 없는가? 내담자는 자신의 장점과 긍정적인 자질을 무시하고 있나?

이 모든 영역은 내담자가 더 어려운 작업을 수행할 준비가 되기 전, 초기에 주의가 필요한 영역이다. 실제로 우리는 자원이 충분할 때 내담자가 문제를 건강하게 해결할 수 있는 방법을 자발적으로 찾는 경우가 많다는 것을 발견했다. 치료 여정이 계속됨에 따라 때로는 너무 어렵다고 생각되는 문제에 내담자가 직면할 수 있도록 돕기 위해 강화해야 할 자원이 무엇인지를 재평가할 수 있도록 이 장으로 돌아올 수 있다.

희망 품기

많은 내담자들이 개선이나 회복에 대한 희망과 기대를 잃고 치료를 받으러 온다. 따라서 초기 단계에서 치료자가 치료 여정에서 가능한 것에 대해 긍정적인 자세를 취하는 것이 매우 유익하다. 그것은 당신의 자신감과 내담자의 절망과 고통의 영향을 견디는 당신의 능력을 보여주는 방법으로 전달될 수 있다. 당신의 흔들리지 않는 관심, 대화적 태도, 적극적으로 참여하려는 의지 모두가 낙관적인 접근의 신호가 될 것이다. 말로 안심시키는 것이 더 필요한 내담자에게는 다음과 같이 말할 수 있다.

> "불안과 트라우마의 문제들은 대개 이런 종류의 치료에 잘 반응합니다."
> "우리가 함께 이것으로 앞으로 나아갈 길을 찾을 수 있다고 믿습니다."
> "제가 당신에게 도움이 될 수 있을 거라고 낙관적으로 생각합니다."(물론 이것은 틀림없는 사실이다!)

Melnick과 Nevis(2005: 11)는 '불확실성을 만나는 방법으로서의 낙관주의'를 장려하고, 내담자가 이를 미래를 향한 방향으로 발전시키도록 돕는 것의 중요성을 설명한다.

물론, '모든 것을 긍정적으로 바라보라'는 식으로 말하는 것처럼 보이지 않는 것이 중요하다. 이것은 심리 교육의 틀 안에서 조심스럽게 다룰 수 있다.

예를 들어

> "저는 사람들이 자신의 어려움에 압도당했다고 느낄 때, 종종 자신의 장점을 잊어버린다는 것을 알게 되었습니다. 그래서 제가 하고 싶은 일 중 하나는 당신이 이미 잘하고

있는 것을 알아차릴 수 있도록 함께 하는 것입니다. 그렇다고 해서 제가 당신의 고통을 무시한다는 것을 의미하는 것은 아닙니다. 반대로 저는 그것을 매우 심각하게 받아들이지만, 당신의 강점을 찾는 것은 당신이 더 빨리 회복하는 데 도움이 될 것입니다."

증상을 재구성하는 것은 더 희망적인 태도를 촉진하는 방법이 될 수 있다. 대부분의 내담자는 자신의 증상이 미해결과제의 결과이거나 겉보기에 해결할 수 없는 현재 상황이나 위기에 대한 반응이라는 것을 알지 못하기 때문에, 증상 자체를 '상황'에 대한 반응이라기보다는 해결해야 할 문제로 본다. 따라서 증상을 메시지(아마도 그 자체의 통합되지 않은 부분의 목소리)를 전달하는 것으로 재구성하거나 특정 상황에 대한 잠재적으로 의미 있는 반응으로 볼 수 있도록 재정의 하는 것이 유용하다.

"당신의 불안이 당신의 라이프 스타일에 대해 무엇을 말하는 것인지 궁금합니다."
"당신의 우울이 어떻게 마주해야 할지 모르는 것을 표현하는 방법일 수도 있을까요?"
"제 생각에는 당신에게 무언가가 자극이 되었을 때 과한 경계심과 사람들에 대한 두려움이 어린 시절의 충격적인 사건에 대응하는 가장 좋은 방법이었을 수 있다고 봅니다. 그것은 당신에게 위험이 닥쳤을 때 당신이 살아남는 방법이었을 것입니다."

이것은 또한 성찰적 호기심을 불러일으킬 수 있으며, 증상을 이해하고 관리하는 보다 유용한 방법의 시작이 될 수 있다.
이러한 관점에서 내담자가 이미 가지고 있는 자원과 자질을 내담자에게 알려주는 것도 유용하다. 예를 들어 '지금까지 이 문제를 해결하는 데 도움이 되었다고 생각하는 다른 요소는 무엇인가요?' 등의 질문을 할 수 있다.

관계적 지지 강화하기

많은 내담자들은 의미 있는 관계적 연결을 만드는 능력을 상실하고, 친구를 만나는 것을 중단하고, 소외감을 느끼고, 사회적 관계에서 가치를 거의 찾지 못한다. 이는 제시된 문제가 타인에 의한 학대와 관련이 있거나 사별, 고용 또는 지위 상실과 관련이 있을 때 특히 그렇다(이것은 수치심을 유발할 수도 있다). 여기서 치료 과제는 내담자가 자진해서 만든 고립에서 벗어나 사회적 접촉을 구축할 수 있도록 지지하는 것이다. 그러나 이 재연결 프로세스의 첫 번째 단계에서 안정적으로 관계를 맺을 수 있는 당신의 관계적 가용성은 매우 중요하다. 이는 내담자가 다른 사람들과 다시 연결하고 관계적 접촉의 지지를 경험하도록 격려하는 발판이 될 수 있다. 그러므로 어렵거나 감당할 수 없는 감정이나 신념을 공유하는 것의 가치를 보여주기 위해, 관계적 만남에서 이용 가능한 안정적인 체화된 현전을 제공하는 것이 특히 중요하다.

이런 방식으로 자신을 활용할 수 있게 되면서, 두려움, 분노, 절망, 조바심 또는 간섭하고 구조하고 싶은 충동과 같은 다양하고 어려운 감정들을 경험하고 있는 당신 자신을 발견할 것이다. 이러한 감정을 버티고 관리할 수 있는 능력을 찾는 것은 내담자가 이를 따라 할 수 있는 방법을 보여주는 모델링이 될 것이다. 이런 식으로 당신은 내담자와 당신 자신에게 정서적 · 신체적 고통을 조절하는 데 효과적으로 도움을 줄 수 있다.

자원 개발하기

불안이나 흥분으로 압도당한 내담자를 치료하는 것은 불가능하다. 이 경우, 초기 치료 과제는 내담자가 문제에 건설적으로 참여할 수 있을 정도의 충분한 바탕을 유지할 수 있는 지점까지 내재된 고통의 수준을 낮추도록 돕는 것이다. 당신은 Perls(1989[1951])와 그의 동료들이 말하는 '안전한 응급 상황' 또는 Ogden(2009)이 주장하는 단순히 증상을 피하거나 '생존'하려고 시도하는 것이 아닌 '정서적 수용의 창'[1]의 상위 수준이라고 부르는 것을 목표로 하고 있는 것이다. 우리는 정서적 수용의 창을 20장 트라우마 1에서 다시 논의할 것이다. 여기서는 보다 보편적으로 적용되는 몇 가지 기법과 개입을 아래에 개략적으로 설명하고자 한다.

내담자가 어떤 사건에 대해 이야기할 때 압도적인 괴로움이나 신체적 활성화를 느끼기 시작한다면, 당신은 내담자가 감정이나 증상을 안정적으로 관리하는 법을 배우기 시작할 수 있도록 지금 여기에서 그라운딩 기법을 사용하여 개입해야 할 수도 있다. 그런 다음 아래의 안정화 자원 중 하나 이상을 사용할 수 있다. (안정화 자원은 많이 있지만) 여기서는 신체 자원, 이미지 자원, 장 자원 그리고 '잊힌' 자원의 네 가지로 범주화했다.

---

1 역주) 임상 정신과 교수인 Daniel J. Siegel이 제안한 '정서적 수용의 창'은 우리가 일상생활에서 기능하고 성장할 수 있는 '각성' 또는 자극 상태를 설명한다. 우리가 이 창 안에 존재할 때 우리는 효과적으로 배우고, 놀고, 우리 자신 그리고 다른 사람들과 잘 관계를 맺을 수 있다. 그러나 우리가 창 밖에서 움직일 경우 우리는 과각성되거나 과소각성 상태가 될 수 있다(Jersey Psychology and Wellbeing Service, 2020).

신체 자원

신체 자원은 내담자가 자신의 체화된 알아차림, 움직임 및 자세와의 연결을 발전시키고 현실에 두 발을 딛는 안정감을 주는 데 도움이 된다. 또한 신체가 사용 가능한 에너지와 지지의 원천이 되는 것을 가능하게 할 수도 있다.

◆ 천천히 규칙적으로 마음챙김 호흡을 하도록 격려하기
◆ 내담자가 보고, 듣고, 느끼는 것에 대한 신중한 알아차림을 연습하도록 요청하기
◆ 의자에 앉아 발을 바닥에 대고 의자와 발을 지탱하는 바닥과의 연결을 알아차리는, 바닥과 접해 있는 감각을 느끼게 하기
◆ 정렬되고 대칭적인 앉은 자세 혹은 서 있는 자세 찾기
◆ 한 손으로 심장을 움켜쥐고 감정적으로 연결되고 중심이 되는 느낌 느끼기(내담자의 가슴에서 연결되고 중심이 되는 부분으로 숨 쉬기를 제안하면 놀라울 정도로 효과적일 수 있음)

근육 이완 기법은 회기 안에서, 집에서, 혹은 스트레스가 많은 상황에서 연습하는 기법으로도 사용할 수 있다. 내담자에게 휴식은 다른 기법과 마찬가지로 연습이 필요하고 시간이 걸린다는 것을 알려주자.

예를 들어 당신은 아래처럼 내담자에게 안내할 수 있다.

◆ 눈을 감고 당신의 몸과 그 느낌을 알아차리세요. 호흡에 집중하면서 가슴이 오르락 내리락 하는 것을 알아차리세요. 호흡의 들숨과 날숨에만 집중하세요. 숨 쉬고 싶은대로 숨을 쉬세요, 자신의 속도로. 이제 호흡이 더 느리고 차분해지도록 허용하세요.
◆ 판단이나 생각을 중단하고 리드미컬한 패턴으로 숨이 오고 가는 것을 알아차리세요. 지금 이 순간 숨 쉬고 있는 느낌을 느껴보세요. 힘을 빼고, 지금 이 순간, 단순한 존재가 여기 있습니다.
◆ 숨을 내쉬면서 '진정된다' 또는 '긴장이 풀린다'라는 말을 합니다(내담자가 몇 분 동안 이것을 경험하게 한다).
◆ 이제 발바닥에 주의를 기울이고 발바닥 근육을 천천히 긴장시키고, 잠시 멈추었다가 천천히 긴장을 풀면서 숨을 들이쉬고, 긴장을 풀면서 숨을 내쉬세요. 발바닥이 방바닥과 그 아래의 땅에 닿을 때 발바닥이 어떻게 느껴지는지를 알아차리세요.

◆ 이제 다리 아래쪽에 주의를 기울이고 천천히 긴장을 푸세요. 그런 다음 무릎… 엉덩이 와 골반 부위를 살펴보세요(몸 전체를 덮을 때까지 이 순서를 천천히 반복합니다. 몇 분 정도 걸립니다. 내담자가 어떻게 점점 더 안정되는지, 안정되지 않는지를 알아차리면 서 연습의 속도, 지속 시간 및 지침을 내담자에게 적합한 수준으로 조정하세요).

◆ 만약 당신이 생각이나 감정에 주의가 기울여짐을 알아차린다면, 그 주의를 단순히 호 흡으로 되돌리세요. 얼마나 자주 그렇게 해야 하는지는 걱정하지 마세요. 아무런 판단 없이, 지금 이 순간에, 오직 자기 자신으로 존재함을 느껴보세요.

◆ 이제 당신의 몸 전체, 당신 자신 전체에 주의를 기울이세요.

◆ 상담실로 돌아와서, 우리의 관계로 돌아갈 때, 당신 자신과 연결되는 것이 어떤 느낌인 지에 주목하세요.

많은 사람들이 몸과 호흡을 진정시키고 힘을 실어주는 데 관심을 보인다는 것을 주목할 필 요가 있다. 그러나 가슴이나 배에 불안을 느끼는 일부 사람들은 깊게 숨을 쉬는 것이 불안 을 증폭시키는 것 같다. 그런 사람들에게는 상상 기법을 사용하는 것이 더 유용할 것이다. 때때로 가만히 앉아 있는 이런 활동이 내담자를 더 불안하고 안절부절하게 만들 때도 있 다. 그럴 때는 내담자에게 일어서도록 권유하고(그들과 함께 일어서되 너무 가까이 하지는 않는다), 필요하다면 내담자가 걷거나 도망칠 수 있는 신체 자원과 능력을 느끼도록 격려 하자.

이러한 연습들은 일반적으로 내담자로 하여금 자신의 신체 방향을 고통과 수치심의 장 소가 아닌 지지, 평온, 안전 및 안정의 가능한 원천으로 바꾸게 만들어준다. 압도감을 느끼 거나 단순히 스트레스 상황에 처했을 때 스스로를 안정시키는 방법으로, 증상이 촉발되었 을 때 이러한 연습을 일상생활에서 해 보도록 권장할 수 있다. 규칙적으로 연습한다면, 어 려운 감정을 경험하고 담을 수 있는 능력이 높아지고 수용의 창의 범위가 넓어질 것이다.

이완 기법과 스트레스와 불안을 관리하는 실질적인 방법에 대해 자세히 설명하는 다양 하고 유용한 문헌들이 있다. 이 장의 마지막에 있는 권장문헌에 몇 가지를 제안한다.

이미지 자원

이것은 과도하게 활동적인 사고와 감정 상태를 진정시키는 시각화이다.

안전한 장소 많은 내담자들에게 상상 속에서 '고요한'(또는 '특별한') 장소를 만드는 것은 유용하다. 내담자는 완전히 평화롭고 지지적이며 안전한 장소(이상적으로는 내담자가 실제로 보거나 경험한 장소이지만, 내담자가 만들 수도 있음)를 상상하도록 초대받는다. 일반적으로 내담자는 해변, 난롯가, 산꼭대기 또는 가장 기억에 남는 장소를 선택한다. 그런 다음 피부에 닿는 따뜻한 태양, 새소리, 꽃 냄새, 몸의 평화와 고요함 등 그곳에 있으면 어떤 느낌일지 상상 속에서 완전히 탐색하게 한다. 내담자는 기억이나 장면에 대한 감각을 느끼면서, 자연스러운 휴식이 뒤따른다. 쉽게 접근할 수 있는 진정한 자원이 될 때까지 자주 연습할 것을 제안할 수 있다. 이러한 종류의 진정한 이미지에는 다양한 변형이 있다(예 : Perry, 2008 : 16, 권장문헌 참조).

빛의 흐름 내담자에게 치유 및 진정과 관련 있다고 말하는 색깔의 빛의 흐름이 정수리로 흘러들어와 천천히 치유, 진정, 에너지로 채우고, 그것이 지나갈 때 긴장과 스트레스를 풀어주는 것을 상상해 보라고 요청하자(대본은 Shapiro, 2001 : 244 참조).

현재의 장 자원

이것은 내담자가 지지를 늘리거나 스트레스 수준을 낮추는 데 도움이 되는 실질적인 방법(예 : 그들의 습관, 일상생활, 일과 및 자기 관리 수정하기와 같은)을 찾도록 돕는 것과 관련이 있다.

◆ 불규칙한 식습관, 수면 패턴 또는 약물 사용이 기분에 미칠 수 있는 영향을 고려했는지 확인하기
◆ 공원 산책, 음악 듣기와 같은 차분한 활동을 찾도록 제안하기
◆ 일과 가족, 하루의 구조 등을 관리하는 더 나은 방법을 찾도록 도와주기
◆ 빠른 걷기, 달리기, 춤 또는 스포츠와 같은 규칙적인 유산소 운동 제안하기(많은 연구들은 운동이 보다 회복력 있는 생리와 면역 반응을 구축하기 위해 다양한 조건에 긍정적인 효과를 압도적으로 보여준다. 운동은 또한 긴장 완화와 '기분 좋은' 엔돌핀의 방출을 촉진한다.)
◆ 지지적인 친구 혹은 지역사회 활동과의 접촉 장려하기
◆ '당신은 누구와 이야기합니까? 누구와 이야기할 수 있습니까?'라고 질문하기
◆ 호소문제에 주요한 영향을 미칠 수 있는 억압적인 장 조건(예 : 괴롭힘, 차별 혹은 소외)을 파악하고 상황을 변화시키기 위한 행동을 장려하기

잊힌 자원과 연결하기

'잊힌' 자원 중 하나는 내담자가 예전에 즐겼던 취미나 활동이지만 왠지 모르게 소홀해진 것이다. 이 오랜 즐거움을 다시 발견하는 것이 얼마나 도움이 될 수 있는지는 놀랍다. 잊혀진 자원과의 연결의 더 미묘한 버전은 상황을 관리하기 위해 이전에 사용된 자질에 접근하는 것과 관련된다. 그러한 자질을 발견하고 강화하는 것은 내담자가 이 자원에 대해 경험을 했던 때(예 : 어려움에 직면했지만 이겨냈을 때, 괴롭힘을 당하는 친구를 지지했던 때 등)를 기억하도록 초대하는 것이다. 그런 다음 이 자원은 내담자에게 강인함, 용기 등에 수반되는 느낌, 감각, 신체 자세를 완전히 구체적으로 표현하도록 요청함으로써 적극적인 방식으로 강화된다. 내담자가 스스로 자질을 표현했던 경험이 없다면, 당신은 내담자가 누군가를 불러내거나 떠올릴 수 있는 사람에 대해 질문을 할 수도 있다. 이 연습을 내담자와 함께 진행하기 전 당신 스스로에게 먼저 시도해 보는 것도 좋다.

💡 연습 18-1

지금은 지나간 당신의 인생에서 어려웠던 시간을 떠올리세요. 당신이 그 기억에 접촉하기 시작할 때 당신의 몸에서 무슨 일이 일어나는지, 어떤 감정이 떠오르는지, 어떤 감각과 생각이 일어나는지에 주목하세요. 그리고 나서 이러한 고통스러운 시간에 당신이 그것을 이겨낼 수 있었던 부정적인 활동과 긍정적인 활동을 잠시 떠올려보세요.

- ◆ 자신에게 미치는 영향을 최소화하거나 피하려고 노력하나요?
- ◆ 바쁘게 일을 하고 있나요?
- ◆ 마약이나 술을 하나요?
- ◆ 감정을 둔감하게 하거나 단절시키고 있나요?

이제 당신이 사용한 긍정적인 자원을 떠올려보세요. 당신은:

- ◆ 지지를 위해 친구나 가족에게 의지하나요?
- ◆ 단호하거나 긍정적인 태도를 유지하나요?
- ◆ '이 또한 지나가리라'를 기억하나요?
- ◆ 명상을 하거나 일부러 자기 보살핌을 늘리나요?
- ◆ 규칙적으로 운동을 하나요?
- ◆ 자신에게 자비로운가요?

그것이 무엇이든 간에, 그 긍정적인 자원을 느껴보세요. 그리고 그것과 연결되고 존중하세요. 몸으로 느껴보세요(체화된 감각과 연결하는 데에는 몇 분이 걸립니다). 이전의 긍정적인 응답 중 많은 부분이 여전히 사용 가능하며 지금과 다시 연결될 수 있음을 기억하세요.

마음챙김 태도 장려하기

> 주의를 기울이는 두 가지 특별한 방법은 의도적으로 지금 이 순간에 있으면서, 판단하지 않는 것이다. (Kabat-Zinn, 2003: 13)

게슈탈티스트들은 1950년대부터(그리고 약 2,500년 동안 불교의 가르침) 내담자들에게 알아차림을 증진시키고 지금 여기의 프로세스를 알아차리도록 장려하는 연습을 적용해왔는데, 최근에야 이 연습은 마음챙김이라는 이름으로 인기를 끌었다(3장 알아차림에서 이에 대해 자세히 설명함). 마음챙김 기법은 현재 다양한 조건, 특히 우울, 불안 및 트라우마에서 근본적으로 유용한 치료지지원으로 잘 인식되고 있다(예 : Williams et al., 2007).

마음챙김은 아무런 판단 없이 지금 이 순간에 일어나고 있는 일에 대해 알아차리고, 순간순간 나타나는 모든 감각, 감정, 생각 또는 충동에 대해 열려 있는 것을 의미한다. 게슈탈트에서는 지속적인 변화와 움직임의 상태를 통해 우리의 경험을 따르는 자유로운 흐름의 인식이라고 말할 수 있다.

그것은 끊임없는 생각의 흐름, 과거나 미래에 대한 걱정에서 벗어나 사람들이 바로 지금 여기에서 일어나고 있는 일로 방향을 바꾸게 한다.

우울이나 불안의 경우 문제는 내담자가 과거 사건을 반복적으로 기억하거나 재앙적인 미래의 사건을 예측함으로써 고통을 증폭시키거나 자극을 유발하는 것이다. 마음챙김과 주의집중을 통해 반추하는 강력한 생각은 더 적은 영향을 미치며 단순히 놓아버리기가 더 쉬워진다. 이를 통해 내담자는 자신의 증상을 어느 정도 조절할 수 있다는 느낌을 받을 수 있다.

아래의 연습은 내담자에게 마음챙김을 소개하는 데 도움이 될 수 있다. 지금 당장 당신도 도전해 볼 것을 권한다.

💡 연습 18-2

(차분하고 느린 목소리로) 눈을 감고 심호흡을 하세요. 당신이 어떻게 앉아 있는지, 어떻게 몸을 유지하고 있는지, 몸이 긴장이 되는지, 이완되어 있는지, 알아차리고… 알아차린 것을 판단하지 마세요. 당신 몸의 감각들에 대해 표현해 보시겠어요?

단지 당신이 무엇을 알아차리고 있는지에만 집중하세요. 지금 당신의 감정 상태를 확인해 보세요. 불안하고, 슬프고, 짜증나고, 만족스러운… 어떤 특별한 감정을 느끼고 있나요? 그 감정은 당신 몸의 특정 부분과 연결되어 있나요? 특정 부분은 어디인가요?

(계속)

기분이 어떤가요? 이제 당신의 생각을 알아차리세요. 생각이 바쁜가요? 차분한가요? 조급한가요? 산만한가요? 집중하고 있나요?

당신이 느끼고 생각하는 것에 대한 전반적인 감각을 판단하지 않고 그저 호기심으로 알아차리세요. 이제 눈을 뜨고 당신이 경험한 것을 함께 이야기 나눕니다.

보다시피 이 기법은 3장에서 설명한 것과 매우 유사하다. 게슈탈트에서 알아차림을 높이는 것은 일반적으로 내담자가 어떤 종류의 행동으로 이어지는 보다 생생하고 명확한 전경을 형성하도록 돕기 위한 것이다. 한편 마음챙김 수행은 (현상학적 탐구에서와 같이) 수평주의를 더 지향하고, 중립적이지만 흥미로운 관심(또는 창조적 무심)으로 떠오르는 각각의 전경에 주의를 기울이며, 특정한 생각의 흐름에 '끌려들지' 않는다. 무엇보다 중요한 것은 아무것도 다루지 않는다는 것이다.

내담자와 함께 작업할 때, 특히 내담자가 동요하거나 생각에 사로잡혀 있을 때, 잠시 여유를 두고 내담자 스스로 확인하고, 심호흡을 몇 번 하고, 눈을 감은 다음 그들이 알아차린 것이 무엇인지 '크든' '작든' 이야기하도록 요청하자. 동시에 당신도 마음챙김이 된다면, 내담자가 당신에게 이야기할 때 당신은 내담자를 효과적으로 지지하고 호기심 많고 비판단적이며 개방적인 태도의 본보기가 되는 것이다.

내담자가 그것이 도움이 된다고 생각하면 하루에 한두 번 단 몇 분 동안이라도 연습할 것을 제안할 수 있다(종종 며칠 후에 자연스럽게 더 긴 시간으로 확장됨). 많은 안내 프로토콜이 포함된 Hooker와 Fodor(2008)의 참조논문을 보기를 권한다.

그러나 여기서 우리는 내담자에게 마음챙김을 가르치는 것과 내담자와 치료자 모두가 관계적 연결을 알아차리는 마음챙김의 관계적 조율을 장려하는 것을 분명히 구분하고자 한다. 이 이중적 마음챙김은 압도적인 증상을 다룰 때 공동조절에 특히 도움이 된다. (바라건대) 치료자의 좀 더 자기 조절적이고 공유된 마음챙김의 관계적 장은 차분하고 명확한 영향을 미칠 것이다.

주의사항: 불안이 매우 높거나 공황 발작이 있거나 신체적 또는 성적 트라우마가 있는 내담자는 마음챙김 연습을 처음하는 경우 감정이나 신체 감각과의 접촉을 참지 못할 수도 있다. 이 경우에는 내담자의 이야기를 듣고 관계적 접촉을 구축하거나 자기 양육과 자기 연민을 발달시키는 데 더 집중할 것을 권장한다.

자기 양육과 자기 연민 발달시키기

얼마 전 나는, 내가 나의 내담자들과 아무리 좋은 작업을 했다고 해도, 무언가가 빠진 것 같다는 것을 발견했다. 그 무언가는 바로 내담자가 자기를 양육하는 것을 돕는 것이었다. (Oaklander, 2006: 142)

자기 양육과 자기 연민을 발달시키는 것은 Oaklander의 치료 모델(예 : Oaklander, 2006; Blom, 2006)의 중심 개념이며, 그 이점은 Staemler(2012a)에 의해 잘 설명되어 있다. 자기 연민은 회복력을 증가시키고 우울증, 불안, PTSD에서 부정적인 감정의 영향을 감소시키는 것으로 나타났다(예 : Neff, 2011).

트라우마를 입은 내담자가 자신에 대해 연민을 느끼는 것은 쉬운 일이 아니다. 그들은 특히 어린 시절 학대를 경험한 경우 자기 비판이나 자기 혐오를 조장하거나 정당화하는 핵심 신념 혹은 내사를 가지는 경우가 많다. 그들은 또한 자기 돌봄에 대해 수치심을 느낄 수도 있다. 자신의 욕구를 최소화하거나 부정하는 것이 중요한 타인의 보살핌과 연민에 대한 고통스러운 암묵적 욕구를 다루기 위한 그들 최선의 창조적 적응이었을 수 있다.

연민 기르기

자기 비판적이거나 자책하는 내담자에게 '당신이 지금 겪고 있는 모든 스트레스를 생각하면 당신이 자녀에게 화를 내는 상황이 이해가 갑니다'와 같이 연민의 관점을 제시하는 것이 도움이 될 수 있다. 예상과 다르게 이런 종류의 이해나 '허용'을 주는 것은 보통 내담자가 다음에 그 상황에 처했을 때 더 나은 자기 용서를 찾는 데 도움이 된다.

아래의 연습을 참고하여 다른 방식으로 제안할 수도 있다.

연습 18-3

자신에게 말하고 있는 엄격한 자기 비판적인 말에 집중하세요. 자, 이제 친한 친구나 사랑하는 자녀를 떠올려 보세요. 그 사람을 상상하고, 당신의 마음과 머릿속으로 완전히 끌어들여 따뜻한 느낌이 일어나는 것을 알아차리세요. 이제 그들이 당신과 비슷한 경험을 하고 있다고 상상하고 당신이 그들에게 어떤 말을 하고 싶은지 봅니다. 그 부드러운 말과 그것이 불러일으키는 상냥함에 머무르세요(적어도 10초 동안). 그리고 나서 그 감정을 스스로 허용할 수 있는지 여부를 크게 소리내어 말할 수 있는지를 살펴보세요.

(계속)

이것은 스스로에 대한 관용과 연민을 받아들이는 것입니다. 좀 더 관대한 태도를 만들기 위해 이러한 연습의 다른 많은 변형들이 있지만, 그것들은 모두 새로운 자기 수용을 형성하기 시작하기 위해 자주 반복해야 합니다. 상담 장면에서 이 연습을 소개한 후에는 내담자가 일상생활에서 지속적으로 연습해야 한다는 점을 강조해야 합니다.

긍정적 경험으로 재정향하기

진화의 역사에서 우리에게는 유쾌하거나 긍정적인 상황보다 위험한 상황을 우선시하고 기억하는 것이 훨씬 더 중요했다(당신이 걷다가 맛있는 과일을 지나친다면 크게 문제가 되지 않지만 사자를 그냥 지나친다면 아마 죽을 수도 있을 것이다). 그러므로 우리의 뇌는 때때로 부정 편향이라고 불리는 것을 발달시켰는데, 이것은 우리가 좋은 경험보다 나쁜 경험을 훨씬 더 경계하고 기억하기 쉽다는 것을 의미한다.

내담자에게 위험에 지나치게 경계하고, 일어난 나쁜 일에 집착하는 행동이나 집착하는 경향이 자신을 돕기 위해 진화한 생존 메커니즘이라고 설명하는 것은 매우 안심되고 정상적으로 느껴질 수 있다. 내담자는 자신이 강박적으로 걱정하고, 불안하고, 우울해하는 것이 개인적인 잘못이 아니라 자신의 뇌가 생존 모드에 갇혀 위험을 주시하거나 과거를 기억하는 것임을 깨달을 수 있다.

여기 Hanson과 Mendius(2009)의 연구를 각색한 아래의 연습으로 부정 편향을 뒤집을 수 있다. 내담자와 함께 다음 내용을 따라가 보자.

연습 18-4

당신의 삶에서 이미 일어나고 있거나 최근에 일어난 좋은 경험에 주목하세요. 그것은 당신이 기뻐하거나 자랑스러워하는 성취일 수 있습니다. 친구나 낯선 사람으로부터의 친절한 말 한마디, 반려동물 쓰다듬기, 공원 산책하기처럼 간단할 것입니다.

1단계 의도적으로 긍정적인 경험에 집중하세요.

2단계 경험에 머무르세요. 자신에게 집중하세요… 그 경험과 함께하세요… 10초 혹은 20초 동안 그대로 두세요. 경험이 확장되도록 합니다. 개념에서 벗어나세요. 우리가 상처를 입는 대부분은 몸과 감정입니다. 그러므로 당신의 몸과 감정으로 긍정적인 경험을 가져오세요. 이 경험이 당신에게 현실이 되게 하세요.

(계속)

> **3단계** 불을 피워 몸을 따뜻이 녹이듯이, 긍정적인 경험을 흡수하세요. 긍정적인 경험이 당신 안
> 으로 들어가고 있음을 관심을 가지고 감지함으로써 기억 시스템을 준비하세요.
> **4단계** 이 작업을 매번 최소 30초 동안 하루에 여러 번 반복하세요(내담자가 이 작업을 계속하
> 도록 격려해야 할 수도 있음).

최근의 신경학적 연구는 긍정적인 경험이 새로운 신경 경로를 설정하고 장기 기억에 통합되기 시작하는 데 필요한 최소한의 시간(적어도 10~20초)이 있다는 것을 보여주었다. 즉, 부정적인 것을 기억하고 지향하는 자연스러운 경향에 대응하기 위해 내담자(및 우리 자신!)가 긍정적인 감각, 감정, 그리고 기억에 오래도록 머물고 진정으로 감사하도록 격려하는 것이 중요하다.

　또한 내담자에게 긍정적인 경험이나 고통이나 불안을 느끼지 않았던 때를 적극적으로 상기해 보도록 요청할 수 있다. 공황 발작이 예상되었을 때 발작을 겪지 않았고, 평소처럼 고통을 느끼지 않았던 시간들을 가지고 연습 18-4의 절차를 밟게 한다. 보통의 하루에는 괴로운 경험들이 많이 있을지라도, 나쁜 일이 일어나지 않을 때, 차분히 활동에 참여하고 있을 때, 때로는 약간 기분이 나아질 때도 있다는 것을 상기하는 것은 도움이 된다. 그것은 어떤 날 또는 일주일 동안 일어난 나쁜 일들만 기억하고, 이것과 다른 경험들을 무시함으로써 내담자가 상황을 강화하려는 경향에 대응할 수 있다.

> "아릭, 천천히 당신의 하루를 말해 보세요. 공황 발작 사이에 무슨 일이 있었나요? 그
> 일이 일어나지 않았을 때는 어땠어요? 그때 기분은 어땠어요? 천천히 숨을 쉬세요. 그
> 리고 상대적으로 평온한 시간들을 스스로에게 알려주세요. 얼마나 자주 그런 일이 일
> 어났었는지 기억해 보실래요?"

치료 회기 중 자주 발생하는 안정감, 개선 및 지지적인 관계적 연결감은 알아차려지고, 명명되어지고, 의도적으로 흡수될 수 있다.

마무리

이러한 자원은 내담자가 모든 형태의 트라우마를 다루는 문제에 직면할 수 있게 하는 데 종

종 필요할 것이다. 당신은 특히 내담자가 비교적 수용의 창에 잘 머물 수 있다는 것과 만일 내담자가 극도로 괴로워한다 하더라도 다시 돌아올 수 있는 힘이 내담자에게 있다는 것을 확신해야 한다. 치료가 계속됨에 따라 내담자에게 가장 효과적이라고 생각한 자원을 상기하고 계속 연습해야 할 수도 있다. 또한 치료 여정에 내담자와 동행할 때 자신에게도 동일한 작업을 하는 것을 잊지 말자.

권장문헌

Ben-Shahar, T. (2007) *Happier: Learn the Secrets to Daily Joy and Lasting Fulfillment*. New York: McGraw-Hill Professional. (Don't be put off by the title!)

Gilbert, P. (2010) *The Compassionate Mind: Compassion Focused Therapy*. London: Constable.

Haidt, J, (2007) *The Happiness Hypothesis: Finding Modern Truth in Ancient Wisdom*. London: Arrow.

Hanson, R. and Mendius, R. (2009) *Buddha's Brain: The Practical Neuroscience of Happiness, Love, and Wisdom*. Oakland, CA: New Harbinger Publications.

Hooker, K. E. and Fodor, I. E. (2008) 'Teaching mindfulness to children', *Gestalt Review*, 12 (1): 75–91.

Melnick, J. and Nevis, S. (2005) 'The willing suspension of disbelief: optimism', *Gestalt Review*, 9 (1): 10–26.

Parnell, L. (2008) *Tapping In – A Guide to Activating Your Healing Resources*. Boulder, CO: Sounds True.

Perry, A. (2008) *Claustrophobia: Finding Your Way Out*. London: Worth Publishing. (A very useful self-help book with many suggestions equally useful for general anxiety.)

Smethurst, P. (2008) 'The impact of trauma – primary and secondary: How do we look after ourselves?', *British Journal of Psychotherapy Integration*, 5 (1): 39–47.

Staemmler, F.-M. (2012) 'Compassion and self-esteem', *British Gestalt Journal*, 21 (2): 19–28.

www.authentichappiness.com – a website with many links to resources.

제19장

우울과 불안

우울 또는 불안의 진단은 우리 사회에서 점점 더 많은 사람들에게 적용되고 있다. 우울과 불안은 감당할 수 없거나 압도적인 삶의 상황에 대한 반응으로 이해할 수 있다. 우울 반응의 유형으로는 철수, 고립, 폐쇄가 있고, 불안 반응의 유형으로는 에너지 과잉 동원, 걱정 및 동요가 있다. 이 둘은 보통 부정적 신념이나 태도 또는 통제력의 상실과 관련이 있고, 종종 절망감을 동반하며, 유능하게 기능하고 만족스러운 삶을 살 수 있는 능력을 저하시킨다. 몇몇 연구(Roubal, 2007 참조)에서는 게슈탈트 심리치료가 그러한 상태에 효과적인 치료이며, 인지 행동 접근법에 비해 우울증 치료에 삶의 질을 높여주는 효과가 더 있는 것으로 나타났다(Watson et al., 2003).

불안과 우울을 다룰 때 흔히 발생하는 문제

불안과 우울 두 상황 모두 잠재적으로 심각하며 기능 저하, 자해, 심지어 자살로 이어질 수 있으므로 위기에 대한 초기 평가가 중요하다(17장 위기 상황의 평가와 관리 참조). 문제의 심각도에 따라 전문의를 참여시킬지, 내담자가 종합심리평가를 받게 할지, 위험 악화를 최소화하기 위해 실제 전략을 세울지 등 어떤 것을 우선순위로 정할지를 고려해야 한다. 내담자는 종종 관계, 직업 혹은 일반적인 생활기능의 붕괴를 경험하며 심각한 위기를 직면한다. 그들은 매우 고통스럽고 종종 증상에 완전히 매몰되어 있으며 증상 완화를 간절히 원한다.

심각한 위험이 없다고 생각하더라도, 내담자는 더 많은 심리적 작업에 참여하기 전에 우선 현재 위기에 대처하기 위한 실질적인 전략이나 지원이 필요할 수 있다. 심층 치료를 시작하기 전에 내담자가 지지 수준을 안정화하고 높이는 데 도움이 되는 많은 제안이 있으므로 내담자 자원 확보에 관한 이전 장을 읽어 보기를 권장한다.

심각한 우울증, 양극성 장애 또는 쇠약해지는 불안이 있는 내담자는 치료 과정에 참여하기 위한 충분한 동기와 안정성을 얻기 위해 치료 초기에 약물치료를 통해 도움을 받을 수도 있다.

우울과 불안을 따로 다루기 전에 두 가지 모두와 관련된 네 가지 중요한 문제를 개략적으로 설명하고자 한다.

이름 붙이기

정신과 진단은 매우 문제가 있다. 어떤 내담자는 자신의 상태에 대한 이름을 갖는 것이 매우 도움이 되고 안정감을 느낀다. 그는 "나는 우울증에 시달리고 있어요" 또는 "나는 불안 장애가 있습니다"와 같이 이름을 갖는 것은 일반적인 것이고, 고통스럽고 혼란스러운 경험이 그들에게만 있는 독특한 것이 아니며, 다른 이들도 경험하고 있는 것이라는 것을 발견하면서 안심한다. 한 내담자는 "아, 그것이 내 문제의 원인이에요. 나는 곧 미치겠구나 싶었어요."라고 말했다. 또 다른 내담자에게 있어 이름은 객관화와 병리화의 최악의 대상화로 경험되며 그 자신의 고유함이 부정되는 것으로 경험한다. 우리는 일차적으로 **사람**을 먼저 보아야 하고, 그다음에 '문제가 있는 사람'(예 : 우울이나 불안 증상이 있는)이라는 전체적인 틀을 유지할 필요가 있다는 것을 강조한다.

각 상황에서 가장 적합한 것을 결정하는 데 도움이 되는 임상 경험은 필요하다. 하지만 일반적으로 정신의학적 이름을 붙이거나 확인하는 것은 권장하지 않는다. 대신 우리는 모든 사람은 다르다고 믿고 그들이 어떤 이름을 받았는지에 관계없이 그들의 고유함을 본다. 종종 '우울증/불안 장애라는 이름은 당신에게 어떤 의미인가?'라는 질문은 유용하다.

강점에 초점 두기

대부분의 임상 환경에서는 내담자의 우울한 상황, 활성화된 기간 및 부정적인 결과에 초점을 맞추는 경향이 있다. 우리는 내담자가 지금까지 살아남을 수 있게 해준 자원에 적극적으로 초점을 맞추고, 그러한 강점과 능력을 파악하며, 내담자로 하여금 완전한 붕괴를 피하기 위해 반드시 존재했을 회복 탄력성을 다시 알아차릴 수 있게 할 것을 제안한다.

이차 이득

우울하거나 불안한 행동이 어떤 이익(보살핌, 동정, 일하러 가지 않아도 되는 것 등)을 끌어들이고, 장기간 지속된 조건에서 알아차림이 되지 않는 '2차 이득'이 종종 있다. 즉, 이 증상은 충족되지 않은 욕구에 대한 '강화된' 창조적 적응(Yontef & Jacobs, 2013: 113)의 일부이며, 회복 진행에 저항 효과를 미칠 수 있다. 이것은 어느 누구도 기분 상하지 않고 (너도 좋고 나도 좋은) 외교적 접촉이 필요한 주제이지만, 내담자가 고통스러운 상태에 어떤 다른 결과가 있을 수 있는지를 알아차리도록 초대할 수 있다.

이러한 '2차 이득'의 다른 버전은 우울한 사람에게 '만일 지금 당신이 우울하지 않다면 얼마나 상황이 더 나빠질지 상상해 보세요'라고 했을 때 드러난다. 우울증을 경험한 적이 없는 사람은 이런 질문에 당황하지만, 많은 우울한 내담자가 이 질문을 완전히 이해하며 고개를 끄덕이는 것은 놀라운 일이다. 우울증은 그들이 감당할 수 없는 고통과 혼란을 두려워하는 것을 관리하는 방법이다. 그들은 앞으로 나아가기 전 이러한 두려움을 해결하고 자신의 감정을 견디고 허용하고 관리하는 데 필요한 자원을 찾기 위해 당신의 지지를 필요로 할 것이다.

제안 19-1

당신의 가장 일반적인 부정적인 기분이나 상태를 확인하세요. 그런 상태에서 당신은 어떤 이차 이득을 얻나요? 아마도 음식이나 술에 빠지거나 사람들과 거리를 두기 위한 구실일 수 있습니다. 마지막으로 몸이 아파 일도 의무도 다하지 못했던 때를 기억해 보세요. 어떤 장점이 있었나요? 침대에 누워 있을 수 있거나, 보살핌을 받을 수 있었나요? '변명' 없이 이러한 이점을 누릴 수 없는 이유를 파악할 수 있는지 확인해 보세요.

배제된 전경

게슈탈트의 핵심 원칙 중 하나인 변화의 역설적 이론을 따르는 것은 떠오르는 전경에 대한 알아차림을 높이고, 알아차려지는 것들에 온전히 참여하도록 장려하여 이것이 건강한 프로세스로 이어질 것이라고 신뢰하는 것이다.

우울과 불안이 있는 경우 이는 바람직하지 않은 경우가 많다. 두 가지 유형의 내담자가 보여주는 방식 모두 특정 종류의 주의편향[1]을 보인다. 우리는 이것을 '배제된 전경'이라고 부른다. 이는 내담자가 내면세계나 생활공간에서 다른 잠재적 전경을 배제하기 위해 불안이나 우울 같은 특정 전경에 초점을 맞추고 있음을 의미한다. 예를 들어 내담자는 불안해하는 것에 대해 불안하고, 상황이 악화되면 어떻게 될지를 걱정을 한다. 이는 내담자의 사용 가능한 주의를 지배하고 그들이 잠재적으로 사용 가능한 다른 것들을 알아차리지 못하게 한다.

이런 종류의 쓸모없는 집착은 과거 위험에 대해 과민하거나(불안의 경우), 과거 또는 미래의 실패와 무력감(우울의 경우)에 대해 지나치게 민감해진 데서 비롯된다. 두 경우 모두 내담자가 자신의 증상과 문제에만 집중할 수 있도록 도와야 한다. 자신의 문제에 대한 이러한 집착은 또한 자신에 대해 점점 더 절망적이고 무력감을 느끼는 자기 강화 나선을 만드는 효과도 가진다. 다른 삶을 살려고 고군분투하다가 실패하면 자책과 자기 비난으로 이어져 자신을 공격한다. 몸은 마치 그것이 실제인 것처럼 여기면서 이 공격에 반응하고 교감신경계를 활성화하여 높은 각성 상태를 유지하고 위협을 찾거나 각성을 차단하고 우울한 고통 속으로 들어가 원래의 문제를 강화하는 익숙하고 오래된 패턴을 따른다. 두 경우 모두 그 사람은 자신의 경험을 통제할 수 없다고 느낀다.

선택적 알아차림을 위한 조건을 만드는 것은 이 강화 주기를 효과적으로 중단시킬 수 있다. 게슈탈트에서의 집중된 관심은 내담자가 자신의 지각의 장에 또 다른 무엇이 있는지 알아차리도록 도와주며, 이는 적어도 내담자의 불안에 대한 집착을 중단할 수 있고 고정된 게슈탈트에 도전할 수 있는 더 큰 가능성의 장을 열어줄 수 있다. 아울러 내담자의 알아차림의 방향을 재정향하는 것이 도움이 될 수 있다.

---

1 역주) 주의편중이라고도 함. 실험심리학 용어로 특정한 대상 혹은 속성에 주의를 더 많이 주는 경향성, 몰두나 집착 같은 현상이 주의 기제의 편향으로 일어남

연습 19-1

내담자가 알고 있는 다른 것, 즉 내담자가 보고 들을 수 있는 것, '지금 여기'에 대해 알고 있는 것, 발이 바닥에 닿는 느낌 등을 알아차리도록 초대하세요. 불안한 상황(예 : 사람들 앞에서 발표하는)을 예상할 때 다음과 같이 말하는 연습을 하도록 격려할 수 있습니다.

"배가 팽팽해지고 약간 떨리는 느낌이 듭니다. 지금 나는 '모두가 내 보고서를 싫어할 거야'라고 스스로에게 말하고 있습니다. 여덟 살 때 교실에서 교단에 서야 했을 때 얼마나 무서웠는지 기억하고 있어요. 나는 그것을 기억할수록 긴장감이 높아진다는 것을 알아차립니다. 내 동료들이 친근해 보이고 아무도 웃지 않는다는 것을 알아차렸습니다. 나는 이 발표를 위해 잘 준비했음을 스스로에게 상기시킵니다. 나는 또한 내가 더 이상 여덟 살이 아니라는 것도 압니다. 나는 혼자 웃습니다. 나는 내 발바닥이 바닥에 붙어 얼마나 강하게 느껴지는지를 알아차리고 등을 곧게 폅니다. 배가 아직 좀 긴장되지만 그다지 많이 긴장되지는 않아요. 숨을 깊이 들이마시고 깊이 내쉬세요. 나는 지금 약간 흥분하고 있어요. 나는 할 수 있어요!"

지금 여기에 있는 습관을 기르게 하자. 실제로 몸으로 보고, 듣고, 느끼고, 마음에 떠오르는 이미지, 기억, 생각 등을 단지 매 순간 주의 깊게 알아차리는 것. 이는 내담자가 그의 고정된 부정적 패턴에 대해 어느 정도 거리를 두고 보다 더 정확한 관점을 갖도록 도와준다.

또한 습관을 방해하는 새로운 행동을 개발하도록 격려하자. 이것은 5분 동안 부엌 정리하기, 친구를 위해 작은 도움 주기, 공원 산책하기, 무엇이 푸르거나 자라고 있는지 알아차리기와 같은 작업이 될 수 있다. 여기서 중요한 것은 매우 작은 일로 만드는 것이다. 내담자가 미루고 있던 이메일을 보내는 것, 이것이 완료되면 성취감과 주체성의 감각이 생겨난다. 이러한 작은 단계는 고정된 주의집중과 무력감의 주기를 방해하기 시작한다.

회기 중에 우울하거나 불안한 걱정의 초점을 배제하는 대신 더 넓은 알아차림을 포함하여 내담자의 경험과 삶을 '있는 그대로' 주의 깊게 알아차리기를 자주 권장하자.

우울 작업하기

이 세상의 모든 쓰임새가 나에게는 얼마나 지치고 지루하고 기운 없고 쓸모없는지.

(Hamlet: Act I, Scene 2, lines 133–4)

우울증을 앓고 있는 내담자는 종종 비참함, 에너지 상실, 의욕 저하를 호소한다. 또한 삶의 즐거움 혹은 의미 상실, 부정적 사고, 만성 통증, 수면과 식욕의 혼란된 패턴을 호소할 수 있다. 이러한 '증상'은 '우울증'이라는 단순한 이름표로 분류되는 다양한 요인 또는 장 조건의 결과이다. 그러한 진단은 유용한 의미가 거의 없으며 항우울제를 만드는 제약 회사가 선호하는 '질병 모델'만을 제공하는 유용하지 않은 일반화라고 할 수 있다(Leader, 2008 참조).

명확성을 위해 우리는 더 일반적으로 사용되는 우울증이라는 이름을 계속 사용하겠지만 관계적 용어인 '우울 반응'('질병'의 의미와 구별하기 위해)에서 더 많은 가치를 발견할 것이다. 이 우울 반응은 생물학적 요인에서 성격 요인에 이르기까지 다양한 원인으로 인해 발생할 수 있으며 이를 알아차리는 것이 중요하다. 특히 사별, 트라우마, 발달 단계 적응 및 계속되는 위기와 같이 삶의 사건이 발생하면 그 이후 나타날 수도 있다. Roubal(2007)은 이러한 대처 전략을 '우울 적응'으로 설명하는데, 이는 사별이나 개인의 비극적 상황에서 받아들이는 것만이 현실적 선택인 경우 우울에서 벗어나려고 애쓰기보다는 에너지를 보존하는 것을 의미한다. 그는 우울한 입장에 도전하기보다는 유용한 (일시적) 적응 반응으로 보아야 한다고 제안한다. 우리가 이러한 구별을 할 수 있다면, '우울증'의 일부 표현은 현재의 피할 수 없는 삶의 상황에 대한 철수 또는 극심한 슬픔으로 받아들여질 수 있다.

우울증을 보이는 내담자의 경우 이러한 한때의 창조적 우울 적응이 습관 또는 고정된 게슈탈트가 되어있는 경우가 자주 있다. 이것은 Francesetti와 Roubal(2013)이 말하는 '고정된 우울'이다. 즉, 압도적인 상황을 관리하는 과정이 아니라 이에 대한 방어 수단이 되어버린 것이다. 때로는 이것이 가족 내에서 유일하게 허용되는 방식으로 사회적으로 강화되기도 하고, 때로는 학습된 무기력에 빠지거나 초기 상실, 역기능적 애착 패턴으로 인해 상실감에 빠지기도 한다.

대체로 우리는 내담자가 우울증을 경험하는 두 가지 주요 표현 방식에 주목한다. 그중 하나는 잦은 울음, 지독한 슬픔 또는 때때로 분노, 약간의 동요, 심지어 공황과 같은 명백한 고통을 수반한다. 이것은 때때로 '불안을 동반한 우울증'으로 알려져 있다. 우리는 이것이 불안을 치료하는 것과 같은 방식으로 접근하는 것이 가장 좋다고 믿는다. 다른 표현은 어떠한 것도 기쁘지 않거나 의미가 없는 고전적인 '우울한 기분'이다. 인생은 무채색이고 무겁고 절망으로 가득 차 있다. 우리는 여기에서 후자(우울한 기분)를 다룰 것이다.

게슈탈트 심리치료의 강점은 어떤 특정한 이론적 입장에 의해 제한되지 않는다는 것이다. 오히려 그것은 반전, 낮은 신체 에너지, 부정적인 신념, 철수 및 의미 있는 관계 접촉의 상실과 같은 독특한 상황(당신과 함께 공동창조된 관계 안에서 표현됨)에서 고유한 개인과 관련된 특정 프로세스 문제를 확인하는 것이다. 이는 우울증이라는 이름표가 덜 중요하다는 것을 의미하며 이어지는 내용을 읽다 보면 각 내담자와 가장 관련성이 높은 측면에 초점을 맞출 수 있을 것이다. 우울증의 많은 증상에 대해서는 특별한 치료적 고려가 필요치 않다. 치료자는 게슈탈트 평가를 실시하고 5장과 6장에서 제안한 바와 같이 주의를 기울여야 하는 영역을 확인하고 행동 계획을 세운다.

그러나 다음 영역은 우울 양상 작업과 특히 관련이 있다.

◆ 자기 지지 및 관계적 지지 높이기
◆ 자기 제한적 신념에 도전하기
◆ 무력감과 미해결과제 확인하기
◆ 초기 상실 작업하기
◆ 에너지 높이기
◆ 관계적 역동을 가지고 작업하기

우리는 이 작업들을 보다 구체적으로 탐색할 것이다.

자기 지지 및 관계적 지지 높이기

당신의 공감적 조율과 지지적 관심은 내담자와 함께 작업하는 데 매우 중요하다. 내담자의 친구들은 우울한 내담자를 피하기 시작했을지도 모른다. 치료의 가장 중요한 요소는 내담자의 프로세스에 대한 당신의 호기심, 내담자의 냉소 또는 명백한 무관심에 굴하지 않는 태도, 내담자가 더 의미 있는 활동을 발견하도록 계속해서 초대하는 것이다.

18장의 제안 외에도 연구를 통해 우울한 내담자에게 도움이 되는 몇 가지 간단한 활동이 있다.

◆ 운동하기(예 : 하루에 최소 20분 걷기)
◆ 다른 사람과 접촉하기(이웃이나 가게 주인에게 인사하는 것과 같은 작은 일에서도)
◆ 내담자의 성취감과 조절력을 높이기 위해 작은 작업을 수행하고 완결하기
◆ 내담자의 모든 생각과 감정을 표현할 수 있는 일기 쓰기
◆ 내담자가 겪고 있는 일에 대해 솔직하기. 그리고 가까운 친구와 가족이 자신을 아끼고 돌보며 기꺼이 지지해줄 것이라고 믿기

고립이 매우 심한 내담자에게는 아주 작은 새로운 습관이나 사회적 연결도 의미 있는 일이 된다.

자기 제한적 신념에 도전하기

우울한 내담자는 대개 '내가 하는 모든 것은 다 틀렸다', '모든 것이 절망적이다', '나는 결코 성공하지 못할 것이다', '모든 것이 내 잘못이다' 등의 강력한 부정적인 내사, 핵심 신념, 반복적인 생각을 가지고 있다.

종종 이러한 신념은 대부분 '나는 …에서 실패했다', '내가 실수를 저질렀다'와 같은 초기 상황에 대한 정확하고 현실적인 평가에서 시작되지만 이후 지나치게 일반화되거나 파국화 되는 경우가 많다. 우리가 위에서 설명한 것처럼, 이러한 사고 패턴은 우울한 내담자가 자신의 삶이 절망적이거나 무의미하며 노력해도 소용없다고 믿기 시작하면서 저절로 계속 된다. 그는 노력하는 것을 포기하고, 점점 더 집에 머무르며, 사람들을 피한다. 그는 더 고립되고 비참함을 느끼고, 신체 프로세스가 더뎌지므로 삶의 비참함과 자신의 부족함에 대한 자신의 신념을 확인한다.

부정적인 신념을 다루는 것은 종종 CBT의 영역(그리고 어쩐지 비게슈탈트 영역)으로 간주되지만, 우리는 매번 게슈탈트 치료자가 인지 스키마나 핵심 신념을 가지고 작업하면 매우 유용하다는 것을 경험해왔다. 우리는 아래의 다양한 전략을 제안한다. 각자 실험해 보고 내담자에게 가장 유용한 것을 찾자.

◆ 현상학적 방법을 사용하여 내담자의 지금 여기의 생각과 관련 감정을 함께 파악하고 알아차림을 높인다. 근본적인 핵심 신념을 가리키는 단어, 은유 및 자기 묘사에 주목하자. 내담자가 어떻게 이러한 믿음들을 갖게 되었는지 탐색하고 내담자가 지금 그 믿음이 얼마나 적절하고 관련성 있는지를 정말로 고려했는지에 대해 호기심을 갖자. 증거를 수집하고 예외를 찾아 일반화를 명확히 하자. '이와 유사한 문제에 직면하여 문제를 해결한 적이 있습니까? 그때와 지금의 차이점은 무엇이었습니까? 지금 그것으로부터 무엇을 배울 수 있었습니까?'

◆ 내담자에게 메타 관점을 갖고 내담자의 사고 프로세스에 대해 호기심을 갖게 초대하자. 그것들은 익숙한가? 과거, 미래, 또는 현재에 관한 것인가? 만약 그것들이 구름이라면, 그것들은 작고 어두울 것인가 아니면 크고 가벼울 것인가? 그것들이 하늘을 가득

채울까, 아니면 단지 일부만 채울까? 속도가 빠른가, 느린가? 그것들은 일반적인 것인가, 아니면 구체적인 것인가? 등등. 호기심 많은 메타 관점의 탐색은 이러한 내담자의 반복적인 사고 프로세스에 대해 관심과 수용으로 발전시킬 수 있으며 따라서 내담자의 사고 프로세스의 영향력을 어느 정도 약화시킬 수 있다.

◆ '나는 살아남을 수 있다', '나는 앞으로 나아갈 방법을 찾을 수 있다' 등 내담자가 가능하다고 믿는 보다 긍정적이고 희망적인 신념을 찾아내자. 내담자의 역사에서 긍정적인 면에 초점을 맞추고 내담자를 여기까지 오게 한 자원들에 감사하자. 그런 다음 '나는 과거 비슷한 문제를 극복했고 이것도 극복할 수 있다'와 같은 신념을 자원화하자.

◆ 연구 결과 우울증 극복과 관련된 몇 가지 매우 간단한 기술이 확인되었음을 기억하고 내담자에게 상기시키자. 하나는 감사하는 것이다. 비록 그것들이 아주 기본적인 것일지라도 내담자에게 매일 그가 감사하다고 느끼는 세 가지를 확인하고 적어보게 하자. 예를 들면 나는 내가 이 차 한 잔을 즐길 수 있다는 것에 감사한다, 나는 내가 앉을 수 있는 편안한 의자가 있다는 것에 감사한다 등. 이것은 문제가 아닌 것에 의도적으로 집중하는 습관을 길러주며, 또한 내담자를 '잔인한 운명'에 대한 감각으로부터 분리시킨다.

◆ 당신의 태도에 대해 내담자가 어떤 신념을 가지고 있는지 파악하고 내담자의 기대나 투사에 대해 연결을 시작하자. 예를 들어 '저는 당신이 무슨 일이 일어나고 있는지 이해하려고 애쓰는 좋은 사람이라고 생각합니다'와 같은 정보를 실제 반응(내담자가 투사하는 것보다 더 긍정적일 수밖에 없을 것임)으로 공개하자.

무력감과 미해결과제 작업하기

대부분 우울증은 실제로 깊은 신체적 경험이고 그 감정을 설명하려는 부정적 '반추'이다(예 : 내가 이렇게 기분이 나쁘다면, 내가 나쁜 짓을 했기 때문임에 틀림없다). 이것은 종종 행동을 취하거나 감정을 표현하거나 자신의 욕구를 성취하지 못하는 등 자신의 삶에 대한 통제력의 상실감과 같은 우울증의 핵심요소에서 비롯되었을 수 있다. 그리고 이것은 일어나는 일에 영향을 미치거나 영향력을 행사하는 데 무력감을 느끼게 하며 고정된 게슈탈트로 뿌리내리게 된다. 내담자가 최근의 불안한 사건에서 통제력 상실을 경험한다면, 이것은 과거의 무력감을 불러일으킬 수 있다. Greenberg와 Watson(2006)은 이전에 해결되지 않은 트라우마나 경험의 유산인 이른바 '우울 유발적 감정 도식'을 확인했다. 여기서 내담자는 부정적 자기 평가, 부정적 감정, 그리고 세상과 그 안에 있는 자신에 대한 부정적 기대를 포함하는 정서에 기반한 우울한 템플릿 또는 자기 조직화를 형성했다. 그들은 충분한 지지와 도전을 통해 정서 기억을 알아차리게 되면 고정되고 우울한 패턴이 완화되고 허용될 수 있다고 설명한다.

> 원초적 감정에 접근하는 것은 적응적 노력을 전면에 내세워 내담자의 회복 탄력성과 내면의 방향 감각을 촉진한다. (ibid.: 7)

따라서 당신은 내담자의 새로운 힘과 자율성을 발견하기 위해 감정적 외상의 미해결과제를 파악하고 알아차려야 할 수도 있다(11장 접촉 만들기, 21장 트라우마 2 참조).

초기 상실 작업하기

매우 강력한 형태의 우울증은 판단과 비판이 아니라 자기 혐오와 자기 비하의 감정을 동반하며, 때로는 그 강도가 상당히 충격적이다. 이러한 유형의 우울증(1917년 Freud에 의해, 더 최근에는 Green(1986)과 Leader(2008)에 의해 설득력 있게 기술되었다)은 초기 상실과 관련이 있지만, 이 경우에는 정서적으로 성장할 수 없는 사랑스럽고 생명력 있는 반응이 빠른 어머니의 상실 또는 부재와 관련이 있다. 어린아이가 실제 사망으로 인해 어머니를 잃거나, 어머니의 우울증, 질병 또는 다른 부재로 인해 어머니를 잃었을 때, 이 잃어버린 타자는 자기의 내사된 부분이 되고, 그 부적절함으로 인해 미움을 받는다. Francesetti와 Roubal(2013: 443)은 부재하고 달성할 수 없는 것으로 경험되는 상담자에게 이러한 현상의 역동이 어떻게 작용할 수 있는지를 다음과 같이 설명한다.

치료 과제는 내담자가 반전된 분노와 그 밑에 있는 상실의 슬픔을 회복하고 표현할 수 있도록 돕는 것이다. 이런 상황에서 슬픔의 씨앗을 품고 있는 것은 겉보기에 박해받는 '하인'이 아니라 증오하는 '상전'이라는 것을 알아차리는 것이 중요하다. 물론 둘 다 같은 자기의 일부이고 둘 다 목소리를 필요로 하지만, 치료의 필수적이고 활력을 주는 부분은 내담자가 자신의 분노를 밖으로 돌리는 것이다. 내담자에게 이 프로세스는 고통스러운 상실 과정이다. 물론 이 내적 대화는 어떤 면에서는 내담자의 동반자이다. 마치 분노 에너지가 결국 어머니를 살아나게 할 것처럼 느껴진다. 상전을 놓아주는 과정은 실제로 애도 경험을 하는 것이다.

치료자로서 지금 여기에서의 상실 혹은 좌절감, 특히 상담실에서 내담자의 예상치 못한 분노와 내담자의 분노에 반응할 수 있는 당신의 좌절감에 유의하자. 내담자의 분노와 함께 머물고, 내담자 우울의 밑바탕이 되는 잊힌 역동인 슬픔과 유기에 대한 알아차림을 높이려고 노력하자(뒤에 나오는 '트래비스' 내담자 사례 19-2 참조).

에너지 높이기

우울한 사람의 에너지는 일반적으로 낮고, 몸의 기운은 반전되어 쇠약하다. 호흡과 신체 감각을 활성화시키기 위해 노력하면 내담자의 감정, 충동, 욕망을 다시 자극하는 네 큰 도움이 될 수 있다. 이렇게 하면 보통 그냥 흘려버리는 순간순간의 경험에 대한 알아차림을 가져오고, 새로이 떠오르는 전경에 더 쉽게 활력을 불어넣어 보다 선명하게 만들 수 있다. 실험에 관한 10장 실험하기, 11장 접촉 만들기 중 반전에 관한 부분과 14장 체화된 과정은 에너지 넘치는 연결을 장려하고 잃어버린 생동감을 되찾기 위한 많은 접근법을 제안한다.

특히 내담자가 자신의 신체 감각을 알아차리면, 관계적 접촉의 씨앗을 포함할 수도 있는 '미완결되고 잊힌 몸짓'(Francesetti & Roubal, 2013: 455)이라는 움직임의 작은 가능성을 알아차리도록 내담자를 초대하자.

자세에 주의를 기울이자. 의도적으로 일부러 똑바로 앉거나 서는 것은 내적인 느낌을 크게 변화시킬 수 있다. 지금 당신 자신의 자세에 주목하고 의도적으로 '자원을 갖춘' 자세로 자기를 재정향할 때 무슨 일이 일어나는지를 확인하자.

우울증을 앓는 사람은 흔히 경험 주기의 에너지 동원 단계에서 접촉을 수정한다. 충동은 발생하지만 원래의 감각이나 욕구를 전달할 수 있는 어떤 행동을 하기 전에 편향하거나 반전한다. 이는 실패감을 강화시켜 내부 공격을 증가시킨다(그림 19.1 참조). 치료자와 그리고 나중에 내담자는, 몸짓을 하거나 치료자의 개입에 짜증을 표현하는 등 내담자가 에너지를 동원하고 행동을 취했다는 작은 신호를 알아차리면서 "당신이 정말로 힘이 조금 난 것 같아요."라며 에너지 동원 단계에서 이러한 역동에 생생하게 살아있으면서 머물러야 한다. 이를 강조하고 어떻게 발생했는지 궁금해하는 것은 용기와 새로운 가능성의 분위기를 조성한다. 게다가, 치료자는 내담자로 하여금 내담자가 경험하고 있는 모든 것(심지어 부정적으로 보이는 것들도 포함)을 치료자에게 표현하도록 초대하기 때문에, 치료자 자신의 존재감과 이용 가능한 에너지를 모델링할 필요가 있다.

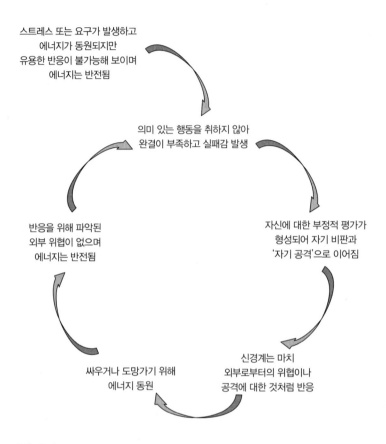

그림 19.1 우울 주기

관계적 역동으로 작업하기

이 책 전체에서 강조하듯이, 내담자가 자신의 삶을 조직하는 방식은 치료적 관계에서도 드러난다. 내담자의 우울한 표현은 내담자 삶의 상황, 내담자의 조직 원칙, 그리고 당신과 내담자가 함께 어떻게 관계를 공동창조하는지의 조합이 될 것이다. 이것은 치료적 사이가 어떻게 '우울하게 되는지'의 썰물과 흐름을 보여줄 것이다. Roubal(2007: 42)은 치료자와 내담자가 어떻게 함께 '우울함'을 느끼는지에 대해 내담자에게 호기심을 불러일으킬 것을 제안한다. 당신의 반응, 불안, 짜증, 절망에 대한 역전이는 모두 당신과 내담자가 문제를 어떻게 공동창조하는지에 대한 유용한 정보가 되고 내담자가 다른 이들과 어떻게 공동창조하는지를 조명할 수 있다.

사례 19-1

카민의 상담 약속시간은 화요일 오후 2시였지만, 치료자는 상담을 두려워하게 되었고 카민은 자신의 외로운 삶을 한탄하면서 조용히 눈물을 흘렸다. 치료자는 연결이 끊기거나 지치면서 잠을 자고 싶은 강한 충동에 시달렸다. 치료자는 이 졸음을 점심 식사 후의 식곤증 탓으로 돌렸다. 그러나 어느 주 카민은 회기를 재조정해야 했고 그들은 오전 9시에 만났다. 실망스럽게도 치료자는 상담이 시작된 지 5분 만에 동일한 반응이 일어나고 있음을 알아차렸다. 치료자는 카민과 함께 앉으면 자신이 '자기 자신을 우울하게 하고 있다'고 알아차렸다. 두 사람은 카민의 초기 삶의 살아있지 못했던 관계를 공동으로 창조했다. 치료자는 이러한 프로세스를 이해하고 치료자와 내담자 모두를 위해 그것을 알아차릴 수 있는 방법을 찾아야 한다는 것을 깨달았다.

과제는 치료자가 상황을 개선하려고 하거나 절망에 빠지려는 역전이적 끌림에 굴하지 않고, 매 순간 치료자와 내담자 사이에 함께 머물 수 있는 창조적 무심의 태도를 찾는 것이다. 이런 일이 일어날 수 있는 특별한 방법은 내담자가 자신의 경험을 파국화함으로써 모든 진술이 일반화되는 것이다. 상담자는 상황과 시간의 요소를 도입하여 '그래서 오늘 당신은 …을 느끼는군요', '그 순간…' 또는 '언제 당신은 그것을 가장 많이 느끼나요? 또는 가장 적게 느끼나요?', '우리가 함께 앉아 있을 때 그 느낌이 어떻게 달라지는지 주목해 보세요.' 등으로 과도한 일반화 반응을 피할 수 있다. 이런 식으로 전개되는 순간까지 상담자가 살아남으면 증상에 대해 내담자를 '비난(우울증의 전형적인 특징)'하는 요소도 사라진다.

종종 다음 사례와 같이 여러 요인들이 복합적으로 발생하는 경우가 많다.

사례 19-2

트래비스에게는 우울한 어머니가 있었고 어린 시절 암울하고 외로운 세상에 대한 기억만 있었다. 그는 우울과 공허감을 호소하며 자신의 삶에서 더 많은 것을 원한다고 불평하면서 상담을 받으러 왔다. 평가 단계에서 치료자는 그의 낮은 에너지에 영향을 받았고, 트래비스가 단조롭고 톤 없는 목소리로 말을 할 때 계속 함께 참여하기가 어렵다는 것을 알아차렸다. 치료자는 내담자의 무너진 자세와 그의 생각이 어떻게 그렇게 쉽게 비관주의로 바뀌었는지 알아차렸다. 치료자는 트래비스를 초대하여 치료자와 함께 있는 순간, 트래비스 자신이 어떤지, 그리고 트래비스가 치료자와 내담자의 관계를 어떻게 경험하고 있는지에 대해 더 관심을 가질 수 있도록 초대했다. 트래비스는 치료자에 대한 반복적이고 부정적인 기대에 관심을 갖기 시작했다. 몇 달 동안 트래비스의 에너지는 향상되었지만 그의 계속되는 부정성과 낮은 동기는 남아 있었다.

(계속)

어느 날 치료자는 수술을 받기 위해 3개월의 휴식이 필요하다는 상황을 모든 내담자에게 알려야 했다. 치료자는 자신의 상사와 상황설명의 가장 좋은 기간, 발생할 수 있는 문제, 자신의 내담자 중 어떤 내담자가 다른 치료자에게 영구적으로 또는 일시적으로 추천되어야 하는지에 대해 논의했다. 치료자는 트래비스가 그 상황 설명으로 인해 특별히 괴로워할 것이라고는 예상하지 못했다. 트래비스는 특별히 치료자에게 애착을 갖고 있지 않은 것 같았다. 그래서 치료자는 트래비스가 자신의 설명에 대해 "좋습니다"라고 말했을 때 놀라지 않았다. 트래비스는 익숙한 수동적인 자세로 조용히 앉아 있었다. 치료자는 휴가, 날짜 등에 대한 세부 사항을 계속 말하려 하다가 트래비스가 유난히 조용하다는 것을 알아차렸다. 트래비스의 얼굴은 핏기가 없어졌고 치료자는 트래비스의 호흡이 빨라진 것을 볼 수 있었다. 치료자는 부드럽게 "트래비스, 당신에게 무슨 일이 일어나고 있나요?"라고 부드럽게 물었다. 트래비스는 치료자를 오랫동안 쳐다보았다. 그런 다음 그는 폭발했다. "어떻게 그렇게 할 수가 있어요?" 주먹을 불끈 쥔 트래비스의 분노가 온몸에 울려 퍼졌다. 치료자는 충격을 받았지만 천천히 숨을 쉬고 시선을 고정했다. 치료자는 트래비스가 격노하는 동안 조용히 앉아 있었지만 완전히 주의를 기울인 다음 간단하게 "예"라고 말했다. 그러자 트래비스는 고함을 멈추고 흐느껴 울기 시작했다. 몸이 들썩거리고 목소리는 숨이 막히는 듯했다. "이게 미친 짓이라는 걸 알지만, 저를 떠나지 말라고 말하고 싶어요."라고 트래비스는 말했다.

이 사건은 트래비스에게 새롭고 강력한 장을 열었다. 치료자는 트래비스가 자신의 상실감을 진지하게 천천히 이해하도록 격려했고, 치료자가 확인과 공감을 유지하면서 트래비스의 초기의 유기 경험과 연결되도록 도왔다. 트래비스는 점차 치료자가 떠나는 것을 슬퍼하는 것을 허용했고 외로움과 두려움이라는 방향 감각을 잃게 만드는 많은 감정들을 만났다. 치료자는 트래비스에게 일주일 동안 자기 연민 훈련을 연습하고 어렸을 때 버림받았다고 느꼈던 트래비스 자신의 일부와 연결되는 방법을 찾도록 격려했다. 치료자는 자신의 부재 중 트래비스를 만나기 위한 '장소'를 마련했다. 그 사건 이후 트래비스는 치료자를 몇 번 만났지만 실제로는 치료자의 휴가 기간 동안 오히려 꽤 잘 대처했고 새로운 사람들을 만나고 새로운 관계를 시작할 수 있는 활동을 찾기 시작했다. 치료자와 트래비스가 함께 상담을 다시 시작했을 때 깊은 유대감이 느껴졌다.

불안 작업하기

불안한 내담자는 신체적 긴장, 심계항진, 위장의 메스꺼움, 심박수 증가, 얕은 호흡 그리고 지금 여기에서 실질적인 위협이 없어도 참을 수 없는 두려움과 동요를 경험한다. 또한 불안은 종종 두려운 생각이나 신념을 동반하거나 유발하기도 한다. 가장 단순한 형태의 불안은 위협에 대한 정상적인 반응으로 시작된다. 행동을 위한 에너지는 쌓이지만 배출되거나 가라앉지 않고 겉보기에 불안과 무관한 증상을 일으킬 수 있다.

내담자의 불안 경험이 장기적인 상태인지 아니면 특정 시기부터 시작된 것인지를 알아내는 것이 중요하다. 만성적이고 무기력 하지 않은 경우 치료는 필요한 증상 관리 외에 전문적인 치료 순서가 필요하지 않을 수 있으며, 지금까지 이 책에서 논의된 모든 일반적인 평가 및 치료 고려사항이 적용될 것이다. 또한 불안의 시작은 일부 기질적 또는 의학적 원인(예 : 갑상선 기능 항진 또는 약물) 또는 식습관(예 : 과도한 카페인 또는 약물 과다 복용)과 관련이 있을 수 있으므로 항상 이를 먼저 확인해야 한다.

내담자와 함께 경험의 의미와 치료에 대한 시사점에 대해 생각할 수 있도록 여러 유형의 불안 증상을 구분하는 것이 유용하다. 일부는 앞서 제시한 주기의 일부이며, 문제 행동(예 : 강박 행동 및 공포증)에 저항하려는 시도에서 불안이 발생한다. 일부는 현재 또는 과거의 스트레스나 트라우마와 관련이 있다(작업 방법은 20장, 21장 트라우마 참조). 또 다른 일부는 충동을 반전하는 것과 관련이 있고 일부는 뚜렷한 원인이 없는 것처럼 보이지만 일반적으로 이후의 지속적으로 부정적인 생각에 의해 강화된다.

비록 내담자가 자신의 불안이 특정 초점(예 : 집을 떠나는 것, 운전 또는 사회적 상황에 대한 두려움)에 있다고 보고할지라도, 일반적으로 겉으로 보이는 초점은 치료 과정 중에 드러날 더 깊은 문제의 일각에 불과한 경우가 많다. 우리는 아래에서 불안에 대한 몇 가지 다른 사고방식을 간략히 설명하겠지만, 먼저 대부분의 불안한 내담자에게 일반적으로 유용한 몇 가지 치료 요소를 설명하고자 한다. 일부는 불안 유형에 따라 다른 것보다 더 유용하다.

◆ 증상 다루기
◆ 회피 다루기
◆ 불안한 신념 파악하기
◆ 신체 프로세스에 주의 기울이기
◆ 관계적 역동으로 작업하기

증상 다루기

공황 발작이나 높은 불안의 에피소드에서 내담자가 무슨 일이 일어나고 있는지 깨닫더라도, 내담자는 스스로를 지지할 수 없고 의미 있는 행동을 취할 수 없다. 내담자가 불안을 감당할 수 없는 경우 가장 시급한 첫 번째 과제는 자기 지지를 높이고 고통의 수준을 관리 가능한 수준으로 줄이며 문제에 대한 생산적인 참여를 촉진하는 것이다. 이는 증상을 '제거'하려는 시도가 아니라 증상을 '해결'하는 데 그치치 않고 근본적인 문제에 대응하고 관계할 수 있는 '정서적 수용의 창'(316쪽 참조)으로 돌아갈 수 있는 역량을 키운다.

18장 내담자 자원에는 이 작업을 달성하기 위한 몇 가지 제안이 있다. 불안과 공황을 관리하는 데 특히 도움이 되는 몇 가지 호흡법도 있다. 내담자는 상담 회기에서 당신과 함께 그것들을 연습하고 일상생활에서 활용하는 방법을 배울 수 있다.

호흡은 에너지와 감정의 중요한 조절장치다. 사실, 호흡에 대한 단순한 집중은 불안한 내담자에게 변화를 가져올 수 있다. 호흡을 조절하거나 호흡에 영향을 미치는 방법을 배우는 것은 불안이 전면적인 공황 발작으로 확대되는 것을 예방할 수 있다. 사람이 겁을 먹거나 깜짝 놀라면 대개 호흡은 빠르고 얕아진다. 내담자가 어려운 상황에 대해 말하기 시작하거나 상담 장면에서 불안해지기 시작할 때 당신은 내담자의 호흡 변화를 알아차릴 수 있다. 때로는 적극적인 개입이 필요할 때도 있다.

내담자가 반전이나 두려움 때문에 숨을 참는 것처럼 보인다면, 내담자가 단순히 숨을 쉬기보다는 숨을 깊이 들이마시고 내쉬도록 격려하자. 이렇게 하면 긴장이 풀리고 자연스럽게 따라오는 호흡 활성화를 위한 들숨을 위한 공간이 생긴다.

내담자가 불안해하면 호흡이 얕아져 산소 결핍을 일으키거나 공기를 삼키기 시작해 산소 과잉 상태가 된다. 이 모든 행동들은 내담자를 어지럽게 하거나 곧 기절할 것처럼 현기증을 유발할 수 있다. 그러면 내담자는 이 상태가 불규칙한 호흡에 대한 생리적 반응이라기보다는 실제적인 위협이라고 믿을 수 있다. 상담 장면에서 이런 일이 발생하면 내담자에게 호흡하는 방법을 안내할 수 있다. 온건하고 고른 목소리로 지시를 내리면서 리듬이 잡힐 때까지 내담자를 안내하자. 이런 종류의 호흡은 처음에는 비정상적으로 느껴질 수 있다고 내담자를 안심시키자.

💡 **연습 19-2**

천천히 넷까지 세면서 코로 숨을 들이마시고 배가 부풀도록 하세요. 마치 공기를 아래로 끌어내리는 것처럼 셋을 세는 동안 참았다가 천천히 일곱까지 세면서 숨을 내쉬며, 뜨거운 차의 열을 식히기 위해 부드럽게 뜨거운 차를 입으로 불고 있다고 상상합니다. 이 날숨이 끝나면 숫자 4까지 세면서 다시 천천히 숨을 들이마십니다.

이 순서를 내담자에게 여러 번 반복하고 불안이 어떻게 변했는지 확인하세요.

내담자가 상담 장면에서 불안해할 경우 이 기법을 연습하도록 격려하자. 이런 종류의 호흡 관리는 대부분의 사람들에게 도움이 된다. 그러나 우리가 앞에서 언급했듯이, 일부 내담자는 불안한 느낌으로 호흡을 하면 불안이 증가하기도 한다. 이러한 내담자의 경우 이 장에서 설명하는 다른 자원 중 하나를 사용하자.

회피 다루기

회피는 개인이 스스로 '미해결과제'를 완성하지 못하게 하기 위해 사용하는 수단이다. 그러고 나서 그것은 정체되어 성장 가능성을 차단한다. 이리한 장애물을 작업하는 것은 어렵고 고통스럽다. 회피는 타당하고 충분한 이유로 존재한다. 따라서 회피의 존재 이유를 알아차리는 것이 과제다. (Perls et al., 1989[1951]: 231)

내담자가 불안의 '원인'이라고 생각하는 상황이나 문제를 파악할 때, 회피가 당연히 첫 번째 반응인 경우가 많다. 이것은 일시적으로 고통을 줄여주지만, 문제는 해결되지 않고 보통 다른 불이익(예 : 중요한 상황을 마주할 수 없는 것)으로 이어진다. 즉, 고통은 완화되지만 역기능(그리고 약물 남용의 일반적 측면)을 초래한다. 그런 다음 회피는 불안의 첫 징후에 반응하는 습관적인 방법이 되고, 공포에 직면하는 것은 불가능해진다. 이것은 강화 주기를 반복하는 길이다. 위험한 것을 피하고 위협이 계속되면 불안을 느끼는 것은 일반적이지만 내담자는 실제로 위험하지 않은 상황임에도 불구하고 혼자 있거나, 그룹에서 이야기하거나, 군중 속에 있을 때 과거 사건과 어느 정도 관련이 있는 사건에 대해 불안을 느낀다.

회피가 자신의 문제에 어떤 영향을 미치는지, 두려워하는 것을 알고 직면하는 방법을 당신과 함께 찾아야 한다는 것을 이해시키는 교육 과정이 필요할 때도 있다.

회피 행동을 직면하고 발생하는 감정에 머무르는 것에 대한 합의에 도달하면, 당신은 교착 상태의 작업 영역에 다다른 것이다(12장 미해결과제 참조). 여기에는 또한 내담자가 두렵거나 괴로운 상황을 생각하거나 기억하기 시작할 때 불안이나 부담을 줄이는 방법을 찾는 것도 포함된다(아래 이완 연습 참조). 이는 내담자가 먼저 자신의 감정에 익숙해진 다음 그것들을 다르게 처리하기 시작하도록 격려하는 많은 유형의 둔감화 기법이 포함될 수 있다(10장 실험하기 참조). 그러면 내담자는 회피하고 있는 것과 다른 관계를 시작할 수 있다.

공포증이 있는 내담자의 경우, 알아차림 밖에 억압되어 있던 부인되고 투사된 자기의 일부분인 두려워하는 대상을 '안전한 공간'에서 재구성하는 것이 유용할 수 있다. 두 의자 작업은 내담자가 이를 탐색하는 데 유용한 기술이 될 수 있다(예 : Philipson, 2009: 31-34 참조). 내담자가 두려워하는 대상이 되어 그 특성을 탐색하도록 초대하자. 강박 행동의 숨겨진 의미도 비슷한 방식으로 탐색할 수 있다. 강박의 주제는 무엇인가? 어떤 두려움을 처리하고자 하는 걸까?

많은 경우 우리는 무력한 불안감 근저에 반전된 분노가 있음을 발견했다. 상담실이라는 안전한 공간에서 내담자가 분노의 감정을 포함하여 자신의 모든 감정을 파악하고 인정하고 표현할 수 있도록 천천히 돕자.

사례 19-3

대규모 자선단체의 관리자인 델렌은 과로, 수면 부족, 자신이 완전하지 못하다는 끊임없는 걱정으로 이어지는 불안 때문에 의사에 의해 상담에 의뢰되었다. 첫 만남부터 델렌은 '모두의 염려'에 감사하지만, 상담을 위해 시간을 내기에는 책임을 맡은 일이 너무 많다고 말했다. 델렌은 많은 사람들이 자신에게 의존하고 있으며 델렌이 긴장을 풀면 모든 것이 무너질 것이라고 했다. 상담자는 불안과, 불안의 원인과 결과에 대해 이야기하는 것으로 상담을 시작했다. 상담자는 델렌이 쓰러지거나 소진할 수도 있음을 직시할 수 있도록 부드럽게 시도했다. 마지못해 델렌은 상담자의 말에 동의했다. 델렌은 상담자의 편견 없는 관심과 존재감을 느끼면서 눈물을 흘렸고 자신이 얼마나 지지받지 못했고 초조해했는지 깨달았다. 델렌은 상담에 참여하기로 동의했다.

상담자는 델렌에게 이완 기법을 가르치는 것으로 시작했고, 델렌은 매우 잘 반응했다. 델렌은 스트레스를 덜 받았을 때 즐겼던 활동(사진 촬영 등)을 다시 발견하도록 격려받았다. 델렌은 또한 그녀의 하루를 더 잘 계획하고, 업무를 일부 다른 이에게 위임하고, 규칙적인 식사를 하고 있는지 확인하기로 합의했다. 그런 다음 상담자와 델렌은 불안 그 자체와 '모든 것에 책임을 져야 하는' 욕구가 어디에서 왔는지 탐색하기 시작할 수 있었다. 천천히, 델렌은 자신의 과거와 연결되기 시작했다. 델렌은 어머니가 알츠하이머 병을 앓게 된 9살 때 집안 살림을 도맡았던 4남매 중 장녀였다.

불안한 신념 파악하기

우울과 마찬가지로 불안 상태는 '나는 통제할 수 없다', '나는 조절할 수 없다', '모든 것이 너무 심하다', '기절해서 죽을 것만 같다'와 같이 일반적으로 강력한 부정적 내사, 핵심 신념 및 반복적인 생각과 관련이 있다. 불안한 내담자의 초점은 일반적으로 임박하거나 더 먼 미래에 맞춰져 있다.

불안한 신념은 지나치게 일반화되거나 과장되거나 파국적이다. 이러한 신념은 자기 영속화되어 불안의 주기로 이어지며, 기대가 증상을 가져오고 증상은 다시 신념을 강화한다. 예를 들어 쇼핑을 하고 있던 내담자는 공황발작을 일으켜 공공장소에서 쓰러질까 봐 걱정하기 시작한다. 이것은 신체적 불안 증상을 일으킨다. 내담자는 자신의 불안 증상에 집중하고 쓰러질 것에 대한 두려움이 커지면서 불안이 고조되고 결국 쓰러질 때까지(그러면 공공장소에서 쓰러질 것이라는 신념을 확인하는) 불안이 확대되는 주기를 계속한다. 그러고 나서 내담자는 외출을 피하기로 결심하여 걱정을 제거하는 데 성공한다. 그러나 이제 내담자는 더 이상 쇼핑을 할 수 없다.

당신은 내담자가 상담에 가져오는 사건, 문제 및 상황과 관련된 기본 신념이 무엇인지를 탐색하는 것으로 상담을 시작할 수 있다. 내담자가 어떻게 이런 신념을 가지게 되었는지 물어보고 과거 사건이나 관계에 대한 역사적 연결고리에 대해 호기심을 갖자. 신념이 확인되면 때때로 이러한 단순한 신념이 어떻게 형성되었는지를 알아차리는 것만으로도 상당히 큰 차이를 만들 수 있다.

사례 19-4

리타는 권위자 앞에서 느끼는 불안이 초등학교 때 선생님의 괴롭힘과 잔인함에서 비롯되었음을 깨달았다. 내담자가 감정과 에너지를 느끼며 자신의 이야기를 한 후, 리타는 일어서서 심호흡을 하고 이렇게 말하도록 초대되었다. "그건 이제 끝났어. 다시는 그런 일이 일어나게 그냥 두지 않겠어." 리타는 상담에서 이 말의 여러 버전을 연습한 후 결국 깊은 숨을 크게 내쉬었고 눈에 띄게 긴장이 풀리면서 한 짐이 내려간 것 같다고 말했다.

당신은 또한 불안이 전달하는 메시지나 지시를 파악할 수도 있다. '완벽해야 한다', '절대 실패하지 말라'는 내담자의 욕구에 대한 부모의 내사는 실패감과 불안을 일으킨다.

내담자가 어떤 상황을 설명할 때(또는 내담자가 불안해하기 시작할 때), 내담자가 스스로에게 무슨 말을 하고 있는지를 알아차리도록 요청하자. 내담자는 어떤 생각이나 환상을 가지고 있는가? 일어날 수 있는 최악의 상황은 무엇인가? 가능한 내담자가 숨김없이 분명하게 말하게 하자. 내담자의 감정을 뒷받침하는 핵심 신념을 파악한 다음, 내담자를 지금 여기로 데려올 수 있는 그라운딩 연습을 소개하자. 내담자에게 다른 의자에 앉아 생각과 믿음이 얼마나 현실적인지 생각해 보게 하자. 내담자가 불안해할 때 스스로에게 말할 수 있는 지지적이거나 긍정적인 문장을 만들어 보도록 요청하자. '나는 불안한 감정에 대처할 수 있고 여전히 괜찮다', '나는 지원을 위해 도움의 손을 내밀 수 있다', '나는 이것을 이겨 낼 것이다'(긍정적 자기 대화라고도 함). (앞에 묘사한) 우울한 내담자와 마찬가지로 '당신은 살아 남았어요', '당신은 전에도 이 일을 이겨냈고 앞으로도 또 그럴 거예요'와 같이 과거의 경험에 대한 내담자의 반응을 재구성하는 것도 유용하다.

내담자에게 불안에 대한 일기 쓰기를 제안하자. 이것은 내담자의 알아차림을 높이고 그 자체로 변화를 가져올 수 있다. 또한 내담자가 불안하지 않은 하루의 많은 순간들을 강조할 뿐만 아니라 특정 상황, 특정 장소, 특정 사람 또는 하루의 특정한 시간들과 어떻게 관련이 있는지를 보여준다. 일주일 동안 내담자가 불안했을 때 무슨 일이 일어났는지, 상황, 시간을 기록하고 심각한 정도에 대해 (10점 만점으로) 평점을 줄 수 있다.

이러한 과정은 두 가지 효과를 가져온다. 불안이 촉발되는 장 조건을 더 선명하게 파악하고 불안과 관련한 부정적인 생각, 내사 또는 핵심 신념을 식별하는 데 도움이 된다. 이것은 종종 (상상이 아닌) 실제 문제에 대한 더 명확한 전경을 형성하고 내담자의 불안한 상태를 유발하거나 유지하는 가장 영향력 있는 요소를 평가할 수 있는 더 자세한 정보를 제공한다. 일기를 쓰는 것은 또한 내담자가 대처 능력을 강화할 지금 여기의 방향성에 접근할 수 있게 하여 내담자가 공황 상태의 배제된 전경에 압도되기보다는 사고 능력을 다시 발휘할 수 있도록 도와준다. 마지막으로, 상담 회기 사이에 당신의 심리적인 존재감 또한 엄청난 도움이 될 수 있다. 일기를 작성하고 다음 회기에 논의하기 위해 가져오는 것은 치료자를 내담자 마음에 떠오르게 하여 관계 기반을 구축하는 효과가 있다.

신체 프로세스에 주의 기울이기

다른 표현과 마찬가지로, 게슈탈트 치료자는 생각, 감정, 이미지, 감각, 신체 자세 등 내담자 경험의 모든 측면에 대한 알아차림을 높일 것이다. 불안한 사람은 자신의 증상과 무슨일이 일어날지도 모른다는 불안감에 사로잡히는 경향이 있기 때문에, 신체, 움직임 및 감각 지각에 주의를 기울이는 것이 특히 유용하다. 14장에서 설명한 신체 중심 작업은 여기서 유용하며, 불안을 중단된 호흡 패턴과 연결시키고 '더 깊이 숨을 내쉬고 더 깊이 숨을 들이마시면 불안이 흥분으로 바뀔 수 있다'고 믿었던 Perls와 그의 동료들을 기억하자(Perls et al., 1989[1951]: 167).

위의 호흡법 중 일부를 사용하여 에너지를 행동으로 옮길 수 있다. 중단된 것처럼 보이는 움직임(제스처, 신체 자세)의 신체 표현을 격려하고 그 움직임을 장려하거나 발전시키기 위한 실험을 만들자. 당신은 종종 불안해하는 내담자가 움직이기 시작하고, 동요하거나, 후퇴하거나, 에너지를 반전하는 것을 알아차릴 것이다. 내담자에게 불안(또는 다른 느낌)을 느낄 때 몸에 나타나는 새로운 움직임이나 위치를 알아차리게 하고, 그 움직임이 어떤지를 따라가게 하자.

제안 19-2

어린 시절 가족이 흥분과 에너지를 어떻게 표현하거나 회피했는지 생각해 보세요. 이제 당신을 불안하게 만들었던 최근의 상황을 기억해 보세요. 당신의 신체 반응, 호흡, 생각, 그리고 자신에게 말하는 모든 메시지를 알아차리세요.

관계적 역동으로 작업하기

물론, 이러한 기법은 상황에 맞게 사용되어야 한다. 이 기법들은 치료자가 내담자의 알아차림을 촉진하는 공동창조된 관계에서 발생한다. 불안은 또한 관계에 있어 중요한 부분이며, 어떤 이들에게는 관계 자체가 가장 큰 스트레스 상황일 수 있다. 비록 불안이 지금 여기에서의 관계적 현상일 수 있지만, 종종 역사의 반복이기도 하다. 흔히 불안한 부모의 존재방식이 내사되거나(Delisle의 게슈탈트의 '내사된 미시적 장', 2013: 74 참조), 자신감이 없거나, 무섭거나, 일관성이 없는 부모가 불안과 경계의 분위기를 조성한 어린 시절로 거슬러 올라갈 수 있다. 두 경우 모두, 당신은 지속적으로 체화된 현전을 제공하고 어렵거나 압도적인 불안감과 신체 상태를 담아내고 견딜 수 있는 능력을 보여줄 필요가 있다.

불안이 유지되는 순간순간을 작업하기 위해, 당신과 내담자가 '불안한' 관계를 함께 만드는 것에 초점을 맞추자. 어떻게 치료적 사이가 '불안하게' 되는가?

불안한 내담자는 종종 알아차림 접촉 주기의 알아차림 단계에서 차단된다. 예를 들어 화를 내거나 관계적 접촉을 하려는 충동은 (편향을 통해) 회피하고 무언가 잘못되었거나 위협적이라는 느낌으로 '잘못 이름 붙여진다'. 그러면 내담자는 표현이나 접촉에서 멀어지고 불안해지면서, 불안에 공명하고 '두려운 만남'을 피하려고 하는 스스로를 자극하면서 불안한 고리가 만들어진다. 내담자의 불안한 흥분이나 주저하는 작은 신체 신호를 알아차리도록 노력하자. 또한 당신이 내담자에게서 멀어지는 것을 알아차리자. 내담자가 자신에 대해 좀 더 확고한 감각을 갖도록 격려하고 원래의 충동을 탐색하고, 그 충동이 당신과의 관계에서 어떻게 발전했는지 추적하자.

대안적으로 관계적 역동이 융합에 있을 수도 있다. 만약 이것이 오래된 관계형 패턴이라면, 그 자체로 불안(다른 이에게서 완전히 사라지는 것에 대한 두려움이나 분리에 대한 두려움과 안전하지 않은 '상상할 수 없는 불안'(Winnicott, Davis & Wallbridge, 1981))을 유발할 수 있다. 상담은 '금지된' 감정을 발견하고, 용인하고, 탐색하기 위해 융합된 관계(11장 접촉 만들기 참조)를 느슨하게 하는 것이다. Robine(2013)은 '전경의 출현은 융합의 단절이다'면서 초기 접촉의 흥분이 불안으로 바뀌기 때문에 접촉 단계와 초기 감각 단계 모두에서 '내려놓음'으로 상담자가 융합에 주의를 기울일 것을 권장한다.

늘 그러하듯이, 불안한 내담자와 함께할 때 당신의 반응(불안에 대한 역전이 혹은 책임을 지고자 하는 충동)은 당신과 당신의 내담자가 문제를 어떻게 공동으로 만들고 있는지에 대한 유용한 정보가 될 뿐만 아니라 내담자가 아마도 다른 사람들과 그것을 공동창조하는 방법일 것이다. 당신의 몸과 접촉하고, 천천히 호흡하고, 당신의 감정과 반응을 추적함으로써 그라운딩 상태에 머무르는 모델을 만들 수 있다. 그러면 불안한 관계에서 당신의 역할을 더 잘 알아차릴 수 있다.

마지막으로, 많은 내담자들은 자신을 고립시키는 습관적인 관계 유형이 관계적 요구에 직면하여 효과가 없을 때 당황하게 된다. 치료자는 애착과 소속감의 배경을 확립하기 위해 치료적 관계를 구축하는 데 주의를 기울여야 한다.

실존적 문제와 삶의 문제에 직면하기

우리는 우울과 불안 모두에 공통적이며 실제로 모든 경험의 배경이 되는 상황, 즉 인간의 조건을 기술하면서 결론을 맺고자 한다. 많은 내담자들은 노화, 질병, 죽음의 불가피성, 삶의 불확실성, 연결되어 있으면서도 깊은 고독을 느끼는 경험 등 우리 모두가 직면하는(하지만 일반적으로 무시되는) 실존적 문제를 인식하고 이에 대한 반응으로 불안이나 우울을 호소한다. 또한 사랑하는 사람을 잃거나, 해고되거나, 심각한 사고와 같이 삶의 어려움에 직면해 있을 수도 있다. 여기서 치료 과제는 이러한 문제에 대한 가장 넓은 관점을 갖도록 장려하는 것이다.

우울이나 불안 이전에 일어난 최근의 사건들이 있었는지 탐색하는 것부터 시작하자. 최근 인생 그래프(5장 평가와 진단 참조)를 작성하고 변화, 전환, 상실 및 스트레스에 대해 설명하고 내담자에게 그 중요성에 대해 이야기하도록 초대하자. 내담자의 영적·종교적 신념 체계를 파악하자. 내담자의 신념 체계에서 위기가 어떻게 느껴지는지 '어떤 정신적 또는 종교적 지지를 구해 왔으며 도움이 되지 않았던 이유는 무엇일까요?', '그 신념 체계 안에서 당신이 할 수 있는 다른 것은 무엇인가요?' 등의 질문을 하자(24장 영성 참조).

내담자가 교착 상태나 위기를 버티도록 지지하자. 명백히 불가능한 상황 후에 변화나 삶의 적응은 이어지고, 이때의 과제는 단순히 고통의 완화를 찾는 것이 아니라 삶을 재적응하거나 불안이나 절망적인 감정을 견딜 수 있는 방법을 찾는 것이어야 한다. 최선의 전략적 대응은 지금 여기에 나타나는 것에 머무르고, 있는 그대로 받아들이는 것이다.

현재 호소하는 문제의 보편적인 특성을 인식하자. 우리 모두는 위에 나열된 문제에 의해 도전받는다. 우리는 모두 언젠가는 죽게 되지만 그 시기는 알지 못하고 시간과 공간에 놓여 있으며 분리와 상실을 경험한다. 우리가 이를 인식하고 이러한 문제에 직면할 수 있도록 스스로를 지지하는 것이 매우 중요하다. 이러한 방식으로 우리는 이 어려운 진실을 회피하기 위해 내담자와 공모할 위험을 최소화한다.

> **💡 제안 19-3**
>
> 당신의 삶에서 무엇이 당신에게 의미와 목적을 주는지 잠시 성찰해 보세요. 가족이나 친구, 직업, 다른 사람을 돕는 것, 자연과의 연결, 순간순간 살아 있다는 느낌, 영적 또는 종교적 길인가요? 아니면 더 나은 미래, 돈을 벌고, 명품을 사용하고, 가족을 부양하고, 새 차를 사고, 명성을 얻는 것인가요? 삶이 보람이 없는 것처럼 느껴지거나 길을 잃었을 때 무엇을 통해서 지지를 얻나요?

마무리

우울과 불안은 점점 더 많이 진단되고 있으며 이에 대한 해결책으로 약물치료가 점점 더 많이 제시되고 있다. 게슈탈트 치료사로서 우리는 '의료화'의 흐름을 막고 이러한 증상의 이면에 있는 실제 문제이자 우리 모두가 직면하고 있는 심리적 문제, 사회적 고립, 소외, 인식되지 않은 트라우마를 알아차리려고 노력해야 한다. 그런 다음 우리는 각 내담자의 고유한 상황을 되찾고 고통에 처한 내담자를 가장 잘 도울 수 있는 구체적인 대응책을 찾도록 도울 수 있다.

우울과 불안 관련 권장문헌

Fosha, D., Siegel, D. J. and Solomon, M. (2009) *The Healing Power of Emotion: Affective Neuroscience, Development, and Clinical Practice*. New York: W. W. Norton & Co. (**See pp. 204–31**.)

Francesetti, G. and Roubal, J. (2013) 'Gestalt therapy approach to depressive experiences', in G. Francesetti, M. Gecele and J. Roubal (eds), *Gestalt Therapy in Clinical Practice: From Psychopathology to the Aesthetics of Contact*. Milan: Franco Angeli Books.

Gilbert, P. (2007) *Psychotherapy and Counselling for Depression*. London: Sage.

Greenberg, L. S. (2002) 'Working with emotion', *International Gestalt Journal*, 25 (2): 31–57.

Greenberg, L. S. and Watson, J. (2006) *Emotion-Focused Therapy for Depression*. Washington, DC: American Psychiatric Association.

Hooker, K. E. and Fodor, I. E. (2008) 'Teaching mindfulness to children', *Gestalt Review*, 12 (1): 75–91.

Leader, D. (2008) *The New Black*. Harmondsworth: Penguin.

Melnick, J. and Nevis, S. (2005) 'The willing suspension of disbelief: Optimism', *Gestalt Review*, 9 (1): 10–26.

NICE (National Institute for Clinical Excellence) (2009) *Guidelines on Depression*. Available at: www.nice.org.uk/CG90 [For position of national UK government-funded body].

Roos, S. (2001) 'Theory development: Chronic sorrow and the Gestalt construct of closure', *Gestalt Review*, 5 (4): 289–310.

Roubal, J. (2007) 'Depression – a Gestalt theoretical perspective', *British Gestalt Journal*, 16 (1): 35–43.

Shub, N. (2002) 'Revising the treatment of anxiety', *Gestalt Review*, 6 (2): 135–47.

권장 도서(이러한 주제를 처음 접하는 경우에도 유용함)

Baker, R. (2003) *Understanding Panic Attacks and Overcoming Fear*. Oxford: Lion Hudson.

Bourne, E. (2007) *The Anxiety and Phobia Workbook*, 4th edn. Oakland, CA: New Harbinger Press.

Rowe, D. (2003) *Depression: The Way Out of Your Prison*, 3rd edn. East Sussex: Routledge.

Williams, M., Teasdale, J., Segal, Z. and Kabat-Zinn, J. (2007) *The Mindful Way Through Depression*. New York: Guilford Press.

유용한 웹 사이트

www.patient.co.uk/health/anxiety-self-help-guides

www.rcpsych.ac.uk/expertadvice.aspx (sections on Depression, Anxiety, Phobias)

제20장

트라우마 1 : 평가와 안정화

이 장에서는 트라우마 증상을 잘 다루면서 안전하고 유능한 치료로 대응하는 방법에 대한 가장 최근의 연구를 설명하고자 한다. 상담 초기 심각하지 않은 문제가 과거의 훨씬 더 충격적인 사건과 관련되어 갑자기 드러날 수 있다는 사실을 발견했기 때문에 특히 이 주제가 중요하다는 것을 강조한다. 그때 나타나는 예기치 않은 문제는 준비되지 않은 치료자를 혼란스럽게 할 수 있다.

현재 특히 트라우마를 구체적으로 작업하는 방법으로는 EMDR, CBT, 신체기반 심리치료SP, 감각운동 심리치료SE, 신체외상 치료STT 등 다양한 접근 방식이 있다. 각 접근들은 트라우마 증상을 치료하는 데 있어 인지, 감정, 신체 과정 및 관계의 역할에 대해 서로 다른 강조점을 둔다. 우리가 강력히 추천하는 Kepner(1995)의 저서 **심리치료에서의 치유 과제**Healing Task in Psychotherapy와 Bowman(2002), Cohen(2002), Fodor(2002), Melnick과 Nevis(1997, 2005)와 같은 게슈탈트 연구자들의 일부 논문을 제외하고, 최근까지 트라우마를 다루는 것에 대해 구체적으로 쓰인 글은 거의 없었다. 가장 일반적으로 저자들은 게슈탈트 원리를 다른 양식과 통합하는 치료 접근법을 제안했다. Tobin(2004)은 EMDR을, Elliott, Greenberg와 Lietaer(2004), Paivio와 Pascual-Leone(2010)은 정서중심치료EFT의 일환으로 미해결과제를 위한 '빈 의자'를 사용했다. 그리고 Butollo와 Karl(2012), Butollo와 그의 동료들(2014)은 대화적 노출치료DET라고 하는 게슈탈트 기반 통합 접근 방식을 사용한다.

가장 최근에는 Vidakovic(2013)가 트라우마에 대한 근본적인 게슈탈트 접근 방식을 설명하였고, Taylor(2014)는 게슈탈트 관점에서 트라우마 치료의 포괄적이고 면밀한 통합을 개발했다.

이 장에서는 다양한 트라우마 치료접근법에서 가장 유용한 (그리고 게슈탈트와 공명하는) 것으로 밝혀진 광범위한 치료적 이해와 반응을 통합하고자 한다. 또한 다른 장과 다르게 여기서는 평소보다 더 많은 이론을 다루었다. 이 장에서 다뤄진 이론으로 우리는 트라우마 증상이 어떻게 그리고 왜 발생하는지 이해함으로써 개입을 선택할 수 있는 필수적인 지식기반을 마련할 수 있을 것이다. 또한 이론은 근본적으로 손상되었거나 '넋을 잃거나' 회복 불가능하다는 증거로 오해하기 쉬운 많은 내담자의 경험에 대한 신경학적 근거를 내담자에게 설명할 때에도 도움이 될 것이다.

트라우마는 어떻게 발생하는가?

시험에 떨어지거나 교통사고를 당한 것 같은 작은 트라우마 후에도, 우리는 종종 높은 수준의 신체적 흥분을 경험하면서 불안해하고 동요한다. 우리는 또한 자주 스스로에게 자기 비판적인 메시지를 주고 어떻게 하면 그 사건을 더 잘 처리할 수 있었는지를 반추한다. 하지만 만약 우리가 친구와 그것에 대해 이야기하고, 진정을 하고, 잠을 잔다면, 그것은 점차 끝난 사건에 대한 희미한 기억이 된다. 즉 그것은 더 이상 우리를 적극적으로 괴롭히지 않는다. 경험과 직접적인 혼란은 성공적으로 통합되고 해결되었다.

그러나 트라우마가 매우 크거나 지속적인 경우(예 : 반복적인 신체적 학대) 회복 능력이 저하되고 해결되지 않는 경우가 많다. 신체적 반응, 이미지, 감정은 종종 사건이 끝난 후에도 오래 지속되고 반복해서 돌아오거나 작은 자극에 의해서도 쉽게 촉발된다. 그것은 마치 뇌의 일부가 과거에 갇혀 **여전히 위협을 받고** 그에 따라 반응하는 것과 같다. 내담자는 기억이 되살아나거나, 불안감이 크거나, 압도적인 감정이 있다고 보고할 수 있다. 일반적으로 '나는 결코 안전할 수 없다', '나는 무력하다'(성인 트라우마의 경우 더 일반적으로), '나는 나쁘다, 가치가 없다'(어린 시절 트라우마의 경우 더 일반적으로)와 같은 지나치게 일반화된 부정적인 생각과 관련이 있고, 내담자는 종종 합리적으로 잘못된 생각이라는 것을 알지만 그럼에도 불구하고 사실이라고 느낀다.

다른 한편으로 내담자는 그 기억을 완전히 멈추거나 피하거나 억제할 수 있다. 그리고 나서 내담자는 다시는 친밀해지거나 취약해지지 않게 하는 등 그 상황의 반복을 피하는 것에 평생을 바칠지도 모른다.

어린아이에게 트라우마나 학대가 발생하고 그 학대자가 부모나 친척이었다면, 아이는 관계를 유지하기 위해 자신을 비난하는 것으로 반응할 수도 있다(나쁜 아이가 되는 것은 위험한 부모를 갖는 것보다 더 '안전'하다고 느낌). 그러나 트라우마 유산은 여전히 활성화되어 있으며 학업부진, 공격적이거나 철수된 행동, 자해로 이어질 수 있다. 성인기에 그들은 안전한 신뢰 관계를 형성하고, 안전한 대인관계의 경계를 유지하고, 감정 상태를 스스로 조절하는 데 어려움을 겪을 수 있다.

트라우마 반응이 지속되는 이유는 무엇인가?

많은 사람들은 어떠한 치료적 개입 없이도 다양하고 중요한 외상적 사건으로부터 완전히 회복할 수 있다. 관련 연구(예 : Agaibi & Wilson(2005))는 주요 보호 요인이 안전 애착, 관계적 지지 및 지역사회의 지지, 심리적 회복 탄력성 및 효과적인 대처 전략이라고 주장한다. 그러나 이러한 보호 요인이 미약하거나 없을 때 자연 회복 실패의 핵심이 되는 다섯 가지 일반적인 이유가 있다.

첫째, 일어난 일에 대한 기억을 피하려고 하고 그것을 알아차림 밖으로 밀어내려고 하거나 그 영향을 부정하려는 경향이다. 이것은 이해할 수 있는 경향이지만, 이러한 경향은 내담자가 필요한 관계적 지지를 구하거나 받지 않으며 통합과 회복에 필요한 단계를 효과적으로 거치지 않는다는 것을 의미한다.

둘째, 외상을 입은 내담자는 '그것은 나의 잘못이고 그러므로 나는 고통을 받을 만하다, 그 사건에 의해 나는 회복할 수 없는 손상을 입었다, 다시는 안전할 수 없다' 등의 자기 정체성이나 사건의 의미에 대한 부정적이고 자기 강화적인 신념 체계를 발전시킨다. 이 모든 부정확하거나 지나치게 일반화된 신념은 '나는 회복할 수 있고 회복할 자격이 있다'와 같은 필요한 태도에 저항하는 고정된 게슈탈트가 된다.

셋째, 압도적인 위협 상태에서 무슨 일이, 어떤 순서로, 언제 일어났는지에 대한 서술적 기억을 형성하는 뇌의 영역이 정지되거나 혼란스러워질 수 있다. 이것은 트라우마가 지나간 후에 그 사람이 어떻게 그리고 왜 그 일이 일어났는지에 대한 의미 있고 현실적인 이해 없이 사건에 대한 단편적인 설명만 가질 수도 있음을 의미한다. 또한 그 일이 언제 일어났는지에 대한 기억의 '타임 스탬프'가 누락될 수 있고 그 사건이 끝나지 않았다는 감정적이고 신체적 감각을 내담자에게 남길 수 있음을 의미한다. 이는 방향감각을 상실하여 일어난 일을 처리하거나 통합하는 것을 더 어렵게 만든다(특히 어린 시절에 일어난 경우는 더욱).

넷째, 트라우마는 신경계의 정상적인 회복 능력, 균형과 휴식으로 되돌아가는 것을 압도하여 내담자를 지속적으로 흥분과 고통의 상태에 놓이게 한다. 수백만 년에 걸쳐 우리의 신경계는 위험에 대한 자동적인 반응의 순서(예 : 멀리 있는 사자를 보는 것)를 발달시켜 왔으며, 그 반응은 차례대로 이어진다(자세한 설명은 Porges, 2011 참조). 첫 번째 반응은 예를 들어 가족이나 집단에 도움을 요청하는 것과 같이 사회적 연결을 위한 것이다(자신이 길을 잃었다는 것을 깨닫는 어린이에게서 가장 분명하게 나타남). 도움을 구해도 위험이 해결되지 못하면(그리고 사자가 더 가까이 다가온다면) 자신을 보호하기 위해 싸우거나, 안전한 곳으로 도망치거나, 헤드라이트 앞의 토끼처럼 얼어붙게 된다. 이 세 가지 대응을 모두 실패하면 고정 방어가 이어지고 대응은 종료되고 움직이지 않고 '죽은 척' 하는 것이다. 이러한 보호 반응 중 하나라도 효과가 있고 상황이 해결되면(또는 위험이 사라지면) 신경계의 균형은 회복되고 몸은 평형 상태로 돌아간다.

그러나 오늘날 우리가 직면한 많은 위협들은 단기적이지 않고, 신체적이라기보다는 심리적이며(예 : 어린 시절의 정서적 학대 혹은 직장에서의 괴롭힘), 위협을 해결하기 위한 명백한 '올바른 대응'이 없을 정도로 매우 복잡하다. 결과적으로, 우리의 신경계는 압도당하고, 기능 장애를 일으키며 반복해서 반응하려고 노력하지만 성공하지 못한다. 따라서 회복과 휴식은 일어나지 않으며, 신경계는 반응 시스템이 여전히 활성화되어 있지만 효과적이지 않은 상태에서 위험 모드로 남아 있다. 마치 사건은 아직도 일어나고 있고 몸은 이에 대응하기 위해 행동을 취하려고 하는 것과 같다. 이로 인해 엄청난 신체적·정서적 스트레스가 발생되고 결국 만성적이고 지속적인 증상이나 신체적 질병으로 이어진다. 그러고 나서 그 역기능적인 반응 자체가 외상 사건이 끝난 후에도 오랫동안 지속되는 문제가 된다.

다섯째, 처리되지 않은 트라우마 후 작은 외상 단서가 위협 반응의 반복을 유발할 수 있다. 그러나 이러한 촉발요인은 위험과 분명한 관련이 없을 수 있으며(예 : 문이 닫히는 소리, 목소리 톤 등), 내담자가 촉발요인에 의한 것이라는 것을 알아차리지 못한다면 단순히 내부적으로 고통스러운 느낌을 경험한다. 그러고 나서 내담자는 자신이 위험에 처해 있다는 느낌을 받고 위험의 원인을 파악하려고 노력하는 데 모든 주의를 기울인다. 이런 일이 반복되면, 내담자는 위험하거나 위협적인 것을 찾는 데 지나치게 집중하게 될 수 있다. 이 것은 습관적인 패턴이 된다.

> 외상 사건이 끝난 지 한참 후, 많은 내담자들은 원래의 외상 경험이나 그 맥락과 직간 접적으로 유사한 자극을 예상하고, 방향을 잡고, 반응하도록 강요받는 자신을 발견한 다. 이들은 무의식적이고 반사적으로 외상을 상기시키는 것으로 의식의 장을 좁혀서, 안전을 나타내는 징후를 지각하지 못하고 무심코 내면적 위협감을 유지한다. (Ogden, Minton & Pain, 2006 : 65)

위의 다섯 가지 이유 모두 트라우마가 끝난 후에도 내담자를 불안하거나 무력화시키는 지 속적인 증상 혹은 급성 스트레스 장애ASD, 외상 후 스트레스PTS, 외상 후 스트레스 장애PTSD 등과 같은 진단으로 이어질 수 있다. 또한 정체불명의 트라우마가 우울, 불안, 경계선 성격 장애, 애착 문제, 해리 장애 및 약물 남용과 같은 다른 많은 상태의 중심에 있는 경우가 많 다는 증거도 점점 증가하고 있다.

트라우마 반응은 명백한 것부터 미묘한 것까지 다양한 상황과 연관이 있을 수 있다. 엄 밀히 말하면 트라우마는 내담자가 압도당하고 무력하며, 통제 불능이라고 느꼈던 위험이 나 피해(또는 그런 일이 일어날 것이라는 공포)를 수반하는 사건을 경험하거나 목격하는 것이다. 사건은 신체적 폭행, 성적 학대, 자연 재해와 같이 실제 피해일 수 있고, 전쟁 지역 에 살거나 예측이 불가능한 폭력적인 부모 밑에서 자라는 등 위험이 우려되는 상황일 수도 있다. 또한 응급실 종사자, 군인, 트라우마 심리 치료사 또는 학대를 목격한 형제자매가 경 험하는 경우처럼 대리 외상이 될 수 있고, 사별이나 유기로 인해 중요한 사람을 잃고 아무 런 지지도 받을 수 없을 때 발생할 수도 있다.

보다 더 미묘하게, 트라우마 증상은 학교에서 선생님에게 창피를 당하는 것과 같이 사소 해 보일 수 있지만 성장하면서 지속적인 영향을 미쳐 성인기에 심각한 문제를 야기할 수 있 는 경험의 결과일 수도 있다(ACE 연구(2014) 참조). 우리는 내담자의 주관적인 고통이 트 라우마의 크기나 성격에 관계없이 가장 중요하게 고려되어야 할 요소라고 굳게 믿는다.

트라우마 치료 단계

당신과 당신의 내담자에게 있어 함께 다룰 문제가 트라우마라는 것에 동의하면 상담에 적용할 수 있는 네 가지 단계가 있다.

　　1단계 : 평가하기
　　2단계 : 자원 확보하기
　　3단계 : 외상기억 처리하기
　　4단계 : 통합하기

1단계 : 평가하기

모든 심리치료와 마찬가지로, 상담의 초기 과제는 작업 동맹을 형성하고, 내담자의 역사적 배경을 탐색하며, 문제에 대한 이해를 형성하고, 우선순위를 결정하는 것이다. 이 책의 이전 장(특히 17장 위기 상황의 평가와 관리)에서 이를 수행하는 방법을 포괄적으로 다루고 있으며 여기서는 외상 증상의 특징에 대해서만 언급할 것이다.

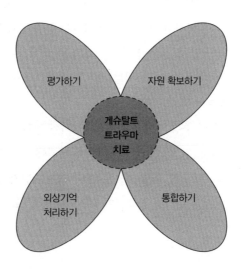

그림 20.1　게슈탈트 트라우마 치료

먼저, 중요한 주의사항을 말하겠다. 정신적 충격이 큰 내담자는 자기 조절과 안전한 경계를 유지하는 데 어려움을 겪는 경우가 많다는 점을 감안하면, 첫 회기나 평가 초기 단계에 트라우마에 대한 전체 이야기를 쏟아내는 경향이 있을 수도 있다. 그러면 내담자는 걷잡을 수 없을 정도로 압도되어 사실상 다시 외상을 입을 수 있다(어쩌면 치료자도!). 그러면 내담자는 기분이 더 나빠져서 상담실을 떠날 수 있고, 나중에 완전히 낯선 사람에게 자신의 '시기상조의 자기 노출'을 한 것을 후회할 수도 있고, 심지어 상담에 다시는 오지 않기로 선택할 수도 있다. 따라서 우리는 당신이 서로에 대해 훨씬 더 잘 알게 될 때까지 모든 충격적인 사건을 공개하는 것은 불필요하거나 유용하지 않다고 내담자에게 말할 것을 강력히 추천한다.

당신은 이렇게 말할 수 있다.

"무슨 일이 있었는지 큰 맥락만 말씀하시는 것이 좋겠습니다. 저는 우리의 첫 만남에서 당신이 너무 괴로워할까 염려가 됩니다."

"저는 당신의 트라우마에 대해 한두 문장 정도만 알고 있으면 됩니다. 자세한 내용은 나중에 살펴보겠습니다."

또한 이와는 달리 어떤 내담자는 초기 트라우마에 대한 많은 보호 및 방어 반응으로 인해 타인을 불신하고, 추가 학대를 의심하며, 일반적으로 안전하지 않다고 느끼고, 트라우마 기억에 대해 논의하는 것을 두려워할 수 있다. 이는 신뢰를 쌓고, 작업 동맹을 형성하고, 구체적인 내용이 서서히 드러날 때까지 기다리는 데 평균보다 더 긴 시간이 필요하다는 것을 의미한다.

과거력 청취

일반적인 과거력(5장 평가와 진단 참조)을 살펴보는 것 외에도, 내담자의 경험을 다음과 같이 질문하는 것도 유용하다.

1. 평균 일주일 동안의 증상(예 : 불안, 공포, 악몽, 플래시백, 회피 행동 및 고통을 유발하는 요인 등)
2. 이러한 증상을 평소 관리하는 방법(예 : 긍정적 혹은 부정적인 방법 모두, 알코올, 약물, 휴식, 가족이나 친구에게 연락하기 등)

3. 일상적인 기능, 수면, 운동, 식사 등의 신체적 자기 관리 및 사회적 지지 시스템에 대한 정보

4. (현재의 사건뿐만 아니라) 트라우마가 되기도 했던 삶의 주요 사건들. 이를 질문하는 한 가지 방법은 내담자에게 발생한 다른 외상 사건에 대해 묻는 것이다(자세한 내용은 생략하지만 앞서 경고한 내용을 염두에 두자). 이것은 보통 내담자가 관련성이 있다는 것을 인식하지 못했던 과거 사건과의 중요한 공명 연결을 돋보이게 한다. 내담자가 기억할 수 있는 가장 긍정적인 경험, 성공, 유능함, 안정, 누군가에게 사랑받는 경험을 확인하도록 요청하는 것도 유용하다. 이것은 나중에 내담자 자원에 접근하기 위한 기초를 형성할 수 있다(우리는 18장 내담자 자원에서 이에 대해 다루었다).

평가가 꼭 필요한 특정 문제들

◆ 트라우마 작업 전 우울증, 불안 장애, 물질 사용 장애, 섭식 장애 등의 과거 또는 현재의 진단과 같이 먼저 고려할 필요가 있는 중복되는 조건들

◆ 즉각적인 주의가 필요한 위험 요소(예 : 중대한 위기 또는 자해 행동)

◆ 내담자가 압도당하거나 혼란스러워하지 않고 트라우마가 될 만한 자료에 얼마나 편히 접근할 수 있는지, 그리고 자극을 받았을 때 얼마나 쉽게 지금 여기로 돌아올 수 있는지의 정도

◆ 해리 징후. 내담자는 멀어지거나 멀리 있는 것처럼 보일 수 있고, 말을 멈추거나, 움직일 수 없게 되거나, 다른 사람인 것처럼 될 수 있다. 이러한 징후는 먼저 상당한 자원을 준비하지 않고 트라우마 상담을 진행하는 것에 대한 반대 징후이다. 우리는 당신이 상담을 진행하기 전 수퍼바이저와 논의하는 것을 추천한다. 21장 마지막 권장문헌에 있는 DES 등급 척도를 살펴보면 해리 징후에 대해 대략적으로 알 수 있을 것이다.

이렇게 신중하게 평가를 하는 이유는 재외상의 위험을 최소화하기 위함이다. 이 단계가 끝나면(아마도 2~4회기 후) 당신은 트라우마에 대한 초기 이해는 물론, 일반적인 프로세스 진단과 치료 관계에서의 지금 여기 역동에 대한 알아차림을 가질 수 있는 위치에 있어야 한다. 그런 다음 자료의 우선순위, 작업 속도 및 더 어려운 작업으로의 이행 전, 1단계와 2단계에 얼마나 오래 머물러야 하는지에 대해 신중한 결정을 내릴 수 있다.

또한 당신은 초기 상담의 영향 및 전이, 역전이의 영향을 느낄 기회도 얻을 수 있을 것이

다. 이 모든 것은 공동 진단의 일부가 되며, 치료방법과 소요 시간에 대해 내담자와 함께 논의하며 계약을 맺게 되는 것이다.

사례 20-1

짐은 최근 새로운 직장에서 일을 시작하면서 극심한 불안과 수면 장애를 겪게 되어 심리치료를 의뢰했다. 짐은 자신의 직업이 마음에 들었고 자신이 괴로워할 이유가 없다고 말했다. 짐은 자신이 입양되었지만 문제가 되지 않는다고 지나가는 말로 언급하면서 자신의 과거에 대해 모호하게 말했다.

그는 눈에 띄게 긴장했고 대부분의 시간 동안 공포감을 느끼고 악몽을 꾸는 것을 묘사하면서 손을 떨고 있었다. 과거력을 듣는 동안 짐은 치료자의 질문에 조심스러워하고 심지어 의심하기까지 했으며, 치료자에게 "당신은 불안해할 이유가 없으니 그냥 내가 지어낸 이야기라고 생각하세요."라고 말했다. 치료자는 내담자에게 자신의 경험에 비추어 볼 때, 그런 심각한 증상이 갑작스럽게 시작된 데에는 항상 충분히 그럴 만한 이유가 있으며, 어쩌면 해결되지 않은 과거의 트라우마가 짐의 알아차림 밖에서 촉발된 것일 수도 있을 것이라고 설명했다. 짐은 치료자의 설명에 안심한 듯 눈에 띄게 편안해 보였다. 치료자는 짐에게 새 직장에 대해 특별히 불안하게 만드는 것이 있는지 물었다. 짐은 잠시 생각한 후 새로운 상사의 콧수염이 두껍고 치아가 울퉁불퉁하다고 말했다. 그러고는 얼굴이 창백해지며 한참 동안 바닥을 바라보았다. "새아버지처럼요."라고 그가 말했다. 치료자의 부드러운 독촉에 짐은 알코올 중독자 어머니의 폭력적인 두 번째 남편에 의해 아동 학대를 당했던 이야기를 하기 시작했다. 그는 "어머니가 술을 마실 때마다, 어머니가 잠이 들면 그 사람은 제 방으로 오곤 했습니다."라고 말했다. "그는 나에게 아무에게도 말하지 않겠다고 약속하게 했어요… 내가 말하면 나를 해칠 것이라고 말했어요."

이야기를 듣던 치료자는 자신의 심박수가 빨라지고 복부에 극도의 긴장감이 느껴짐을 알아차렸다. 치료자는 그 이야기를 견디기 힘들어했고 이야기 속도를 늦추면서 자신을 진정시켜야 한다는 것을 알아차렸다. 치료자는 짐의 이야기를 방해하고 싶지 않아 무슨 말을 해야 할지 고민했지만, 두 사람 모두를 위해 그렇게 하기로 결심했다. 치료자는 위험을 무릅쓰고 "짐, 이 이야기는 너무 고통스럽고 괴로운 이야기예요. 이 모든 것을 이해하기 위해 잠시 멈춰야 할 것 같아요."라고 말했다. 짐은 호기심 어린 표정을 짓더니 눈가에 눈물이 가득 고였다. "얼마나 끔찍했는지 아무도 몰랐어요. 관심을 가져주는 사람은 당신이 처음이에요. 제 어머니는 한 번도 관심을 가져주지 않았어요."

짐은 몸을 부들부들 떨며 울기 시작했고 치료자는 짐의 과거력을 듣는 것을 미루고 그저 짐의 옆에 충분히 머물렀다. 치료자는 짐이 스스로를 진정시키고 조절하는 전략을 배울 수 있을 때까지 연결하기와 자원 확보하기에 집중하기로 했다. 치료자는 짐에게 다시 이야기를 들려달라고 요청하기까지 몇 주가 걸릴 것임을 알고 있었다.

2단계 : 자원 확보하기

이 단계는 트라우마를 처리하는 데 있어 필수적인 토대이자 사전 단계다. 여기에서 내담자는 자신의 증상을 이해하고 이를 관리할 수 있는 역량을 키울 수 있고 당신은 내담자에게 부족한 자원과 강화에 필요한 자원을 파악할 수 있다. 2단계의 주요 작업은 안전을 보장하고 내담자가 세상에서 더 유능하게 기능할 수 있도록 충분한 지지(심리 내적, 대인관계적 모두)를 구축하는 것이다. 또한 2단계는 3단계에서 안전하고 관리 가능한 수준으로 작업 속도를 조정하는 데 필요한 준비 작업이기도 하다.

때로는 내담자의 상황이 너무 불안정하거나(예 : 현재 위기에 직면한 경우) 심각한 위험 문제로 인해 내담자가 압도되거나 트라우마를 다시 겪지 않도록 안전과 안정을 우선시해야 한다. 또한 단기 치료 상황에서 모든 단계를 진행할 시간이 충분하지 않을 수도 있다. 이러한 경우 1단계와 2단계가 전체 치료를 구성하지만, 그럼에도 불구하고 이 두 단계는 내담자의 증상과 심리적 고통을 크게 줄이는 데 큰 도움이 될 수 있다.

이전 단계의 과거력 청취 및 위험 평가에서 당신은 내담자의 생활환경, 수면 위생, 식단 및 운동, 자기 관리 문제 및 우선적으로 해결해야 할 위험 등을 파악했을 것이다.

또한 당신은 내담자에게 특정 자원이 필요한 영역을 파악하기 시작했을 것이다.

◆ 잦은 공황 발작 또는 압도적인 불안
◆ 범람하거나 해리되지 않고는 기억에 대해 이야기할 수 없음
◆ 당신과 관계적 접촉을 유지하는 것을 어려워함
◆ 부정적 신념으로 차단함(예 : '내 잘못이었고 나는 고통받아 마땅하다')
◆ 악몽 또는 플래시백
◆ 희망 상실
◆ 신체 감각의 둔감화

이러한 문제 중 상당수는 내담자가 앞으로 나아갈 준비가 되기 전에 안정될 수 있도록 적극적인 개입과 조정이 필요하다.

안전을 확보하고 불필요한 재외상을 피하는 것은 모든 트라우마 치료에서 최우선 사항이며, 치료가 진행됨에 따라 내담자가 정서적 수용의 창(316쪽 참조)을 안정적으로 유지할 수 있게 해야 한다(필요한 경우 18장 내담자 자원 참조).

이제 외상을 다룰 때 특히 필요한 또 다른 형태의 지지에 대해 살펴보자.

심리 교육

트라우마를 호소하는 내담자는 언뜻 보기에는 아무데서나 갑자기 발생하는 증상으로 어려움을 겪고, '나는 안전하다는 것을 알지만 항상 무섭고 불안하다'는 등의 말을 하는 등 부조화와 통제 불능을 느낀다.

    뇌와 신경계가 어떻게 작동하는지 이해하는 것은 외상 반응을 이해하고 더 능숙하게 제어하며 관리할 수 있게 한다. 이에 대한 자세한 내용은 Schore(2012), Porges(2013)의 연구에서 확인할 수 있다. 아래에 몇 가지를 간단히 설명한다. 이 설명들을 수정하여 내담자와 함께 사용하자. 우리는 많은 내담자들이 자신의 혼란스러운 증상에 이해할 수 있는(그리고 정상적인) 이유가 있음을 알고 나서 큰 변화를 경험한다는 것을 발견했다.

기억의 역할

우리는 기억과 사건을 기억하는 두 가지 방식을 가지고 있다. 이는 명시적 기억과 암묵적 기억으로 두 가지는 뇌에서 전혀 다른 경로를 사용한다. 명시적 기억은 의식적인 알아차림 속에서 사고하고 기억하는 것과 관련이 있다. 이는 사건이 일어난 장소와 시간을 알고 기억할 수 있는 사건에 대한 이야기를 만들어낸다. 두 번째 유형의 기억은 의식적이거나 언어적이지 않다. '명시적'이 아닌 '암묵적'이다. 감정적 또는 신체적 영향을 받으며 이야기와 시간의 개념이 없는 경우가 많고 무슨 일이 일어났는지에 대한 느낌만 있을 뿐이다.

> **연습 20-1**
>
> 휴가에서 정말 즐거웠던 기억을 떠올려 보세요. 그 당시의 구체적인 일들을 기억하세요. 이제 당신의 몸에서 어떤 느낌이 드는지 확인해 보세요.

우리가 무언가를 기억할 때 우리 대부분은 주어진 감각, 기쁨의 감정 그리고 이완과 흥분과 같은 느낌을 느낀다. 이것은 암묵적 기억의 경험이다. 즉, 기억과 관련한 감정을 상기시키는 것을 선택한 것이 그냥 떠오른 것이다. 압도되지 않는 힘든 경험을 한 경우에도 같은 현상이 발생한다. 사건의 구체적인 사항, 발생한 시간, 감정의 일부, 그와 관련한 신체적 부담과 긴장을 기억할 수 있다. 두 경우 모두 시간이 지남에 따라 경험의 생생함이 희미해지고, 우리는 회복하고, 무슨 일이 일어났는지 이해하고, 일어난 일에 대한 통합된 기억(명시적 및 암묵적 기억 둘 다)을 갖게 된다.

그러나 외상 상황이 매우 크게 압도적일 경우, 이야기 기억 시스템은 연결이 끊기거나 '오프라인 상태'가 될 수 있다(아마도 생각보다 행동을 우선시하는 원시 진화의 생존 메커니즘 때문일 것이다). 그러면 의미 있는 이야기 없이 고통에 대한 정서적·신체적 반응만 남게 된다. 사건이 발생한 후 우리는 무슨 일이 일어났는지에 대한 일반적인 감각은 있지만 그 경험에 대해 만족스러운 의미를 부여하기는 어렵다고 생각한다(예 : '무슨 일이 일어났는지 알고 있고 여전히 영향을 받고 있지만 그것을 이해하기에는 충분히 기억이 나지 않습니다').

원래 외상과는 무관해 보이는 작은 요소들이 트라우마의 감각, 느낌 또는 이미지를 다시 불러일으키는 트리거로 작용할 수 있다. 남자 스킨 냄새, 발자국 소리, 목소리 톤이 마치 원래 사건이 지금 일어나고 있는 것처럼 원래 상황의 감정과 감각을 완전히 다시 불러일으킬 수 있다. 따라서 해결되지 않은 트라우마는 종종 침습적 증상으로 나타난다. 이러한 증상은 플래시백, 신체 감각 또는 불안과 두려움의 감정이 될 수 있으며, 현재 일어나고 있는 일과 균형이 잡히지 않는 것처럼 보이고 의미 있는 서사로부터 단절되어 있다.

증상을 생존에 필요한 자원으로 재구성하기

기억이 파편화되거나 때로는 의식적인 기억이 전혀 없는 내담자는 자신의 증상이 미해결된 과거 유산이라는 사실을 이해하지 못하는 경우가 많다. 내담자가 현재 겪고 있는 증상은 실제로 생존의 문제처럼 느껴졌던 무언가를 관리하기 위한 지속적인 시도임을 내담자가 이해하는 것은 도움이 된다. 이렇게 내담자의 경험을 이해할 수 있는 방법을 설명하는 것은 내담자를 매우 안심시키고 정상화시킬 수 있다.

캐시 : 그런데 저는 왜 항상 이렇게 긴장하고 불안한 걸까요? 저는 예민하고 신경질적이며 사람들에게 자주 화를 내요. 저는 문을 잠그고 집에 있을 때만 편히 쉴 수 있어요.

치료자 : 어렸을 때 (그리고 예측할 수 없는 알코올 중독자였던 아버지와 함께 살았을 때) 살아남기 위해서는 극도의 경계심을 계속 유지할 필요가 있었다고 생각합니다. 당신의 반응은 원래 위험을 경계하고 안전을 지키기 위해 고안된 것이

었죠. 지금은 필요하지 않지만 원래는 창조적인 자원이었고, 그 당시에는 당신 자신을 돌보기 위해 할 수 있는 최선의 방법이었습니다. 당신의 일부는 아직도 여전히 자신이 비슷한 위험에 처해 있다고 믿고 있는 것입니다.

또는

짐 : 제가 폭행을 당했을 때의 이야기를 할 때, 제가 몸에 어떤 긴장감을 느끼고 있는지, 에너지가 어디에 있는지 주의를 기울이라고 계속 요청하는 이유를 말씀해주세요. 이야기가 가장 중요한 거 아닌가요?

치료자 : 어렸을 때 당신은 자신을 방어할 수 없었지만 도망치거나 당신을 학대했던 사람을 밀어내고 싶어 했을 것이라고 생각합니다. 이러한 신체적 충동은 몸 안에 얼어붙은 채로 남아 급히 완결지어 버립니다. '미해결과제'라는 말을 들어보셨을 텐데요. 당신의 몸이 무엇을 표현하려고 하는지 이해해야 합니다.

대부분의 내담자들은 또한 지금 기억하는 그 당시의 행동에 대해 자기 비난, 자책 또는 수치심을 느낀다. 그들은 자신의 행동이 추가 피해를 최소화하는 최선의(또는 유일한) 방법이었을 수도 있다는 사실을 이해하지 못한다.

닥스 : 저는 단지 어린아이였다는 것을 알고 있지만 여전히 기분이 나빠요. 정말 제 잘못이 아니라는 걸 알지만, 한편으로는 제가 당해도 싸다는 생각이 들어요.

치료자 : 학대의 원인을 자신이라고 믿는 것이 부모를 신뢰할 수 없다는 생각으로부터 보호해준 것이라는 생각이 듭니다. 어린아이에게는 부모가 신뢰할 수 있고 괜찮다고 믿는 것은 생존의 문제처럼 느껴질 수 있습니다. 게다가, 당신의 상황에서는 더 이상 다치지 않기 위해 비난을 감수해야 했고, 그것이 당신의 잘못이라고 생각하면 당해도 싸다고 생각 하는 것이 더 쉬웠을 것 같아요.

또는

타샤 : 제 자신에게 너무 화가 나요. 이렇게 될 줄 알았어야 했는데. 뭐라도 할 수 있었을 텐데. 지금 그 일을 생각하면 온몸에 긴장이 쌓여서 폭발할 것 같은 기분이 들어요.

치료자 : 과거에 일어난 일에 대해 자신을 비판하거나 비난할 때, 우리는 사실상 자신을

공격하고, 그러면 때로는 우리 몸의 다른 부분이 동원 및 방어 신경 시스템들을 거의 지속적으로 활성화합니다. 그러면 우리 몸은 행동을 취하려고 하지만 엉뚱한 대상을 목표로 삼게 됩니다. 쌓인 감정과 긴장을 표현할 수 있는 다른 방법을 찾아야 합니다. 또한 여덟 살짜리 당신 자신이 현실적으로 폭행을 얼마나 막을 수 있었는지에도 의문을 가질 필요가 있습니다.

1단계에서는 평가를 실시하고 초기 치료 계획을 수립한다. 2단계에서는 내담자가 자신에게 무슨 일이 일어났었는지를 안전하게 직면하고 이해할 수 있도록 충분한 관계적 · 구조적 자원 그리고 심리 교육도 제공한다. 그리고 나면 이 시점에서 치료가 완료되거나 다음 장에서 설명하는 3단계의 더 어려운 여정을 시작해야 할 수도 있다.

제21장

트라우마 2 : 처리와 통합

3단계 : 외상기억 처리

내담자가 치료적 도움을 요청한다는 것은 내담자가 자신의 외상 경험을 성공적으로 해결하지 못했다는 것을 의미한다. 내담자가 자신의 이야기를 들려주고 당신과 관계를 형성할 때, 당신은 내담자가 트라우마를 극복하고 앞으로 나아가기 위해 어떤 일이 일어나야 하는지를 찾는다. 일부 내담자의 경우, 이는 당신과의 관계적 연결과 지지 속에서 자연스럽게 발생한다. 다른 내담자에게는 사건의 의미를 이해하고 자기 신념을 업데이트하는 일이 될 수 있다. 어떤 내담자에게는 용서를 구하고, 몸의 에너지를 방출하고, 행동을 취하거나, 당시 표현하지 못했던 것을 표현하는 것일 수 있다. 많은 내담자들에게는 이 모든 것이 필요할 것이다.

트라우마를 다룰 때 신중하게 단계를 정하고 속도를 조절하는 것은 매우 중요하다. 충분한 안전과 담아주기를 보장하기 위해 (일반적인 게슈탈트 작업에서처럼) 알아차림을 촉진하고 프로세스를 따르기보다는 더욱 전략적이어야 하고 때로는 프로세스를 더 주도적으로 이끌어야 한다. 이 단계에서는 해리나 해로운 행동에 대한 지속적인 민감성이 중요하며, (특히 스트레스가 심한 장 조건과 같은) 다른 만성적인 문제를 가지고 있는 내담자의 경우 더욱 그렇다. 해리는 내담자가 다른 자기 상태로 전환했을 때 반응이 없거나 연결이 끊긴 경우 매우 분명해질 수 있다. 그러나 해리는 매우 미묘할 수도 있다. 당신의 내담자는 꽤 침착하고 통제력이 있는 것처럼 보일 수 있지만, 당신은 내담자의 몸에 경직된 느낌이 들거나 부적절해 보이는 단조로운 반응을 알아차리기 시작한다. 내담자가 당신과 함께 '여기 이 방 안에 있는지'를 내담자에게 질문하고, 내담자가 대답할 때까지 치료를 진행하지 말고 기다리자(내담자를 지금 여기로 데려오기 프로토콜은 17장 위기 상황의 평가와 관리, 250쪽 참조). 내담자가 접촉을 끊기 시작하는 것을 알아차렸을 때 당신에게 알려줄 책임을 지게 하자.

이 단계에서는 당신과 내담자 모두 외상성 내용에 직면하게 되므로, 차단과 각성의 수준을 조절하고, 내담자가 수용의 창에서 최적의 기능을 발휘하도록 되돌리기 위해 2단계에서 배우거나 연습한 내용으로 돌아가야 할 수 있다. 또한 6장 치료 계획을 읽으면서 심리치료 개입의 일반적인 순서를 다시 확인하는 것이 좋다.

회기 구성하기

각 회기가 시작될 때, 이전 회기 이후 내담자가 얼마나 스트레스를 받았는지 또는 활성화되었는지에 대해 이전 회기의 영향을 평가해야 한다. 이렇게 하면 이번 회기에 적합한 도전의 정도를 알 수 있다. 원래의 트라우마에 대한 작업을 계속할 것인지 아니면 더 많은 자원으로 전환할 것인지? 또는 두 사람 모두 마지막 만남 이후 특히 자신을 괴롭혔던 증상이나 기억에 한 주 동안 어떻게 집중했는지에 대해 이야기하기로 결정할 수도 있다. 무엇을 할 것인지에 대한 결정은 미묘한 문제이며, 이상적으로는 공동 작업과정이다. 내담자는 항상 상담 회기에서 무엇을 얼마나 다룰지에 대해 선택할 수 있어야 한다.

그런 다음 상담 회기의 속도 조절에 유의하자. 트라우마 내용을 계속 다루기로 결정했다면 회기의 첫 3/4은 이 작업에 전념할 수 있지만 회기의 마지막 1/4은 성찰과 의미 만들기를 해야 한다. 마지막으로 최소 5분은 내담자가 방향을 바꾸고 안정화하는 데 전념하여 내담자가 긴장을 풀고 운전하거나 집으로 돌아갈 수 있을만큼 충분히 편안히 존재하고 있음을 확인해야 한다.

우리는 적절한 지지를 통해 내담자가 트라우마 경험을 성공적으로 통합하고, 회복하고, 경험에서 배운 것으로 앞으로 나아갈 수 있다고 믿는다. 따라서 해결되지 않은 트라우마 반응을 처리할 때 우리의 일반적인 전략은 이 회복 과정을 방해하는 요인과 건강한 자기 조절을 위해 내담자에게 필요한 추가 지지원이 무엇인지를 찾는 것이다. 이러한 치료 프로세스에서 가장 중요한 것은 내담자와 형성할 관계의 유형이다. 따라서 치료자로서 당신의 임무는 특정한 해결을 목표로 하는 것이 아니라 내담자가 자신만의 고유한 방식으로 경험을 처리하고 통합할 수 있도록 지지, 격려 및 도움을 제공하는 것이다.

치료 순서는 강한 감정을 담을 수 있는 일관되고 신뢰할 수 있는 공간과 존재를 제공하는 것으로 시작하여, 자신의 감정을 조절할 수 있는 능력을 내담자에게 직접 보여주는 것으로 이어진다. 그런 다음 일정 기간 동안 다음 순서로 작업하는 것이 좋지만 각 회기는 그때그때 필요에 따라 다른 단계 사이를 이동할 수 있다.

▶ 트라우마 기억이 내담자에게 어떤 영향을 미치는지 내담자가 이해할 수 있도록 지원하기

▶ 조율된 관계적 반응을 제공하기

▶ 증상을 관리하고 내담자가 수용의 창을 유지하게 하기

▶ 그때 당시의 감정을 표현할 수 있게 촉진하기

▶ 부정확하거나 지나치게 일반화된 신념체계를 발견하기

▶ 주의집중 재훈련하기

▶ 완결해야 할 미완결 동작이나 행동 찾기

▶ 긍정적인 점, 내담자가 살아남은 방법, 여전히 지금도 충분히 잘 대처하고 있는 점에 주목하기

▶ 적절한 경계를 강화하기

외상기억이 내담자에게 어떤 영향을 미치는지 이해하도록 내담자를 지지하기

일반적으로는 외상기억이 일관된 내러티브로 상세히 회상되고 공감적인 치료자가 '주의 깊게 듣고 이해하면 트라우마는 해결될 수 있다'는 믿음이 있지만, 그렇지 않은 경우가 많다(실제로 일어난 일에 대해 중단 없이 이야기하는 것 자체가 재외상을 일으킬 수 있다). 내담자는 비언어적 및 암묵적 기억, 감정의 급증, 침습적 이미지 및 언어적 처리에 영향을 받지 않는 감각 운동 파편에 의해 계속해서 촉발되고 활성화되는 느낌을 가진다.

과제는 해결해야 할 것을 찾고 서서히 자원을 사용하여 정서적 및 신체적 미해결과제를 포함한 모든 다른 요소를 처리하는 것이다. 이것은 여러 회기 또는 몇 달이 걸릴 수 있다. 먼저 내담자에게 트라우마가 발생하기 전의 시점으로 돌아가서 이야기를 하도록 요청하는

것으로 시작할 수 있다. 천천히 말하고, 자주 일시 중지하고, 말할 때의 몸의 감각과 감정을 확인하고, 어떤 신념이 형성되고 있는지, 그 당시의 반응을 어떻게 기억하는지 확인한다. 이것은 내담자를 당신과 함께 지금 여기에 닻을 내리게 하는 데 도움이 된다. 대부분의 내담자는 무슨 일이 있었는지 기억하지 않으려고 평생을 보냈기 때문에 2단계에서 수행한 자원이 이 단계에서 큰 도움이 될 것이다.

상담 회기가 끝나기 전, 트라우마 내러티브가 모든 것이 끝났다는 것을 알고 내담자가 당신과 함께 안전한 현재의 순간으로 돌아왔다는 것을 기억하는 지점까지 이야기가 진행되어야 한다. 상담자는 상담이 끝나기 전 내담자가 현재의 순간으로 돌아왔음을 항상 확인해야 함을 꼭 기억하자.

조율된 관계적 반응 제공하기

이야기가 전개됨에 따라 상담자는 공감적이고 조율된 대화적 관계를 제공해야 하며 안정적이고 담아주는 현전을 유지해야 한다. 앞서 언급했듯이 이는 대인관계적 정서 조절을 제공하는 주요 요인이다(Schore(2003)는 이를 '상호적인 정신생물학적 조절'이라고 말함).

이것은 언어적 소통이라기보다는 느낌에 의한 경험의 영역이다. 내담자는 당신의 목소리 톤, 태도 및 신체 자세, 눈 맞춤 유형, 감정적 존재감으로부터 지속적으로 인상과 정보를 받게 된다. 또한 내담자는 자신의 삶에서 느끼는 어려운 감정과 이야기를 하면서 당신이 지나치게 압도당하지 않고 견딜 수 있는지에 대해서도 주의를 기울일 것이다. 안정적이고 공감적인 공명적 연결은 내담자가 이해받고, 만나고, 확인되고 있다는 느낌과 함께 자신의 이야기는 '견딜 수 있는 것'이라고 느끼게 한다. 또한 317쪽에서 설명된 각성 상태를 조절하기 위한 기반을 마련하기 시작할 것이다. 중요한 것은 내담자가 당신의 안정적인 현전을 내면화하기 시작하여 당신의 관계적 지지가 내담자의 내면적 경험의 일부이자 지속적인 자원이 된다는 것이다.

당신이 공명하는 신체 프로세스를 느끼면서 내담자가 습관적으로 알아차리지 못하는 것을 보여줄 수도 있다. 때때로 내담자가 사건에 대해 이야기하면서 그의 자세와 긴장이 미묘하게 변화할 때 내담자의 몸이 어떻게 움직이는지를 반영하는 것이다.

"당신이 무서웠다고 말했을 때 저는 당신의 오른쪽이 이렇게 긴장하고(자세 모델링 — 이상적으로는 거울 이미지로 — 즉, 왼쪽), 당신의 몸이 마치 한 대 맞을 준비가 된 것처럼 보입니다."

혹은

"탈출구가 없는 갇힌 느낌이었다는 이야기를 들으면서 제 몸이 팽창되면서 숨을 더 크게 쉬어야 할 것 같은 느낌이 들어요."

이는 또한 내담자에 대한 체화된 신체적 공감을 보여주는 동시에 해결적인 새로운 신체 반응을 촉진할 수 있다. 이 방법은 항상 호기심과 주의 깊은 관심의 태도를 갖게 한다.

이러한 관계적 반응을 제공하는 한편, 보다 전략적이고 적극적으로 지금 여기에서 의식적으로 당신을 그라운딩함으로써 당신 자신의 공명적 각성(13장 전이와 역전이 참조)을 관리해야 할 수도 있다.

트라우마를 극복하는 작업은 많은 트라우마 생존자들이 가지고 있는 부정적이면서도 긍정적인 관계에 대한 강한 기대감을 야기할 수 있다. 여기서 당신의 역전이에 대해 주의를 기울이는 것은 과거의 전경(예 : 학대 혹은 방임) 또는 갈망하는 구조자의 전이를 나타내는 관계적 역동에 대해 정신을 바짝 차리는 데 유용하다. 부정적 전이가 일어나는 경우, 트라우마 작업을 계속하기 전에 이를 해결하는 것이 중요하다. 우리는 3단계 전반에 걸쳐 내담자가 상담자를 '내 편'으로 경험할 수 있어야 한다고 믿는다. 치료자가 내담자의 경험을 공감적으로 이해하고, 정상화하며, '현재 속의 과거'에 대한 알아차림을 유지하는 것으로.

증상을 관리하고 내담자를 수용의 창 안에 있게 하기

외상기억 치료에는 모든 게슈탈트 심리치료에 공통적으로 사용되는 일반적인 자원과 기법이 많이 사용된다. 그러나 트라우마 생존자 특유의 특징은 트라우마의 새로운, 때로는 예기치 않은 요소가 나타나면 생리적 각성 상태가 과각성과 저각성 사이에서 심하게 변동하여 혼란스럽고 압도당하거나, 경직되고 얼어붙어 움츠려들거나, 해리된다는 것이다.

외상을 적절히 다루고 통합하려면 내담자는 외상 사건에 도전하지만 압도되지 않는 최적의 각성 영역에 있어야 한다(게슈탈트에서 안전한 응급 상황이라고 함). 사실, 내담자가 수용의 창 범위 내에서 외상 사건에 머물 수 있도록 지지할 수 있다면, 내담자의 자연스러운 유기체적 자기 조절 프로세스가 종종 통합과 해결을 이끌어낸다. 즉, 이 자체가 해결의 전환이 되는 것이다.

그림 21.1에 이 영역은 표시되어 있다. 이 그림을 내담자에게 설명하면 내담자가 각성 상태를 적극적으로 조절하는 것이 얼마나 중요한지를 이해할 수 있어 큰 도움이 된다.

수용의 창을 설명하기 위해 다음과 같이 말할 수 있다.

> "각성이 지나치거나 각성이 부족하면 감정이 혼란스러워지거나 무감각하게 반응할 수 있습니다. 따라서 일어난 일을 직면하고 해결하기 위해서는 각성 상태를 조절하는 방법을 배워야 합니다. 이것이 바로 이완, 그라운딩 연습, 마음을 진정시키는 이미지와 같은 기법을 배우는 이유입니다."

또는

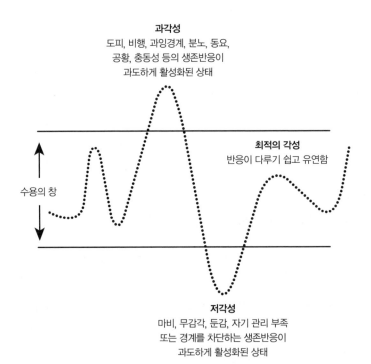

이 그래프는 과각성, 저각성, 최적의 각성이라는 세 가지 활성화 영역을 보여준다. 상단은 내담자가 경험에 압도되어 과도하게 활성화되는 영역이고, 하단은 내담자의 반응이 종료되거나 둔감해지는 영역이다. 세 번째 영역은 내담자가 자신의 감정, 생각, 감각에 압도되지 않고 지금 이 순간에 계속 연결을 유지할 수 있는 '수용의 창'이다. 심리 상담에서 이상적인 치료 영역은 수용의 창의 상단으로, 각성 상태는 높지만 내담자가 외상 경험을 직면하고 다룰 수 있도록 충분한 지지를 받을 수 있는 영역이다.

그림 21.1 정서적 수용의 창(Ogden과 동료들(2006); Siegal(1999)을 토대로 함)

"압도당하거나 위축되지 않고 감정 상태를 관리하는 능력은 우리가 어렸을 때 화를 내거나, 불안하거나, 고통스러워할 때 부모님이 우리에게 어떻게 반응했는지를 통해 처음 배웁니다. 어느 정도의 감정 표현을 허용하고 조절하는 부모님의 능력은 우리가 혼란스럽거나 경직된 반응을 보이지 않고 다룰 수 있는 한계를 효과적으로 설정합니다. 저는 치료 과제 중 하나로 당신이 지금 직면하고 있는, 그리고 앞으로 직면하게 될 매우 강한 감정과 감각에 대처할 수 있도록 수용의 창의 범위를 넓히는 것을 도울 것입니다."

(주의 : 물론 위의 다소 긴 문장을 한 번에 말하는 것이 아니라 특정 순간과 내담자에 맞게 수정해야 한다.)

내담자가 창 바깥쪽으로 움직일 때에는 그 징후를 주의 깊게 관찰해야 한다. 이때의 치료 작업에는 종종 내담자가 최적의 위험과 안전수준을 확보할 수 있도록 도전의 속도를 늦추거나(또는 높이는) 것이 포함된다. (실험에 익숙한) 게슈탈트 상담자는 어려운 각성 자료와 유능감과 안정감의 안정화 사이를 오가는 데 특히 적합하다. 이것이 바로 2단계에서 진행된 현재 순간에 자원을 유지하기 위해 모든 주의를 기울이는 이유이다.

사례 21-1

트라우마를 기억하는 알렉산더의 반응은 각성이 저하되고, 기운이 없어지고, 움직일 수 없게 되는 것이었다. 치료자의 모든 이야기는 현재의 순간을 접촉시키는 데 매우 지시적이었다. 치료자는 알렉산더에게 지금 여기에서의 감정, 연상, 특히 알렉산더가 경험한 작은 신체 감각이나 움직임과 깊이 연결되도록 초대했다. 치료자는 알렉산더가 잃어버린 생존 방어 능력과 재연결될 수 있도록 알렉산더에게 일어서거나 움직이거나 뭔가를 밀쳐보라고 요청했다.

한편, 키라는 쉽게 흥분하고 공황 사고가 점점 커졌다. 치료자는 키라에게 그런 생각을 내려놓고 온전히 숨을 내쉬도록 격려했다. "이번에는 천천히 그리고 깊이 숨을 두 번 들이쉬고 내쉬세요. 숨을 내쉬면서 넷까지 세세요. 방을 둘러보고 눈에 보이는 모든 색을 살펴보고 가장 좋아하는 색상 하나를 골라 집중하세요. 잊지 마세요, 이곳, 방 안은 안전합니다." (여러 번 반복)

이렇게 신체 감각에 재집중하자 키라는 다시 안정감을 되찾을 수 있었다. 또한 그것은 과도한 각성의 순환주기에서 감정을 유발하는 고통스러운 생각의 강화 주기를 방해했다.

알렉산더와 키라는 발이 땅에 닿는 느낌, 의자에 앉은 몸, 주변의 광경과 소리를 알아차리기, 천천히 길게 숨을 내쉬거나 등을 곧게 펴고 일어서서 걸을 때 자신이 어떻게 다르게 경험했는지를 이야기하는 등 주기적으로 지금 여기에 재집중하도록 요청을 받았다.

이러한 방식으로 각성 및 도전의 정도를 조절하여 최적의 수용의 창의 범위로 유지할 수 있다.

그때 반전되었던 감정 표현을 촉진하기

건강한 감정은 특정 상황에 대한 적응적 반응으로 적절한 느낌을 동반하며 일반적으로 파도가 지나고 나면 완결감을 준다. 이는 적절한 분노, 상실감에 대한 슬픔, 위협에 대한 두려움 또는 행복한 순간의 기쁨에 대한 반응이다. 그러나 트라우마에서는 이러한 감정이 종종 억압되거나 편향되는 경우가 많다. 그런 다음 내담자는 더 습관적이고 반복적이며 부적응적인 반응, 수치심이나 부적절한 죄책감과 같은 불편한 감정 혹은 더 이상 의미 없는 방어 반응으로 과거에 속하는 감정을 경험한다. 이러한 감정들은 종종 충동적이거나 비합리적 행동, 공격성, 자해 또는 복종으로 표현되며 내담자를 혼란스럽게 하거나 피해를 준다.

여기서 치료 과제는 가장 필요했지만 무시되었거나 불가능했던 감정, 예를 들어 학대에 화를 내거나 도움을 청하는 울음 등을 파악하고 강화하는 것이다. 감정은 상황이나 사건에 대한 단순한 반응이 아니라 행동을 취하도록 조직하고 동원하는 행동 경향이다. 감정이 막히면 많은 경우 계속해서 표현이나 종결을 추구하려고 한다. 예를 들어 두려움은 도망치기 위해 몸을 조직하고, 자신을 보호하기 위해 분노를, 관계적 접촉을 하기 위해 슬픔을, 위로를 얻기 위해 손을 뻗는다.

어떤 감정이 억압되고 있는지를 발견하는 것은 트라우마를 해결하기 위한 것이 아니라, 그 감정을 표현함으로써 안도감, 긍정적 자원, 또는 회피하고 있던 것에 대한 새로운 이해로 이어질 수 있다는 것을 의미한다. 또한 융합으로 이어질 수 있는 외상 증상과의 동일시를 중단하는 데에도 도움이 된다.

> 종종 단순히 경험하고 있는 감정이 수치심(또는 굴복, 과경계, 얼어붙은 두려움 등)이라는 것을 확인하는 것만으로도 생존자에게는 중요한 개입이 될 수 있다. 왜냐하면 그것은 생존자의 진행 중인 경험의 일부이며 그것이 특별한 무언가로 확인되지 않았기 때문에 '이것이 당신이다'라는 메시지가 아니라 '이것이 당신이 느끼는 감정이다'라는 메시지를 줄 수 있다. (Kepner, 1995: 41)

상상하기와 시각화, 신체 언어의 창조적 확대, 두 의자 작업, 단계적 실험, 심리극과 실연 등은 감정을 탐색, 표현 및 통합하는 매우 효과적인 게슈탈트 치료 기법이 될 수 있다. 이러한 기법들은 이 책의 다른 장(10장 실험하기, 12장 미해결과제 및 14장 체화된 과정 참조)에 설명되어 있으며 모두 다양한 상황에서 유용할 수 있다. 그러나 트라우마 치료에서 우리는 의미와 학습을 재평가하기 위해 자주 일시 중지하면서 점진적으로 움직이거나 새로운 표현을 시도하는 작은 실험에 가장 큰 가치가 있음을 발견했다. 그러기 위해서는 내담자가 감정이 떠오르는 순간순간을 지속적으로 알아차리는 것을 독려하고 그 과정을 천천히 진행해야 한다. 예를 들어 내담자가 절망적인 목소리로 학대자에게 저항하고 싶었지만 할 수 없었다는 것을 당신에게 말한 후 당신은 다음과 같이 말할 수 있다.

> "그때 일어난 일은 정말 중요한 것처럼 보였습니다. 잠시 시간을 내어 지금 여기에서 무슨 일이 일어나고 있는지 잘 알아차려 보세요. (내담자가 무언가에 굴복당했던 기억을 떠올리면서) 몸과 감정의 거부감에 주의를 기울여 보세요."

이렇게 느리고 체계적인 방식으로 작업하면 처음에는 감정 표현을 훨씬 쉽게 섬세하게 조정할 수 있고 두 사람 모두 필요한 것의 적절한 균형과 통합을 찾을 수 있다. 또한 예기치 않게 과잉 각성 또는 과소 각성 상태에 빠지는 경향도 방지할 수 있다.

부정확하거나 지나치게 일반화된 신념체계 발견하기

외상 후, 많은 내담자들은 자신과 세상에 대해 지나치게 일반화되거나 부정확하거나 자기비판적인 신념을 형성한다. 당신은 평가하는 동안 이미 내담자의 중요한 핵심 신념과 내사를 확인했을 것이며 더 많은 신념들이 나타날 가능성이 높다. 이러한 신념과 태도는 외상 이후 내담자의 삶의 전체 의미를 정의하고 회복을 가로막는 걸림돌이 되는 경우가 많다. 성인의 관점과 이해력을 가지고 지금 여기라는 렌즈를 통해 트라우마의 의미와 중요성을 살펴보고 인지 왜곡과 비현실적 신념(특히 외상이 어린 시절에 발생한 경우)을 확인하는 것은 중요한 작업이다.

인지를 다루는 자세한 방법은 12장 미해결과제를 참조하자. 이와 같이 작업함으로써 내담자는 사건에 대해 보다 현실적인 신념을 형성할 수 있다(예 : '어른인 나에게 그런 일이 다시 일어난다면 나는 이제 나 자신을 보호할 수 있다' 또는 '나는 그때 겨우 다섯 살이었어. 내 잘못이 아니야' 등).

주의집중 재훈련

트라우마 증상을 가진 내담자는 불안이나 공황을 가진 내담자와 마찬가지로 '위험으로부터 자신을 보호하기 위해 항상 경계해야 한다'는 등 자기 방어적 성향에 집착하는 모습을 보인다. 그들의 모든 관심은 이 '배제된 전경'에 집중되어 이에 도전할 수 있는 다른 경험은 무시하게 된다. 내담자에게 다음과 같이 요청함으로써 '주의집중 재훈련' 과정에 접근할 수 있다. 내담자를 사로잡고 있는 신념이나 생각을 파악한 다음 그가 사실이라고 알고 있는 다른 사실을 의도적으로 찾아보게 한다. 예를 들어 현재 내담자는 상담실 안에서만이라도 안전하다거나, 이전에도 이와 같은 불안을 느낀 적이 있지만 살아 남았다거나, 태양이 빛나고 있다는 등 내담자가 사실로 알고 있는 다른 사실들을 의도적으로 찾아내는 것이다. 또한 배제된 전경과 관련된 감각이 신체의 어느 부위에 있는지 알아차리게 한 후, 발을 바닥에 딛고 있을 때의 접지감, 의자에 등을 기대고 있을 때의 편안하고 강한 느낌 등 다른 감각을 가진 다른 신체 부위를 찾기 위해 내담자의 몸을 주의 깊게 탐색하도록 초대할 수 있다. 211~212쪽의 제안도 참조하자.

배제된 전경을 확장하는 또 다른 방법은 내담자에게 방해가 되는 생각과 감정을 알아차리게 한 다음, 그 관심을 이동시켜 내담자가 무시하고 있는 모든 것을 알아차리게 하고나서, 이에 동등한 관심과 중요성을 부여하여 주의를 집중하도록 가르치는 것이다. 이 마음챙김의 실천은 수평주의의 현상학적 원리에 따라 내담자가 자신의 생각과 기억을 기차역을 지나는 기차나 영화관 스크린에 비치는 장면으로 보도록 유도한다. 내담자는 그것들을 알아차릴 수 있는 힘이 있지만, '기차에 올라타서 기차가 가는 곳에 머무를 것인지, 아니면 그냥 지나가는 것을 지켜볼 것인지'를 선택할 수 있다(자세한 설명은 3장 알아차림과 18장 내담자 자원 참조).

긍정적인 것에 집중하기

또 다른 배제된 전경의 경우, 트라우마 생존자들은 종종 증상으로 인한 일상의 어려움에 지나치게 집중하여 고통스럽지 않거나 긍정적인 시간조차도 무시하게 된다. 트라우마를 처리하는 과정에서 작은 변화가 일어나고, 통찰력을 얻고, 몸에 더 많은 권한이 부여되는 순간이 여러 번 찾아올 것이다. 이러한 순간을 작지만 중요한 회복의 디딤돌로 인식하는 것이 중요하다. 또한 내담자가 이야기를 할 때 그동안 소홀히 취급되어 온 지지적이거나 긍정적인 요소에 주의를 기울이자.

사례 21-2

맨 처음 알리시아는 자동차 충돌의 끔찍한 소리와 충격만 기억할 수 있었지만, 약간의 과정을 거친 후 구급 대원들의 친절과 자신이 보살핌을 받고 안전하다고 느꼈던 담요의 따뜻함을 자연스럽게 기억해 냈다.

이러한 긍정적인 순간에는 잠시 멈추고, 확장하고, 머무르면서, 내담자가 작지만 도움이 되는 전환적인 순간을 진정으로 감사하고 흡수할 수 있도록 격려하자.

완결해야 할 미해결 동작 찾기

일반적으로 해결되지 않은 트라우마 후에는 저항, 투쟁 혹은 도주의 불완전한 감각운동 충동을 보이는 경우가 많다. 이는 폭행이나 공격이 있었던 상황에서 행동하고자 하는 충동을 경험했지만, 행동으로 옮기지 못했기 때문이다. 이러한 차단된 몸짓은 여전히 표현하고자 하는 것을 누를 것이다.

> 저항이나 탈출이 불가능해지면 인간의 자기방어 시스템은 압도당하고 무질서해진다. 위험에 대한 정상적인 반응의 각 구성 요소는 그 유용성을 잃고 실제 위험이 사라진 후에도 오랫동안 변경되고 과장된 상태로 지속되는 경향이 있다. (Herman, 1992: 35)

이러한 차단된 몸짓과의 작업은 내담자가 말할 때 발생하는 감각, 에너지 패턴, 불완전한 움직임에 천천히 마음속으로 주의를 기울이는 데 초점을 맞춰야 한다. 그런 다음 작은 실험을 제안하여 움직임을 확장하게 요청할 수 있다. 예를 들어 내담자가 손을 살짝 움직이면 그 움직임을 과장되게 표현하도록 하여, 그것이 어떤 느낌인지, 그다음에 어떤 일이 일어나기를 원하는지를 알아차리게 한다. 또한 폭행에 대해 자세히 이야기할 때 예상되는 움직임이나 제스처가 없는 경우(이를 식별하는 데 역전이가 도움이 될 수 있음), 몸을 밀거나, 신체 자세를 더 힘 있는 상태로 바꾸거나, 등을 펴거나, 의자의 지지력을 느끼는 것 등의 움직임을 제안할 수 있다.

사례 21-3

호쉬가 성폭행 당시를 이야기하자 그녀의 몸이 굳어지고 팔이 덜덜 떨리기 시작했다. 치료자가 호쉬에게 감각에 머무르고 호흡하도록 격려하자 호쉬의 온몸이 떨리기 시작했고 손바닥이 바깥쪽을 향하게 한 채 팔을 뻗었다. 치료자는 호쉬에게 무슨 일이 일어나고 있는지를 추적하고, 알아차리고, 어떤 감각이나 움직임이 일어나도록 내버려두기를 격려했다. 서서히 호쉬의 팔이 격렬하게 미는 동작을 하기 시작했고, 그녀는 화를 내며 "저리가!"라고 외쳤다. 잠시 후 팔의 움직임이 가라앉자, 호쉬는 큰 한숨을 쉬며 "그렇게 했어야만 했어요."라고 말했다. 그녀는 오랫동안 참아왔던 무언가에서 해방된 것처럼 지금은 기분이 평온해졌다고 말했다.

내담자가 자신의 트라우마에 대해 이야기하거나 자신의 신체 경험에 주의를 기울일 때, 내담자는 종종 강한 흔들림, 떨림, 긴장감, 압도적으로 느껴지는 통증과 같은 방향성이 거의 없는 감각을 경험할 수 있다. Fisher(2013)는 내담자가 지금 나타나는 것에 주의를 집중하고 자신의 몸에 세심하게 머물도록 격려하는 감각 운동에 초점을 맞추는 것을 설명한다. '부정적인 생각과 감정은 잠시 내려놓고 몸의 감각에만 집중하세요', '몸에서 무슨 일이 일어나고 있는지를 알아차리고, 알아차린 것을 말해주세요!'라고 말하는 것이다. 이러한 지지와 집중을 통해 고통스러운 감각은 자연스럽게 완화되고, 일반적으로 상당한 해방감과 평온함, 그리고 해결에 이르는 경우가 많다.

중요한 것은 이러한 신체적 자기 조절 과정을 신뢰하고(이는 경험을 통해 습득하게 된다) 차분하고 평온한 목소리로 침착함을 유지하면서 몸에 변화하는 에너지 패턴을 주의 깊게 알아차릴 수 있도록 지지하는 것이다. 그러나 내담자가 너무 흥분하고 압도당하는 경우에는 2단계에서 앞서 연습한 일부 진정 전략으로 돌아갈 수 있다.

감각운동 심리치료(Ogden et al., 2006)는 게슈탈티스트가 이러한 방식으로 작업하는 것에 대한 이해와 역량을 향상시킬 수 있는 풍부한 자원이다. 이는 내담자에게 나타나는 신체 과정을 추적하고 주의를 집중하고 경험을 긍정하는 '접촉 진술'을 한 다음 차단된 프로세스가 전개되도록 유도하고 지지하는 '순서'를 포괄적으로 설명한다.

적절한 경계 강화하기

이것은 트라우마 작업 목록의 마지막에 나오지만 작업하는 동안 언제든지 고려사항이 될 수 있다. 많은 내담자에게 트라우마는 대인관계에서 경계를 유지하거나 형성하는 능력을 압도하고, 그 반응은 두 가지 입장 중 하나로 양극화되는 경우가 많다. 어떤 내담자는 지나치게 엄격하고 배타적인 경계선을 만들어 친밀감, 연결 또는 불확실성을 견디는 데 어려움을 겪을 수 있다. 다른 내담자는 효과적인 방법으로 '아니요'라고 거절하는 능력을 잃고, 모든 관계에서 과도하게 적응적이거나 융합이 되기도 한다. 또한 일부 내담자는 이 두 입장이 번갈아 나타날 수도 있다.

권한이 부여된 장소에서 '예' 또는 '아니요'라고 말하고 적절한 경계를 유지하는 능력은 회복 탄력성과 건강의 중요한 기능이다. 이것은 언어적 문제이며 더 중요한 것은 신체 자원에 대한 신체 감각에 기반한다는 점이다.

경계에 대한 일관된 감각과 자신감을 회복하는 데 도움이 되는 많은 실험이 있다.

- ◆ 말하고 싶은 내용을 언어와 볼륨을 통해 서서히 찾아가기
- ◆ 내담자 주위의 경계를 시각화하거나 쿠션 등으로 구축하여 감금된 느낌이 어떤 것인지 느껴보기
- ◆ 팔, 등, 몸 전체를 벽에 밀착시켜 강한 체현과 경계감 경험하기
- ◆ 의자를 더 가까이 또는 더 멀리 옮기는 실험을 하면서 내담자에게 최적의 거리를 결정하도록 요청하기
- ◆ 밀기 — 쿠션을 몸에 밀착시켜 점진적으로 저항을 높여가며 밀어붙이기(이것은 카타르시스나 특정 결과를 얻기 위한 실험이 아니라, 천천히, 선택적으로, 불러일으켜지는 감각, 감정, 이미지를 알아차리면서 실험을 하는 것으로 이를 통해 내담자는 자신의 팔다리에 힘이 들어가는 것을 느끼고, 힘을 실어주는 느낌을 받을 수 있다.)
- ◆ 양보하기 — 의자가 내담자를 온전히 지지하고, 근육을 부드럽게 하고, 내담자를 안을 수 있도록 허용하기

모든 회기에서 필요한 작업을 완료하고 3단계가 끝나면 내담자는 지속적인 증상이 현저히 감소하고 트라우마가 진정 과거의 것으로 느껴지며 회복을 위한 다음 단계로 나아갈 준비가 되어 있을 것이다.

4단계 : 통합

통합과 재연결

이 단계는 여러 면에서 사별이나 상실로부터의 회복과 그에 따른 새로운 장 조건에 대한 재적응의 필요성을 반영한다. 수십 년 동안 트라우마 증상을 안고 살아온 내담자는 이제 새로운 자신에 대한 새로운 이해와 관계, 그리고 그것이 가져다주는 새로운 도전을 찾아야 한다.

피해자의 삶은 회복되었을지라도 그들의 삶은 결코 예전과 같지 않을 것이며 과거가 어떤 식으로든 자신의 정체성에 영원히 영향을 미칠 것이라는 사실을 직시해야 한다. 특히 어렸을 때 범죄의 피해자인 경우, 적절한 정의가 실현되거나 보상이 이루어지는 일은 거의 없다는 사실을 깨닫게 될 수 있다. 그들은 세상의 안전과 정의에 대한 감각의 뿌리가 영원히 손상되었다는 것을 알고 살아야 할지도 모른다. 또한 일어난 일을 개인적 의미의 감각에 통합하고 다시 세상과 온전히 연결될 수 있는 방법을 찾아야 한다. 이 시기에는 치료자와 내담자가 함께, 무엇이 여전히 남아 있는지, 어떤 후회, 자책, 타인에 대한 분노가 남아 있는지, 일어났던 일의 적절한 유산이 무엇인지를 평가할 수 있다.

많은 내담자들이 자신의 증상으로 '낭비한' 시간이나 잃어버린 어린 시절을 애도하는 단계에 이른다. 그리고 '이렇게 있었으면 좋았을 텐데', '이렇게 되었으면 좋았을 것을'(예 : 스트레스를 받을 때 사랑으로 나를 돌봐줄 사람이 있었으면 좋았을 것을)이라는 상실감에 대해 애도해야 하며, 삶의 상당 부분이 다른 것을 희생하면서 그 일로 채워졌다는 것에 대해 슬퍼해야 한다. '이렇게 했더라면 좋았을 것을'이라는 생각을 인정하고 자책을 내려놓는 것이 필요할 수도 있다. 이 시기는 자신에 대한 친절함과 재연결 될 수 있는 시간이다. 특히 용서를 배우고, 자기 연민적 태도를 조금씩 키워나가는 것이 중요하다. 이 과정은 상담자의 연민을 통해 도움을 받을 수 있는 느린 과정이며, 18장 내담자 자원에서 설명한 몇 가지 개입을 계속할 수 있다.

분리, 방어 및 보호를 위해 삶에 적응된 내담자는 타인과의 관계를 재연결하는 방법과 보람 있는 활동, 그리고 다른 사람들과의 새로운 신뢰 관계를 구축하는 방법을 찾는 데 도움이 필요할 수 있다. 예를 들어 비슷한 경험을 가진 사람들의 자조 모임을 만들거나, 비슷한 일이 다시는 일어나지 않도록 행동 그룹을 만들거나, 다른 사람들을 교육하고 대중의 인식을 높이는 등 자신의 경험에 맞는 프로젝트나 목적을 찾는 것이 회복으로 이어질 수 있다.

안도, 변형, 그리고 지금 괜찮다는 감각 발견하기

당신은 사람들이 부정 감정에 머무르는 시간에 비해 긍정 감정에서 얼마나 빨리 벗어날 수 있는지를 알아차렸을 것이다. 이 마지막 단계의 가장 중요한 작업 중 하나는 치료에서 이루어진 긍정적인 변화를 격려하고, 촉진하고, 강조하는 것이다(치료자 스스로도 자신이 제공한 좋은 치료를 받아들이기를 꺼리는 경우가 많기 때문에 이는 치료자에게도 과업이 될 수 있다).

내담자와 함께 치료 여정에 대한 이야기를 되돌아보고, 처음 직면했을 때의 어려움, 내담자가 보여준 회복력, 변화하고 앞으로 나아가는 다양한 방법을 살펴보는 것은 유익한 일이다. 이는 변화를 위한 강력한 닻이 될 수 있으며, '외상 후 성장'에도 도움이 된다.

내담자가 외상성 증상에서 벗어났다는 성취감에 대해 만족감과 기쁨의 긍정적인 감정에 평소보다 많은 시간을 보내고 변형의 느낌을 깊이 맛보도록 격려하자. 여기에는 여러 회기에 걸쳐 정서적·신체적 만족감과 평온함을 적극적으로 알아차리고 이를 유지하기 위해 시간을 할애하는 것이 포함될 수 있다.

상담자를 위한 자기 돌봄

상담자의 자기 돌봄은 항상 중요하지만, 트라우마 작업을 할 때는 특히 중요하다(112~113쪽 참조). 대리 외상이나 과부하의 징후를 알아차려야 한다. 공명 조율을 위한 포함과 현전은 우리의 치료에서 가장 큰 장점인 동시에 가장 큰 위험이기도 하다. 당신과 내담자 사이에 오가는 수많은 대화는 의식적으로 알아차리지 못하는 경우가 많으며, 일반적으로 활용 가능한 개방적인 상태가 되려는 당신의 노력은 이러한 상황에 더욱 취약해질 수 있다. 때로는 무의식적으로 내담자의 정서적·신체적 문제를 떠안거나 부담과 스트레스를 느낄 수 있다. 복합 외상을 가진 내담자나 상담 케이스가 많을 경우 이런 일은 더 쉽게 발생할 수 있다.

당신은 다음 현상 중 몇 가지를 경험했는가?

◆ 압도당하거나, 지치거나, 기진맥진한 느낌

◆ 내담자의 상황에 대해 격분하거나, 불안하거나, 집착하는 느낌

◆ 특정 내담자가 오는 것에 대한 두려움

◆ 집에 돌아와서 긴장을 풀거나 관계를 맺는 것에 대한 어려움

◆ 알코올 남용 혹은 과도한 신체활동

◆ 상담 회기 간의 시간, 금전, 내담자와의 소통 등에 대해 전문적 경계를 유지하는 데 어려움

특히 비극적이고 가슴 아픈 역사를 가진 내담자의 경우, 그들을 구해주는 존재가 되고 싶은 마음이 들기 쉽고, 우리에게는 모든 내담자나 모든 트라우마 증상을 효과적으로 다룰 수 있는 능력이 있다고 생각하기 쉽다. 자신의 에너지, 공감 능력, 역량의 한계를 깨닫고, 각 내담자를 얼마나 도울 수 있는지, 일주일에 몇 명의 내담자를 도울 수 있는지에 대해 현실적인 관점을 가져야 한다.

💡 제안 21-1

하루의 일과가 끝나거나 주말에, 내담자가 제기한 문제와 관련하여 특히 어려웠던 순간을 떠올려보세요. 퇴근할 때 기분이 어땠나요? 피곤하거나 과부하를 느꼈나요? 아니면 피곤했지만 만족스러웠나요? 잘해냈다고 생각하면서도 한 주가 끝났다는 사실에 안도감을 느꼈나요? 두통, 피로감, 무기력, 과각성 등 신체 증상을 느꼈나요? 이러한 증상들을 어떻게 관리했나요? 이제 수퍼비전이나 상담 장면에서 이를 되돌아보고 조정이 필요한 부분을 결정할 시간을 갖도록 하세요.

회기의 시작과 마무리에

각 회기가 시작될 때마다 스스로를 간단히 점검하여 자신의 몸이 얼마나 긴장하거나 이완되었는지, 내담자와 만나는 데 얼마나 열정적거나 꺼려지는지를 알아차리자. 그리고 상담 회기가 끝나고 내담자가 상담실을 떠난 후 다시 자기 자신을 점검하자. 당신의 수퍼바이저와 대화를 나누는 것처럼 자신의 상태를 묘사하자.

112~113쪽의 지침을 활용하여 일반적인 자기 돌봄을 점검하자.

또한 간단한 이완 운동, 심호흡하기, 창문 열기, 방 주변 산책하기, 상담 공간이 깨끗하고 비어 있다고 상상하기 등 각 내담자 사이의 전환을 위한 의식을 개발하자.

마무리

각 내담자의 현실적인 결과가 무엇인지 알고 각 내담자의 여정은 독특하고 고유하며 당신은 그 여정의 일부일 뿐이라는 것을 기억하는 것은 매우 중요함을 다시 한번 강조한다. 많은 내담자들에게 당신이 그들의 아픔과 고통에 함께하고, 처음으로 그들의 목소리를 듣고 목격할 수 있다는 것은 당신이 할 수 있는 가장 중요한 일이 될 것이다. 또한 내담자는 치료가 끝난 후에도 오랫동안 계속 슬퍼하고 치유해야 할 수도 있다.

마지막으로, 성취를 즐기자. 트라우마 치료는 힘들고 스트레스가 많은 일이다. 하지만 수십 년 동안 고통을 겪어온 내담자가 고통에서 벗어나 자신감과 낙관적인 태도로 삶을 살아가는 모습을 보는 것은 엄청난 보람과 만족이다.

권장문헌

ACE *The Adverse Childhood Experiences (ACE) Study*. (May 2014) Atlanta, GA: Centers for Disease Control and Prevention. National Center for Injury Prevention and Control, Division of Violence Prevention.

Badenoch, B. (2008) *Being a Brain-Wise Therapist: A Practical Guide to Neurobiology*. New York: Norton.

Bauer, A. and Toman, S. (2003) 'A Gestalt perspective of crisis debriefing', *Gestalt Review*, 7 (1): 56–71.

Briere, J. and Scott, C. (2006) *Principles of Trauma Therapy: A Guide to Symptoms, Evaluation and Treatment*. London: Sage.

Cohen, A. (2003) 'Gestalt therapy and Post-Traumatic Stress Disorder: The irony and the challenge', *Gestalt Review*, 7 (1): 42–55.

Gold, E. and Zahm, S. (2011) 'Gestalt therapy training integrating Buddhist psychology and mindfulness methods', in D. Bloom and P. Brownell (eds), *Continuity and Change: Gestalt Therapy Now*. Newcastle: Cambridge Scholars Press.

Harris, E. S. (2007) 'Working with forgiveness in Gestalt therapy', *Gestalt Review*, 11 (2): 108–19.

Herman, J. (2001) *Trauma and Recovery*. London: Pandora.

International Society for the Treatment of Trauma and Dissociation www.isst-d.org

Kepner, J. (1996) *Healing Tasks: Psychotherapy with Adult Survivors of Childhood Abuse*. London: Routledge.

Levine, P. (2010) *In an Unspoken Voice: How the Body Releases Trauma and Restores Goodness*. Berkeley, CA: North Atlantic Books.

MacKay, B. (2011) *Two-You Work: How to Work with the Self in Conflict*. Vancouver, Canada: The Write Room Press.

Ogden, P., Minton, K. and Pain, C. (2006) *Trauma and the Body: A Sensorimotor Approach to Psychotherapy*. New York: Norton.

Perera-Diltz, D. M., Laux, J. M. and Toman, S. M. (2012) 'A cross-cultural exploration of PTSD: Assesment, diagnosis, recommended Gestalt treatment', *Gestalt Review*, 16 (1): 69–87.

Rothschild, B. (2000) *The Body Remembers*. London: Norton.

Rothschild, B. (2006) *Help for the Helper, Self-care Strategies for Managing Burnout and Stress*. London: Norton.

Rothschild, B. (2010) *Eight Keys to Safe Trauma Recovery*. London: Norton.

Schore, A. (2012) *The Science and Art of Psychotherapy*. London: Norton.

Shapiro, F. (2001) *Eye Movement Desensitizing and Reprocessing*. New York: Guilford Press.

Shapiro, F. (2012) *Getting Past Your Past*. New York: Rodale.

Siegel, D. (1999) *The Developing Mind*. New York: Guilford Press.

Siegel, D. (2007) *The Mindful Brain*. New York: Norton.

Taylor, M. (2014) *Trauma Therapy and Clinical Practice: Neuroscience, Gestalt and the Body*. Maidenhead: Open University Press.

DES(Dissociation Rating Scale)

serene.me.uk/tests/des.pdf for a sample test, but please do not use the questionnaire without further training.

제22장

단기 상담

게슈탈트 치료자들은 회기 수에 제한이 있고 결과가 요구되는 환경에서 점점 더 많이 일하고 있다. 또한 많은 기관에서는 원하는 결과를 달성하기 위해 상담 보고서나 상담 성공 여부 평가를 요구한다. 이는 특히 정신 건강관련 사업, 바우처 사업[1], 근로자 지원 프로그램(EAP)과 같은 단기적인 맥락에서 강조되고 있다.

이러한 환경에서 일부 내담자는 '기분이 나아지고 싶다'는 막연하거나 분명하지 않은 욕구를 가지고, 지인의 소개로, 혹은 업무실적이 저조하거나 휴직 중에 상담에 참여한다. 또한 '항상 불안한 이 기분을 멈추고 싶어요', '배우자와 더 나은 관계를 맺고 싶어요' 등 구체적인 목표와 결과를 염두에 두고 상담에 오는 경우도 있다. 단기 상담에서는 창조적 무심과 게슈탈트 실천에 부합하는 태도와 주어진 시간 내에 작업을 구체화해야 하는 필요성 사이에서 균형을 맞춰야 한다. 첫 번째 그룹의 내담자에게는 문제를 명확하게 이해하고 단기간에 무엇이 도움이 되는지 파악하기 위해 평소보다 더 지시적인 태도를 취해야 한다. 두 번째 그룹에서는 게슈탈트 전문가로서 우리가 원하는 특정 결과에 얼마나 집중할 준비가 되었는지를 내담자와 상의해야 한다. 두 그룹 모두 주어진 시간 내에 현실적으로 해결할 수 있는 것이 무엇인지를 알아차리고 머물러야 한다.

---

1 역주) 원문은 보험 진료라고 되어 있으나 우리나라 실정에 맞게 바우처 사업으로 표기함

두 그룹 모두 어디까지 지시적이거나 목표에 초점을 맞추어야 하는지에 대해 게슈탈트 실천의 긴장을 늦추지 말 것을 강조한다. 이와 같은 문제에 대해서는 3장 알아차림에서 논의했지만, 단기 상담 현장에서 이 문제가 특히 심각하다는 것은 의심의 여지가 없다. 그러나 우리는 게슈탈트 상담자는 창조적 공정성, 현상학, '있는 그대로'에 머물러 있다는 원칙에 충실하면서 동시에 집중적 · 지시적 상담을 지속적으로 내담자에게 제공할 수 있다고 굳게 믿는다.

사실, 게슈탈트 상담은 일반적으로 알아차림 향상, 건강한 기능, 선택, 진정한 관계, 미해결과제의 완결과 같은 **프로세스** 상의 목표가 이미 있다.

따라서 내담자가 '나의 우울증에 도움이 되기 위해'와 같은 특정 원하는 결과에 대한 요청을 하면 상담자는 분명히 '우울증'을 해결하고 내담자가 선택한 방향으로 나아갈 수 있도록 지지하는 데에는 명확하게 동의할 수 있다. 그러나 이러한 경직된 계약은 인위적으로 한계를 짓고 내담자에게 최선이 아니라고 생각하기 때문에 상담자는 일반적으로 특정 행동 결과(예 : 우울한 기분을 느끼지 않기)에는 동의하지 않을 것이다. 마찬가지로 자신이 어떻게 변화되고 싶은지에 대한 특정 이상적인 이미지와 환상(예 : 행복하고 싶다, 스트레스에서 해방되고 싶다 등)을 가진 내담자는 미리 결정된 결과를 달성하려고 하기 때문에 전인적인 자연스러운 성장과 변화를 저해한다. Perls(1969)는 '이것은 자기 실현이 아니라 자기 이미지 실현'라고 말했다.

중요한 것은 특정 목표와 변화에 동의하는 것이 아니라 치료적 합의가 예상치 않은 새로운 결과를 허용하는지에 대한 여부이다. 내담자는 자신이 **실제로** 원하는 것이 상담이 몇 주가 지난 후에야 드러나며, 자신이 상담 초기에 원하는 것이라고 생각했던 것과 실제로 원하는 것이 다르다는 것을 자주 발견한다. 핵심은 내담자가 처음 제시하는 호소문제의 모습을 선명하게 만드는 것이다. 그렇게 하면 단기 치료는 흥미롭고 강력한 개입이 된다. 이상적으로는 '시간 제한'이 아니라 '주제 중심'이 되어야 하며, 치료자와 내담자가 계속 합의된 과제에 집중하고 1회기, 4회기 또는 12회기의 계약을 협상하고 필요한 경우에만 연장하는 것이 좋다.

흥미로운 점은 예를 들어 12회기라는 상담 회기 제한이 있는 경우 사람들은 보통 6회기면 충분하더라도 전체 12회기를 상담을 받으러 온다는 것이다. 상담은 정해진 횟수가 아니라 '주제 중심'이라고 생각하면 정해진 구조가 아니라 내담자의 욕구에 초점을 맞출 수 있다. 또한 계약을 긍정적인 기회로 보지 않고 장기 상담의 차선책으로 보는 함정에 빠지지 않아야 한다(예를 들어 '저는 단지 최대 6회기의 상담을 제공할 수 있습니다'라고 열정적으로 이야기하는 것).

그럼에도 불구하고 단기 상담의 장단점을 명확히 할 필요가 있다. 내담자에 따라서는 단기 계약으로 '질병', 병리 또는 의존이라는 낙인을 피할 수 있고, 비용을 많이 들이지 않고 어려움에 집중하고 동기를 부여할 수도 있다. 우리는 내담자가 비교적 단기간에 상당히 극적인 변화를 이룰 수 있다는 것을 발견했다. 그러나 몇 개월, 때로는 몇 년의 신뢰 관계를 거쳐야만 중요한 주제가 처음으로 드러나는 경우도 있다는 것 또한 잊지 말아야 한다(특히 성적 학대 및 수치심 문제). 따라서 인생의 더 큰 삶의 문제에 대한 깊은 통찰력과 관점의 깊은 변화가 단기간의 관계에서 적절히 흡수될 수 있을지는 의문이다. 이는 일반적으로 음주나 약물 남용과 같은 뿌리 깊은 행동의 변화에만 초점을 맞춘 작업의 경우도 마찬가지이다(내담자가 어떤 의미에서 이미 내적 변화를 겪었고 단지 그 변화를 실행하기 위해 약간의 지원이 필요한 경우가 아닌 한). 당신은 '이것은 정말 장기적인 노력이 필요한 문제입니다'라고 말하고, 어떻게 가능할 수 있는가에 대해 내담자와 논의할 수 있다.

💡 **제안 22-1**

잠시 동안 당신이 경험한 상담 및 상담 수련에서 얻었던 중요한 변화 중 몇 가지를 기억해 보세요. 그 중 4회기 또는 12회기 상담으로 해결할 수 있었던 상담이 있나요? 해결할 수 있었거나 해결할 수 없었던 이유는 무엇인가요?

적절한 대상 결정하기

단기 상담이 언제 가장 적절하고 효과적인지는 다양한 요인에 따라 결정된다. 첫 회기에서 아래의 내용을 통해 내담자가 단기 상담에 적합할지 여부를 확인하는 것이 좋다.

◆ 첫 번째 회기에서 충분히 소통되고 어느 정도 관계적 연결이 형성되기 시작했다는 느낌이 든다.
◆ 현재 당면한 문제에 대해 내담자가 자신이 할 수 있는 역할을 이해하고 어느 정도 책임감을 느끼고 받아들일 의지가 있다.
◆ 다른 대처가 필요한 심각한 위험 요인이 없다.

◆ 변화하지 않음으로써 얻을 수 있는 2차 이득이 없다(예 : 개선되면 직장으로 복귀해야
   함 등).
◆ 실제로 더 깊은 문제의 일부일지라도 제한된 회기로 다룰 수 있는 상담의 초점에 동의
   할 수 있는 능력이 내담자에게 있다.
◆ 함께 협력하는 방법에 대한 설명을 이해하고 동의할 수 있다.

이러한 모든 질문에 대한 답변을 얻는 것은 일부 내담자와 기관에게는 비현실적이라는 것
을 우리는 알고 있다. 어떤 내용은 단 몇 회기만으로 의미 있는 내용을 다룰 수 없기 때문에
단기 상담에는 적합하지 않다. 그러나 단기 상담은 장기 상담으로의 연결을 위한 기반을
마련하는 데 매우 중요하다. 상담자는 내담자가 자신에 대해 관심을 갖고 동기를 부여하며
치료의 긍정적인 경험을 할 수 있도록 하여 내담자가 즉시 혹은 추후 장기 상담을 받기를
선택할 수 있도록 하는 것을 목표로 한다(예 : 섭식 장애, 지속적인 약물 또는 알코올 중독,
이중 진단 또는 기타 장기적인 문제가 있는 내담자).

단기 상담 시작하기

모든 치료의 시작과 마찬가지로 상담 작업은 두 가지로 구성된다. 작업 동맹을 구축하고,
앞에서 설명한 방식으로 호소문제를 토대로 작업의 초점을 맞춰 상담에서 무엇이 가능한
지를 내담자와 함께 평가하고 이를 합의하는 것이다. 이 균형을 섬세하고 적절하게 맞추는
것은 어려운 일이지만 단기 치료에서는 더욱 그렇게 해야 한다. 첫 번째 (또는 길어도 두 번
째) 회기가 끝날 무렵에는 상담의 핵심 문제를 결정하고 내담자(및 그의 호소문제)가 단기
상담에 적합한지 여부를 판단할 수 있도록 하는 것이 목표다. 이는 '명확해지기'에 초점을
두기로 결정한 경우도 마찬가지다.

    게다가, 당신은 내담자로 하여금 자신의 이야기를 할 수 있는 충분한 시간과 공간을 제
공받고 있음과 동시에 민감하고 대화적인 태도로 자신의 이야기를 듣고 있다는 느낌을 주
어야 한다. 이것은 큰 작업이다!

    치료자는 경우에 따라 더 적극적인 자신만의 스타일을 개발하고 장기적인 맥락에서 상
담의 흐름을 주도해야 할 수도 있다. 상담자에 따라 상담시간을 최대한 활용하기 위해 상
담 과정을 설명하는 리플렛과 함께 과거력과 상담 목표를 묻는 질문지를 회기 전에 제시하

기도 한다. 다음과 같이 시작하는 것이 좋다. '이것은 제가 당신에게 도움이 될 수 있을지 알아보기 위한 것입니다. 질문지와 함께 회기가 끝나면 당신에게 도움을 줄 수 있다고 생각할지 아니면 회기가 더 필요할지, 또는 다른 전문가에게로 추천을 권유할지의 여부를 당신에게 더 쉽게 알릴 수 있습니다'(16~17쪽 참조).

그런 다음 문제를 명확히 하고 시간 내에 무엇이 가능한지 합의해야 한다. 내담자가 혼란스러워하거나 괴로워하는 경우에는 한 회기 이상 시간이 걸릴 수도 있다. 다음은 단기 상담은 물론 다른 경우에도 유용하다고 생각되는 질문들이다.

"저를 만나러 오기로 결정했을 때 무엇을 바라고/기내하고/생각했나요?"

"당신이 가져온 문제를 어떻게 이해하고 있나요?"

"상담이 어떻게 도움이 될 수 있는지 어느 정도 알고 계신가요?"

"당신에게 성공적인 결과란 무엇인가요?"

또한 내담자가 변화를 **어떻게** 생각하는지, 왜 지금 이 시점에 상담을 받으러 왔는지, 과거에 비슷한 문제를 어떻게 대처했는지 아는 것이 큰 도움이 된다.

과거력 청취는 매우 간단한 것만으로도 충분하지만, 내담자의 안전을 위해 위험 요인(예 : 자해 병력, 정신 질환 등—17장 위기 상황의 평가와 관리 참조)에 대해 물어볼 것을 강력히 권한다. 과거 병원 치료 또는 이전 상담 경험에 대한 질문은 과거에 이 특정 내담자에게 무엇이 도움이 되었는지 또는 도움이 되지 않았는지에 대한 귀중한 힌트를 제공할 것이다.

또한 우리가 '상황의 문제'라고 부르는 부적절한 유형의 문제를 파악하는 것도 중요하다. 이는 타인이나 상황에 대한 불만(예 : 남편의 취급이 끔찍하다, 고용주가 불공평하다)이며, 내담자는 자기 책임을 지지 않고, 그들이 원하는 유일한 해결책은 현실적인 해결책이거나 누군가 또는 무언가가 바뀌는 것이다. 이런 경우 '상대방이 당신을 그렇게 대하는 것에 당신은 어떤 몫을 하고 있나요?' 아니면 '**그들이** 문제라고 하더라도 이 문제를 처리하는 더 나은 방법을 찾는 데 관심이 있으신가요?'라고 질문하여 문제를 효과적으로 재구성할 수 있다.

때때로 내담자는 배우자 또는 회사에 의해 보내졌고 단지 지시를 받고 왔기 때문에 당신이 '자신을 변화시켜 줄 것'을 기대하는 경우도 있다. 이런 경우 처음에는 치료에 적합하지 않거나 기껏해야 실무적이거나 지지적 상담(당신이 상담을 제공할 의사가 있든 없든)이 필요하다. 위의 네 가지 질문을 하면 보통 문제가 명확해지거나 적어도 적합한 계약을 찾을 수 있다. 여기서는 먼저 해결해야 할 사항을 찾기 위해 문제의 우선순위를 정해야 할 수도 있다. 다른 문제를 배제하고 한두 가지 문제에 집중하는 것도(비록 더 지시적이고 덜 대화적이더라도) 정당화될 수 있다. 평가가 끝나면 반드시 다음 사항을 확인해야 한다.

"저와의 대화가 어땠나요?"

"도움이 되었나요?"

이는 한 회기의 영향과 효과를 파악하고 어떤 조정이 필요한지에 대한 감각을 알 수 있으므로 중요하다.

단기 상담 진행하기

Houston(2003)은 단순히 이 치료 단계를 '중기'라고 부른다. 이 단계는 시작(계약)과 종결을 분명하게 직시하면서 작업을 진행해 나가는 시기이다. 이 단계에서 우리는 계약이 적절히 합의되면 상담을 완결할 수 있다고 믿는다. 그러므로 상담 종결 시 비록 내담자가 미해결과제를 안고 떠나더라도, 현재의 삶을 더욱 풍요롭게 할 뿐만 아니라 성취감과 성공 경험을 얻을 수 있어 미래의 치료를 위해 내담자를 유용하게 준비시킬 것이다.

모든 게슈탈트 상담과 마찬가지로, 당신은 처음부터 대화적 태도를 제공하고, 현상학적 질문을 사용하여 내담자가 자신의 상황에 대한 알아차림을 높일 수 있게 한다. 단기 상담에서도 변화의 역설적 이론에 기반한 현상학적 접근은 상당한 개선을 가져오는 경우가 많다. 또한, 특히 다음 사항이 관련이 높을 수 있다.

◆ 의미 만들기가 행동에 미치는 영향(즉 핵심 신념이 삶의 결과에 미치는 영향, 예를 들어 '나는 항상 모든 일에 실패한다'가 '자기충족적 예언'이 될 수 있음)의 연관성을 강조하자(Whines, 1999: 10 참조).
◆ 다음으로 넘어가는 데 필요한 만큼의 정보만 수집한다. 이야기에 매료되어 초점을 잃지 않도록 주의하자.
◆ 각 회기마다 다룰 수 있는 구체적인 전경을 찾자(예를 들어 '더 주장이 강해지려면' 내담자의 자기 주장이 약한 상황을 구체적으로 세분화할 필요가 있음). 전경과 관련된 배

경을 탐색하자(예 : 어떤 감정이 수반되는지, 다른 사람들이 어떻게 반응하는지, 언제 화를 내는지 등).

◆ 내담자가 말하는 내용과 드러나는 전경에 집중하자. 계약을 염두에 두고 이들을 자주 연결시키자. 새롭게 드러나는 내용들을 연결하면서 전경을 선명하게 하자('이것이 당신이 이곳에 온 이유와 어떤 관련이 있다고 생각하십니까?').

◆ 해결책을 찾는 것이 아니라 떠오르는 전경을 명확히 하거나 확장하는 실험을 하자(예 : '그 상황을 상상하면서 느껴지는 감각을 온전히 알아차려 보세요'). 다시 말해 이것은 알아차림이 높아지는 과정을 신뢰하는 것이다.

◆ 이름을 붙이거나, 직면하거나, 자기개방을 통해 전이 현상을 최소화하자(13장 전이 작업 참조).

◆ 타이트한(그리고 느슨한loose) 순서를 연습하자(Polster, 1999: 208). 이 유용한 기법은 초점을 좁히거나 넓히는 데 사용된다. 타이트한 순서에서 상담자는 단순히 그 순간 자체를 탐색하는 것이 아니라, 다음 순간으로의 전환에 주의를 기울이고 과정의 전개와 그 역동적 가능성을 주의 깊게 추적한다(예 : '지금 당신은 직장에서 괴롭힘을 당했던 일을 떠올리며 어깨가 긴장되어 있군요'). 반면, 느슨한 순서에서는 이야기에서 누락된 중요한 부분을 알아차리고 그것에 대해 질문하게 된다(예 : '하지만 그때 당신의 어머니는 어디에 계셨나요?').

◆ 새로운 유형의 행동을 연습하거나 불안 반응에 대한 기록을 남기는 등 내담자가 회기 사이에 과제를 수행하는 데 동의하는 '숙제'에도 장점이 있다.

◆ 항상 종결을 염두에 두고 회기를 '카운트다운'하는 것이 중요하다. '이번이 다섯 번째 상담이고 앞으로 세 번이 더 남았습니다'라고 말하면서 '마음이 어떠신가요?'라고 덧붙인다.

실직, 질병 등 과거 또는 현재의 위기가 예상치 않게 구체화될 수 있으며, 이러한 위기를 이해하고 해결하기 위해 진행 중인 주제를 일시적으로 중단해야 할 수도 있다. 그러나 회기가 끝날 때 전체 계약과 연결을 갖는 것이 중요하다. 기존 계약을 분명하고 적절하게 대체해야 하는 우선순위가 나타나면 이전 계약을 중단하고 새로운 계약을 체결하는 것에 동의하는 데 명시적으로 합의하자. 이런 식으로 계약은 작업의 지속적인 안전한 공간이자 경계가 될 수 있다.

당신의 수퍼비전은 동일한 작업 방식을 계속 유지할 수 있는 공간이 될 수 있다. 내담자와 마찬가지로 수퍼바이저와 계약을 맺고 주요 전경을 다루고 새로운 이해에 대한 열린 마음을 유지하면서 그것들에 머물자.

기관 고려사항

어떤 상담자는 개인 상담에서 단기 상담을 제공하기도 하지만 이는 일반적으로 자유롭게 선택될 수 있다. 기관에서는 이러한 유연성이 떨어지고 내담자와 상담자 모두 '상부'에서 부과한, 어쩌면 달갑지 않은 제한을 따라야 할 것이다. 이런 상황은 처음부터 몇 가지 고려해야 할 사항을 발생시킨다.

예를 들어 회사나 학교에서 내담자를 의뢰하는 경우, 의뢰자의 동기, 기대, 그리고 의뢰자가 내담자에게 거는 기대가 무엇인지를 살펴보는 것이 중요하다. 예를 들면 다음과 같이 질문하는 것으로 이러한 정보에 접근할 수 있다.

"당신의 상사가 당신을 상담을 하게 하여 원하는 것이 무엇일까요?"
"상담자를 만나러 가는 것에 대해 어떤 말을 들었나요?"
"당신은 여기서 무슨 일이 일어날 것으로 예상했나요?"
"의사 선생님은 상담이 어떻게 도움이 되는지 설명해주셨나요?"

의료기관에서 상담이 이루어지는 경우 상담자가 환자를 '치료'할 것이라는 기대가 높을 수 있다.

상담 내용이 담겨있는 자료를 공유하는 환경에서는 기관의 다른 전문가에게 얼마나 많은 정보를 공개할 준비가 되어 있는지, 자살 위험이 있는 경우와 같이 어떤 상황에서 비밀을 유지할 수 없는지를 미리 결정하고 기관과 합의하는 것이 중요하다. 첫 번째 회기에서 상담자와 기관의 비밀 유지 한계에 대해 내담자에게 알려야 한다.

기관에서는 협상해야 할 여러 가지 관계가 있다. 상부 기관, 내담자, 수퍼바이저, 교육 중일 경우 교육 조직 등 여러 계약이 있음을 기억하는 것이 유용하다. 계약이 반드시 양립할 수 있는 것은 아니며 당신 자신과 내담자에게 가장 유익한 것을 우선해야 하므로 신중하게 다뤄져야 한다.

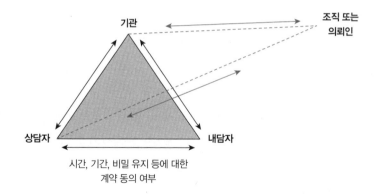

그림 22.1 기관 계약

Proctor와 Sills(2005)는 English(1975)의 연구(그림 22.1 참조)를 발전시킨 기관의 단기 상담에 대한 다양한 책임을 표현하는 데 도움이 되는 다이어그램을 제안했다.

각 축을 따라 계약, 결제, 취소 정책 등의 세부 사항을 당사자 간에 투명하게 공개하여, 비밀 유지에 어떤 제한이 있는지, 상담자에게 내담자에 대한 어떤 정보가 공개되었는지, 상담자가 기관에 어떤 피드백을 제공할지, 3자 모두가 알 수 있도록 해야 한다.

일차 치료

일차 치료[2]에서 '중요한 것은 팀의 일원이 되는 것이다'(Vesna Mandic-Bozic, 개인적 교류, 2009). 상담자는 내담자 치료에 대한 역할과 접근 방식이 다르기 때문에 종종 스스로를 분리하려는 경향이 있다. 그러나 개인적 또는 팀 회의에서 동료들과 정기적으로 연락을 취하면 업무가 더 원활하고 즐겁게 진행될 수 있다. 의사와 의료진은 환자에 대한 풍부한 정보를 가지고 있으며, 모두가 협력하여 중요한 문제에 대응하는 방법을 함께 결정할 수 있다. 이는 모든 관련자들에게 큰 도움이 된다. 또한 당신은 적절한 추천 기준에 대해 사람들에

2　역주) 환자의 심신을 종합적으로 진찰하여 초기 단계에서 건강문제를 파악하고 일차적으로 시행하는 구급조치. 특수한 사례에 대해서는 그러한 사례를 적절히 식별하여 해당 전문의에게 소개할 수 있어야 함 [네이버 지식백과] (생명과학대사전, 개정판 2014)

게 '교육'할 수도 있다. 일부 상담자는 자신이 제공하는 상담에 대한 자료를 준비하는 것을 선호하지만, 가능하면 직접 대면하는 것이 더 나은 협력 관계를 구축할 수 있다.

내담자뿐만 아니라 의사에게도 도움을 줄 수 있도록 준비하자. 영국에서는 일반 의사가 환자 한 명에게 할애할 수 있는 시간이 7~8분에 불과한 경우가 많다. 그 짧은 시간 안에 진단, 처방, 컴퓨터 기록 등을 해야 할 뿐만 아니라 전이 및 심리적 문제까지도 다루어야 한다. 그러므로 의사가 상담자의 의뢰서를 받으면 환자의 문제에 대한 '병렬 과정'에서 시작되는 경우가 많다. 상담자는 이 과정에서 의사와 연결하고 문제를 해결하고 다음 단계를 계획할 수 있도록 도와야 한다.

팀의 다른 의료 전문가들이 이해할 수 있도록 문제의 사례개념화, 치료 계획 및 예상되는 결과를 분명히 표현할 수 있어야 한다. 이를 위해 다른 관점에 대한 개방적인 태도를 유지하면서 공유된 언어를 만들 준비를 해야 한다.

단기 상담의 종결

우리는 16장 전체를 치료의 종결에 할애하였다. 그러나 단기 상담의 종결에는 특별한 의미가 있다. 기관 상담에서는 종결이 미리 정해져 있는 경우가 많아, 그런 의미에서 종결은 자유롭게 선택할 수 있는 사항이 아니다. 이로 인해 당신이나 내담자, 혹은 두 사람 모두 무력감, 유기 혹은 '무신경한' 외부 권위에 의한 통제와 제한에 문제를 제기할 수 있다. 내담자에게 이러한 문제를 논의할 수 있도록 허용하는 것도 중요하지만, 당신 자신의 의견이나 미해결과제로 인해 상담 공간이 오염되지 않도록 하는 것도 중요하다.

한편, 이런 종결의 장점은 많은 삶의 사건을 재현한다는 것이다. 결말은 선택되는 것이 아니라 우리에게 '일어나는' 경우가 많다. 우리의 삶의 양쪽 끝에는 우리가 선택하지 않은 중대한 전환이나 '결말'이 있으며, 그 시기(탄생과 죽음)는 우리가 선택할 수 없다. 아마도 가장 강력한 연관성은 우리가 정확히 언제 죽을지 확실하지는 않지만 우리 모두는 죽을 것이라는 사실이다. 그러나 우리의 성장과 어른이 되고 나서의 인생에도, 그 이외에도 무수히 많은 상실과 결말이 있으며, 원하는 것이 있는 반면 그렇지 않은 것도 있다. 그러므로 내담자가 완전한 알아차림 속에서 이와 같은 종결을 경험하는 것은 내담자에게 좋은 기회이다. 즉, 내담자가 특정 반응에 기울고 있음을 알아차리고, 상담자와 상담에 대해 어떻게 느끼는지 알아차리는 것이다. '회기가 3번밖에 남지 않았는데 굳이 이 상담을 하는 의미는 뭐지?'라고 말하는 내담자의 경향을 발견할 수도 있고 또는 '매순간을 효과적으로 활용해야 해!'라고 생각하거나 두려움을 느낄 수도 있다. '나는 아직 준비되어 있지 않아', 또는 '결코 충분하지 않아' 등 어떤 반응이 나타나든 내담자의 감정과 반응이 계약 및 삶의 패턴과 연관되어 있는지 파악하는 것이 중요하다. 이 과정에서 내담자가 상실에 대해 이야기할 수 있도록 허용하고 상담자가 이를 충분히 듣는 것이 회복에 도움이 될 수 있다.

상담자에게 있어 가장 어려운 점은 그 시간 내에 달성할 수 있는 것과 달성할 수 없는 것을 받아들이는 것이다. 많은 상담자들은 자신이 한 좋은 작업을 받아들이고, 내담자의 삶에서 이 관계는 일시적인 관계에 불과할 뿐이며 더 많은 회기를 가질 수 있기를 갈망하지 않도록 스스로를 단련하는 법을 배워야 한다(내담자 또한 때때로 그렇다). 두 사람 모두 당분간 달성할 수 없는 것에 대한 상실을 애도하고, 그에 따른 좌절, 분노, 슬픔을 받아들여야 할지도 모른다. 그러나 종결의 다른 과제, 즉 성취한 것에 이름을 붙이고 축하하며 미래의 과제를 어떻게 다룰 것인지를 계획하는 것도 잊지 말자.

마무리

단기 또는 장기 상담을 진행할지의 여부는 기관의 제한이 있는 경우를 제외하면 주로 개인 취향의 문제이다. 단기 상담의 단점은 더 오랜 시간이 필요한 문제, 특히 더 깊은 신뢰 관계가 필요한 문제에 대한 부적절하고 불충분한 대체물이 될 수 있다는 것이다. 그러나 최선의 경우, 단기 상담은 내담자에게 변화를 가져오고, 비용 면에서 효율적이며, 내담자를 돕는 데 충분한 효과가 있다. 또한, 내담자에게 상담 과정의 좋은 경험을 제공하고 향후 추가 상담을 위한 토대를 마련할 수 있다. '완결'을 추구하고자 하는 함정을 피하자. 단기 상담의 성공은 더 많은 성장과 변화를 향해 계속 나아갈 수 있도록 허용하는 열린 게슈탈트를 남겨두는 것임을 당부한다.

권장문헌

British Gestalt Journal (1999), 8 (1): 4–34 (several relevant articles).

Denham-Vaughan, S. (2005) 'Brief gestalt therapy for clients with bulimia', *British Gestalt Journal*, 14 (2): 128–34.

Elton Wilson, J. (2006) 'Choosing a time-limited counselling or psychotherapy contract', in C. Sills (ed.), *Contracts in Counselling and Psychotherapy*. London: Sage. (**See pp. 137–51.**)

Harman, B. (1995) 'Gestalt therapy as brief therapy', *Gestalt Journal*, 18 (2): 77–86.

Houston, G. (2003) *Brief Gestalt Therapy*. London: Sage.

Polster, E. (1991) 'Tight therapeutic sequences', *British Gestalt Journal*, 1 (2): 63–8.

Williams, B. (2001) 'The practice of Gestalt therapy within a brief therapy context', *Gestalt Journal*, 24 (1): 7–62.

제23장

비대면 상담

최근 전화, 온라인 플랫폼, 이메일, 문자 등을 사용하는 보다 유연한 상담 방식이 계속되고 있다. 이를 통해 상담자는 보다 넓게 내담자를 만날 수 있고, 장애로 인해 집에서 나오지 못하거나 내담자가 먼 곳에 있어 상담을 받기 어려운 이들에게 보다 쉽게 다가갈 수 있게 되었다.

온라인 상담을 탐구하는 책과 온라인 자원이 점점 증가하고 있으며, 그중 일부는 이 장의 마지막에 있는 권장문헌에 나열하였다. 이 장에서는 게슈탈트 상담자와 특히 관련이 있는 비대면 상담의 몇 가지 측면에 대해서만 설명하고자 한다. 이메일, 채팅방 등을 통한 상담은 게슈탈트 접근 방식과 어떻게 양립할 수 있는지 전혀 알지 못하기 때문에 여기서는 논의하지 않을 것이다.

윤리

우선 윤리와 전문적 훈련에 대해 이야기하겠다.

McCouat(2015)는 'IBM 보고서에 따르면 2013년에 5억 건이 넘는 개인식별정보(PII) 기록이 유출되었으며 데이터가 주요 표적이 되었다'고 경고한다(IBM, 2014).

특히 내담자가 다른 국가에 거주하는 경우 온라인으로 상담할 때 전문가 배상 책임 보험을 검토하여 적절한 보장을 받을 수 있는지 확인하는 것도 중요하다. 예를 들어 영국, 유럽 본토 및 미국에서는 온라인 작업과 관련된 법률과 책임이 다르다는 점을 유의하자.

영국의 경우 컴퓨터, 노트북, 휴대전화 및 태블릿에 내담자 데이터를 저장하는 상담자라면 정보위원회(ICO)에 데이터 관리자(https://ico.org.uk/for-organisations)로 등록해야한다(Bond and Mitchels, 2015: 58-9). 이는 소셜 미디어를 사용하여 내담자와 소통하거나 내담자에 대해 소통하는 경우 특히 중요하다. 아울러 전자 데이터는 비밀번호로 보호되어야 하며 내담자의 비밀을 유지하도록 훈련받은 직원만 접근할 수 있어야 한다(Bond and Mitchels, 2015: 66). (Good Practice in Action 065, https://www.bacp.co.uk/media/2138/bacp-confidentiality-record-keeper-clinical-reflections-for-practice-gpia065.pdf 참조)

비대면 상담의 적합성에 대한 윤리적 문제도 고려하자. 급성 정신 질환, 심각한 트라우마 또는 고위험군 내담자는 안전과 담아주기를 유지하기 위해 치료자의 물리적 존재가 필요할 수 있으므로 비대면 상담에 적합하지 않을 수 있다. 게다가, 내담자가 다른 지역에 거주하는 경우 위기 상황이나 긴급한 조치가 필요할 때 다른 자원을 파악하고 제안하거나 다른 전문가에게 의뢰하기가 매우 어렵다. 내담자에 따라 위기와 긴급 상황에 어떻게 대응할 수 있는지, 대응할 수 없는지를 처음부터 설명해야 할 수도 있다. 위험 요인을 파악하고 새로운 협력 관계를 구축하기 위해 내담자에게 처음에는 대면 상담을 요청하는 것이 가장 이상적이다.

온라인 플랫폼

비대면 상담에 대해 가장 자주 논의되는 질문은 전화 및 온라인 방법이 상담의 관계적 특성을 지원하고 공감적 연결을 가능하게 할 수 있는지 여부이다. 우리는 Schore(2012)가 치료 관계와 실제로 치료의 성공에 필수적이라고 설명한 중요한 '우뇌와 우뇌의 연결'에 대해 생각한다. 매체를 통해서도 이런 일이 일어날 수 있을까? 우리 몸이 서로의 마음 상태를 공명시킬 수 있을까? 그것은 불가능하고, 무의식적인 감정적 소통의 변연계 공명과 울림을 가능하게 하기 위해서는 물리적 존재가 필요하다고 말하고 싶은 유혹이 있다. 그래도 동영상을 보고 감동과 고양된 기분을 느낀 적이 있지 않나? 가끔 감동적인 드라마나 영화를 보면서 눈물을 흘린 적이 있는가? 감정은 확실히 비대면으로도 전달되고 받아들여질 수 있는 것 같다.

직접 실험해 보고 이에 대한 자신의 입장을 찾아보길 바란다.

따라서 지금은 이 질문을 잠시 접어두고 다른 비대면 이슈에 집중하고자 한다.

이메일로 상담하기

이 방식은 게슈탈트의 즉시성과 '지금 여기'의 구체성에 맞지 않기 때문에 우리는 이를 선호하지 않는다. 게다가 글로 쓰면 말의 뉘앙스, 어조, 감정이 모두 사라지는 경향이 있어 오해를 피하기 어려울 수 있다. 그러면 잘못 전달되었을 수 있는 개입에 대한 답을 들을 때까지 상당한 시간이 지연될 수 있으며 관계의 균열을 회복하는 것은 훨씬 더 어렵다. 이메일이 잘못된 주소로 전송되거나 예상대로 도착하지 않는 경우(물론 해킹당하거나 가족이 읽을 가능성도 있음)가 빈번하게 발생하기 때문에 보호 문제에도 어려움이 있다.

컴퓨터 스크린으로 상담하기

상담을 시작하기 전에 당신과 내담자가 기법을 사용하는 계약을 체결하고 앞에서 설명한 모든 영향을 고려하자. 그런 다음 비대면 상담 계약의 세부 사항, 즉 내담자가 실제로 상담실에 올 때 필요하지 않을 수 있는 세부 사항에 주의를 기울이는 것이 중요하다.

다음 사항을 함께 고려하자.

◆ 내담자와 당신이 앉아있는 공간의 보호와 비밀유지를 어떻게 보장할 것인가?
◆ 서로 방해받거나, 차단되거나 엿듣지 않을 것이라고 확신할 수 있는가?
◆ 대화 내용을 녹음할 수 있는지에 합의했는가?
◆ 신호가 '끊어질' 경우 어떤 비상조치를 취할 것인가? 이런 경우 전화로 상담을 이어갈 수 있는가? 전화가 가능하다면 누가 누구에게 전화할 것인가?
◆ 사이트 또는 인터넷이 중단되는 경우 내담자는 어떻게 연락할 것인가?
◆ 상담비용은 어떻게 지불할 것인가?
◆ 회기가 끝날 때 회기 종료 후 안정성을 확인하는 시간을 할애하기로 동의했는가?

Francis(2017)는 대면 상담 장면에서는 일반적으로 내담자가 상담에 참여하기 위해 집을 떠난다는 사실을 언급한다. 따라서 상담실에는 혼란과 고통의 수준을 관리하기 위한 경계가 존재한다. 그는 내담자가 불안한 내용을 깊이 다루는 경우 상담이 끝난 후 집에 혼자 남겨져 상담에서 벗어날 수 없게 되는 잠재적 위험에 대해 지적한다. 이에 대해 예를 들어 '마지막 몇 분(처음 몇 분과 마찬가지로-아래 참조)은 당신의 안정화를 위해 필요한 조치를 취하겠습니다. 동의하시나요?'와 같이 내담자와 논의할 수 있다.

오디오만 사용하기

집단을 비롯한 비대면 상담에 대한 Caulat(2012) 연구에 따르면 유선 전화 및 스마트 폰, 컴퓨터 등을 사용하여 음성으로만 상담을 하는 것이 시각적 플랫폼보다 강력하고 효과적이라고 결론 내렸다. 그녀는 내담자와 가상공간에 자리 잡았을 때, 목소리만으로 놀라운 수준의 친밀감과 소통이 가능하다고 믿는다. '실제'와 거의 비슷하지만 완전하지 않은 이미지에 마주하면, 우리는 얼굴에서 단서를 읽고 제스처가 보이는지를 파악하느라 주의가 산만해져 내담자의 이야기를 제대로 듣는 데 방해가 되는 경향이 있다고 한다. Caulat은 음성으로만 이루어지는 비대면 상담은 사적인 요소를 보장하고 친밀감을 조성하여 내담자가 당신과 함께 있는 공간이나 시각적 플랫폼에서보다 더 빠르고 깊은 상담을 할 수 있다는 것을 발견했다. 이는 종종 감정이 매우 빠르게 고조되고 전이가 나타날 수 있으며 전이적 융합(13장 전이와 역전이 참조)이 종종 증폭된다는 것을 의미한다.

매체의 선택은 치료 접근 방식과 개인의 스타일이 얼굴 및 신체 반응을 전달하는 데 얼마나 의존하는지에 달려 있다고 생각한다. 가능한 경우 실제로 보고 상담을 할지 오디오만 이용할지를 모두 실험해 보고 어느 쪽이 더 나은지 알아보는 것이 좋다. 두 경우 모두, 특히 이전에 직접 만난 적이 있고 충분히 좋은 작업 동맹을 형성한 내담자라면 놀라운 수준의 연결과 깊이가 있을 수 있다.

Caulat의 상담을 위한 안전하고 효과적인 공간을 만들기 위한 제안이 다음에 있다. 대부분은 오디오 및 시각 환경설정 모두에 적용된다.

오디오 상담을 위한 안전한 공간 만들기에 대한 주요 지침

◆ 일찍 로그인하여 장비가 작동하는지 확인하고 내담자를 맞이할 준비를 하세요.

◆ 상담자와 내담자 모두 방해받지 않고 사적인 시간을 보낼 수 있는 혼자만의 공간에 있는지 확인하세요.

◆ 비밀유지, 기술 오작동, 시간 등에 대해 신중하게 구조화하세요.

◆ 두 사람 모두 좌뇌와 우뇌에 동시에 도달하고 외부 소리를 최소화하기 위해 양쪽 귀에 이어폰을 착용하세요.

◆ 그라운딩 알아차림 연습으로 시작하여 지금 여기, 즉 공간에서 각자 자신의 몸의 감각 등을 알아차립니다. 오디오만 사용하는 경우 현재 앉아있는 장소와 주변에 무엇이 보이는지 묘사하는 것도 포함됩니다.

◆ 비대면 상담의 속도는 느리다는 점을 기억하세요. 속도를 늦추고 평소보다 더 자주 멈추고 머무르세요.

◆ 기존 대화 규칙은 역효과가 있을 수 있습니다. 침묵은 일반적인 대화의 일부이며 민감하게 다루어져야 합니다. 한편, 오디오만 사용하는 경우 표정만으로 듣고 있다는 것을 나타낼 수 없으므로 한숨, 놀라움을 표현하는 오, 아하, 음 등의 비언어적 개입과 같은 몸짓이나 표정의 소리가 들리게 하세요.

◆ 회기를 종결하기 전에 내담자의 평온함과 안정감을 확인하는 시간을 가지세요.

가상공간에서 무엇이 현전과 접촉을 가능하게 하는지에 주목하자. 화면에만 집중하는 것으로부터 방향을 바꾸기 위해서, 지금 여기에서의 그라운딩 실험을 자주 실시하는 것을 장려한다. Perls(1969)는 다음과 같이 말한다.

> 뛰어난 상담자는 내담자가 만들어내는 헛소리의 내용에 귀를 기울이는 것이 아니라 소리, 음악, 주저함에 귀를 기울인다. 진정한 소통은 언어를 넘어선다. (1969: 53)

같은 방에서 상담을 하든 수백 킬로미터 떨어진 곳에서 상담을 하든 언어의 음악, 음정, 음색, 리듬 등에 귀를 기울이는 것은 물론 동일하게 적용된다. 언어 너머에 있는 감정, 의도, 양가성, 두려움, 욕망에 귀를 기울이자.

온라인 프로필 유지관리

우리는 다음과 같이 기여해준 동료 Jacqui McCouat에게 감사의 말을 전한다.

상담과 심리치료 분야는 기술 트렌드를 비교적 늦게 받아들였지만, 더 많은 상담자들이 디지털 세계에서 내담자의 기대에 잘 부응하고 충족하기 위해 기술적 사고방식을 채택하고 있다.

전문 웹 사이트는 필수적이며 전문 웹 사이트를 신속하게 설정하는 저렴한 옵션과 조언을 제공하는 많은 조직 및 웹 사이트 구축 도구가 있다. 웹 사이트는 블로그, 다른 서비스와의 링크 등을 사용하여 서비스를 차별화하고 홍보하는 효율적인 방법이다.

좋은 웹 사이트는 내담자에게 이 치료자라면 괜찮을 것 같다는 신뢰와 확신을 준다. 먼저 다른 치료자의 웹 사이트를 살펴보고 어떤 점이 매력적이고 가능한지 확인하는 것이 좋다. 관련성 높은 콘텐츠 및 검색 엔진 최적화(SEO)된 디자인은 중요하다. 웹 사이트는 방문자를 끌어들이고 탐색하기 쉬워야 하며 모바일 기술에서 빠르고 효과적으로 작동해야 한다. 인터넷 접속의 60%가 모바일(Sterling, 2014)이며 2015년 이후 구글은 SEO의 검색 생성에 있어 모바일 대응을 우선시하고 있으며 검색 결과에 큰 영향을 미치고 있다(Google, 2015).

현재 형태의 소셜 미디어는 구독자와 팔로워를 식별하므로 개인정보 보호 및 비밀 유지 문제로 인해 전문가가 내담자와 소통하는 데 적합하지 않을 수 있다. 그러나 소셜 미디어는 개인이 아닌 전문가가 다양한 잠재적 내담자에게 서비스를 마케팅할 기회를 제공한다. 소셜 미디어는 효과적인 웹 사이트와 결합하면 온라인 현전과 참여에 대한 통합적인 접근이 가능하다.

(더 많은 자료들은 이 장의 마지막 권장문헌을 참조하자.)

내담자가 상담 전이나 상담 도중에 상담자에 대한 정보를 찾는 것은 드문 일이 아니다. 즉, 사적인 성격의 게시물이나 사진은 내담자가 잠재적으로 접근할 수 있다는 것이다. 따라서 소셜 미디어나 웹 사이트에 개인정보 보호 설정을 사용하여 내담자가 탐색해도 문제가 없는 정보만 게시되도록 하는 것이 좋다. 또한 처음부터 소셜 미디어를 통한 내담자와의 관계에 대해 명확한 기본 규칙을 설정하는 것도 중요하다.

마무리

기술은 우리의 관계적 연결에서 피할 수 없는 부분이 되어가고 있으며, 기술 혁신의 비약적인 성장은 치료자, 특히 개인 상담을 하는 경우 디지털 미디어를 이해하고 익숙해지는 것이 중요하다는 것을 보여준다. 이는 상담자의 존재감을 드러내기 위해 필요하며 비대면 상담을 제공할지 여부와 제공하는 방법에 대해 어느 정도 결정을 내릴 필요가 있다. 비대면 게슈탈트 상담을 현실로 만드는 흥미로운 혁신이 일어나고 있다.

권장문헌

BACP provides guidelines about working virtually ('Social Media (Audio and Video) and the Counselling Professions'. Good Practice in Action Guidelines 040), and offers guidance and policies on digital presence and delivery. Practitioners should develop their own policies for private practice, drawing on relevant frameworks and guidance.

Balick, A. (2013) *The Psychodynamics of Social Networking: Connected-up Instantaneous Culture and the Self.* London: Karnac.

Boyles, J. (2017) 'Working with refugees', in C. Feltham, T. Hanley and L. A. Winter (eds), *The Sage Handbook of Counselling and Psychotherapy*. London: Sage. pp. 542–46.

Derrig-Palumbo, K. and Zeine, F. (2005) *Online Therapy: A Guide to Expanding Your Practice*. New York: W.W. Norton and Co.

Google (2015) 'Make sure that your website's ready for mobile-friendly Google search results'. [online] Available at: https://support.google.com/adsense/answer/6196932?hl=en-GB (accessed 11 November 2017).

Jones, G. and Stokes, A. (2009) *Online Counselling: A Guide for Practitioners*. Basingstoke: Palgrave Macmillan.

Rosenfield, M. (2017) 'Counselling by telephone', in C. Feltham, T. Hanley and L. A. Winter (eds), *The Sage Handbook of Counselling and Psychotherapy*. London: Sage. pp. 630–34.

Sterling, G. (2014) 'Marketingland Blog. Websites must also now be mobile optimised – 60% of internet access is mostly mobile. [online] Available at: http://marketingland.com/outside-us-60-percent-internet-access-mostlymobile-74498 (accessed 11 November 2017).

The Online Therapy Institute also offers various resources and guidelines. http://onlinetherapyinstitute.com

제24장
영성

상담과 심리치료에 특화된 책에 영성에 관한 장을 마련한다는 것이 이상하게 느껴질 수도 있다. 상담자로서 우리는 '세속적인' 문제를 다루도록 훈련받았으며 내담자의 영적 욕구를 충족시키는 훈련은 받지 않았다. 사실, 우리가 할 수 있다고 가정하는 것은 과장된 생각일지도 모른다. 그러나 영성을 이 책에 포함해야 하는 세 가지 중요한 이유가 있다.

첫째, 내담자의 영적 방향은 종종 개인의 삶과 밀접하게 연결되어 있으며, 무수히 많은 방식으로 서로를 방해하기도 하고 돕기도 한다.

둘째, 상담자로서 우리는 내담자의 문제나 욕구가 심리치료나 상담의 영역이 아닌 영적인 성격의 문제일 때 이를 분별하는 것이 중요하다. 실제로 내담자에게 영적 지도를 받을 수 있는 곳을 추천해야 할 수도 있다.

셋째, 동양의 영성은 게슈탈트 심리치료가 시작된 이래 게슈탈트 이론과 실천의 형성에 중요한 역할을 해왔으며, 많은 게슈탈트 원리는 전통적인 영적 실천과 많은 공통점을 가지고 있다. 동양의 영적 전통은 평정심, 항복, 더 큰 실재와의 연결을 강조한다. 예를 들어 펄스와 그의 동료들에게 초기에 영향을 미친 선불교는 지금 이 순간(게슈탈트의 지금 여기)에 살고 마음챙김(자신이 지금 무엇을 하고 있는지에 대한 전체적인 알아차림)을 함양하는 것을 강조한다. 또한 단순한 알아차림(생각을 놓아버리고 감각으로 돌아가기)을 위해 '…에 대하여 생각하지 않는' 것, 평정심(창조적 무심)을 취하고, 작은 깨달음('아하', 절정, 나-너의 순간)을 경험하기를 옹호한다.

이러한 영향은 오랜 세월에 걸쳐 게슈탈트 세계에서 영고성쇠를 거듭해왔으며, 초기 게슈탈트 이론과 실천의 지시적, 개인주의적, 물질적 분위기에 대해 항상 잠재적인 다른 극성이 될 수 있었다. 최근에는 장 이론과 대화적 관계의 영향력이 커지면서 연결성, 공동체성, 생태학적 측면을 더욱 강조하는 경향이 다시 등장했다. 또한 장의 잠재적인 영적 본질과 대화적 만남의 영적 요소에 대한 관심도 높아졌다.

💡 제안 24-1

인간 존재의 가장 중요한 의미와 목적은 무엇이라고 생각하나요? 행복, 창의성, 지위, 성공, 친밀감, 자녀 양육, 다른 사람을 돕는 것, 자비로운 삶 또는 영적인 삶을 사는 것인가요? 당신 자신과 근본적으로 다른 가치관을 가진 내담자와 함께 하는 것에 얼마나 개방적인가요?

우선, 영적 문제라고 느슨하게 부르는 임상적 관점에서 두 가지 중요한 구별이 필요하다고 생각한다.

첫 번째는 종교와 영성의 차이다. 종교에는 의식, 습관, 행동 규범이 관련된다. 반면 영적 관습은 교리, 신념, 행동 규칙에는 최소한의 관심을 가지며 영적 연결을 직접 경험하는 활동이나 실천에 관심이 있다. 동양 종교 그리고 정도는 덜하지만 서양 종교에서는, 신앙이나 의식 절차의 외적 형태와 영적 변화를 강조하는 난해하거나 신비적인 차원 사이에 분명한 구분이 있다.

영성의 심오한 측면은 신과의 직접적인 만남을 제공하기 위해 고안된 수행이다. (Ingersoll, 2005: 137)

종교적인 관점은 일반적으로 믿음이나 구조에 대한 도전을 권장하지 않는다. 문제에 대한 탐구나 질문은 기존의 구조 안에 머물러 있다. 영적 관점은 구조를 넘어 알려지지 않은 영역으로 나아가는 개방성을 필요로 한다.

두 번째 차이점은 '영적'이라는 단어의 두 가지 다른 사용법이다. 어떤 의미에서 영적이라는 것은 의미나 자기 경계를 개인적으로 확장하거나 '자연과 하나가 되는 느낌'을 의미할 수 있지만, 이는 여전히 익숙한 의식의 틀 안에 머물러 있다. 다른 의미로는 종종 신비하고 겸손하며 더 큰 영적 존재와의 연결로 묘사되는 근본적으로 다른 의식의 경험을 의미한다.

초월적인 영적 연결을 직접 경험하지 않은 사람은 그러한 경험을 상상이나 정신병의 증거로 분류할 가능성이 높다. 또한 이러한 경험은 건강하지 못한 경계 상실로 보여지기도 하며 Wilber(2000: 205)가 아래와 같이 설명하는 '전/초 오류[1]'로도 간주된다.

> 진정한 신비주의적 또는 명상적 경험은 … 유아기 나르시시즘, 대양적 비이원[2] … 원시적 자폐증마저도 포함하는 퇴행 혹은 역류하는 것으로 (잘못) 여겨지곤 한다.

최선의 대응 방법을 알기 위해 당신과 당신의 내담자는 '영성'의 의미가 무엇인지를 명확히 하는 것이 중요하다.

이 두 가지의 구별은 모두 치료를 구체화하는 것과 관련이 있다. 삶의 더 큰 의미, 영적 위기 또는 절망에 대한 문제를 말하는 내담자는 다음 세 가지 잠재적 상황 중 하나에 직면해 있을 수 있으며, 각 상황마다 다른 치료적 대응이 필요하다.

◆ 첫째, 내담자는 실존적 위기(때로는 영적 위기라고 불릴 수도 있다)를 경험하고 있을 수 있다. 여기서, 내담자는 삶의 위기에 직면하고, 삶의 문제에 대한 불안을 받아들이고, 새로운 의미를 찾는 데 초점을 맞추는 유능한 인문학적/실존적 게슈탈트 실천을 통해 도움을 받을 수 있다.

◆ 둘째, 내담자는 전통적인 종교적 신념과 관습에 대한 믿음의 상실을 경험하고 있을 수 있다. 이 경우 우리는 이 문제를 살펴볼 수도 있지만, 적절한 종교 지도자, 공감하는 성직자에게 의뢰하는 것을 고려할 수 있다.

◆ 셋째, 내담자는 일상적인 보상으로는 만족할 수 없는 무언가가 결핍된 느낌을 경험하고 있을 수 있다. 이러한 내담자는 자신의 성공적인 삶에 '만족해야 한다'거나 영적 영역에 '그 이상의 무언가'가 있는 것이 아닌가 하는 혼란감을 가지고 상담에 온다. 이런

---

1 역주) Ken Wilber의 개념으로 전pre이성 상태와 초trans이성 상태를 혼동하는 경향을 의미한다. 전이성 상태는 마법적 사고, 자아중심주의 등의 특징이 있고 초이성 상태는 합리적사고, 직관, 비이원적 관점의 통합을 포함한다(성, 생태, 영성, 켄 윌버, 2021: 269~270).

2 역주) 대양적 비이원론Oceanic adualism은 조현병 연구로 유명한 이탈리아계 미국인 정신과 의사이자 심리학자인 Arieti가 조현병 환자가 느낄 수 있는 일체감 혹은 하나됨 경험을 설명하기 위해 만든 개념이다. 이는 자아와 외부현실을 명확하게 구분하지 않고 환경과 합쳐지는 느낌 또는 우주 전체와 연결되어 있다는 느낌을 특징으로 하며 심오하고 강렬하여 개인과 세계 사이의 경계가 모호해질 수 있다. 그는 이러한 신비로운 경험과 조현병 환자의 주관적 경험 사이의 유사점을 탐구하였다(성, 생태, 영성, 켄 윌버, 2021: 279; Chat GPT).

문제나 위기에 대해 내담자는 분명한 설명과 불확실성에 대한 지지, 자신에게 무엇이 필요한지를 파악하는 데 도움이 필요하다. 일부 내담자에게는 심리치료 대신 영적인 길과 수행을 찾는 것을 의미하기도 한다.

영적 경험의 탐색

치료에서 영성 차원이 전경으로 떠오르면, 내담자의 영적 신념과 그 영향의 배경을 탐색하는 것이 효과적이다. 즉, 먼저 내담자의 삶에서 영적으로 의미 있는 경험을 한 순간과 그 경험을 어떻게 받아들였는지를 질문하는 것이다.

이를 통해 치료자는 영적 기반이 내담자의 문제에 얼마나 많은 영향을 미치는지, 그리고 내담자의 삶에서 영적 배경이 차지하는 위치를 이해할 수 있다. 예를 들어 다음과 같이 질문할 수 있다.

◆ 부모님 혹은 당신의 양육자는 어떤 종교 또는 영적 성향을 가지고 있나요?
◆ 성장 과정에서 이것은 당신에게 어떤 영향을 미쳤나요?
◆ 현재 당신은 어떤 종교적 또는 영적 신념을 가지고 있나요?
◆ 당신의 삶에서 영적 신념은 얼마나 중요한가요?
◆ 예를 들어 명상, 기도, 영적 공동체, 교회, 사찰 등 무엇이 당신을 지지하나요?
◆ 이것들이 현재의 어려움이나 문제에 어떤 영향을 미치고 있나요?
◆ 저의 종교적·영적 신념은 당신에게 중요한가요? 만일 그렇다면 어떻게 중요한가요?

사례 24-1

제이크는 암울함, 실망감, 삶의 의미 없음을 느끼며 상담을 받으러 왔다. 어떠한 기준에서 보든, 그는 성공적이고 유능한 전문가였고 사랑하는 배우자도 있었으며 삶에 많은 흥미를 가지고 있었다. 상담자의 탐색 과정에서 제이크가 물질적·정신적으로 충만한 삶에서 자신이 찾지 못한 무언가를 계속 찾고 있었다는 것이 분명해졌다. 그는 형식적인 종교에 거의 관심이 없었고 의미 없는 시기를 겪을 때도 있었지만, 그것은 실존적인 현실이 아니라 자신이 느끼고는 있지만 설명할 수 없는 무언가와의 연결이 부족하다고 굳게 믿고 있었다. 그는 어린 시절부터 보통의 관계 문제를 겪었지만, 제이크도 상담자도 그것이 문제의 뿌리라고 생각하지 않았다. 제이크의 역사적 배경을 탐색하는 과정에서 그는 휴일에

(계속)

성당, 사찰, 교회를 방문했을 때 조용한 시간 속에서 어떤 의미를 느낀 적이 있었다고 말했다. 이러한 경험의 공통된 주제는 침묵, 개방성, 그리고 평소의 '나'라는 감각을 넘어서는 무언가에 대한 감수성인 것처럼 보였다. 상담자는 제이크에게 조용히 성찰하는 시간을 갖거나, 침묵 피정, 불교 명상 과정 등 이런 종류의 명상을 지도하는 지역에 있는 여러 단체를 방문하여 그때의 경험을 적극적으로 경험해 볼 것을 권했다. 다만 상담자는 이런 경험들을 통해 무언가를 인지적으로 결정하기보다는 어떤 장소가 그에게 말을 거는지 몸으로 깊이 느껴보라고 제이크에게 조언했다. 제이크는 명상 과정에 참여하기로 결심했고 결국 영적 스승을 찾았다. 그는 수년 만에 처음으로 자신이 의미와 연결의 여정을 걷고 있다는 희망을 느꼈다.

내담자가 상담을 찾는 데에는 다양한 이유들이 있다. 그들은 해결하고 싶은(또는 해결해 왔던!) 문제에서부터 자기 이해와 개인의 성장이라는 중간 지점을 거쳐 연속체의 다른 쪽 끝인 영적 깨달음에 대한 열망에 이르기까지 연속체 선상의 어딘가에 위치해 있다.

문제 혹은 괴로움 …… 개인적 성장 …… 영적 성장

물론 이러한 세 가지 욕구가 동시에 존재할 수도 있고, 치료가 진행됨에 따라 내담자가 이 세 가지 위치 사이를 오갈 수도 있다. 상담자가 이 연속체를 능숙하게 이동할 수 있는 능력은 영성에 대한 관심과 훈련에 따라 달라진다. 어떤 경우에는 자신의 능력이 한계에 도달했음을 알아차리고 내담자 여정의 일부가 될 수 있는 영적 스승을 찾도록 권유해야 할 수도 있다.

영적 알아차림

가장 넓은 의미의 알아차림은 일상적인 의미와 초월적인 의미, 두 가지 모두를 가지고 있다. 즉, 지극히 인간적인 방식으로, 그리고 평범함을 넘어서는 방식으로 지금 이 순간을 온전히 사는 것을 의미한다. 이것은 선불교에서 말하는 영적 알아차림과 깨달음을 의미하며, 마틴 부버의 나-너의 만남의 초월적 특성을 설명한 것이기도 하다. 이러한 경험은 설득력 있고, 신비하고, 말로 어떻게 표현할 수 없는, 말을 초월하는 것이 특징이다. 이를 경험한 사람들은 연결감과 접촉감각, 평범함을 넘어서는 느낌, 더 크고 더 깊은 무언가를 마주했을 때의 경외감을 묘사한다. 이러한 순간에는 무언가를 '하고 있는' 행위나 나라는 감각보다는 관계 안에서의 보다 더 큰 의미나 목적에 대한 겸손이 더 커진다.

> 지금 여기의 알아차림을 넘어선 알아차림 단계
> 자신을 집어삼키고 대상이 없는 의식 상태로 녹아드는 스스로에게 반전된 알아차림…
> 비이원적 알아차림, '존재의 근저'에 대한 인식 (Naranjo, 1981: 9)

Kennedy(1994)는 영적 경험의 본질적 신비로움에 대해 이 점을 강조한다. 마찬가지로, 절정 경험이나 '나-너'의 순간은 평범한 인격을 초월하는 특성을 가지고 있으며 정상적인 자아나 정체성의 감각은 미미하거나 일시적으로 결여되어 있는 것처럼 보인다. 역설적이게도 사람들은 이것을 살아있음, 참여, 의미 있는 감각으로 표현한다. 그라운딩, 호흡에 대한 집중, 감각 알아차림, 개방적 태도와 같은 게슈탈트 개입의 대부분은 유사한 영역으로 이동하는 현전 상태로 이끌 수 있다. '생각을 내려놓고 감각으로 돌아오라'는 게슈탈트의 초대는 쉴새없이 불안한 생각의 활동이 영적 연결을 방해한다는 일반적인 관점과도 일치한다. 실제로 많은 영성 수련과 명상 수행은 1장 중요한 첫 만남에서 설명한 것처럼 자기 준비 훈련으로부터 시작된다.

> **제안 24-2**
>
> 당신의 삶을 되돌아보고 강한 영적 의미를 가졌던 경험이나 큰 목적과의 연결성을 느꼈던 순간을 찾아보세요. 그때의 상황은 어떠했으며 그것이 치료자로서 당신의 일에 어떤 영향을 미쳤나요?

여기서 주의해야 할 점은 영적 위기에는 자아의 경계가 무너지고 혼란스러워질 수 있다는 것을 기억하는 것이다. 적절한 지지가 없다면, 영적 위기는 정신과적 응급 상황이 되거나 도움이 되지 않는 진단을 받을 수 있다. 예를 들어 영혼의 어두운 밤인 영적 절망은 우울증으로 잘못 분류될 수 있다. 유체이탈, 환청, 환시 등은 어떤 공동체에서는 영적인 것으로 받아들여지고 환영받지만 다른 공동체에서는 정신병으로 취급된다. 만약 치료자가 영적 차원의 렌즈를 선택하지 않는다면, 내담자의 영적 탐구를 함께 겪어 나가기보다는 변화가 필요한 것으로 간주할 것이다. 따라서 당신은 내담자의 문화나 신념 체계에 이런 경험을 장애가 아닌 성장으로 볼 수 있는 맥락이 있는지를 파악해야 한다.

마무리

최근 몇 년 동안 게슈탈트 문헌에서 게슈탈트의 초월적 차원을 인식하는 경향이 증가하고 있다. 여기에는 Jacobs의 '성장을 향한 욕구(urge to growth)'(1989), Buber의 '나-너의 순간(I-Thou moments)'(1958/1984), Clarkson의 개인의 한계를 초월한 요소인 '게슈탈트에서의 영혼(the soul in Gestalt)'(1989), Parlett(1991)의 현전의 영적 특성에 대한 설명, Williams(2006)의 초월게슈탈트(Gestalt-transpersonal), Hemming의 '더 넓은 장(larger field)'(2009), Denham-Vaughan(2010)의 '임계 공간(liminal space)'이 있다.

> 임계 공간은…익숙한 것을 기꺼이 내려놓으려는 의지와 새롭게 떠오르는 것에 대한 개방성이 특징이다. 따라서 그것은 내재하는 것과 초월하는 것이 결합하는, 존재와 생성의 찰나에 있다. (Denham-Vaughan, 2010: 35)

A. H. Almaas가 설립한 Ridhwan School의 영성 프로그램뿐만 아니라 그 밖에도 많은 공헌(이 장의 마지막에 있는 권장문헌 참조)들이 있다. Almaas는 많은 게슈탈트 심리치료 훈련을 영적 수행의 길에 인상적으로 통합하였다.

영적 전통과 게슈탈트 심리치료는 모두 지금 이 순간에 있는 것을 강조하고 신념이나 교리보다 경험을 중요시한다. 이 둘 모두 삶 자체의 신비에 대한 개방성을 요구하며, 분명히 다른 질서를 가진 미묘한 수준의 경험을 발견할 수 있고 때로는 삶을 변화시키는 변형으로 이어지게 한다.

권장문헌

Almaas, A. H. (2008) For articles see website: www.ahalmaas.com

Bate, D. (2001) Letter to editor: 'Gestalt and spirituality', *British Gestalt Journal*, 10 (2): 125–6.

Brownell, P. (2012) 'Spirituality in gestalt therapy', in T. Levine Bar-Joseph (ed.), Gestalt Therapy: *Advances in Theory and Practice*. London: Routledge.

Crocker, S. F. (2005) 'Phenomenology, existentialism and Eastern thought in Gestalt therapy', in A. L. Woldt and S. M. Toman (eds), *Gestalt Therapy – History, Theory and Practice*. Thousand Oaks, CA: Sage. (**See pp. 73–80.**)

Denham-Vaughan, S. (2005) 'Will and Grace', *British Gestalt Journal*, 14 (1): 5–14.

Frambach, L. (2003) 'The weighty world of nothingness: Salomon Friedlaender's "Creative indifference"', in M. Spagnuolo Lobb and N. Amendt-Lyon (eds), *Creative License: The Art of Gestalt Therapy*. New York: Springer-Verlag. pp. 113–28.

Harris, E. S. (2000) 'God, Buber, and the practice of Gestalt therapy', *Gestalt Journal*, 23 (1): 39–62.

Hemming, J. (2009) 'A larger field', in D. Ullman and G. Wheeler (eds), *Co-creating the Field: Intention and Practice in the Age of Complexity*. New York: Routledge.

Ingersoll, R. E. (2005) 'Gestalt therapy and spirituality', in A. L. Woldt and S. M. Toman (eds), *Gestalt Therapy: History, Theory and Practice*. Thousand Oaks, CA: Sage.

Naranjo, C. (2000) *Gestalt Therapy: The Attitude and Practice of an Atheoretical Experientialism*, 2nd rev. edn. Nevada City, CA: Crown House Publishing. (**See Part One: Chapter 2; Part Four: Chapters 12 and 18**.)

Snir, S. (2000) 'A response from a Kabalistic perspective to "The spiritual dimensions of Gestalt therapy"', *Gestalt!*, 4 (3) (Fall).

Ullman, D, (2009) 'Mindfulness, magic and metaphysics', in D. Ullman and G. Wheeler (eds), *Co-creating the Field – Intention and Practice in the Age of Complexity*. New York: Routledge.

Williams, L. (2006) 'Spirituality and Gestalt: A Gestalt–transpersonal perspective', *Gestalt Review*, 10 (1): 6–21.

제25장

윤리적 딜레마

사람은 인류가 추구하는 것처럼 선해지려고 애쓰지는 않는다. (Perls et al., 1989 [1951] : 335)

게슈탈트 치료는 1950년대에 개발되어 도덕규범을 구시대적인 고정된 게슈탈트로 여기는 무정부주의적 태도를 지지했다. 윤리와 행동 강령은 개인이 개별적으로 결정하고 협상해야 했고, 치료적 위험성이나 도덕성, 지역사회의 가치에 대한 논의에는 거의 관심이 없었다. 우리의 의견으로, 이것은 학대적인 치료적 관계의 많은 사례로 이어졌고, 게슈탈트의 윤리 규정과 행동 강령에 대한 심각한 문제 제기는 계속되고 있다.

그러나 우리는 게슈탈트 이론이 게슈탈트 윤리 규정을 뒷받침할 수 있는 많은 가치를 가지고 있다고 믿는다. 실제로 게슈탈트 커뮤니티에서는 게슈탈트 윤리 규정의 필요성에 대해 영국의 경우 영국 심리치료 위원회, 영국 상담심리치료학회, 영국 심리학회 등의 공인된 윤리 규정을 전문적으로 채택하는 것에 대해 의외로 놀라울 정도로 일반적인 합의가 잘 이루어지고 있다. 이는 게슈탈트 이론의 건강한 기능, 그리고 건강하지 않거나 신경증적인 행동에 대한 명시적이지는 않지만 암묵적인 가치관 때문일 것이다. 대부분의 게슈탈트 연구들은 다음 극성 중 왼쪽을 분명히 선호한다(물론 더 많은 극성들이 있다).

상호의존성	-----	독립성
커뮤니티	-----	개성
정직	-----	조종
관계성	-----	혼자
자발성	-----	경직
장場 관점	-----	선線 관점
진정성	-----	겉모습

제안 25-1

자신의 도덕성(모든 윤리의 기초)의 근거에 대해 잠시 생각해 보세요. 당신의 도덕관은 당신의 부모나 양육자의 도덕관과 동일한가요? 당신이 원가족을 떠난 후 어떻게 달라졌나요? 종교적 또는 법적 근거 등 무엇을 기준으로 옳고 그름을 판단하나요? 언제 정직해야 하는지, 또는 훔치는 것이 잘못인지를 어떻게 결정하나요? 이러한 기준은 당신에게 절대적인 가치인가요? 아니면 각 상황에 따라 항상 상대적인 것인가요? 당신의 상담이나 임상 실습에서 절대적이거나 타협할 수 없는 가치는 무엇인가요? 절대 용납하거나 받아들이지 않는 것은 무엇인가요?

게슈탈트가 철학적으로 관계적이고 장 이론적이라는 사실 때문에 윤리적 실천의 적용은 복잡해진다. 즉, 선악에 대한 절대적인 규칙 목록이라는 생각은 우리의 접근 방식(예 : 도둑질, 살인, 거짓말하는 것은 항상 잘못되었다는 것)에 반한다. 맥락을 고려한 소위 '상황 윤리'(예 : 굶주리는 경우가 아니면 도둑질은 잘못이고 자녀를 보호하는 경우가 아니면 살인은 잘못이며 생명을 구하는 경우가 아니면 거짓말은 잘못이다)조차도 각각의 사건을 독자적으로 공동창조된 것으로 보고 고유한 도덕적 판단을 내리는 진정한 관계적 관점에는 근접하지 못한다.

윤리에 대한 관계적 접근은 어려운 상황에 대한 윤리적 대응은 장에 따라 다르며 '개인과 환경 모두의 발전을 촉진하는' 해결책을 찾는 데 필요한 것으로 본다(Lee, 2007: 2). Lee는 일련의 규칙으로서의 윤리규정과 (윤리적 함의와 결정이 연민, 연결성, 가치를 중시하는 관계적 배경에서 비롯된) 관계 윤리를 구분한다. 관계 윤리는 본질적으로 우리가 어떻게 함께 살아야 하는지에 관한 것이다. 이러한 관점은 신경 과학을 이용하여 관계적 도덕성의 감정적 · 신뢰적 요소를 자세히 설명한 Carroll과 Shaw(2013)에 의해 심도 있게 연구되었다.

우리는 이러한 관점에 박수를 보내지만, 일반적으로 우호적이지 않은 불만의 장에서 윤리적 책임을 판단하는 방법도 필요하다고 생각한다. Lee(2007: 7)는 '모든 가치는 근본적으로 상대적이며 장소와 시대에 따라 변화한다'는 Wertheimer의 말을 인용한다. 그럼에도 불구하고 치료자는 윤리적 문제와 윤리적 딜레마를 다루는 방법을 찾아야 한다. 우리는 치료자가 때때로 윤리적 딜레마로 묘사하는 것이 종종 딜레마가 아닌 경우가 많다고 지적한 Elton Wilson(개인적 교류, 2003)의 의견에 동의한다. 사실, 이러한 딜레마는 치료자가 동료의 부적절한 행동에 이의를 제기하기가 어렵기 때문에 (당연하게도) 꺼리는 상황이다. 딜레마는 없다. 올바른 행동 방침은 분명하지만 단지 두려운 것이다. 진정한 딜레마란 앞으로 나아가는 길이 매우 모호한 경우이다. Elton Wilson은 상황의 윤리적 고려사항을 평가하고 판단하는 데 사용할 수 있는 일련의 매개변수 세트를 제안했다. 우리는 그녀의 연구를 발전시켜 표 25.1을 만들었다. 이 표는 많은 딜레마에서 공통적으로 나타나는 몇 가지 관련 극성이 나와 있다.

진정한 윤리적 딜레마는 두 개 이상의 가치관 사이에 충돌이 있을 때 발생한다. 어떤 행동이 '도덕적으로는 옳지만 불법'일 수 있다(예: 내담자의 지위를 손상시킬 수 있는 사건 기록을 보관하고 있는데 법원에서 소환장을 받은 경우). 또는 '자율성을 지지하지만 안전하지 않은' 행동(예: 알코올 중독 내담자가 운전할 권리를 주장하는 경우)에 대한 딜레마가 있을 수 있다.

물론 이 표는 행동 지침을 제공하는 것이 아니라 대부분의 상담 윤리 및 행동 강령의 공통적인 문제에 대한 알아차림을 촉진할 뿐이다. 게슈탈트 관계적 접근은 또한 개인과 공동체 그리고 보다 넓은 장 조건과의 관계 발전을 촉진하는 반응과 해결책이 필요하다.

제안 25-2

'생각하는 과정'에 익숙해지기 위해 위의 양극에 대한 몇 가지 윤리적 문제를 미리 생각해 보는 것이 도움이 될 수 있습니다. 몇 가지 어려운 사례를 제시합니다.

1. 새로운 내담자가 당신에게 자신이 상담수련 과정에서 거절당할 것이 두려워 심각한 정신 질환을 숨기고 있다고 말합니다. 이 내담자는 상담수련 과정의 필수 요건을 채우기 위해 곧 내담자를 맡게 됩니다. 그리고 그는 당신에게 이 사실에 대해 비밀유지를 해줄 것을 고집합니다.

2. 내담자는 자녀가 위험에 노출될 수 있는 자신의 가족 상황에 대해 이야기 하고 있습니다. 처음 상담을 시작할 때 비밀 유지의 한계 중 하나가 상해를 입힐 위험이 있다고 판단되는 경우라고 명확

(계속)

하게 설명했지만, 당신이 말을 꺼내면 치료적 신뢰가 깨질까 봐 걱정하고 있습니다. 내담자가 자녀를 보호시설에 수용되는 것을 피할 수 있는 능력은 내담자가 이 상담을 지속하는 데 달려 있기 때문입니다.

3. 당신은 내담자 중 한 명으로부터 자신의 친구가 당신 동료 중 한 명과 상담을 했고 성관계를 가졌다는 말을 들었습니다. 내담자의 친구는 이 합의에 만족하고 있으며 당신의 내담자는 그녀가 당신에게 말한 내용에 대해 비밀을 깨뜨리는 것을 허락하지 않는다고 말했습니다.

표 25.1 딜레마와 결과 분석을 위한 양극

접촉 유지하기	또는	접촉 깨뜨리기
합법적인	또는	불법적인
안전한	또는	안전하지 않은
• 생명과 신체 보호		
• 상담자 보호		
• 내담자 보호		
• 공동체 보호		
공정(자연스러운 정의 혹은 공정성)	또는	불공정
관계적 연결 촉진	또는	관계적 연결 감소
정직	또는	거짓
연민	또는	잔인
상호의존 지지하기	또는	고립 만들기
지지적 상담	또는	해로운 상담

윤리적 딜레마에서 발생하는 복잡한 갈등을 보여주는 몇 가지 예가 있다. 내담자의 권리 대 타인의 권리, 법적 요구사항 대 피해 등 내담자의 현재 의사를 존중하는 것과 윤리규정을 지켜야 할 필요성 등이 있다. 어떠한 상황에도 '정답'은 없다.

치료자는 이러한 딜레마에 직면했을 때 문제를 신중하게 검토하고 최선의 방법을 찾아야 한다. 다음의 체크리스트는 모든 중요한 문제를 다루는 데 도움이 될 수 있는 구조와 절차를 제공한다.

윤리적 딜레마 작업

1. 딜레마를 요약한다.

2. 관련된 윤리적 문제를 파악한다.

3. 윤리 강령에서 해당되는 내용을 찾는다.

4. 충돌하는 가치를 파악한다.

5. 법적 제약이 있는지 확인한다(예 : 아동 학대 신고 의무).

6. 모든 가능한 조지 또는 비조치 결정에 대해 브레인스토밍을 한다.

7. (결정을 내리기 전에) 상담 또는 수퍼비전을 받는다.

8. 당신이 내릴 수 있는 각 결정의 가능한 결과를 평가한다.

9. 가장 피해가 적거나 전반적으로 최상의 결과를 가져올 수 있는 결정을 선택한다.

10. 당신의 고려사항과 수퍼바이저와의 대화에서 나온 내용을 날짜와 함께 서면으로 기록한다.

11. 결정에 따라 생활할 수 있도록 자신을 지지할 방법을 계획한다.

12. 선택한 조치를 취한다.

어떤 결정이든 부정적 측면이 없는 결과는 없다는 것을 기억하자. 당신은 어려운 상황에서 항상 최선의 타협을 찾아낸다.

결정에 따른 결과가 나오기 시작하면 수퍼바이저나 해당 분야에 경험이 있는 동료와 자주 상의를 하는 것이 좋다. 또한 소속 기관이나 학회에서 법률 상담이 마련되어 있다면 법적 문제에 대해 조언을 구할 수도 있다.

우리는 건강한 프로세스에 대한 신뢰를 의미하는 게슈탈트의 관계적 그리고 장 이론적 관점에 충실하려고 노력했다. 관계적 치료란 우리가 치료 관계를 공동창조하고 그 안에서 일어나는 관계 패턴, 전이 및 경험을 공동창조하는 것이다. 이러한 상호작용의 대부분은 물론 알아차림 밖에서 비언어적 · 암묵적으로 행해지고, 나중에야 의식적으로 분명해지는 경우가 많다.

이러한 관점에서 불가피한 결과는 윤리적 의사 결정을 내리는 과정에서 객관성이나 확신을 주장하기가 훨씬 더 어렵다는 것이다(그러므로 동료들의 의견을 참여시키는 것이 매우 중요하다). 수퍼바이저로서 수년간의 경험을 통해 우리는 윤리적 불만에 직면했을 때 대부분의 치료자는 공포와 수치심을 느낀다는 사실을 발견했다. 그들은 내담자에게 해를 입히거나 이용하려는 의도가 없었다거나 자신이 비윤리적으로 행동하고 있다는 사실을 알아차리지 못했다고 주장한다.

윤리적으로 행동하고 진정성 있게 보다 넓은 장의 문제를 알아차리기 위해서는 매번 새로운 해결책을 찾는 헌신을 필요로 하며 불확실성이나 완벽하지 못한 결과에 기꺼이 맞서 싸우겠다는 의지가 필요하다. 우리는 또한 '관계적 전환은 윤리적 전환이다'라고 말하는 Blum(2011: 300)의 주장에 동의한다.

권장문헌

Bernhardtson, L. (2008) 'Gestalt ethics: a utopia?' *Gestalt Review*, 12 (2): 161–73.

Bond, T. (2015) *Standards and Ethics for Counselling in Action*. London: Sage.

Carroll, M. and Shaw, E. (2013) *Ethical Maturity in the Helping Professions*. London: Jessica Kingsley.

Gremmler-Fuhr, M. (2001) 'Ethical dimensions in Gestalt therapy', *Gestalt Review*, 5 (1): 24–44.

Jacobs, L. (2004) 'Ethics of context and field: The practices of care, inclusion and openness to dialogue', in R. Lee (ed.), *The Values of Connection*. Cambridge, MA: Gestalt Press.

Lee, R. G. (2002) 'Ethics: A gestalt of values', *Gestalt Review*, 6 (1): 27–51.

Lee, R. G. (ed.) (2004) *The Values of Connection – A Relational Approach to Ethics*. Cambridge, MA: Gestalt Press.

Melnick, J., Nevis, S. and Melnick, N. (1994) 'Therapeutic ethics: A Gestalt approach', *British Gestalt Journal*, 3 (2): 105–13.

Pope, K. and Vasquez, M. (2016) *Ethics in Psychotherapy and Counselling: A Practical Guide*. San Francisco, CA: Jossey-Bass.

제26장

게슈탈트 상담연구 :
성찰하는 상담자

이 장의 마지막에서 당신의 게슈탈트 상담 실천을 향상시킬 수 있는 다양한 연구 방법에 대한 몇 가지 훌륭한 자료들을 추천한다. 이 장에서는 연구의 필요성에 대한 상담자의 관심을 자극하고, 게슈탈트에 적합한 프로젝트를 시작하는 방법을 설명하며, 무엇보다도 게슈탈트 심리치료의 실천에 대한 **연구 태도**를 갖도록 장려하기 위한 몇 가지 아이디어를 제시하고자 한다.

연구란 무엇인가?

여러 면에서 창조적 삶 자체는 특별한 날에 어떤 레스토랑이 가장 적합한지, 자녀에게 가장 적합한 학교는 어디인지, 어떤 종류의 수련이 더 필요한지 판단하는 등 지속적인 연구를 필요로 하는 과정이다. 이 과정은 태어날 때부터 시작된다. 예를 들어 초기 학교 교육에서 가장 중요한 과제는 다른 사람들과 사귀는 방법을 발견하고 이 세상에 존재하는 것과 관련한 애정, 경쟁 및 상충되는 욕구의 도전들을 협상하는 방법을 알아가는 것이다. 즉, 비공식적으로 연구라는 것은 우리에게 중요한 것에 대한 새롭고 유익한 정보를 찾는 것이다.

간단히 말해 연구란 특정 주제에 대한 체계적인 학습을 통해 기존의 지식이나 이론과 관련된 지식과 이해를 향상시키는 것을 의미한다. 심리치료 환경에서는 임상 실습에도 유용해야 한다. 좋은 연구는 신뢰할 수 있는 데이터를 수집·분석하고, 이해하는 방법을 알고, 의미 있고, 일반화가 가능하며, 유용한 결론을 도출하는 창의적인 과정이다.

아래에서 논의하는 연구 유형은 좋은 게슈탈트 치료와 마찬가지로 연구자에게는 변혁적인 경험이다. 연구 과정은 새로운 이해와 새로운 방향을 향한 탐구를 담고 있으며 전체론적이고, 현상학적이며, 장에 민감한 대화적 과정이다.

연구는 왜 중요한가?

여기에는 실용적인 이유와 열망 등 여러 가지 이유가 있다.

◆ 많은 정부기관 및 고용주는 발표된 연구 결과를 이용하여 가장 효과적인 심리치료 방법과 소요 시간을 결정한다. 이는 어떤 치료 방법을 장려하고 홍보하며 공식적으로 인정할 것인지에 대한 장기적인 계획 결정으로 이어질 수 있다.

◆ 당신(및 당신의 내담자)의 건강함의 정의에 따라 어떤 유형의 심리치료가 가장 효과적인지, 어떤 개입이 유익하거나 유해한지를 아는 것은 치료자에게 윤리적이고 전문적인 의무이다.

◆ 우리가 제공하는 치료가 효과적이며 더 나아가 내담자의 특정 증상이나 욕구에 효과적이라는 신뢰할 만한 증거를 확보하는(요청이 있으면 제공하는) 것은 전문적으로 유용하다.

◆ 연구는 많은 새로운 아이디어의 원천이 되어 왔고 심리치료 분야에서 중요한 발전을 이끌어왔다(예 : 가장 최근에는 신경 과학 및 영유아 연구). 연구 증거는 새로운 이해를 바탕으로 게슈탈트 상담 수련과 실천을 최신 상태로 유지하는 데 도움이 된다.

◆ '연구 자세'를 취하는 것은 성찰적 실천 정신을 장려하며, 이는 수련의 효과를 높이는 것으로 확인되었다(van Rijn et al., 2008).

두 가지 다른 연구 방식

게슈탈트 연구에 대한 관심이 대폭적으로 부족하고 관계적 상담자가 발표한 연구 증거가 상대적으로 부족한 것은 주로 '과학적' 또는 **양적 연구**에 대한 태도에서 비롯된 것이다. 이러한 전통적인 과학(또는 '실증주의') 연구는 사람을 객관적이고 공정하게 연구할 수 있다는 전제에서 출발한다. 이러한 방식의 연구는 '원거리' 방식을 따른다. 객관적 접근을 시도하고, 숫자나 수치를 다루는 경우가 많기 때문에, '양적'이라는 이름이 붙여졌다. 이는 발견해야 할 '거기에 있는' 진실을 밝혀내려는 시도이며, 신뢰할 수 있고 일반화할 수 있는 증거를 수집하기 위해 일반적으로 많은 표본 수에 의존한다.

그러나 최근에는 '포스트 포지티브' 또는 '포스트 모던' 사고라고 불리는 것에 기반한 다른 연구의 관점이 더 받아들여지고 있는데, 이는 확실히 게슈탈트 이론의 주요 입장과 맥을 같이 한다. 게슈탈트 이론은 다양한 현실이 존재하고 진실은 각자 다를 수 있으며 탐색 과정에서 무엇이 발견되어지는가에 반드시 영향을 미친다는 가정에서 출발한다. 즉, 각 연구자는 각자의 고유한 맥락(또는 장조건)이 포함된 대화를 한다는 것을 의미한다. 그러므로 연구자가 던지는 질문, 연구자가 묻고 탐색하는 방식, 의미 부여는 모두 연구자 개개인에게 독특할 것이다. 이러한 방식의 연구는 참여적이고 협력적이며 주관적인 것으로 데이터의 측정 가능성뿐만 아니라 경험의 본질에 중점을 두는 '질적 접근법'이라고 불린다.

> **제안 26-1**
>
> 당신은 새 차를 구입하기로 결정했습니다. 여러 자동차 잡지 설문조사에서 특정 모델이 신뢰성이 높고 운전하기 쉬우며 유용하며 가성비가 높다고 추천합니다. 당신은 이러한 조사와 숫자(양적 증거)에 얼마나 영향을 받으시나요? 반면에 이러한 정보가 자동차 구매 가능성에 거의 영향을 미치지 않으며 오랜 시승 경험(질적 증거)을 한 후에 결정을 내릴 것이라고 이야기하실 건가요?

양적 및 질적 연구 방법은 서로 다른 목적에 유용하다. 양적 연구는 유용한 변별력을 확보하고 효과성에 대한 데이터를 제공하는 반면 질적 연구는 맥락과 깊은 이해를 제공할 수 있다. 게슈탈티스트는 일반적으로 질적 연구를 선호하지만 두 연구 방법 모두 가치가 있고 동일한 전체의 다른 측면을 나타내는 것이기 때문에 두 가지를 통합하는 것이 도움이 될 때가 많다. 이 두 가지 방법을 함께 사용하면 연구에 대한 풍부하고 의미 있는 그림을 얻을 수 있다. 이러한 통합을 성공적으로 수행하기 위해서는 현상학적 탐구 자체를 목적으로 하는 '순수' 연구와 특정 상황을 개선하거나 심리치료 결과와 같이 문제 해결을 목적으로 하는 '응용' 연구로 대표되는 두 가지 연구수행의 동기가 서로 다르다는 점을 이해하는 것도 도움이 된다.

　연구자로서의 게슈탈트 상담자는 잠재적으로 이 두 가지 유형에 걸쳐 있다. 순수 연구 모드에서는 자신과 내담자의 에너지를 따라 창조적 무심의 자세를 취하며 이해를 추구하되 의미가 자연스럽게 떠오르도록 허용한다. 응용 연구 모드에서는 자신의 개입을 평가하고 효과성을 살펴본다. 이러한 평가 접근 방식은 단기 계약을 제공하고 내담자 및 치료비용 지원 기관에 효과성을 증명해야 하는 경우에 필요하다.

　모든 유형의 심리치료 연구는 윤리적 관계 원칙이라는 일반적인 범주에 놓이게 된다. 어떤 식으로든 심리치료의 전문적인 질적 향상을 위한 전반적인 목적이 있을 것이다. 상담자는 자신의 연구가 연구 참여자의 보호(익명성과 존엄성 모두 포함), 사전 동의, 자유(참여 여부 및 언제든지 철회할 수 있음), 적절한 모니터링 및 수퍼비전 등의 원칙을 준수하는지 확인해야 한다. 당신의 소속 전문기관이 보유하고 있는 윤리적 연구 원칙에 대한 자세한 내용은 해당 기관에서 확인할 수 있을 것이다.

연구 논쟁 : 심리치료의 효과

지난 반세기에 걸친 심리치료 결과 연구는 모든 주요 치료 접근법이 효과적이라는 사실을 반복적이고 설득력 있게 밝혀냈다(Luborsky et al., 1975; Elliot, 2002; Cooper 2008b 참조).

　결과 연구에 대한 메타 연구는 치료 이론과 방법론의 우수성이 아니라 내담자와 상담자 사이에서 일어나는 일과 주로 관련한 특정 '공통 요인'이 효과적인 치료에 중요하다는 것을 보여준다(Asay & Lambert; 1999, Wampold, 2001). 치유 관계라고도 불리는 이 관계는 다음과 같은 특징이 있다.

◆ 내담자가 자신의 결점이나 취약성을 드러내도 수용되고 확인받았다는 느낌을 갖게 하는 치료자의 상호 존중과 공감적 이해
◆ 치료자가 내담자에게 가장 유용하다고 생각하는 것을 내담자와 상담하는 실천에 대한 연구 태도를 포함한 치료의 목표와 과정을 내담자와 공유함(Miller et al., 2008).
◆ 실험하고 피드백을 받을 수 있는 기회
◆ 실천에 대한 연구 태도

일부 문제들은 어떤 접근법이 다른 접근법보다 더 효과적일 수 있지만, 일반적으로 내담자의 견해에 반응하는 상담자가 유능하고 자신 있게 사용하는 일관된 접근법은 유익한 효과를 가져올 수 있다.

현재 논쟁의 여지는 연구 증거가 증상 완화를 목적으로 하는 단기적이고 결과 중심의 메뉴얼화 된 심리치료(예 : CBT 등)를 더 지지하는지, 아니면 게슈탈트, 정신역동, 인간 중심 등의 관계 지향적 심리치료(결과 중심적이지 않고 때로는 치료 기간이 더 길며 보다 포괄적인 총체적 변화를 목적으로 하는 심리치료)를 더 지지하는지에 관한 것이다.

증상을 완화하는 심리치료는 비슷한 증상을 가진 비슷한 수준의 그룹을 대상으로 치료 개입을 시험하는 수많은 무작위 대조군 시험에 의해 뒷받침되어 왔다. 이 '증거 기반 훈련'은 최선의 치료법을 찾기 위해 특정 증상에 무엇이 효과가 있는지에 대한 모든 데이터를 수집한다는 좋은 의도에서 시작되었다. 그러나 이는 '인간적인' 변수를 배제하고 메뉴얼화 된 접근법을 설계하는 결과를 낳았다. 이는 '있는 그대로'에 대한 지속적이고 유연한 반응이 아니라 '고정된 게슈탈트로서의 연구 증거'의 사례로 보인다. Yontef와 Jacobs(2013: 328)가 말했듯이, 이는 '주로 자신의 가치관과 개인적인 의미를 중심으로 하는 대화적 노력을 적절히 지지하지 못한다'고 할 수 있다. 여기에는 본질적인 역설이 있다. 즉, 신뢰성이 높고 정량화가 가능하며 변수의 영향을 최소화하기 위해 보다 엄격한 기준이 적용될수록 실험이 아닌 비실험적 환경 장면에서 실제 임상 사례를 더 대표하지 못한다는 것이다. 다시 말해, 그 엄격함은 내담자의 '상황'을 고려하지 않고 내담자의 단 하나의 문제만 제시하도록 요구한다!

관계적 치료 또한 다양한 요인에 대해 효과적이라는 충분한 연구 증거를 가지고 있으며, 많은 경우 광범위한 효과, 특히 내담자의 일반적인 삶의 질 향상을 가져온다. 여기서 주된 비판은 연구의 수가 적고, 더욱 중요하게는, 각 치료법이 각 내담자와 독자적으로 공동창조되기 때문에, 표준 치료법을 비교하는 연구에는 적합하지 않다는 사실이다. 게슈탈트 연구에 관련한 가장 상세한 연구는 Greenberg와 그의 공동 연구자들의 연구(예 : Greenberg & Watson, 2006)와 다양한 진단을 가진 적어도 3,000명의 내담자를 대상으로 한 60개의 연구를 인상적으로 리뷰한 Strumpfel(2004)의 연구가 있다. 연구 결과에 따르면, 게슈탈트 치료는 지금 여기, 진정한 관계적 접촉, 실험을 통한 학습 기회를 강조하는 것으로 효과적인 치료의 '공통 요인'을 통합하고 있다. 많은 경우 게슈탈트 심리치료는 다른 치료법과 동등하거나 그 이상의 효과가 있다(Brownell, 2008 참조). 대부분의 연구가 질적 및 과정 기반이기 때문에 치료비용 제공 기관에서 증상 완화 기반 증거만큼 '과학적'으로 타당하다고 보지 않는 것은 사실이다. 그러나 최근 몇 년 동안 전 세계의 게슈탈트 상담자들이 '게슈탈트 치료를 위한 연구 전통 확립의 도전'(AAGT[1]와 게슈탈트 국제연구센터가 주최한 2013년 컨퍼런스의 제목)에 착수했다. 우리는 학술연구와 게슈탈트의 철학, 원칙, 실천을 통합하는 학습 커뮤니티를 발전시키려는 이 운동의 결실을 기대한다. 게슈탈트 연구의 인상적인 예는 Fogarty 등(2016)이 실시한 델파이 연구에서 찾아볼 수 있다. 이 연구에서는 전 세계 게슈탈트 60명의 게슈탈트 전문가를 대상으로 설문조사를 실시하여 게슈탈트 실천의 20가지 기본 개념을 도출했다. 이 연구의 목적은 게슈탈트에 의한 공식적인 양적 연구를 가능하게 하는 '충실도 척도'를 만드는 것이었다. 비록 Philippson이 지적했듯이, '당신과 함께 하는 나는 누구인가?'와 '나와 함께 하는 당신은 누구인가?'와 같이 측정할 수 없는 게슈탈트의 관계적 측면을 어쩔 수 없이 배제하고 있지만(Philippson, 2017: 57), 이는 '실증주의' 연구 세계를 납득시킬 수 있는 방식으로 게슈탈트의 역동성을 공략하기 위한 한 단계이다.

게슈탈트가 연구 분야에서 큰 공헌을 할 수 있는 중요한 방법이 있다. 게슈탈트가 강조하는 탐구, 실험, 성찰(자신의 경험을 알아차리고, 반영하고, 질문하는 것)은 '실천 기반 증거', 즉 실제 치료 연구에서 무엇이 효과적인지를 배우는 데 적합하다. 게슈탈트 치료자는 실제로 무엇이 효과가 있는지, 어떤 개입이 가장 도움이 되고, 어떻게 해야 하는지를 보다 상세하게 탐구하는 데 이상적인 위치에 있다.

여기에서는 실행 연구와 사례 연구라는 두 가지 연구 방법에 중점을 두었다. 이는 우리가 보기에 심리치료에 대한 게슈탈트 접근 방식과 특히 더 양립할 수 있다고 생각했기 때문이다.

모든 훌륭한 게슈탈티스트는 이미 실행 연구를 하고 있다

실행 연구는 행동탐구, 장점 탐구, 협력 탐구 등이 포함된 일련의 방법들이다.

실행 연구는 인간의 가치 있는 목적을 추구하기 위해 실용적인 지식을 개발하는 것과

---

1 역주) 게슈탈트 치료발전을 위한 국제협회(International Association for the Advancement of Gestalt Therapy)로 게슈탈트 치료 및 다양한 응용 분야의 이론, 철학, 실습 및 연구발전에 회원들을 연결하는 비영리단체를 말한다. 웹 사이트는 iaagt.org이다.

관련된 참여적이고 민주적인 과정이다… 행동과 성찰, 이론과 실천을 다른 사람들과 함께 연결하여 문제에 대한 실질적인 해결책을 추구하는 것이다. 사람들에게, 그리고 더 일반적으로는 개인과 공동체의 번영에 대한 절박한 관심이다. (Reason & Bradbury, 2001: 1)

실행 연구는 개인적 경험의 중요성을 되찾아준다. 그것은 '파괴하려는 특성을 가지고 있다. 그것은 모든 것을 검토한다. 경청을 강조한다. 질문에 중점을 둔다. 용기를 길러준다. 행동을 유발한다. 성찰을 부추기고 민주적 참여를 지지한다(Coghlan & Shani, 2008: 651).' 그러므로 우리는 게슈탈트와 실행 연구의 원칙은 완전히 양립할 수 있다고 본다.

유능한 게슈탈트 상담자는 내담자와 함께 새로운 정보, 새로운 지식, 새로운 의미를 찾고 발견하면서 이미 실행 연구를 수행하고 있다고 할 수 있다. 현상학적 탐구의 실천(21~28쪽 참조) 그 자체는 선입견과 추측을 괄호로 묶고, 데이터를 수집하며, 지금 여기에서 경험의 세부 사항에 초점을 맞추고(묘사하기), 어디에나 의미가 나타날 수 있도록(수평주의) 허용하는 것을 담고 있다. 본질적으로 이것은 지속적이고 신중한 연구이다.

수퍼비전의 성찰 공간도 이 과정의 일부이며, 개입 전략을 재평가하거나 다양한 초점 영역을 탐색할 수 있는 장소이다(Chidiac et al., 2017).

치료 회기가 끝난 후 조용히 앉아 무슨 일이 일어났는지 회상하고, 패턴, 주제 또는 변화 지점을 찾아보고, 그 안에서 자신의 역할을 되돌아볼 수 있다. 그러면 내담자가 말한 내용의 영향을 놓쳤다는 것을 알아차리고, 새로운 관점에서 상담 회기를 마음속으로 재실행하여 다른 이해에 도달할 수 있다. 그런 다음 수퍼비전에서 이에 대해 논의하고, 개입 전략을 재평가하거나, 다음 회기에 내담자가 이전 세션에 대해 어떻게 느끼거나 생각했는지 확인하여 더 자세히 탐색할 수 있다.

사례 26-1

우울한 내담자가 떠난 후, 상담자는 회기를 회상하면서 왜 마지막에 관계가 그렇게 어색해졌는지 궁금했다. 상담자는 내담자와의 대화를 살펴보던 중 내담자의 실직에 대해 물었을 때 자신도 모르게 내담자가 수치심 반응을 일으킨 것을 알아차렸다. 수퍼비전 과정을 통해 상담자는 자신이 내담자의 복직에 대해 공을 들이고 있었는지, 그리고 이것이 어떤 방식으로든 전이 실연이 아닌지 궁금해졌다. 상담자는 다음 회기에 상담자의 질문이 내담자에게 어려웠는지를 확인하고 자신이 비판적으로 보였는지를 물어보기로 했다.

요약하자면 게슈탈트의 관점에서 볼 때, 내담자와의 모든 회기는 공동으로 만들어진 탐색 연구이다. 성찰적 게슈탈트의 실천은 임상 문제를 파악하고, 내담자와 함께 인상과 정보를 수집하고, 비교하고, 주제와의 연결고리를 찾고, 새로운 아이디어를 만들어낸 다음, 새로운 시각으로 문제를 되돌아보고, 새로운 개입과 실험을 하고 다시 탐구하는 연속적인 사이클이다. 내담자의 **프로세스**를 이해하는 것이 주요 작업이지만, 이 노력의 관계적 특성은 치료자 자신의 관점과 반응도 고려해야 한다는 것을 의미한다. 이 연구 과정은 치료자에게도 배움의 과정이며 대개 치료자와 내담자 모두에게 변화를 가져다주는 과정이다. 그리고 이는 실행 연구의 기본이기도 하다.

기본적인 방법은 **계획-행동-관찰/성찰-행동**의 사이클을 반복하는 것이다. 이 방법은 실천에 기반을 두고 있으며, 게슈탈트 치료의 본질이라고 앞에서 언급한 일종의 성찰과 공동 탐구를 위한 구조를 제공한다. 예를 들어 보자.

한 내담자가 자신을 잔인하게 차버린 남자 친구에 대한 생각이 머릿속에서 떠나지 않는다며 자신을 비난하고 있다.

▶ 내담자가 말하는 동안 그녀의 신체 반응을 보고 반전된 분노에 접촉해야 한다고 결정한다 (**계획**).

▶ 내담자가 거절당한 것을 떠올릴 때 분노 감정에 주의를 기울일 것을 제안한다(**행동**).

▶ 내담자가 그렇게 하려고 하면 할수록 자기 주장을 하지 못하는 자신의 무능력에 대해 더욱 더 자기 비판적 태도를 취하는 것을 알아차리고, 당신도 내담자에게 좌절감을 느끼기 시작한다는 것을 알아차린다(**관찰**).

▶ 이 두 가지 결과의 의미가 궁금해진다(**성찰**).

▶ 분노에 대한 개입을 포기하고 대신 내담자의 자기 비난에 초점을 맞추기로 결정한다(**새로운 계획**).

▶ 내담자가 자신을 비난하는 것을 공감하면서 조용히 듣는다(**행동**).

▶ 내담자가 어린 시절 아버지에게 거절당했다고 느꼈던 순간이 떠올랐다는 이야기를 듣는다 (**관찰**).

▶ 어린 시절과의 연결고리를 만드는 것이 내담자에게 최우선 과제라는 것을 깨닫는다(**성찰**).

▶ 등등 …

또 다른 탐구 방법으로 상담의 한 측면에 대해 개인적으로 성찰적 질문을 하는 것도 좋다. 당신은 앞의 내담자와는 대조적으로 자신의 불행을 다른 사람의 탓으로 돌리는 또 다른 내담자와 직면하는 것을 꺼리면서 당신이 비효율적이고 갇혀 있다는 느낌을 알아차린다.

▶ 내담자와 함께 앉아있는 동안 당신 자신의 내적 경험을 모니터링하기로 결정한다(**계획**).

▶ 내담자가 이야기하는 내내 끊임없는 내담자의 비난에 짜증이 나지만 이 사실을 내담자에게 이야기할 생각을 하니 불안해지기 시작한다는 것을 알아차린다. 말을 준비하면서 당신의 불안은 두려움으로 바뀌고 결국 공감하는 말만 하고 있다(**관찰**).

▶ 상담 회기가 끝난 후 당신은 자신에게 직면이 어떤 의미인지 생각하고 느끼면서 시간을 가진다. 당신은 '내가 공감하지 않으면 내담자가 나를 싫어할 것이다. 그녀는 나를 비난하기 시작할지도 모른다'라는 자신의 신념을 알아차리게 된다. 직면하기를 꺼리는 마음이 다른 사람에게도 적용되는 것은 아닌지 궁금해진다(**성찰**).

▶ 당신은 모든 내담자와의 직면 방식을 모니터링하기로 결정한다(**계획**).

▶ 한 주 동안의 상담 과정에서, 당신이 직면하는 모든 내담자들이 모두 당신이 정말 좋아하는 내담자라는 것을 깨닫는다(**관찰**).

▶ 성찰하는 시간, 갈등과 호감 사이의 연결고리에 대해 다시 생각한다. 당신은 내담자를 직면하고 싶다는 원래의 충동이 사실은 내담자를 비난하고 싶은 욕구였다는 것을 알게 된다(**성찰**).

▶ 당신은 내담자에게 피드백을 줄 수 있도록 허락을 구하고 당신이 알아차린 것을 간단히 언급하고, 불안을 조절하기 위해 자신의 호흡에 주의를 기울이기로 결정한다(**계획**).

첫 번째 예에서, 성찰하는 상담자는 이 특정 내담자와 관계적으로 상담하는 것에 대해 무언가를 이해할 수 있다. 두 번째 예에서 상담자는 힘에 대한 자기 발견의 여정에 있다. 두 경험 모두 성찰하고, 행동하고, 실험하고, 효과에 대한 학습을 담고 있다.

다음은 당신의 상담을 탐구하고 발전시킬 수 있는 간단한 개인적인 실행 연구의 형식이다.

1. 계획
당신의 상담 사례를 살펴보고 질문하고 싶은 영역을 생각해 본다. 예를 들어 '나의 자기개방이 내담자에게 미치는 영향은 무엇인가?', '상담 장면에서 긴 침묵이 어려운 이유는 무엇인가?', '내담자가 괴로울 때 내담자의 기분이 나아지도록 돕고 싶은 나의 욕구가 어떻게 효과적인 직면을 방해하는가?' 어떤 아이디어나 이론을 바탕으로 하는지 주목한다.

이것을 어떻게 탐색하고 행동 계획을 세울지 생각해 본다(예 : 다음 긴 침묵 동안 나는 내담자가 어떤 말을 하는지를 모니터링하고 나의 신체적 긴장을 알아차리고 내담자에게 침묵이 어떤 영향을 미치는지를 질문할 것이다).

2. 행동
실험을 진행한다.

3. 관찰
데이터와 정보를 모은다.

4. 성찰
회기가 끝난 후 혹은 수퍼비전 중에 그 경험에 대해 생각해 보고, 어떠한 배움이 있었는지 확인하고, 어떤 새로운 의문이 생겼는지 알아차린다. 그리고 사이클을 계속 진행한다.

훈련 중인 많은 수련생들에게 잠재적으로 중요한 세 가지 연구 프로젝트는 프로세스 보고 서이다. 여기에는 실제 내담자의 상담 회기를 분석·기록한 프로세스 보고서, 단일 사례 연구(다음에서 다룰 것임), 그리고 많은 실습 과정에서 필수로 요구되는 진행 중인 상담일 지가 해당된다. 분석된 녹취록은 이미 당신의 임상 기술 향상을 위한 실행 연구 프로젝트 의 유용한 기초자료이다. 상담 일지에 기록된 임상적 성찰은 그 자체로 성찰적 실천과 연 구 노력이 될 수 있다.

사례 연구

게슈탈트에 적합한 두 번째 연구 방법은 사례 연구이다. 사례 연구를 수행하는 데에는 크 게 두 가지 주요 이유가 있다. 첫째는 상담자가 효과적인 치료 관계를 형성하고 적절한 치 료적 개입을 하고, 윤리적이고 전문적인 실천을 하며, 일어난 일에 대해 비판적 성찰을 할 수 있는 능력을 보여주는 것이 많은 수련 과정에서 요구되기 때문이다. 다른 하나는 잘 문 서화되고 엄격하게 분석된 증거를 작성하고 발표함으로써 치료 회기에서 실제로 일어나는 일을 이해하고 치료 효과를 높이며, 정책 담당자에게 영향을 줄 수 있는 근거를 제공하기 위함이다.

특히 사례 연구를 할 때 고려해야 할 중요한 영역은 좋은 결과가 분명히 당신이 설명하는 치료에 기인한 것인지 아니면 내담자의 삶의 다른 수단이나 다른 요인에 의해 영향을 받은 것인지의 여부이다. 내담자가 상담에서 기대했던 바를 달성했는가? 이에 영향을 준 치료자와 심리치료에는 어떤 요인이 있었는가? 어떤 요인이 결과에 영향을 미쳤는가? 상담 없이 변화가 일어났을 가능성은 어느 정도인가?

효과성을 입증하기 위한 사례 연구는 철저하고 포괄적인 서술, 문제의 기준점을 파악하는 방법, 치료 과정에서의 프로세스를 평가하는 방법, 치료 종료 시점의 변화를 평가하는 방법이 포함되어야 한다. 내담자의 관점에서의 변화를 측정하기 위한 '변화 인터뷰'와 결과의 '원인'을 평가하기 위한 '타당성 기준'(둘 다 Elliott et al., 2001에 의해 개발됨)을 살펴보는 것이 도움이 될 것이다.

다양한 유형의 사례 연구

McLeod(2010)는 단일 피험자 설계, 이론 구축 사례 연구, 실용적 사례 연구, 해석학적 단일 사례 효과 연구 및 내러티브 사례 연구의 다섯 가지 다양한 유형의 사례 연구에 대한 훌륭한 자료를 제시한다. 이 연구의 목적은 모두 조금씩 다르다. 즉, 치료의 효과나 결과를 평가하려는 것, 어떤 내담자에게 무엇이 가장 효과적인지 판단하려는 것, 이론을 정교하게 다듬기 위한 것, 치료자에게 무슨 일이 일어났는지를 독자에게 알려주기 위한 것, 만남의 의미를 탐구하는 것 등이 있다. 사례 연구의 대상이 되는 내담자를 선택할 때는 어떤 유형의 사례인지, 어떤 흥미로운 문제나 가설이 있는지를 고려해야 한다.

단순히 인정을 받을 수 있는 충분한 '역량'을 입증하는 것 외에 특정 작업을 평가하거나 탐구하는 데 매력을 느끼는 이유는 무엇일까? 특정 작업 방식의 효과를 조사하거나, 새로운 가설을 세우거나, 기존 가설을 설명하는 등 이론을 검증하기 위해 그 작업을 사용할 수 있을까? 당신은 게슈탈트 '활동가들'에 의해 이미 효과적인 실천으로 인정받은 것으로, Parlett가 확인한 몇 가지 측면을 연구하고 싶을 수도 있다(Parlett, 2009: 331-339).

사례 연구의 방법론은 목적에 따라 엄격함과 구체성의 수준이 다양하다. 한쪽 끝에는 내러티브 사례 연구가 있는데, 이것은 치료자와 내담자 사이의 과정을 깊이 탐구하기 위해 성찰 과정을 도입하겠다는 약속 외에는 아무런 요구사항이 없다. 다른 한쪽 끝에서 사례 연구는 보다 객관적인 평가의 요소가 포함될 수 있다. 예를 들어 사례 연구 실험설계

(CSED Case Study Experimental Design)와 같이 체계적인 데이터 수집 및 분석, 타당성 평가를 위한 지정된 매개변수 및 기준이 포함될 수 있다. 인증 프로세스에서 흔히 볼 수 있는 사례 연구 유형은 이 두 양극 사이에 위치한다.

상담자 연구 네트워크

사례 연구는 하나의 연구에서 얻은 지식을 대규모의 종합적인 연구로 발전시킬 수 있다는 또 다른 이점이 있다. 예를 들어 McLeod(2010: 211)는 팀 기반 실무자 연구 모델이라고 부르는 사례 연구 조사 그룹을 소개한 바 있다. 이것은 실행 연구의 '2인칭 탐구'이며 협력 탐구의 한 형태다. 여기에서 팀 기반 실무자는 함께 작업하는 사람들(수련생과 자격을 갖춘 상담자)의 일부가 된다. 그들은 사례 연구 프로젝트를 계획하고, 윤리적 동의를 얻고, 서로를 활용하여 데이터를 수집 및 분석하여 규범의 유효성을 확인하고, 외부 심사를 위해 결론을 제출하고, 논문 또는 책으로 출판할 사례 보고서를 준비한다. 이를 통해 상담 연구자들은 실무자 연구 네트워크에서 함께 작업하고 서로 다른 사례 연구를 비교하는 대규모 연구를 수행할 수 있다. 그런 다음 정책 의사 결정 기관에서 합리적 증거로 효과적으로 경쟁할 수 있다.

여기에는 또 다른 강점이 있다. 일반적인 사례 연구는 풍부하고 상세한 내러티브를 제공하지만, 한 사람의 이야기이기 때문에 치료 회기에서 일어난 모든 것을 묘사하거나 반영할 수 없다는 한계가 있다. 그것은 또한 필자의 편견과 선택적 기억에 따라 내용이 달라질 수 있다. Spence(1989, 2001)는 이것을 치료의 어떤 측면이 우선시되는 반면 바람직하지 않거나 부정적인 측면은 간과되는 '내러티브 스무딩[2]'이라고 부른다(특히, 평가 장면의 합격 또는 불합격 평가를 받는 맥락에서). 사례 연구 조사 그룹 구성원의 상호 모니터링은 이러한 영향을 완화하는 데 도움이 될 수 있다.

상담자 연구 네트워크(PRN Practitioner Research Networks)는 Brownell(2008)이 주창한 교육 기관과 대학에서 '게슈탈트 치료 연구 공동체'를 장려하는 연구 프로젝트 모델 중 하나가

---

2 역주) 이야기의 흐름을 조정하여 조금 더 조화로운 전체적인 경험을 제공하는 것으로 주로 문학, 영화, 이야기 기반 매체에서 사용되는 개념이다. 이야기를 전달하는 방식을 조정하거나 수정하여 불일치나 갑작스러운 전환을 완화하는 데 사용하여 플롯 구조, 대사, 캐릭터의 행동, 시간의 흐름 등의 요소들을 조정하여 이야기를 더욱 자연스럽고 흐름있게 만드는 작업을 의미한다(Chat GPT).

될 수 있다.

여기에 자세히 설명할 지면이 없기 때문에 장의 마지막에 있는 권장문헌에서 사례 연구, 다양한 접근 방식 및 진행 방법을 설명하는 훌륭한 서적과 기사를 소개한다.

연구태도와 편향

개별적으로 또는 대규모 연구 프로젝트의 일부로 연구를 수행하는 경우 가장 중요한 첫 번째 출발점은 당신의 태도이다. 게슈탈트 실천가가 가져야 할 많은 유용한 자질 중 좋은 연구에 가장 근본적인 것은 열린 마음, 방어적이지 않음, 호기심과 참여, 특정 결과에 대한 창조적 무심, 탐구하고 배우려는 의지이다.

두 번째 조건은 성찰로, 치료자가 자신의 감정과 반응을 알아차리고, 자신의 치료 프로세스에 비판적으로 반영하며, 연구 초점에 미치는 치료자의 영향을 관찰할 수 있는 치료자의 능력이다. 이는 연구자의 출발점에서의 가정('연구자 편향'으로 알려져 있음)의 영향, 연구자와 연구대상의 상호작용의 장, 그리고 이 모든 것이 연구 결과에 미치는 영향을 고려하는 것이 중요하다는 점을 강조한다. 이러한 의미에서 훌륭한 관계적 심리치료는 성찰적 접근의 핵심이다.

성찰적이라는 것은 우리가 생활하고 활동하는 개인적, 관계적, 문화적 장과 이것이 우리가 세상을 이해하는 방식과 연구의 출발점에 어떤 영향을 미치는지를 알아차리고 있다는 것을 의미한다. 달리 말하면, 우리가 연구를 시작할 수 있는 '중립적인' 입장은 존재하지 않고 우리는 항상 편향되어 있으며 고유한 의미를 만들어내고 있다는 것을 의미한다. 연구 결과를 제공할 때, 연구의 독자(또는 내담자)가 우리의 연구자 편향과 결론에 대해 자신의 의견을 가질 수 있도록 개방성과 정직성으로만 편향을 선언할 수 있다. 연구 결과에 필연적으로 영향을 미칠 수밖에 없는 연구자의 가치관과 신념에 대한 이러한 투명성은 Etherington(2004)이 '연구자의 성찰' 또는 '비판적 성찰'이라고 부르는 것으로, 연구자의 편향으로 인해 발생되는 일종의 왜곡된 결과를 완화하는 데 어느 정도 도움이 된다 (Luborsky et al.).

자신의 모든 상담을 연구하기

 제안 26-2

당신이 누군가에게(예 : 가장 친한 친구에게) 다른 치료자를 추천하고 싶다고 상상해 보세요. 누가 가장 적합한 인물이고, 어떤 치료 접근이 가장 적합한지 어떻게 결정하나요? 선배, 자격, 평판 또는 직접 만나서 호감을 느꼈는지 여부에 따라 결정하나요? 그들의 치료 접근 방식에 대한 연구 증거를 확인하나요?

잠시 멈춰 서서 스스로에게 물어보자. 당신 자신의 상담에서 상담 실패를 얼마나 분석하고 있는가? 성공 사례에서 얼마나 적극적으로 배우고 있는가? '나는 효과적인 심리치료사인가? 그것을 어떻게 알 수 있는가?'

상담의 효과성 연구하기

우리는 치료자로서의 자신의 상담 효과를 어느 정도 파악하는 것이 중요하다고 생각한다. 우리는 이미 게슈탈트 연구와 가장 관련성이 높은 분야가 과정 연구라고 주장한 바 있다. 우리는 또한 결과를 평가하는 것을 지지한다. 그러므로 우리는 지나치게 결과를 중시하는 것을 옹호하지 않지만, '실천 기반 증거'라는 반영적이고 반응적인 접근을 유지하는 범위 내에서 결과 평가는 필요하고 가능하다고 믿는다. 이는 비효율적인 관행을 피하고 지나친 자기 비판(그리고 흔하진 않지만, 지나친 자화자찬!)에 대응할 수 있는 지침이 될 것이다.

다음 질문은 당신이 검토하고 있는 특정 내담자에 대한 효과성을 되돌아보는 데 도움이 될 수 있다. 대부분의 치료 과정에서 어려운 문제를 해결해 나가면서 상담자와 내담자 모두에게 어려움, 혼란, 불만족이 생기는 시기를 반드시 경험하기 때문에 이러한 질문은 단순히 일시적 점검이 아니라 시간이 지남에 따라 일반적인 관점으로 받아들여야 한다.

진행 상황 체크리스트

◆ 내담자가 상담 진행 방식에 만족하고 있는가?

◆ 당신도 동의하는가? 당신의 수퍼바이저도 그렇게 생각하는가?

◆ 지난번 상호 검토에서 합의한 내용을 대체로 잘 지키고 있는가?

◆ 내담자가 당신과의 작업 동맹 안에서 대부분 지금 여기에서 집중하고 있다고 느끼는가?

◆ 당신의 관계적 태도와 역전이가 임상 상황에 적절한가?

◆ 내담자가 친구, 가족, 직장으로부터 받는 피드백이 내담자 자신의 자기 평가를 지지하는가?(주의 : 내담자의 사회적 관계망이나 가족 중 일부는 내담자가 시도하는 변화를 좋아하지 않을 수도 있다는 것을 기억해야 한다.)

◆ 내담자의 기능 수준이 전반적으로 향상되고 있는가? 회복 탄력성과 자신감이 증가하고 있는가?

◆ 내담자의 변화기 더 넓은 지역사회에 대한 존중과 관계적 태도를 반영하고 있는가?

특히 동료와 협력하여 대규모 프로젝트에 참여하는 경우 공식적으로 인정된 결과 또는 프로세스 척도를 사용할 수도 있다(몇 가지 예는 권장문헌 참조). 예를 들어 임상평가의 임상 결과(CORE^Clinical Outcomes in Routine Evaluation) 지표는 다양한 상담자 및 상담 양식을 국가별 수준과 비교할 수 있다(Scheinberg et al., 2008: 314-17 참조). 또한 당신은 이미 게슈탈트 치료의 효과에 대한 흥미로운 데이터를 생성하고 있는 CORE 지표를 사용하는 영국 기반의 프로젝트인 게슈탈트 실무자 연구 네트워크(GPRN^Gestalt Practitioner Research Network)에 참여할 수도 있다(British Gestalt Journal website-research section: www.british gestalt journal. com/features/?tag=RESEARCH 참조).

발표된 연구에 대한 한마디

연구의 이점을 언급해 왔지만, 우리가 필수적이라고 생각하는 연구기술 중 하나는 연구 논문이나 연구 결과를 비평하고, 결론이나 시사점의 타당성에 대해 정보를 바탕으로 한 의견을 제시하는 것이다. 발표된 연구 중 상당수는 심각한 결함이 있거나 방법론적으로 불건전하고 대표성이 없으며 최악의 경우 특정 주장을 증명하거나 돈이나 명성을 얻기 위한 아이디어와 프로젝트를 판매하기 위해 의도적으로 편향된 경우가 많다.

이는 평가적인 연구 결과를 살펴볼 때 특히 중요하다.

항상 고려해야 할 주요 영역은 다음과 같다.

◆ 누가 연구에 자금을 지원하는가?(예 : 다국적 제약회사가 정신치료에 대한 항우울제의 효과에 대한 연구비용을 지불하고 있는가? 아니면 정책 변경을 정당화하려는 정부 기

관인가?)

◆ '연구자 편향'에 대해 생각해 보자. 이러한 편향이 보고되고 검토되고 있는가?(예 : 연구자가 자신의 치료법이 다른 치료법보다 더 효과적이라는 것을 증명하려고 하는 것은 아닌가? 의식적인 의도가 없더라도, 공동연구의 제1 저자가 지지하는 접근 방식이 결과적으로 더 좋은 결과를 가져오는 경향이 있다는 증거가 있다!)

◆ 연구 결론에 다른 설명이 있을 수 있는가? 표본 크기가 작은 단일 연구이거나 대표성이 없는 표본(예 : 피험자가 대학생인 경우 등)이었을 가능성은? 메타 연구는 일반적으로 신뢰성이 높다.

McLeod(2017)는 과학 논문을 읽는 데 유용한 지침서를 제공한다. 또한, 코크란 보고서[3] (www.cochranelibrary.com)는 연구 보고서의 요약본이 게재되어 있다.

마무리

좋은 치료는 독특하고, 역동적이며, 관계적이고, 새로운 것이라는 우리의 깊은 믿음과 지식을 바탕으로, 질적 연구 방법과 양적 연구 방법의 장점을 결합하여 우리의 치료를 연구하는 방법을 찾아야 한다. 우리의 연구는 정책 담당자, 심리치료 지원 자금 제공자 및 내담자에게 영향을 미치는 강력한 증거를 제공함과 동시에 집단적으로나 개별적으로 게슈탈트 심리치료의 효과를 평가하고 향상시키는 데 도움이 되어야 한다.

　이를 위해 우리는 새로운 연구를 이해하고 비평할 수 있어야 할 뿐만 아니라, 우수한 게슈탈트 상담자들이 이미 암묵적으로 실천하고 있는 것 이상으로 연구를 확장시키고 명료하게 표현하는 연구 태도를 개발해야 한다.

3　역주) 의료 의사결정을 위한 질 높은 증거기반 연구를 생성하는 데 전념하는 독립적 국제조직인 Cochrane Collaboration에서 발표한 체계적 검토 및 메타 분석을 말한다. 이 보고서의 목표는 다양한 의료 개입, 치료 또는 접근 방식에 대한 가장 유용한 증거에 대한 엄격하고 신뢰할 수 있는 연구요약을 제공하여 의료행위, 정책 및 연구에 정보를 주는 것이다(Chat GPT).

권장문헌

Barber, P. (2006) *Becoming a Practitioner Researcher: A Gestalt Approach to Holistic Enquiry*. London: Middlesex University Press.

Bradbury, H. (2015) *The Sage Handbook of Action Research*, 3rd edn. London: Sage.

Brownell, P. (ed.) (2008) *Handbook for Theory, Research and Practice in Gestalt Therapy*. Newcastle: Cambridge Scholars Publishing.

Cooper, M. (2011) *Essential Research Findings in Counselling and Psychotherapy: The Facts are Friendly*. London: Sage.

Etherington, K. (2004) *Becoming a Reflexive Researcher – Using Our Selves in Research*. London: Jessica Kingsley.

Finlay, L. and Evans, K. (2009) *Relational Centred Research for Psychotherapists*. Chichester: Wiley–Blackwell.

Fogarty, M., Bhar, S., Theiler, S. and O'Shea, L. (2016) 'What do Gestalt therapists do in the clinic? The expert consensus', *British Gestalt Journal*, 25 (1): 32–41

Goldacre, B. (2008) *Bad Science*. London: Fourth Estate Ltd. (See also: www.badscience.net.)

McLeod, J. (2010) *Case Study Research*. London: Sage.

Miller, S., Hubble, M. and Duncan, B. (2008) 'Supershrinks', *Therapy Today*, 19 (3): 4–9.

Parlett, M. (ed.) (2002) *British Gestalt Journal Special Edition on Research*, 11 (2): 78–119.

Parlett, M. (2009) 'A part of the whole, a part to play', in D. Ullman and G. Wheeler (eds), *Co-creating the Field: Intention and Practice in the Age of Complexity*. New York: Routledge, Taylor and Francis.

Spinelli, E. (2005) *The Interpreted World: An Introduction to Phenomenological Psychology*. London: Sage. (**See Chapter 7 – 'Phenomenological Research'**.)

Strumpfel, U. (2004) 'Research on Gestalt therapy', *International Gestalt Journal*, 12 (1): 9–54.

Thurston, M., McLeod, Julia and McLeod, John (2015) 'Case study methodologies', in A. Vossler and N. Moller (eds), *The Counselling and Psychotherapy Research Handbook*. London: Sage.

Wampold, B. and Imel, Z. (2015) *The Great Psychotherapy Debate*. London: Routledge.

측정에 관한 몇 가지 예시

CORE (Clinical Outcomes for Routine Evaluation) (Barkham et al., 2006) www.coreims.co.uk

PSYCHLOPS www.psychlops.org.uk

Helping Alliance Questionnaire (HAq-II) (Luborsky et al., 1996) www.med.upenn.edu/cpr/instruments.html

제27장

셀프 수퍼비전

내담자와의 여정에서 때로는 옴짝달싹 못하고 꽉 막혔다고 느낄 때가 있다. 이는 내담자 역시 막힘을 느끼는 지점과 일치할 수도 있고 그렇지 않을 수도 있지만, 그럼에도 불구하고 당신은 상담이 진행되지 않는다고 생각하기 시작한다. 물론 당신의 가장 가치 있고 중요한 자원은 무수히 많은 관점을 탐색할 수 있는 정기적인 수퍼비전이지만(예 : Chidiac et al., 2017 참조), 작업 과정에서 셀프 수퍼비전을 위해 할 수 있는 것은 많다.

막힘을 느낄 때 스스로에게 물어볼 수 있는 세 가지 질문이 있다.

첫째, 내담자와 함께 머물면서 탐색해야 하는 교착 상태에 이르렀는가? 상담자, 특히 수련을 막 시작한 초심 상담자들은 교착 상태에 이른 것을 자신의 실패로 여기고 상담이 잘될 리가 없다고 낙담하기 쉽다. 게슈탈트 심리치료의 강점 중 하나는 이러한 막힘에 대한 긍정적인 태도이다. 게슈탈트에서는 교착 상태를 극복해야 할 장애물이라고 보지 않고 오히려 이해되어져야 할 어려움으로 본다.

둘째, 앞으로 나아가기 전에 해결해야 할 접근방식의 어려움이 있는가? 이 내담자에 대해 '같은 일을 반복하고' 있는 자신을 발견하는가? 이 책의 각 장의 제목을 살펴보았을 때 당신이 무시하고 지나친 초점 영역이 있는가? 두 사람 모두를 곤경에 빠뜨리는 공동전이 문제가 있는가? 물론 수퍼비전에서 다른 시각으로 이 문제를 탐색하는 것이 더 쉽지만, 잠시 시간을 내어 내담자와의 경험을 생각하는 시간을 갖는 것은 유익하다.

셋째, 새로운 내담자는 마법 같은 상담을 기대하거나 친구, 배우자, 또는 의사가 권유해서 상담에 오는 경우가 있다. 이는 '심리적 계약' 수준의 문제로 이어진다. 즉, 당신은 명시되지 않고 합의되지 않은 기대와 함께 상담을 하는 것이다.

연습 27-1

동료 상담자가 상담 회기를 마치고 나가는 당신의 내담자를 멈춰 세우고 '당신은 무엇을 위해 그곳에 가는가?'라고 묻는다면 내담자는 어떤 답을 할까요? 예를 들어 '인사 담당자가 가라고 해서요', '저도 모르겠어요', '내 문제를 정리하고 싶어서요', '나 자신을 이해하려고요' 등으로 대답할 수 있을 것입니다. 내담자의 대답을 상상해 보면, 내담자가 상담에 기대하는 숨겨진 요소에 대한 단서를 얻을 수 있을 것입니다.

처음에는 (변화의 역설적 원리에 따라) 교착 상태에 '머무르고', 그것이 어떤 메시지와 이해를 전달하고 있는지에 관심을 갖는 것이 최선의 전략이다. 그러므로 자신이 '괜찮은' 상담자가 아니라는 생각은 함정에 빠져들지 않고, 오히려 교착 상태에 포함된 본질, 범위 및 가능성을 이해하는 데 에너지를 집중하는 것이 좋다. 사실, 내담자가 처음 상담을 받으러 오게 된 실제 어려움을 지금 여기로 가져오는 것이 상담에서 가장 중요한 지점이 될 수 있다. 새로운 관점이 필요할 때 셀프 수퍼비전을 위한 세 가지 영역을 제안한다.

1. 작업 동맹과 상담 관계
2. 내담자 프로세스
3. 상담자 프로세스

작업 동맹과 상담 관계

◆ 내담자와 맺은 최초 계약서를 확인해 보자. 두 사람 모두 합의한 사항을 상담하고 있는가? 아니면 둘 중 한쪽이 다른 주제로 바꾸었는가?(예 : 내담자가 합의하지 않은 내용을 상담해야 한다고 생각하는 경우, 아니면 내담자가 다른 문제가 더 중요하다고 판단하고 있음에도 불구하고 이것을 '알리지' 않았을 경우)

◆ 막힌 상황을 설명하는 은유를 상상하고 그 의미를 탐색한다.(예 : 안개 속에 있는 것 같은, 천천히 물에 빠지는 것 같은 등)

◆ 문제를 당신과의 관계로 되돌리자. 상담 관계에서 문제가 어떻게 드러나고 있는지 살펴보자. 만일 이러한 막힘이 당신에게 전달된 의사소통이라면, 그것은 어떤 의미를 갖

는 것일까? 그것은 초기 관계 역동의 메아리일 가능성이 있는가? 당신은 이 막힘을 어떻게 유발하고 어떤 기여를 하고 있는가?

◆ 알아차리지 못한 역전이에 빠져 있는 것은 아닌지 스스로에게 물어보자. 이 막힘이 익숙한 느낌인가? 아니면 낯선가?(내담자에게 자주 느끼는가? 아니면 특정 내담자에게만 느끼는가?) 13장 187~188쪽의 질문들을 스스로에게 던져보자.

내담자 프로세스

◆ 내담자에게 지금 이 순간 상담에 대해 어떻게 느끼고 있는지 묻자. 내담자도 상담이 잘 진행되고 있지 않다고 느끼는가? 내담자는 이에 대해 어떻게 생각하는가?

◆ 내담자에게 자신의 막힘에 대한 비유가 있는지 물어보자.(예 : 어두운 방 안에 갇혀 움직이기가 두렵다.)

◆ 내담자가 자신을 방해하는 내사나 핵심 신념이 있는가?(예 : 나는 무엇을 해도 절대로 성공할 수 없는 사람이다.)

◆ 어려운 변화를 할 수 있는 충분한 지지를 받고 있는가?

◆ 변화를 두려워하는가?

◆ 내담자의 '막힘'은 실제로 상담자에게 고통을 호소하는 것인가? 그리고 일관되게 정서적으로 조율된 반응만을 필요로 하는가?

◆ 내담자는 경험의 주기에서 어느 지점에 멈춰있는가? 예를 들어 내담자는 알아차리기는 하지만 에너지가 없는가? 동원된 에너지는 있지만 그것을 어떻게 행동해야 할지 모르는가?

상담자 프로세스

◆ 내담자가 걱정하는 것 같지 않다면(당신이 걱정하고 있음에도 불구하고!) 상담 진전에 대한 당신의 기대가 상담에 방해되고 있는 것은 아닌지 생각해 보자.

◆ 특정 회기를 되돌아보고, 특히 어려웠던 순간을 알아차려 보자. 무슨 일이 있었는가? 무엇이 계기가 되었는가? 당신은 어떤 말이나 행동을 했는가? 만일 당신이 그 순간을 어떤 사항도 고려하지 않고 있는 그대로 이야기할 수 있었다면 무슨 말을 했을 것인가? 빈 의자를 사용하여 내담자와의 대화를 상상해 보자. 예를 들어 '나는 이 상황이/당신

이 너무너무 지겨워요. 왜냐하면…'와 같이 반응을 과장되게 표현해 보자. 어떠한 결과도 따르지 않는다면 내담자에게 무슨 말을 하고 싶은가?

◆ 상담 회기가 진행되는 동안 프로세스에 집중하자. 지금 일어나고 있는 일을 그대로 되돌아보거나, 지난 수퍼비전의 조언을 떠올리거나, 성장하고 있는 자신을 생각해 보자. (우리를 포함한) 많은 상담자들도 막막할 때 의도적으로 수퍼바이저를 강제 소환하여 그의 말, 조언, 충고를 듣거나 '이 상황에서 나의 수퍼바이저라면 뭐라고 말했을까, 어떻게 했을까'를 추측해 보는 경우가 많다.

◆ 너무 열심히 일하고 있지는 않은지, 어려운 상담이 너무 많지는 않은지, 초점이 흐려지거나 집중력이 떨어지지는 않았는지, 자신을 제대로 돌보지 못하고 있는 건 아닌지 점검하자.

내담자의 의견이 바로 수퍼비전이다

유능한 상담자가 되기 위해, 당신은 내담자와 자주 리뷰하고, 평가하고, 재조정하고, 재계약해야 한다. 때로는 한 번의 세션에서 이 모든 것을 다 할 수도 있고, 때로는 더 신중하고 공식적인 리뷰 회기를 진행할 수도 있다. 이때 내담자는 당신의 셀프 수퍼비전 파트너가 될 수 있다. 당신과의 상담 관계를 직접 경험한 내담자의 성찰은 좋은 학습 기회이다.

내담자에게 미리 리뷰를 제안하고 리뷰 전 주에 상담이 어떻게 진행되었는지 생각해 보도록 요청한다.

이러한 리뷰 회기에서는 다음과 같이 할 수 있다.

1. 원래 상담 계약서(내담자가 처음 왔을 때 원했던 내용)를 다시 확인한다.
2. 내담자와 당신이 생각하기에 여전히 관련이 있는지 또는 그것이 어떻게 진행되고 있는지 확인한다.
3. 현재 문제에 대한 공동 평가가 시간이 지남에 따라 어떻게 변화하거나 발전했는지 고려한다.
4. 내담자에게 지금까지 당신과 함께 상담을 하면서 어떻게 느끼고 있는지, 어떤 점이 도움이 되었는지, 특히 도움이 되지 않았던 점은 무엇인지, 당신이 다르게 해주면 좋겠거나 내담자 스스로 다르게 행동하고 싶은 것이 무엇인지 묻는다.

5. 변경해야 할 사항에 대해 논의한다.

6. 추가 단기 계약, 지속적인 장기 계약 또는 종결 시점에 대해 합의한다.

이렇게 하면 공식적인 리뷰는 당신의 상담실무 연구의 일부가 되고(26장 게슈탈트 상담연구 참조), 상담자로서의 성장에 소중한 부분이 된다.

　물론 똑같은 원칙이 당신의 수퍼바이저와의 관계에도 적용된다. 함께 자신의 상담을 검토하고, 가장 유용했던 부분과 가장 유용하지 않았던 부분을 탐색하고, 케이스 로드[1]를 모니터링하고 당신의 성장시켜 나가야 할 부분에 합의한다.

권장문헌

Bor, R. and Watts, M. (2016) *The Trainee Handbook: A Guide for Counselling Psychotherapy Trainees*, 4th edn. London: Sage. (**See Chapter 9**.)

Carroll, M. and Gilbert, M. (2005) *On Being a Supervisee: Creating Learning Partnerships*. London: Vukani Publishing.

Chidiac, M-A., Denham-Vaughan, S. and Osborne, L. (2017) 'Supervision: Relational matrix model', *British Gestalt Journal*, 26 (2): 21–30.

Gilbert, M. and Evans, K. (2000) *Psychotherapy Supervision – An Integrative Relational Approach*. Buckingham: Open University Press.

Hawkins, P. and Shohet, R. (2012) *Supervision in the Helping Professions*. Maidenhead: Open University Press. (**See Part 1**.)

Inskipp, F. and Proctor, B. (2001) *Making the Most of Supervision*, Part 1. London: Cascade Publications (order online).

Kearns, A. (2005) *The Seven Deadly Sins?* London: Karnac. (**See Chapter 7 – 'Shame in the supervisory relationship'**.)

1　역주) 전문직 종사자가 일정 기간 동안 수행해야 하는 업무량

참고문헌

Please also see recommended reading lists at the end of each chapter.

ACE 'The Adverse Childhood Experiences (ACE) Study'. (May 2014) Atlanta, GA: Centers for Disease Control and Prevention. National Center for Injury Prevention and Control, Division of Violence Prevention.

Agaibi, C. and Wilson, J. (2005) 'Trauma, PTSD, and Resilience: A review of the literature', *Trauma Violence and Abuse,* 6: 195–216.

Appel-Opper, J. (2012) 'Relational living body psychotherapy', in C. Young (ed.), *About Relational Body Psychotherapy*. Body Psychotherapy Publications, UK.

Asay, T. P. and Lambert, M. J. (1999) 'The empirical case for the common factors in therapy: Quantitative findings', in M. A. Hubble, B. L. Duncan and S. D. Miller (eds), *The Heart and Soul of Change: What Works in Therapy*. Washington, DC: APA Press. pp. 33–56.

Barber, P. (2006) *Becoming a Practitioner Researcher, A Gestalt Approach to Holistic Enquiry*. London: Middlesex University Press.

Barkham, M., Mellor-Clark, J., Connell, J. and Cahill, J. (2006) 'A core approach to practice-based evidence: A brief history of the origins and applications of the CORE-OM and CORE System', *Counselling & Psychotherapy Research*, 6 (1): 3–15 .

Batts, V. (2000) 'Racial awareness in psychotherapy', Workshop Presentation, ITA Conference, Canterbury.

Batts, V. (2013) Awareness of Self as a Cultural Being. *Enhancing Cultural Competence In Clinical Care Settings (4C) Training,* California State University. Available at: http://studylib.net/doc/8792912/valerie-batt-s-powerpoint-slides---california-state-unive... (accessed 21 August 2017).

Baumgardner, P. (1975) *Legacy from Fritz: Gifts from Lake Cowichan*. Palo Alto, CA: Science and Behaviour Books.

Beisser, A. R. (1970) 'The paradoxical theory of change', in J. Fagan and I. Shepherd (eds), *Gestalt Therapy Now*. Palo Alto, CA: Science and Behavior Books. pp. 77–80.

Black, C. (2015) 'The personal and the political: therapy in context', *British Gestalt Journal*, 24 (2): 57–9.

Blom, R. (2006) *The Handbook of Gestalt Play Therapy: Practical Guidelines for Child Therapists.* London: Jessica Kingsley Publishers.

Blum, D. (2011) 'One good turn deserves another ... and another ... and another: Personal reflections', *Gestalt Review,* 15 (3): 296–311.

Bohm, D. (1996) *On Dialogue,* ed. Lee Nichol. London: Routledge.

Bond, T. and Mitchels, B. (2014) *Confidentiality and Record Keeping in Counselling and Psychotherapy*, 2nd edn. London: Sage.

Bowman, C. (2002) 'To ground zero and back.' *Gestalt*, 6: 1–11. Online journal no longer available.

Brownell, P. (2005) 'Gestalt therapy in community mental health', in A. L. Woldt and S. M. Toman (eds), *Gestalt Therapy – History, Theory and Practice*. Thousand Oaks, CA: Sage. pp. 257–78.

Brownell, P (ed.) (2008) *Handbook for Theory, Research and Practice in Gestalt Therapy*. Newcastle: Cambridge Scholars Publishing.

Buber, M. (1958/1984) *I and Thou*. Edinburgh: T & T Clark.

Buber, M. (1967) *A Believing Humanism*. New York: Simon & Schuster.

Burley, T. and Bloom, D. (2008) 'Phenomenological method', in P. Brownell (ed.), *Handbook for Theory, Research and Practice in Gestalt Therapy*. Newcastle: Cambridge Scholars Publishing.

Butollo, W. and Karl, R. (2012) *Dialogische Traumatherapie. Ein Manual zur Behandlung der Posttraumatischen Belastungsstörung*. [Dialogical exposure therapy. A treatment manual for posttraumatic stress disorders.] Stuttgart: Klett-Cotta.

Butollo, W., Karl, R., König, J. and Hagl, M. (2014) 'Dialogical exposure in a Gestalt-based treatment for posttraumatic stress disorder', *Gestalt Review*, 18 (2): 112–29.

Carroll, M. and Shaw, E. (2013) *Ethical Maturity in the Helping Professions*. London: Jessica Kingsley.

Carter, R. T. (1997) 'Race and psychotherapy: The racially inclusive model', in C. E. Thompson and R. T. Carter (eds), *Racial Identity Theory*. Mahwah, NJ: Lawrence Erlbaum.

Caulat, G. (2012) *Virtual Leadership: Learning to Lead Differently*. London: Libri Press.

Chidiac, M-A., Denham-Vaughan, S. and Osborne, L. (2017) 'Supervision: Relational matrix model', *British Gestalt Journal*, 26 (2): 21–30.

Clarkson, P. (1989) *Gestalt Counselling in Action*. London: Sage.

Clarkson, P. (1992) *Transactional Analysis – An Integrated Approach*. London: Routledge.

Clarkson, P. with Cavicchia, S. (2013) *Gestalt Counselling in Action*, 4th edn. London: Sage.

Clemmens, M. (2005) *Getting Beyond Sobriety*. London: Taylor & Francis.

Clemmens, M. (2012) 'The Interactive Field: Gestalt therapy as an embodied dialogue', in T. Levine Bar-Yoseph (ed.), *Gestalt Therapy: Advances in Theory and Practice*. London: Routledge.

Coghlan, D. and Shani, A. B. (2008) 'Insider action research: The dynamics of developing new capabilities', in P. Reason and H. Bradbury (eds), *The Sage Handbook of Action Research: Participative Inquiry and Practice*. London: Sage. pp. 641–55.

Cohen, A. (2002) 'Gestalt therapy and post-traumatic stress disorder: The potential and its fulfilment', *Gestalt*, 6 (1). Online journal no longer available.

Cohen, A. (2003) 'Gestalt therapy and post-traumatic stress disorder: The irony and the challenge', *Gestalt Review*, 7 (1): 42–55.

Cooper, M. (2008a) Lecture to the 8th Person Centred and Experiential Conference. Norwich, UK.

Cooper, M. (2008b) *Essential Research Findings in Counselling and Psychotherapy: The Facts Are Friendly*. London: Sage.

Cozolino, L. (2006) *The Neuro-science of Human Relationships*. New York: W. W. Norton & Co.

Crocker, S. F. (1999) *A Well Lived Life: Essays in Gestalt Therapy*. Cleveland, OH: Gestalt Institute of Cleveland Press.

Davis, M. and Wallbridge, D. (1981) *Boundary and Space: An Introduction to the Work of D.W. Winnicott.* Harmondsworth: Penguin.

Delisle, G. (2011) *Personality Pathology: Developmental Perspectives*. London: Karnac Books.

Delisle, G. (2013) *Object Relations in Gestalt Therapy.* London: Karnac Books.

Denham-Vaughan, S. (2005) 'Will and Grace', *British Gestalt Journal,* 14 (1): 5–14.

Denham-Vaughan, S. (2010) 'The liminal space and twelve action practices for gracious living', *British Gestalt Journal*, 19 (2): 34–45.

Duncan, B. and Miller, S. (2000) *The Heroic Client*. San Francisco, CA: Jossey-Bass.

Elliott, R. (2002) 'The effectiveness of humanistic therapies: A meta-analysis', in D. Cain and J. Seeman (eds), *Humanistic Psychotherapies: Handbook of Research and Practice.* Washington, DC: American Psychological Association. pp. 57–81.

Elliott, R., Fischer, C. T. and Rennie, D. L. (1999) 'Evolving guidelines for the publication of qualitative research studies in psychology and related fields', *British Journal of Clinical Psychology*, 38: 215–9.

Elliott, R., Greenberg, L. S. and Lietaer, G. (2004) 'Research on experiential psychotherapies', in M. Lambert (ed.), *Handbook of Psychotherapies and Behavior Change*, 5th edn. New York: Wiley. pp. 493–539.

Elliot, R., Slatick, E. and Urman, M. (2001) 'Qualitative change process research on psychotherapy: Alternative strategies', in J. Frommer and D. L. Rennie (eds), *Qualitative Psychotherapy Research: Methods and Methodology*. Lengerich: Pabst Science Publishers. pp 69–111.

Elton Wilson, J. (1993) *Ethics in Psychotherapy*. Training Workshop. London: Metanoia.

English, F. (1975) 'The three-cornered contract', *Transactional Analysis Journal,* 5 (4): 383–4.

Erskine, R. G., Moursund, J. and Trautmann, R. L. (1999) *Beyond Empathy*. New York: Brunner-Mazel.

Etherington, K. (2004) *Becoming a Reflexive Researcher – Using Our Selves in Research*. London: Jessica Kingsley.

Fisher, J. (2011) 'Attachment as a sensorimotor experience: The use of sensorimotor psychotherapy', *Attachment: New Directions in Psychotherapy and Relational Psychoanalysis*, 5 (2): 99–107.

Fisher, J. (2013) *When Shame gets in the Way.* Reflective Practice Webinar, 10 April 2013, www.janinafisher.com.

Fodor, I. (2002) 'Reflections on September 11th', *British Gestalt Journal*, 10 (2): 80–5.

Fogarty, M., Bhar, S., Theiler, S. and O'Shea, L. (2016) 'What do Gestalt therapists do in the clinic? The expert consensus', *British Gestalt Journal*, 25 (1). pp. 32–41.

Francesetti, G. and Roubal, J. (2013) 'Gestalt therapy approach to depressive experiences', in G. Francesetti, M. Gecele and J. Roubal (eds), *Gestalt Therapy in Clinical Practice: From Psychopathology to the Aesthetics of Contact*. Milan: FrancoAngeli Books.

Francis, A. (2017) 'Screen to Screen' [contributor]. *Therapy Today*. British Association for Counselling. May, pp. 40–41. Available at: www.bacp.co.uk/docs/pdf/15979_all%20editorial%20tt_may17%20amended%204.pdf (accessed 31 October 2017).

Frank, R. (2003) 'Embodying creativity', in M. Spagnuolo Lobb and N. Amendt-Lyon (eds), *Creative Licence – the Art of Gestalt Therapy*. Vienna: Springer-Verlag.

Frank, R. (2013) *The First Year of the Rest of Your Life: Movement, Development and Psychotherapeutic Change*. New York: Routledge.

Fredrickson, B. L., Tugade, M. M., Waugh, C. E. and Larkin, G. R. (2003) 'A prospective study of resilience and emotions following the terrorist attacks on the United States on September 11th, 2002', *Journal of Personality and Social Psychology*, 84 (2): 365–76.

Freud, S, (1917) *Mourning and Melancholia*. The Standard Edition of the Complete Psychological Works of Sigmund Freud, Volume XIV, 1914–1916. London: Hogarth Press. pp. 237–58.

Gaffney, S. (2009) 'The cycle of experience re-cycled: Then, now … next', *Gestalt Review*, 13 (1): 7–23.

Gilligan, J. (2003) 'Shame, guilt and violence', *Journal of Social Research*, 70 (4): 1149–80.

Gladwell, M. (2006) *Blink: The Power of Thinking Without Thinking*. London: Penguin.

Google (2015) 'Make sure that your website's ready for mobile-friendly Google search results'. [online] Available at: https://support.google.com/adsense/answer/6196932?hl=en-GB (accessed 11 November 2017).

Green, A. (1986) *On Private Madness.* London: Karnac.

Greenberg, L. S. and Watson, J. (2006) *Emotion-Focused Therapy for Depression*. Washington, DC: American Psychiatric Association.

Hanson, R. and Mendius, R. (2009) *Buddha's Brain: The Practical Neuroscience of Happiness, Love, and Wisdom*. Oakland, CA: New Harbinger Publications.

Hemming, J. (2009) 'A larger field', in D. Ullman and G. Wheeler (eds), *Co-creating the Field – Intention and Practice in the Age of Complexity*. New York: Routledge.

Herman, J. L. (1992) *Trauma and Recovery*. New York: Basic Books.

Hooker, K. E. and Fodor, I. E. (2008) 'Teaching mindfulness to children', *Gestalt Review,* 12 (1): 75–91.

Houston, G. (2003) *Brief Gestalt Therapy*. London: Sage.

Houston, G. (2013) *Gestalt Counselling in a Nutshell*. London: Sage.

Husserl, E. (1931) *Ideas: General Introduction to Pure Phenomenology*, Vol. 1. New York: Macmillan.

Hycner, R. A. and Jacobs, L. (1995) *The Healing Relationship in Gestalt Therapy*. Highland, NY: Gestalt Journal Press.

IBM (2014) 'InfoSphere Guardium Vulnerability Assessment 2014'. [online] Available at: https://www.ibm.com/developerworks/community/wikis/form/anonymous/api/wiki/030e7f34-199f-4849-aeee-f0dcd79341fe/page/6d2d0c3e-5f5d-487c-bb37-564817247702/attachment/d4f8d154-f907-4555-9932-055f7d754ff9/media/Getting%20Started%20with%20VA%20Tech%20Talk%202014-05-07.pdf (accessed 11 November 2017).

Ingersoll, R. E. (2005) 'Gestalt therapy and spirituality', in A. L. Woldt and S. M. Toman (eds), *Gestalt Therapy, History, Theory and Practice*. Thousand Oaks, CA: Sage.

Jacobs, L. (1989) 'Dialogue in Gestalt theory and therapy', *Gestalt Journal*, 12 (1): 25–68.

Jacobs, L. (2000) 'Respectful dialogues: An interview with Jenny Mackewn', *British Gestalt Journal*, 9 (2): 105–16.

Jacobs, L. (2002) 'It's not easy to be a field theorist: Commentary on "cartesian and post-cartesian trends in relational psychoanalysis"', *Gestalt!* 6 (2): 17–26

Jacobs, L, (2003) 'Ethics of context and field', *British Gestalt Journal*, 12 (2): 88–96.

Jacobs, L. (2004) 'Ethics of context and field: The practices of care, inclusion and openness to dialogue', in R. Lee (ed.), *The Values of Connection*. Cambridge, MA: Gestalt Press.

Jacobs, L. (2006) 'That which enables – support as complex and contextually emergent', *British Gestalt Journal*, 15 (2): 10–19.

Jacobs, L. (2017) 'Hopes, fears, and enduring relational themes', *British Gestalt Journal*, 26 (1): 7–16.

Joyce, P. and Sills, C. (2001) *Skills in Gestalt Counselling and Psychotherapy*. London: Sage.

Joyce, P. and Sills, C. (2010) *Skills in Gestalt Counselling and Psychotherapy*, 2nd edn. London: Sage.

Joyce, P. and Sills, C. (2014) *Skills in Gestalt Counselling and Psychotherapy*, 3rd edn. London: Sage.

Kabat-Zinn, J. (2003) 'Mindfulness-based interventions: Past, present and future', *Clinical Psychology: Science and Practice,* 10 (2): 144–56.

Kaufman, G. (1989) *The Psychology of Shame: Theory and Treatment of Shame*. New York: Springer Publishing.

Kelly, C. (1998) Body Process workshop. Metanoia Institute, London.

Kennedy, D. J. (1994) 'Transcendence, truth and spirituality in the Gestalt way', *British Gestalt Journal*, 3 (1): 4–10.

Kepner, J. (1987) *Body Process: A Gestalt Approach to Working with the Body in Gestalt Therapy*. New York: Gardner.

Kepner, J. (1995) *Healing Tasks in Psychotherapy*. San Francisco, CA: Jossey-Bass, for the Gestalt Institute of Cleveland Publications.

Kepner, J. (1996) *Healing Tasks: Psychotherapy with Adult Survivors of Childhood Abuse*. London: Routledge.

Kepner, J. (2003) 'The embodied field', *British Gestalt Journal,* 12 (1): 6–14.

Kim, J. and Daniels, D. (2008) 'Experimental freedom', in P. Brownell (ed.), *Handbook for Theory, Research and Practice in Gestalt Therapy*. Newcastle: Cambridge Scholars Publishing.

Kohut, H. (1971) *The Analysis of the Self*. New York: International Universities Press.

Kohut, H. (1977) *The Restoration of the Self*. New York: International Universities Press.

Kolmannskog, V. (2017) '"Are we becoming bullies?" A case study of stress, communication, and Gestalt interventions among humanitarian workers', *British Gestalt Journal*, 26 (1): 40–47.

Lambert, M. (2003) *Bergen & Garfield's Handbook of Psychotherapy and Behaviour Change*, 5th edn. New York: John Wiley.

Lannon, R., Amini, F. and Lewis, T. (2000) *A General Theory of Love*. New York: Random House.

Lapworth, P. (2011) 'Working with difference relationally', in H. Fowlie and C. Sills (eds), *Relational Transactional Analysis: Principles in Practice.* London: Karnac.

Latner, J. (1985) 'What kind of figure does Gestalt therapy cut?', *Gestalt Journal,* 8 (1), 55–60.

Leader, D. (2008) *The New Black.* London: Penguin.

Lee, R. G. (ed.) (2004) *The Values of Connection: A Relational Approach to Ethics.* Cambridge, MA: Gestalt Press.

Lee, R. G. (2007) 'Shame and belonging in childhood: The interaction between relationship and neurobiological development in the early years of life', *British Gestalt Journal*, 16 (2): 57–83.

Lee, R. G. and Wheeler, G. (eds) (1996) *The Voice of Shame.* San Francisco, CA: Jossey-Bass, for the Gestalt Institute of Cleveland.

Levine, P. (1997) *Waking the Tiger: Healing Trauma.* Berkeley, CA: North Atlantic Books.

Lewin, K. (1951) *Field Theory in Social Science.* New York: Harper & Brothers.

Lowe, F. (ed.) (2013) *Thinking Space: Promoting Thinking About Race, Culture and Diversity in Psychotherapy and Beyond.* London: Karnac and Tavistock Clinic.

Luborsky, L., Barber, J. P., Siqueland, L., Johnson, S., Navajits, L. M., Frank, A. and Daley, D. (1996) 'The Revised Helping Alliance Questionnaire (HAq-II): Psychometric properties', *Journal of Psychotherapy Practice*, 5: 260–71.

Luborsky, L., Rosenthal, R., Diguer, L., Andrusyna, T., Levitt, J., Seligman, D., Berman, J. and Krause, E. (2003) 'Are some psychotherapies much more effective than others?', *Journal of Applied Psychoanalytic Studies*, 5 (4): 455–60.

Luborsky, L., Singer, B. and Luborsky, L. (1975) 'Comparative studies of psychotherapies: Is it true that "everyone has won and all must have prizes"?', *Archives of General Psychiatry,* 32: 995–108.

Luthar, S. S. (2006) 'Resilience in development: A synthesis of research across five decades', in D. Cicchetti and D. J. Cohen (eds), *Developmental Psychopathology: Risk, Disorder, and Adaptation*, 2nd edn. New York: Wiley. pp. 739–95.

Mann, D. (2010) *Gestalt Therapy: 100 Key Points.* Hove, East Sussex: Routledge.

Mackewn, J. (1997) *Developing Gestalt Counselling.* London: Sage.

McCouat, J. (2015) Counselling and Therapy in the Virtual World. Student seminar Metanoia Insitute London.

McGilchrist, I. (2009) *The Master and His Emissary: The Divided Brain and the Making of the Western World.* New Haven, CT: Yale University Press.

McLeod, J. (2010) *Case Study Research.* London: Sage.

McLeod, J. (2017) 'Why read research?', *Therapy Today*, 28 (5): 34–37.

Melnick, J. and Nevis, S. (1998) 'Diagnosing in the here and now: a Gestalt Therapy approach', in L. S. Greenberg, J. C. Watson and G. Lietaer (eds), *Handbook of Experiential Psychotherapy.* New York: The Guilford Press. pp. 428–49.

Melnick, J. and Nevis, S. (2005) 'The willing suspension of disbelief: Optimism', *Gestalt Review*, 9 (1): 10–26.

Melnick, J. and Roos, S. (2007) 'The myth of closure', *Gestalt Review*, 11 (2): 90–107.

Miller, S. D., Hubble, M. and Duncan, B. (2008) 'Supershrinks', *Therapy Today,* 19 (3): 4–9.

Mothersole, G. (2006) 'Contracts and harmful behaviour', in C. Sills (ed.), *Contracts in Counselling.* London: Sage. pp. 87–97.

Muller, B. (1996) 'Isadore From's contribution', *Gestalt Journal*, 19 (1): 57–82.

Naranjo, C. (1981) 'Gestalt conference talk', *Gestalt Review*, 5 (1): 3–19.

Neff, K. (2011) *Self Compassion.* New York: William Morrow.

Nevis, E. (1987) *Organisational Consulting: A Gestalt Approach.* New York: Gardner Press.

Norcross, J. (2011) *Psychotherapy Relationships That Work: Evidence-Based Responsiveness*, 2nd edn. New York: Oxford University Press.

Oaklander, V. (2006) *Hidden Treasure: A Map to the Child's Hidden Self*. London: Karnac Books.

Ogden, P. (2009) 'Emotion, mindfulness, and movement: Expanding the regulatory boundaries of the window of affect tolerance', in D. Fosha, D. Siegel and M. Solomon (eds), *The Healing Power of Emotion: Affective Neuroscience, Development, and Clinical Practice*. New York: W. W. Norton & Co. pp. 204–31.

Ogden, P. and Fisher, J. (2015) *Sensorimotor Psychotherapy: Interventions for Trauma and Attachment*. London: Norton.

Ogden, P., Minton, K. and Pain, C. (2006) *Trauma and the Body: A Sensorimotor Approach to Psychotherapy*. New York: W. W. Norton & Co.

Ogden, T. (1982) *Projective Identification and Psychotherapeutic Technique*. New York: Jason Aronson.

Paivio, S. C. and Pascual-Leone, A. (2010) *Emotion Focused Therapy for Complex Trauma: An Integrative Approach*. Washington, DC: American Psychological Association.

Parlett, M. (1991) 'Reflections on field theory', *British Gestalt Journal*, 1 (1): 69–80.

Parlett, M. (1993) 'Towards a more Lewinian gestalt therapy', *British Gestalt Journal*, 2 (2): 115–20.

Parlett, M. (2007) 'Introduction', in G. Wollants (ed.), *Gestalt Therapy: Therapy of the Situation*. London: Sage.

Parlett, M. (2009) 'A part of the whole, a part to play', in D. Ullman and G. Wheeler (eds), *Co-Creating the Field: Intention and Practice in the Age of Complexity*. New York: Routledge.

Perls, F. S. (1947) *Ego, Hunger and Aggression*. New York: Vintage Books.

Perls, F. S. (1969) *Gestalt Therapy Verbatim*. Moab, UT: Real People Press.

Perls, F. S. (1970) 'Four lectures', in J. Fagan and I. Shepherd (eds), *Gestalt Therapy Now*. Palo Alto, CA: Science and Behavior. pp. 14–38.

Perls, F. S. (1976) *The Gestalt Approach and Eye Witness to Therapy*. New York: Bantam.

Perls, F., Hefferline, R. and Goodman, P. (1989 [1951]) *Gestalt Therapy: Excitement and Growth in the Human Personality*. London: Pelican Books.

Perls, L. (1970) 'One Gestalt therapist's approach', in J. Fagan and I. Shepherd (eds), *Gestalt Therapy Now*. Palo Alto, CA: Science and Behavior. pp. 125–9.

Philippson, P. (2004) 'The experience of shame', *International Gestalt Journal*, 27 (2): 85–96.

Philippson, P. (2009) *The Emergent Self: An Existential-Gestalt Approach*. London: Karnac Books.

Philippson, P. (2012) *Gestalt Therapy: Roots and Branches*. London: Karnac Books.

Philippson, P. (2016) 'The search for Meaning: A reply to Isabel Fernandez Hearn', *British Gestalt Journal*, 25 (2): 65.

Philippson, P. (2017) 'What does a therapist do when s/he does Gestalt therapy?', *British Gestalt Journal*, 17 (2): 57–8.

Polster, E. (1985) 'Imprisoned in the present', *Gestalt Journal*, 8 (1): 5–22.

Polster, E. (1991) 'Tight therapeutic sequences', *British Gestalt Journal*, 1 (2): 63–8.

Polster, E. (1999) *From the Radical Centre*. Cambridge, MA: Gestalt Institute of Cleveland Press.

Polster, E. and Polster, M. (1973) *Gestalt Therapy Integrated*. New York: Vintage Books.

Porges, S. (2011) *The Polyvagal Theory: Neurophysiological Foundations of Emotions, Attachment, Communication, and Self-Regulation*. London: W. W. Norton & Co.

Porges, S. (2013) *Clinical Insights from the Polyvagal Theory*. New York/London: W.W. Norton.

Proctor, B. and Sills, C. (2005) 'Personal therapy for trainees – a three-cornered conundrum', *Counselling and Psychotherapy Journal*, 16 (5): 38–42.

Rachid, T. and Seligman, M. (2013) 'Positive psychotherapy', in D. Wedding and R. Corsini (eds), *Current Psychotherapies*, 10th edn. Belmont, CA: Cengage Learning. pp. 461–98.

Reason, P. and Bradbury, H. (2001) 'Inquiry and participation in search of a world worthy of human aspiration', in P. Reason and H. Bradbury (eds), *Handbook of Action Research: Participative Inquiry and Practice*. London: Sage.

Reeves, N. (2017) 'Screen to Screen' [contributor]. *Therapy Today*. British Association for Counselling. May, pp. 40–1.

Resnick, R. (1990) 'Gestalt therapy with couples', *Workshop*. London: Metanoia Institute.

Rizzolatti, G., Fadiga, L., Gallese, V. and Fogassi, L. (1996) 'Premotor cortex and the recognition of motor actions', *Cognitive Brain Research*, 3: 131–41.

Robine, J-M. (ed.) (2001) *Contact and Relationship in a Field Perspective*. Bordeaux: L' Exprimerie.

Robine, J-M. (2013) 'Anxiety within the situation: Disturbances of Gestalt construction', in G. Francesetti, M. Gecele and J. Roubal (eds), *Gestalt Therapy in Clinical Practice*. Milan: FrancoAngeli and EAGT. pp. 479–93.

Roubal, J. (2007) 'Depression – A Gestalt theoretical perspective', *British Gestalt Journal*, 16 (1): 35–43.

Scheinberg, S., Johannson, A., Stevens, C. and Conway-Hicks, S. (2008) 'Research communities in action: Three examples', in P. Brownell (ed.), *Handbook for Theory, Research and Practice in Gestalt Therapy*. Newcastle: Cambridge Scholars Publishing.

Schore, A. (2003) *Affect Regulation and the Repair of the Self*. New York: W. W. Norton & Co.

Schore, A. (2012) *The Science and Art of Psychotherapy*. London: W. W. Norton & Co.

Shapiro, F. (2001) *Eye Movement Desensitising and Reprocessing*. New York: Guilford Press.

Shub, N. (1992) 'Gestalt therapy over time: Integrating difficulty and diagnosis', in E. C. Nevis (ed.), *Gestalt Therapy*. New York: Gardner Press.

Sichera, A. (2003) 'Therapy as an aesthetic issue', in M. Spagnuolo Lobb and N. Amendt-Lyon (eds), *Creative Licence: The Art of Gestalt Therapy*. New York/ Vienna: Springer. pp. 93–9.

Siegel, D. (1999) *The Developing Mind*. New York: Guilford Press.

Sills, C. (2006) 'Contracts and contract making', in C. Sills (ed.), *Contracts in Counselling and Psychotherapy*, 2nd edn. London: Sage. pp. 9–26.

Sironi, F. (2013) 'Les métis culturels et identitaires: Un nouveau paradigme contemporain', *L'autre*, 14: 30–42.

Sironi, F. (2016) Clinical Geopolitical Psychology. A New Approach Adapted to Planetary Changes and Emerging Identities. Keynote EATA Conference, Geneva. https://youtu.be/XDWaImkPv2w (accessed 12 August 2017).

Spence, D. P. (1989) 'Rhetoric vs. evidence as a source of persuasion: a critique of the case study genre', in M. J. Packer and R. B. Addison (eds), *Entering the Circle: Hermeneutic Investigation in Psychology*. New York: State University of New York Press.

Staemmler, F-M. (1993) 'Projective identification in Gestalt therapy with severely impaired clients', *British Gestalt Journal*, 2 (2): 104–10.

Staemmler, F-M. (1997) 'Cultivating uncertainty: An attitude for Gestalt therapists', *British Gestalt Journal*, 6 (1): 40–8.

Staemmler, F-M. (2012a) 'Compassion and self-esteem', *British Gestalt Journal*, 21 (2): 19–28.

Staemmler, F-M. (2012b) *Empathy in Psychotherapy*. New York: Springer Publications.

Stawman, S. (2011) 'Empathy and understanding', *British Gestalt Journal*, 20 (1): 5–13.

Sterling, G. (2014) 'Marketingland Blog. Websites must also now be mobile optimised – 60% of internet access is mostly mobile. [online] Available at: http://marketingland. com/outside-us-60-percent-internet-access-mostly-mobile-74498 (accessed 11 November 2017).

Stern, D. N. (1985) *The Interpersonal World of the Infant*. New York: Basic Books.

Stern, S. (1994) 'Needed relationships and repeated relationships: An integrated relational perspective', *Psychoanalytic Dialogues*, 4 (3): 317–45.

Storr, A. (1979) *The Art of Psychotherapy*. London: Heinemann.

Strumpfel, U. (2004) 'Research on Gestalt therapy', *International Gestalt Journal*, 12 (1): 9–54.

Swanson, J. (1988) 'Boundary processes and boundary states', *Gestalt Journal*, 11 (2): 5–24.

Taylor, M. (2014) *Trauma Therapy and Clinical Practice: Neuroscience, Gestalt and the Body*. Maidenhead: Open University Press.

Tobin, S. (2004) 'The integration of relational Gestalt therapy with EMDR', *International Gestalt Journal*, 27 (1): 55–82.

van der Kolk, B. (2015) *The Body Keeps the Score: Brain, Mind, Body in the Healing of Trauma*. London: Penguin Books.

van Rijn, B., Sills, C., Hunt, J., Shivanath, S., Gildebrand, K. and Fowlie, H. (2008) 'Developing clinical effectiveness in psychotherapy training: Action research', *Counselling and Psychotherapy Research*, 8 (4): 261–8.

Verhaeghe, P. (2004) *On Being Normal and Other Disorders*. New York: Other Press.

Verhaeghe, P. (2007) 'Chronicle of a death foretold'. Keynote address at the Health4Life Conference, Dublin City University.

Vidakovic, I. (2013) 'The power of moving on: Gestalt therapy approach to trauma treatment', in G. Francesetti, M. Gecele, and J. Roubal (eds), *Gestalt Therapy in Clinical Practice: From Psychopathology to the Aesthetics of Contact*. Milan: FrancoAngeli Books. pp. 317–30.

Wampold, B. E. (2001) *The Great Psychotherapy Debate*. Mahwah, NJ: Lawrence Erlbaum Associates.

Watson, J. C., Gordon, L. B., Stermac, L., Kalogerakos, F. and Steckley, P. (2003) 'Comparing the effectiveness of process experiential with cognitive behavioural psychotherapy in the treatment of depression', *Journal of Consulting and Clinical Psychology*, 71: 773–81.

Wheeler, G. (1991) *Gestalt Reconsidered*. New York: Gardner Press.

Wheeler, G. (2000) 'Gestalt ethics', in E. Nevis (ed.), *Gestalt Therapy: Perspectives and Applications*. New York: Routledge. pp.113–28.

Whines, J. (1999) 'The "symptom-figure"', *British Gestalt Journal*, 8 (1): 9–14.

Whitol de Wenden, C. (2016) Europe faced with the refugee crisis. Opening Keynote. EATA Conference, Geneva. https://youtu.be/FyxqpKcwhFk (accessed 12 August 2017).

Wilber, K. (2000) *Sex, Ecology, Spirituality.* Boston, MA: Shambhala Publications, Inc.

Williams, L. (2006) 'Spirituality and Gestalt: A Gestalt-transpersonal perspective', *Gestalt Review*, 10 (1): 6–21.

Williams, M. and Kabat-Zinn, J. (2013) *Mindfulness: Diverse Perspectives on its Meaning, Origins and Applications.* London: Routledge.

Williams, M., Teasdale, J., Segal, Z. and Kabat-Zinn, J. (2007) *The Mindful Way Through Depression*. New York: Guilford Press.

Wollants, G. (2007a) 'Therapy of the situation', *British Gestalt Journal,* 14 (2): 91–102.

Wollants, G. (ed.) (2007b) *Gestalt Therapy: Therapy of the Situation*. London: Sage.

Yontef, G. (1991) 'Recent trends in Gestalt therapy', *British Gestalt Journal*, 1 (1): 5–20.

Yontef, G. (1993) *Awareness, Dialogue and Process: Essays on Gestalt Therapy*. Highland, NY: Gestalt Journal Press.

Yontef, G. (2009) 'The relational attitude in Gestalt theory and practice', in L. Jacobs and R. Hycner (eds), *The Relational Approach in Gestalt Therapy.* New York: Gestalt Press/Routledge, Taylor & Francis Group. pp. 37–49.

Yontef, G. and Fuhr, R. (2005) 'Gestalt therapy theory of change', in A. L. Woldt and S. M. Toman (eds), *Gestalt Therapy – History, Theory and Practice*. Thousand Oaks, CA: Sage. pp. 81–100.

Yontef, G. and Jacobs, L. (2013) 'Gestalt therapy', in D. Wedding and R. Corsini (eds), *Current Psychotherapies*, 10th edn. Belmont, CA: Brooks-Cole. pp. 299–338.

Yontef, G. and Philippson, P. (2008) 'A unified practice', in P. Brownell (ed.), *Handbook for Theory, Research and Practice in Gestalt Therapy*. Newcastle: Cambridge Scholars Publishing.

Zinker, J. (1975) 'On loving encounters: a phenomenological view', in F. Stephenson (ed.), *Gestalt Therapy Primer*. Chicago, IL: Charles Thomas.

찾아보기

ㅇ

| 저자 소개 |

Phil Joyce는 트레이너, 수퍼바이저, 심리치료사 및 컨설턴트로서 1979년부터 다양한 정신건강 현장에서 일해 왔다. 런던에서 공인된 정신과 사회복지사로 일하면서 다학제적 팀과 정신 장애인과의 협력에 대해 상담한 경험이 있다. 런던의 Metanoia Institute의 게슈탈트 심리치료와 통합심리치료 프로그램의 교수이다. 지난 15년 동안 국제 컨퍼런스에서 많은 강연을 했고 게슈탈트 커뮤니티의 회원으로도 활동하고 있다. 특히 관심을 갖는 분야는 정신건강이다. 그는 현재 트라우마 치료를 전문으로 하며 공인 EMDR 상담자, 수퍼바이저 및 컨설턴트이다. 그는 또 인간 경험의 자아초월적 차원에 관심을 갖고 있으며, 게슈탈트는 정신건강과 자아초월적 차원이라는 두 가지 영역에 새롭고 활기 찬 관점을 가져다준다는 것을 발견했다.

Charlotte Sills는 영국심리치료협회(UKCP)에 등록된 개인 심리치료사이며, 다양한 영역에서 수퍼바이저, 트레이너 및 컨설턴트로 활동하고 있다. 1979년부터 심리치료에 종사해 왔고 영국상담심리치료학회(BACP) 공인 수퍼바이저, TA 교육 및 수퍼바이저, 미들섹스대학교의 객원교수이다. Charlotte은 2007년까지 Metanoia Institute의 리더십 팀의 일원이었으며 현재 교수로 재직 중이다. 그녀의 또 다른 관심사는 심리치료와 코칭 사이의 상호작용이며 영국 Ashridge Business School의 경영자 코칭 석사과정 교수로 재직 중이다.

Charlotte은 친구 관계부터 조직에 이르기까지 인간의 모든 시스템은 사람과 사람 사이의 관계에 있다고 믿으며, 게슈탈트 심리치료는 효과적이고 활기차고 만족스러운 인간관계를 촉진하는 이상적인 접근법이라고 생각한다.

Charlotte은 상담 및 심리치료 분야에서 *An Introduction to Gestalt*(edited with Phil Lapworth, Billy Desmond, Sage, 2012), *Coaching Relationships*(edited with Erik de Haan, Libri Press, 2012) 등 다양한 저서를 출간했다.

▌ 역자 소개 ▐

박 정은 청소년과 성인을 상담하는 게슈탈트 심리치료사이자 수퍼바이저이다. 조선대학교 건축공학과 졸업 후 뒤늦게 대전대학교 아동교육상담학과 일반대학원에서 심리치료 전공 아동학 박사학위를 취득하였다. 카이스트 상담센터에서 수년간 객원상담원으로 학생들을 상담하였고, 한국게슈탈트상담심리학회 사례관리위원장으로 활동했다. 현재 공부하는모임 GeCon의 공동리더로 게슈탈트 도반들과 함께 게슈탈트 상담을 고민하며 공부하고 있다. 또한 청운대학교 사회복지상담학과 외래교수로 성인학습자들과 함께 삶을 나누고 있으며, 상담심리연구소 마음에꽃피다에서 내담자들의 마음에 꽃이 활짝 필 수 있게 햇볕과 물과 바람이 되고 있다. 이러한 모든 것들을 지금여기에서 자연스럽게 알아차리고 접촉하고 흘려보내기 위해 계룡에 위치한 숭산국제선원 무상사에서 매주 참선수행을 하며 여러 선사님들께 가르침을 받고 있다.